Joséph Gumilla

Historia natural
Civil y geográfica de las naciones situadas
en las riveras del río Orinoco

Barcelona **2024**
Linkgua-ediciones.com

Créditos

Título original: Historia natural, civil y geográfica de las naciones situadas en las riveras del río Orinoco.

© 2024, Red ediciones S.L.

e-mail: info@linkgua.com

Diseño de cubierta: Michel Mallard.

ISBN tapa dura: 978-84-9953-646-0.
ISBN rústica: 978-84-9816-263-9.
ISBN ebook: 978-84-9897-071-5.

Sumario

Créditos _____ **4**

Brevísima presentación _____ **11**
La vida _____ 11
El trópico como objeto de estudio _____ 11

Tomo I _____ **13**

Prologo para inteligencia de la obra _____ **15**

Introducción a la primera parte _____ **20**
Capítulo I. Da a conocer la una y otra costa marítima por donde se abrió paso el
río, Orinoco y resumen de las primeras noticias que de él hubo: sus descubridores:
intentos y diligencias de los extranjeros para poseerle; y la fundación de su única
ciudad Santo Tomé de la Guayana _____ 23
§. I _____ 23
§. II. De la costa por donde se abrió paso el río Orinoco, para desahogar en el
Golfo sus corrientes _____ 24
§. III. Noticias previas del gran río Orinoco _____ 33
Capítulo II. Situación del río Orinoco, y caudal de aguas que recoge _____ 37
Capítulo III. Fonda del gran río Orinoco, sus raudales y derrames; singular y
uniforme modo de crecer y menguar _____ 46
Capítulo IV. Clima y temperamento del Orinoco, y alguna noticia de sus frutos ___ 50
Capítulo V. De los indios en general: de los que habitan, en los terrenos del
Orinoco; y de sus vertientes en particular _____ 57
§. I. Preámbulo para la idea que se forma _____ 57
§. II. Estatura, facciones y color de los indios _____ 58
§. III. Del origen del color negro de los etíopes: si puede mudarse o no: y la raíz
de tal mutación _____ 63
§. V. Contraposición de las opiniones moderna y antigua acerca del origen del
color Etiópico _____ 67

§. V. Descripción genuina de los indios en general, y de sus genios _____78

Capítulo VI. Del origen desatinado que se fingen algunas naciones del Orinoco; y se apunta algo de su verdadero origen y descendencia _____81

Capítulo VII. Desnudez general de aquellas gentes: óleos y unturas, que casi generalmente usan _____88

Capítulo VIII. De su desgobierno civil y doméstico, y de la ninguna educación que dan a sus hijos_____94

Capítulo IX. Genios y vida rara de la nación Guaraúna; palma singular de que se visten, comen, beben, y tienen todo cuanto han menester _____100

Capítulo X. Genios y usos de otras naciones de las riberas del Orinoco hasta las bocas del río Apure_____107

Capítulo XI. Genios y usos inauditos de los indios Otomacos y de los Guamos _____ 112

Capítulo XII. Prosigue la materia del pasado: estilos y singulares noticias de usos, que no tiene nación alguna del Orinoco, sino los Osomacos_____120

Capítulo XIII. Trata de la nación Saliba, de su genio, usos y costumbres; y raras honras que hacían los gentiles a sus difuntos _____126

Capítulo XIV. Epílogo de las ceremonias que otras naciones hacen por sus difuntos 134

Capítulo XV. Cuán ingratamente descuidan de sus enfermos, cuán neciamente se curan, y cuán pacíficamente mueren aquellos indios_____139

Capítulo XVI. Reconvención amigable a monsieur Noblot al folio 520 del tomo 5 de su Geografía e Historia Universal _____146

Capítulo XVIII. Prosigue la materia del pasado con nuevas y más individuales noticias acerca de la fe de los indios _____153

Capítulo XVIII. Resumen de los genios y usos de las demás naciones, que hasta el corriente año de 1740 se han descubierto en el río Orinoco _____163

Capítulo XIX. De sus monterías, animales que matan para su regalo, y otros de que se guardan con cuidado _____168

Capítulo XX. Resinas y aromas que traen, cuando vuelven los indios de los bosques y de las selvas: frutas y raíces medicinales _____174

Capítulo XXI. Variedad de peces y singulares industrias de los indios para pescar; piedras y huesos medicinales que se han descubierto en algunos pescados_____181

Capítulo XXII. Cosecha admirable de tortugas que logran los indios del Orinoco: huevos de ellas que recogen; y aceite singular que sacan de dichos huevos_____189

Capítulo XXIII. Método el más practicable para la primera entrada de un misionero en aquellas tierras de gentiles, de que trato, y en otras semejantes _____196

Capítulo XXIV. Fertilidad y frutos preciosos, que ofrece el terreno del río Orinoco y el de sus vertientes _____205

Capítulo XXV. Y último de esta primera parte, en que se trata del famoso Dorado, o ciudad de Manoa _____210

§. I _____210

§. II. Reflexión y noticia fundada de los tesoros del Nuevo Reino de Granada _____214

§. III. Infiérese el gran tesoro que se sacara, si se poblase bien el tal reino _____219

Tomo II _____ **229**

Advertencia _____ **231**

Introducción a la segunda parte _____ **231**

Capítulo I. ¿Si entre aquellos bárbaros se halla alguna noticia de Dios? _____232

Capítulo II. Singular piedad y especial providencia de Dios, que resplandece en bautismos al parecer casuales de indios ancianos, indias y Párvulos _____238

Capítulo III. ¿Si aquellas naciones tienen idolatría? ¿Si tienen noticia del Demonio, y se valen de el, o no? _____244

Capítulo IV. Variedad de lenguas de aquellos indios: búscase su origen por la mejor conjetura _____248

Capítulo V. Investígase el origen de las lenguas vivas o matrices de aquellos países_251

Capítulo VI. De las primeras gentes que pasaron a la América y el modo_____255

Capítulo VII. ¿Porqué de las naciones del Orinoco (aunque en sí muchas) se reduce cada una a tan corto número de gente? _____260

Capítulo VIII. Motivos de sus guerras_____271

Capítulo IX. Daños gravísimos que causan a las misiones, las Armadas de los indios Caribes, que suben de la costa del mar _____276

Capítulo X. Jefes militares de aquellas naciones: mérito y ceremonias, que preceden a sus grados _____282

Capítulo XI. Variedad de armas de estas naciones: destreza en manejarlas, su fábrica, y el tambor raro, con que se convocan a la guerra _____286

§. I. Armas, su fábrica y uso _____286

§. II. Sus cajas de guerra, fábrica y sonido _____289

§. III. Trátase seriamente del sonido del tambor Caverre, y se evidencia el alcance de su sonido _____291

§. IV. De sus embarcaciones: modelo y modo irregular de fabricarlas _____296

Capítulo XII. Del mortal veneno llamado curare: raro modo de fabricarle, y de su instantánea actividad _____302

Capítulo XIII. De otros venenos fatales: su actividad: la cautela con que los dan: y cómo los descubrí_____310

Capítulo XIV. De las culebras venenosas de aquellos países_____315

§. I. Del culebrón espantoso llamado buío_____315

§. II. reflexión sobre el Párrafo antecedente, y confirmación de lo que él contiene 320

§. III. Trata de la acción y fatal atractivo del buío_____323

§. IV. De la acción o vibración de los efluvios _____323

§. V. De la fuerza atractiva del vaho del buío_____325

§. VI. De algunas señas para filosofar sobre la dicha virtud atraente _____327

§. VII. De otras culebras malignas, y de algunos remedios contra sus venenos___331

§. VIII. De otras culebras malignas, y algunos remedios contra sus venenos_____331

Capítulo XV. De otros insectos y sabandijas venenosas _____338

Capítulo XVI. De otras sabandijas muy ponzoñosas _____342

Capítulo XVII. Peces ponzoñosos y sangrientos_____347

Capítulo XVIII. De los caimanes o cocodrilos, y de la virtud nuevamente descubierta en sus colmillos_____353

Capítulo XIX. Modo de cultivar sus tierras los indios, y los frutos principales que cogen_____361

Capítulo XX. Prosigue la materia del pasado _____366

Capítulo XXI. Árboles frutales, que cultivan los indios. Yerbas y raíces medicinales, que brota aquel terreno _____373

Capítulo XXII. Caserías en los campos rasos. Variedad de animales y aves, que los indios logran en ellos; y daños graves, que hacen las hormigas _____380

Capítulo XXIII. Turbación, llantos, azotes y otros efectos raros, que causa el eclipse de la Luna en aquellos gentiles _____388

Capítulo XXIV. Estilos que guardan aquellos gentiles en sus casamientos: la poligamia, y el repudio _____394

Capítulo XXV. Pregúntase, si se aumenta o disminuye el número de los indios, haciendo el cotejo del tiempo en que eran gentiles, con el de ahora, en los que ya son cristianos _____399

Capítulo XXVI. Rechazadas dichas causas, se prueba ser insuficientes para la disminución ya propuesta de los indios _____403

Capítulo XXVII. Respóndese a un argumento contra lo ya dicho, y se señala la causa genuina de la disminución de los americanos _____ 411

Carta de navegar en el peligroso mar de indios gentiles _____ **418**

§. I. Del misionero, su vocación y aparejo _____419

§. II. Causas principales de disturbios _____420

§. III. Máximas prácticas_____422

§. IV. Avisos prácticos _____426

§. V. Reflexiones, que animan y fortalecen el ánimo del misionero de indios _____429

Libros a la carta_____ **435**

Brevísima presentación

La vida

Joseph Gumilla (1686-1750). España.

Gumilla nació el 3 de mayo de 1686 en Cárcer (Valencia), y a los diecinueve años se integró en una expedición de misioneros jesuitas que viajó al Nuevo Reino de Granada.

Tras estudiar filosofía y teología en la Universidad Javeriana de Bogotá, Gumilla recorrió como misionero la región de los Llanos del Orinoco. Más tarde se desempeñó como rector del Colegio de Cartagena, como superior de la Orden (1724-1730), viceprovincial del Nuevo Reino y procurador ante Madrid y Roma (1738-1743). Sin embargo, decidió regresar a América y continuar su actividad en el Orinoco, donde pasó los siete últimos años de su vida como ermitaño.

El trópico como objeto de estudio

El padre Gumilla fue un investigador minucioso del trópico, la medicina indígena, la geografía, la economía y los idiomas autóctonos; y fundó varias poblaciones en los ríos Apure, Meta y en el Orinoco.

Su *Historia natural* fue durante mucho tiempo una referencia relevante para los científicos interesados en la naturaleza de la zona. Y el principio del Uti possidetis juris (Como poseéis, seguiréis poseyendo), que rigió la partición de las nuevas repúblicas que aparecidas en América durante el siglo XIX, estuvo influido por la presencia de los jesuitas en la cuenca del Orinoco (José Gumilla, Bernardo Rotella y otros).

Tomo I

Prologo para inteligencia de la obra

Práctica es corriente la de aquellos ricos misioneros, que en la América Meridional, con el beneficio del agua, examinan las entrañas de la tierra, entresacando de ella las preciosidades del oro, seguir cuidadosos la vena y veta más fecunda y rica, apartando a un lado la tierra, que o estorba o impide la consecución del tesoro que se busca; más ya conseguido éste, no desprecian ni echan en olvido aquella tierra, al parecer abandonada, antes bien la benefician con mucho cuidado y no poca utilidad. No de otra manera la sutil pluma y caudalosa elocuencia del padre Joseph Casani formó la Historia general, así de la provincia, como de las misiones que la Compañía de Jesús tenía en el Nuevo Reino de Granada, Tierra Firme de la América Meridional, entresacando con destreza las más preciosas noticias de los manuscritos originales, y apartando todas aquellas que pudieran ocasionar digresión molesta, o interrumpir el precioso hilo de su Historia: este material o terreno (digámoslo así) abandonado, he determinado cultivar, suave y fuertemente compelido de los ruegos de muchas personas, a quienes no puedo disgustar, y cuya insinuación sola bastaba para darme por obligado; cuyo dictamen es, que en su línea será el fruto de este mi corto trabajo, no menor que el de la Historia general. Dicen en su línea, y con mucha razón; porque la pluma que describe dicha Historia, como de Águila Real, vuela, y se remonta; descifrando las fundaciones de los Colegios, y las de aquellas arduas misiones y poniendo a nuestra vista heroicas empresas, singulares ejemplos y virtudes de varones muy ilustres, que florecieron en aquella mi apostólica provincia para modelo y ejemplar nuestro.

Pero mi pluma apenas se levantará del suelo, ni perderá de vista el terreno a que se aplica, para dar noticia de algunas cosas de inferior tamaño; solo haré algunas reflexiones, que den luz y prevengan los ánimos de los operarios que Dios nuestro Señor llamare al cultivo espiritual de aquella mies; fin a que miró el padre Antonio Ruiz de Montoya, para dar a luz la Conquista Espiritual de las gloriosas misiones del Paraguay, y el padre Andrés Pérez de Ribas los Triunfos de la fe, conseguidos en la Nueva España por los misioneros de Sinaloa, Topia y otros Partidos: los padres Combes, Colín y Rodríguez en sus Historias de Filipinas, Mindanao, y Marañón: el padre Nicolás Trigault, misionero e Historiador del Nobilísimo Imperio de la China, y otros muchos Jesuitas, que al estudiar lo Natural, Civil y Geográfico de sus respectivas misiones, nos dejaron de paso mucha enseñanza y mucha luz. Verdad es, que ni puedo ni pretendo compararme con tan insignes varones y eruditos Escritores; pero procuraré (aunque a lo lejos) seguir sus huellas: apuntaré lo que ocurriere, y lo que ofreciere el contexto de la Historia: apartaré como tierra inútil, lo que hallare no ser conforme con la realidad de lo que tengo visto y experimentado, sea porque se han variado las cosas, o alguna circunstancia de ellas, o sea porque se han extinguido unas, e introducido otras en su lugar, como acontece en los usos y costumbres, guerras o paces, que se varían y dan vuelta al tiempo, a cuyo compás se mueven, y de cuya inconstancia participan.

Y porque las tareas de los padres misioneros (con quienes principalmente hablo) no solo miran por la salud eterna de las almas, sino también por la temporal de los cuerpos; notaré las enfermedades propias de aquellos países, y sus remedios que la necesidad y la industria han descubierto en aquellos retiros: ni omitiré los antídotos, que se han hallado eficaces contra las víboras y otros animales ponzoñosos, de que abunda todo aquel vasto terreno: parte de lo cual, y de otras noticias curiosas, apunta de paso la citada Historia general, por ser más alto y más noble su principal asunto. No obstante, no repetiré en esta Historia lo que ya está escrito en aquella, sino en tal cual materia, en que el tiempo ha introducido alguna novedad o algunas noticias dignas de comunicarse; las cuales deben mirarse únicamente como migajas caídas de aquella abundante Mesa, y como fragmentos menudos, que recogí en los desiertos del Orinoco, para que no perezcan en la soledad del olvido; en lo cual sigo la solicitud oficiosa con que Ruth recogía las espigas, que ya naturalmente, ya de industria, caían de las manos de los operarios de Voz. De modo, que la cosecha abundante de copioso grano, en muchas y muy selectas noticias, hallará el curioso en dicha Historia general; y en ésta, solo el residuo de algunas espigas, fragmentos y migajas, con quienes concatenaré las cosas singulares que observé y noté acerca de las aves, animales, insectos, árboles, resinas, yerbas, hojas y raíces: demarcaré también la situación del Orinoco y de sus vertientes: apuntaré el caudal de sus aguas, la abundante variedad de sus peces, la fertilidad de sus vegas, y el modo rústico de cultivarlas: hablaré (con alguna novedad) del temperamento de aquellos climas, de los usos y costumbres de aquellas naciones: daré mi parecer en algunas curiosas y útiles disertaciones; y por último insinuaré de paso algo de lo que fructifica en aquellas almas la luz del Cielo por medio de los operarios, no solo de la Compañía de Jesús, sino también de otras esclarecidas religiones, en cuya confirmación referiré no pocos casos singulares: todo el cual conjunto y agregado de noticias dará motivo para que el gran río Orinoco, hasta ahora casi desconocido, renazca en este Libro con el renombre de ilustrado, no por el lustre que de nuevo adquiere, sino por el caos del olvido, de que sale a la luz pública.

En el estilo solo tiraré a darme a entender con la mayor claridad que pueda, y no será poca dicha si lo consiguiere; porque acostumbrado largos años a la pronunciación bárbara, a la colocación y cláusulas, de los lenguajes ásperos de aquellos indios, será casualidad, si corriere mi narración sin tropiezo, ya en la frase, ya en la propiedad de las palabras: no obstante procuraré que mi pluma unas veces ande, y otras veces corra al paso del río Orinoco, cuyas vertientes sigue: éstas forman un fluido y dilatado cuerpo con la insensible y pausada agregación de inmensas aguas, hijas de muy diversos y distantes manantiales, que naturalmente corren a su centro, sin otro impulso que el de su peso. Ya aplica sus caudales a enriquecer y fecundar sus deliciosas Vegas: ya los explaya en anchurosos lagos; y ya con furia los aparta destrozados del duro choque de incontrastables rocas: variedad natural, que si hermosea el flujo natural del caudaloso Orinoco, debe dar el ser y la hermosura a la Historia Natural, que el mismo río nos ofrece con amena variedad, para evitar el fastidio, y con novedad para conciliar la atención.

Por lo que mira a la solidez de la verdad, basa principal y fundamento de la Historia, protesto, que lo que no fuere recogido aquí de las dos Historias manuscritas por los padres Mercado y Ribero, ambos varones de heroica virtud y Venerables en toda mi provincia; serán noticias hijas de mi experiencia, y de aquello mismo que ha pasado por mis manos, y he visto por mis ojos, no sin cuidadosa observación. Cuando ocurra referir alguna cosa habida por relación ajena, no será sino de personas fidedignas, que citaré a su tiempo, con los demás Autores que apoyaren aquellas o semejantes materias. No obstante todo lo dicho, debo manifestar la notable repugnancia con que emprendo esta Obra, que va a manos de doctos indoctos; los peritos, como versados en Historias de éste y del Nuevo Mundo, no me retraen; pero la crítica de los que por no tener más que aquella corta luz, que en sus países les da en los ojos, miden por sola ella lo restante del Orbe Terráqueo, reputando por Parábola todo lo que excede a sus diminutas especies: aunque por vulgar debe ser despreciable, por el mismo caso se debe temer; cuando vemos que lo más vulgar suele ser lo más plausible. Debo entretanto prevenir a los que miran como fábulas las realidades del Mundo Nuevo, con la noticia cierta de que están muy bien correspondidos, por otro gran número de americanos, que con otra tanta impericia y ceguedad, miden con la misma vara torcida las noticias de la Europa, con que acá miden estos deslumbrados las que vienen de las Américas. Es cierto que la notable distancia no solo desfigura lo verdadero, sino también suele dar visos de verdad a lo que es falso; pero la prudencia dicta, que antes de formar juicio decisivo, se haga madura reflexión sobre la persona que da la tal noticia. Entretanto quisiera hallar algún colirio, para aquellos que apenas ven, por más que abran los ojos; y se me ofrece, que para los tales no hay otro, sino ensancharles la pintura, añadir más vivezas a los colores, y dar al pincel toda la valentía factible: de modo, que vista con claridad la existencia innegable del Nuevo Mundo americano, vean que siendo nuevo aquel todo, han de ser también nuevas las partes de que se compone; porque no solo se llama Mundo Nuevo, por su nuevo descubrimiento; sino también porque comparado con este Mundo antiguo, aquel es del todo nuevo, y en todo diverso. De aquí es, que para su cabal comprensión, son precisas también ideas nuevas, nacidas de nuevas especies para el todo nuevo, y para cada parte de por sí; aquel terreno, fecundo de muchos y riquísimos minerales de plata, oro y esmeraldas, a los europeos pareció, y realmente es nuevo: las costas de aquellos mares, por la frecuente pesquería de perlas y de nunca vistas margaritas, por el ímpetu de sus corrientes, por lo incontrastable de sus hileros y canales, todo es nuevo: los ríos formidables, por el inmenso caudal de sus aguas, por las diversas y jamás vistas especies de peces, por las arenas, ya de plata, ya de oro, que desperdician por sus playas, son, y siempre parecen nuevos. Ni causa menor novedad ver hermoseados los bosques y las selvas con árboles de muy diversas hojas, flores y frutos, poblados de fieras y animales de extrañas figuras, y de inauditas propiedades, y hermoseados y aun matizados de aves singularísimas en sí, en la variedad de sus vivísimos colores, y en la gallardía de sus rizados plumajes: y aun crece la novedad en cada paso de los que se dan en las campañas; cuyos naturales frutos y frutas, en la fragancia y suavidad al gusto, se diferencian tanto de los nuestros, cuanto aquellos climas distan de estos. A vista pues de tantas cosas nuevas, es preciso que no cause novedad el que los hombres, que la Divina Providencia destinó para que disfruten tierras, mares, ríos, bosques, prados, y selvas nuevas, parezcan también hombres nuevos, y nos causen tanta menor novedad, cuanto menos se reconoce en ellos de racional.

Así es, y asentando el pie sobre esta firme basa notemos, que aquella novedad de hombres americanos, que por extraña se admira, y por irregular no se cree, fue antigua, y peinó muchas canas en nuestro Mundo antiguo. ¿Qué hombres se hallaron, y cada día nuevamente se descubren en las Américas? Hombres sin Dios, sin ley, sin cultivo, toscos, agrestes, con un bosquejo craso de racionalidad; ¿pero que más tuvieron?, ¿qué otras señas dieron por tan largos siglos, casi todas las naciones de nuestro Mundo antiguo? digo casi, para exceptuar únicamente al pueblo escogido de Dios; pero recórranse las Divinas Letras, y apenas se hallará barbaridad entre los indios más silvestres, que no ejecutasen primero, los hebreos: y si tal fue el porte del pueblo escogido, cultivado y enseñado por el mismo Dios, ¿cuál sería el desbarato del resto de los hombres entregados a la idolatría?

Es cierto que en las misiones de la América cada día descubrimos hombres, que parecen fieras, y tal barbaridad en ellos, que pudiera reputarse por naturaleza, a no ser fruto necesario, y maleza, hija de una total falta de cultivo: ¿pero qué otro porte?, ¿qué otro estilo registramos con horror en los archivos de la antigüedad, no solo entre los Escitas, sino también entre los Egipcios, Atenienses y Romanos, aun cuando blasonaban que sola Minerva dirigía sus aciertos?

¿Pero para qué es recurrir a las sombras de la antigüedad, si en nuestros días vemos tantas lástimas que llorar?, ¿tanto más disonantes, cuanto más indignas de gentes, a quienes rayó y aun ilustró de asiento la luz santa del Evangelio? Presurosa vuela con el pensamiento la pluma sobre las infelices regiones de la África y de la Asia, por no contaminarse con las feas necedades de Mahoma, seguidas a ojos cerrados de innumerables pueblos y naciones; y falta valor al pulso para insinuar los delirios de las bárbaras naciones, que hoy viven en aquellas dos principales partes de este Mundo antiguo: sí bien no le faltan al Divino Pastor de nuestras almas apriscos muy apreciables, que en medio de tanta maleza están al cuidado de los misioneros, así de la Compañía de Jesús, como de otras sagradas religiones; pero prevalecen las tinieblas tan palpables, como las que antiguamente confundieron a Egipto. Nuestra Europa, tierra de Jesén, ilustrada por el Divino Sol de Justicia, es feliz; y fuera enteramente dichosa, si tantas nubes negras y preñadas de malicia, impelidas del pestífero y siempre maligno

Aquilón, no infestasen tanta parte de muchas nobles provincias con tempestades de nuevos y antiguos errores, para ruina eterna de innumerables almas. Y en fin, si en nuestro escogido pueblo, dichoso término de la iglesia santa, y delicioso Jardín del Señor, vemos con lástima cuantas espinas de vicios, y cuantos abrojos de escándalos retoñan, a pesar del continuo cultivo de tantos y tan incansables operarios: si lloramos la perdición de innumerables ovejas, que voluntariamente se despeñan a la vista, y con íntimo dolor de sus vigilantes Pastores: ¿quién habrá que extrañe; a quién no causarán novedad los errores, delirios, ceguedad y bárbaras costumbres; que voy a referir de las incultas y ciegas naciones del Orinoco y de sus vertientes?

Nadie por cierto; antes bien me persuado que piadosamente enternecidas nuestras almas por la ciega ignorancia de aquellas, levantarán sus clamores al Soberano Dueño de aquella mies, para que cuanto antes envíe muchos y muy esforzados operarios que la recojan, disponiéndola para que reciba las Celestiales influencias, y aquella misma luz de gracia, que tantas y tan dilatadas provincias de las dos Américas han recibido ya para tanta gloria de su santo nombre, y salvación de un número sin número de indios; y para que aquella verdadera fe, culto y adoración a Dios, desterrada de tantas provincias de este Mundo antiguo (a violencias de la malicia y del error) que por la Bondad Divina han puesto su tronco en tan vastas y numerosas Regiones de las dos Américas, ensanchen su dominio hasta los últimos términos del Nuevo Mundo; y la Celestial luz, que como aurora raya nuevamente sobre nuevas e incultas naciones, pase cuanto antes al claro y perfecto día de aquella gracia, que sola puede convertirlas en Soles, que resplandezcan en perpetuas eternidades.

Introducción a la primera parte

La historia que voy a emprender, natural, civil y geográfica del río Orinoco, comprenderá países, naciones, Animales y Plantas incógnitas, casi enteramente hasta nuestros días: para cuya cabal inteligencia se requieren especial claridad y método. Lo uno y lo otro procuraré en cuanto pueda: para lo cual no saldré un paso fuera de los límites, que me he propuesto, sino fuere para comprobar la materia que lo requiere, o para refutar lo que no dice con la verdad de lo que tratare. Y para que con más suavidad corra el hilo de la narración, quiero allanar de antemano el tropiezo, que en casi todos los capítulos de esta historia (por la novedad de las materias) veo que precisamente se ha de ofrecer: prevención, a mi entender, necesaria, por lo que he experimentado y observado en Italia, Francia y España; en donde tratando de estas mismas materias con personas de notoria y calificada erudición, me han molestado con redarguciones, que no hicieran, si reflexionaran, que al paso que se varían los climas, se deben variar los frutos de la tierra, que les corresponden; y que aquí ni vale ni tiene fuerza la paridad. «¿Cómo es posible (me han replicado muchas veces) que en el Orinoco no haya trigo, vino, ni ovejas, cuando las Historias y los Prácticos de las Américas nos dicen, que en Chile, Paraguay, Lima y México hay abundancia de ello?» Respondo, que si al mismo tiempo esos declarantes hubieran dicho o escrito las excesivas distancias, que los países nombrados tienen entre sí, y la notable variedad de climas que median entre unos y otros extremos, no hubieran dejado lugar a ésta ni a semejantes réplicas: es necesario hacerse cargo, que la basta extensión de una y otra América excede mucho al concepto ordinario que se hace de ella; porque allá las leguas se cuentan a millares, y los viajes de quinientas y de seiscientas leguas se reputan por ordinarios: de modo que el Arzobispado de Santa Fe del nuevo reino (sin hablar de sus tres Sufragáneos) comprende un tanto más de terreno del que ocupa toda la España. Mídase desde Varinas a los Remedios, Leste Oeste; y desde Mérida a San Juan de los llanos, Norte Sur, términos de dicho Arzobispado, y se hallarán en la primera línea más de cuatrocientas, y en la segunda más de quinientas leguas, si no por elevación, a lo menos por lo arduo y fragoso de los caminos. Esta es una corta parte: ¿qué será el todo? ¿Quién habrá pues que en tales distancias y en tan diferentes climas pueda inferir los frutos del uno por los que produce el otro? Y más cuando aquí en un palmo de tierra (que no es más, comparado con aquella inmensidad de países) se halla la misma razón de dudar. v. g. ¿Por qué en los reinos de Murcia y Valencia abunda la seda, arroz y otros frutos, y no en las Castillas? ¿Por qué las tierras Australes de España y Francia carecen de aceite y otros frutos, de que abunda la Andalucía en España y en Francia, el Languedoc y la Provenza? Y si la corta variedad de cinco o seis grados de altura polar vasta aquí para esta notable variedad de frutos, de unas respecto de otras provincias, ¿qué diremos de los reinos de las Américas, que distan unas de otras ya treinta, ya cuarenta y aún pasan, si careamos la Meridional y septentrional, de setenta grados arriba de distancia?

El que extrañen muchos que en Lima, Quito, Santa Fe de Bogotá y otros temperamentos semejantes, se halle siempre flor en muchos árboles, frutos verdes y maduros, nace de no haber reparado, que en los algarrobos, limoneros y naranjos en los reinos de Valencia y Murcia sucede lo mismo: y los madroños en dichos reinos; en el de Cataluña y en la Provenza se dejan ver por septiembre y octubre coronados de flores, y recargados de frutas verdes y maduras.

Por lo que mira a frutas, frutos y animales extraordinarios, y de inauditas propiedades, vengo en que debe causar novedad y armonía su noticia; pero negarlos, o porque no los hemos visto, o porque no haya Autor que escriba de ellos, fuera (a mi ver) vulgaridad exorbitante. En aquellos efectos, que por salir fuera del ordinario curso de los otros, llamamos milagro, ya de la gracia, ya de la naturaleza, como son recomendación viva del Supremo Criador de todo, cuando en ellos no se hallare contradicción, repugnancia ni contrariedad, no hay razón para poner tasas ni límites a la Divina Omnipotencia, para que no los pueda producir: ni una vez zanjadas y comprendidas las señales de racional y prudente credibilidad en orden a su existencia, puede caber el negarla; porque de otro modo se volvieran totalmente inútiles las Historias.

Esta, a que aplico mi atención, tengo el consuelo de que no será inútil; porque sea lo que se fuere del dictamen que otros formarán de ella: por lo que toca a los operarios que Dios nuestro Señor llama, y con el tiempo llamará al cultivo de aquella su Viña americana, que si abunda en frutos, le resta mucha maleza que desmontar, no dudo que la recibirán con gusto, y que les servirá mucho tener de antemano estas noticias; muchas de las cuales en la práctica, no se adquieren, sino a fuerza de congojas y amargas pesadumbres, que podrán evitar, una vez impuestos en la especulativa.

No obstante esta anticipada prevención, como esta historia ha corrido por todas manos, ha sido examinada por tanta variedad de genios, y revista por tantos ojos, unos linces, y otros argos: no es de extrañar haya sido registrada por otros, semejantes a los de aquellas Aves nocturnas, que abominando la luz, buscan y hallan su gusto y consuelo entre las sombras de la noche: Búhos funestos, que aficionados a los melancólicos sombríos, cierran los ojos, porque, o no gustan, o no pueden ver la hermosa Aurora, que les convida con la belleza de los prados y jardines. Esto mismo di por supuesto en mi Prólogo, y así no me causa novedad lo acaecido. Algunas personas han dificultado, con ánimo de averiguar más la verdad, y otras, así españolas como Extranjeras, de la más sobresaliente Literatura, y de la más ilustre nobleza, cultivadas en las bellas letras, se han dignado reconvenirme sobre lo lacónico de algunas noticias, que indican más fondo del que ligeramente apunté: por lo cual en esta impresión procuraré dar a todos satisfacción, sin detrimento de la brevedad que deseo.

Y porque no solo he de responder a las dudas de las personas que dificultan con fundamento, sino también a otras, será preciso que mis respuestas sean correlativas, no solo a las dificultades, sino también al modo de dificultar; y que de paso hagan algún eco al modo con que se propusieron: de donde nacerá la variedad de frases, con que me introduciré en las adiciones que prometo: y así digo que en las primeras cláusulas de cada adición se verá propuesta la duda y el modo de dudar; y en el contexto se hallará la respuesta pretendida, roborada y autorizada.

Capítulo I. Da a conocer la una y otra costa marítima por donde se abrió paso el río, Orinoco y resumen de las primeras noticias que de él hubo: sus descubridores: intentos y diligencias de los extranjeros para poseerle; y la fundación de su única ciudad Santo Tomé de la Guayana

§. I

La primera diligencia de un perito Arquitecto, a quien un gran Señor encarga la fábrica de un magnífico Palacio, es formar en su mente la idea, y después, mediante las proporciones del compás y la regla, hacer visibles en un Plan las singulares maniobras que dibujó en su fantasía: diligencia precisa, pero no suficiente para todos; porque si bien el diestro en la facultad a la primera vista de aquel ceñido pitipié formará cabal concepto de la soberbia máquina que representa, al contrarío, para el no versado en ella es precisa larga explicación, para que comprenda el diseño.

A ese modo y por el mismo fin, en la fábrica (no magnífica, sino natural) de esta historia gravé en su frontispicio todo el terreno, sobre que a paso lento girará mi pluma, individuando variedad de curiosas noticias. Para que los que están en los términos de la Geometría, comprendan la situación y altura polar, así del Orinoco, como de sus vertientes y terrenos que fecundan, vasta la primera ojeada del Plan propuesto; pero como no escribo para solos los doctos, habré de acompañar al Orinoco, desde las vertientes que hoy están descubiertas, hasta que con inmenso caudal rinde al Océano su tributo, endulzando por muchas leguas sus amargas espumas. Lo que dio motivo a que en aquellos antiguos Mapas (gravados a expensas de continuos peligros de los primeros Conquistadores) en las bocas del Orinoco se pusiese este letrero: Río dulce; el cual (a mi ver) no fue error de la pluma, sino del buril, gravando Río dulce, donde para decir algo, debía haber escrito Mar dulce: ni tiene otras señas un río tan formidable, que después de destrozado en más de cincuenta bocas, ocupa ochenta leguas de costa, rechazando al mar de sus linderos, para introducirse soberbio al tiempo mismo que corre presuroso a rendirse. A cuyo orgulloso de ímpetu opuso el sabio Autor de la Naturaleza la isla de la Trinidad de Barlovento; si ya no es que la furia de dichas corrientes rompió aquellas cuatro bocas, que por su peligrosa rapidez, se llaman de los Dragos, y desprendió a la isla de la tierra firme de Paria. Lo cierto es que hasta hoy prosigue la porfiada batería con que los hileros y corrientes del Orinoco, después de consumida la tierra, tiran a consumir los duros peñascos, que sirven de antemural a la isla, sin más ventaja que el blanquearlos con el perpetuo choque de olas y de espumas: y aun por eso se llama aquella costa, la de los Blanquizales: pero descendamos ya a individuar.

§. II. De la costa por donde se abrió paso el río Orinoco, para desahogar en el Golfo sus corrientes

Por dos motivos omití en la primera impresión la breve descripción, que voy a formar de la costa de Paria, Guayana y Cayana (que en contraposición de la del Perú, que es la del Sur, se llama del Norte) porque lo primero me pareció no ser conveniente entretener, registrando las costas, a los deseosos de entrar desde luego a ver y reconocer el grande caudal y las demás cosas que singularizan al río Orinoco: lo segundo y principal, porque temí dar disgusto a los curiosos, poniéndoles en la misma fachada de este Libro las noticias de una costa, que como para mí son en gran parte melancólicas, creí lo habían de ser también a los Lectores. Pero supuesto que no me puedo negar a las personas, cuya sola insinuación fuera para mí de mucho peso, de tal modo correrá mi pluma, que al delinear una y otra costa, gravará lo geográfico y natural de ellas, sin hacer pie en lo civil y económico. Siguiendo la ingeniosa práctica de aquellos diestros

Pintores, que desperdician con cuidado algunos colores entre confusas pince-ladas, para que aquellos lejos mal expresados al uno y otro lado, hagan resaltar, y den hermosura al país ameno, que pretenden dibujar y matizar en el centro.

El Golfo Triste, nombre que le dio el Almirante Colón; o Mar Dulce, como quieren otros, es campo muy corto para recibir las inmensas corrientes del río Orinoco. Porque siendo así que la boca grande, que llaman Boca de navíos, des-agua a notable distancia del Golfo Triste hacia la parte Oriental de la costa, donde rechaza todo el golpe del Océano con tanto ímpetu, que su corriente domina palpablemente mar adentro entre las islas del tabaco y de la Trinidad: con todo, las restantes bocas, que rompen por el Golfo Triste, atropellan con tal furia los embates del mar por más de cuarenta leguas de Golfo, que los violenta a salir por las bocas de los Dragos. Y el choque furioso de unos montes de agua con otros, protesta Colón, que le pusieron en la mayor confusión, espanto y peligro de cuantos había experimentado en todas sus largas y peligrosas navegaciones.

La isla de la Trinidad de Barlovento puso la Providencia Divina como ante-mural de peña viva, para quebrantar en parte la soberbia de los raudales del río Orinoco enfrente de la mayor parte de sus bocas. De nueve grados de latitud para arriba corre la isla de la Trinidad hacia el Norte, y en el trescientos dieciséis y diecisiete de longitud: y a la verdad, si Colón discurrió, viendo tal amenidad en las costas de Orinoco en el mes de agosto, que había encontrado el Paraíso terrenal, por los mismos motivos le daría el mismo elogio a esta fértil y amena isla, a quien ninguna de las de Barlovento le hace ventaja en lo fecundo. Toda ella es un con-tinuo bosque de maderas exquisitas, como son: Cedros, Nogales, Guayacanes, Pardillos y otras muchas maderas apreciables para construir Embarcaciones: hay copia de Palmares de Cocos, que sin sembrarlos da de suyo la isla: el terreno y temperamento son muy proporcionados para la Caña de azúcar, y lo muestra la experiencia. En las orillas de los caminos y en los rastrojos nace de suyo el Añil con tanta abundancia, como en otras partes nacen los abrojos y otras malezas: crecen las parras, y llegan a sazón las uvas: hay abundancia de Naranjas agrias y de la China: de las Cidras y Limones, por la abundancia, no se hace caso: las cosechas de Maíz son tan abundantes, que se lleva a vender a la isla Margarita y a otras partes.

Pero lo que más se apreció en esta isla, fue el grano del Cacao: cogíase en abundancia: excedía en lo exquisito del sabor al de Caracas y al de las otras costas: era tan apetecido y buscado, que de ordinario prevenían a los dueños con la paga antes de llegar la cosecha, para mayor seguridad de conseguirle: y veis aquí la raíz mal advertida en los principios; de que se originó con el tiempo, primero el atraso de la paga a los acreedores, después la tardanza en pagar los diezmos; y en fin, el que lo paguen ahora todo junto, no sin lágrimas, desde el año de 1727, en que Dios les quitó por entero las cosechas del Cacao a todos los de la isla, menos a uno de los vecinos de ella, que pagaba el diezmo con la debida puntualidad, como es cierto y notorio, no solo en dicha isla, sino en la otras, y en la costa de Tierra Firme. En su capital de San Joseph de Oruña oí de ellos mismos el caso repetidas veces; y en los quince días de misión que les hice, me empeñé en persuadirles los medios más oportunos, para que Dios aplaque su justo enojo, y les vuelva a dar aquel precioso fruto de su tierra.

Y para escarmiento de los que fueren omisos en dar a Dios lo que es de Dios, y tan corto tributo al Dueño Soberano, que lo da todo liberalmente resumiré aquí el caso con brevedad; para lo cual advierto, que entre los árboles que Dios ha criado para la utilidad de los mortales, no sé que en este mundo antiguo se halle alguno, que pueda compararse en la copia de fruto que da a sus dueños, con el árbol del Cacao. Los olivos y las viñas dan su cosecha anual, y descansan lo restante del año, para reforzarse y dar la del siguiente año; no así el Cacao; da su abundante cosecha por el mes de junio, que llaman de San Juan; y al mismo tiempo están nevados de flores los árboles para la cosecha abundante que dan por el mes de diciembre: no lo he dicho aun todo; porque éste es árbol tan agradecido al que le cultiva, que todos los meses le paga al Labrador su trabajo con singular puntualidad; porque de aquellas flores que se adelantan, y de otras que se atrasan, resultan las cosechas intermedias de las mazorcas que todos los meses van madurando. Ni se contenta este bello árbol con recargarse tanto de frutas, que es necesario el apuntalar sus ramas, para que no se desgajen con la carga; sino que también arroja flores y mazorcas por toda la corpulencia de su tronco. Y si acaso el tiempo y las lluvias han descarnado y descubierto, algunas raíces, por ellas arroja sus frutas a borbotones: dígolo con esta frase; porque este fecundo árbol, así como arroja sus flores no de una en una, sino a modo de ramilletes; así retiene las mazorcas de dos en dos, de tres en tres, y muchas más: esto así impuesto, y que los marchantes forasteros anticipaban la paga.

Se llegó el tiempo en que los dueños del Cacao recibían más de lo que podían pagar: en esta cosecha daban palabra de pagar en la siguiente: y no pudiendo cumplir enteramente con ella, pasaron a valerse del Diezmero, ofreciéndole pagar, ya de la siguiente cosecha, ya de las intermedias. Esta palabra no la podían cumplir enteramente, porque también los mercaderes urgían; y así de cosecha en cosecha se recargaron de modo los que debían al Diezmero, que éste quebró y se perdió con los adeudados. En fin vino la flor de la cosecha en que pensaban pagarlo todo; pero por disposición del Altísimo, al llegar las mazorcas al tamaño de una almendra, se cayeron todas (y aun se caen) de los árboles, con el desconsuelo que se deja entender, de los amos.

No convengo en que luego y a ojos cerrados se llame castigo de Dios aquello, que tal vez con serio y diligente examen se hallará que proviene de causas naturales. Los enemigos del Cacao en flor y tierno son los hielos y los vientos nortes: hielos no los permite el templo perpetuamente cálido de aquella isla: contra los Nortes, que en ella rara vez corren, hay el resguardo de otras arboledas inmediatas y bosques espesos: los árboles del Cacao, aunque ya abandonados y cerrados de maleza, se mantienen lozanos florecen, y se les cae la fruta tierna; y así es aquí preciso buscar superior causa, y confesar con toda humildad (como lo confiesan aquellos Isleños) que éste fue castigo de Dios por la culpable omisión en pagar los diezmos. Y a la verdad en este caso ató su majestad las manos a la crítica; porque como dije, quitó el Cacao a todos, menos a N. Rabelo, oriundo de Tenerife, una de las islas Canarias, que era el único que pagaba, y prosigue pagando con toda puntualidad su diezmo, no solo de los árboles, que por aquel tiempo tenía fructíferos, sino de los que ha ido añadiendo, y van fructificando. Si se quiere replicar que la hacienda de Rabelo tal vez está fundada en mejor migajón de tierra y en sitio más abrigado, responden los mismos vecinos de la isla, que no; y que Dios ha premiado a éste su puntualidad, y que todavía reprende con este ejemplar su mal considerada omisión.

Aunque no nos habíamos apartado mucho de ella, volvamos a mirar con mayor cuidado la misma isla: toda ella convida y provoca a su cultivo con la abundancia de otros frutos, ya que por ahora está privada del más principal. Ella tiene suficiente gentío para defenderse de los enemigos, como se ha visto siempre que ha sido acometida; porque ella misma es su mayor defensa con la continuada espesura de bosques impenetrables. La práctica ha sido retirar sus haberes, mujeres y chusma: ponerse en emboscadas, y dejar entrar al enemigo por los dos únicos caminos que han abierto por el bosque: uno del Puerto de España, y otro del de Caroni. Viendo la isla sin una alma y sin bienes que saquear, tratan de retirarse los enemigos, y aquí es cuando oyen los tiros de las escopetas, ven caer muertos a sus compañeros, unos llenos de flechas, otros al golpe de las balas sin ver a los que las disparan, y sin atreverse a penetrar el bosque donde ven que hay mayor peligro; y así han padecido grandes pérdidas, y les han servido de escarmiento. Lo más singular que tiene esta isla, son los minerales o manantiales de Brea: manantial llamó un lago de Brea líquida, que está no lejos de la punta o cabo del Cedro. En la medianía del camino que hay desde la capital a uno de aquellos pueblos de indios, poco antes que yo fuese a la isla, se hundió una mancha de tierra por donde estaba el camino, y luego en su lugar remaneció otro estanque de Brea, con espanto y temor de los vecinos, recelosos de que cuando menos piensen, suceda lo mismo dentro de sus poblaciones. Poco más al Oriente del cabo del Cedro, en el mismo batidero del mar, hay un mineral de Brea endurecida, a modo de pizarra o de greda seca: él es inagotable; porque todos los pasajeros dan fondo allí, y cargan mucha cantidad de ella: (y yo también llevé para el calafate de las Embarcaciones de que usamos en Orinoco) a poco tiempo crece o renace otra tanta, y llena los huecos de la que se han llevado, al modo de lo que sucede en las minas de sal de piedra, que también crece y llena el hueco de la que se sacó. Los prácticos de la isla, que iban conmigo, me aseguraron dos cosas: la una que por estar cerca el lago de Brea líquida, están todos persuadidos que aquella que allí se endurece, es la que del lago se transmina; lo que no es difícil de creer: la otra cosa que aseguraban es, que algunos navíos extranjeros van a cargar de Brea: que la sólida echan por lastre, y la líquida llevan en pipas y barriles. Valga esta noticia según el dicho de los tales, y no más; porque después no se me ofreció oportunidad para averiguarla más; sí bien por ser hijos de aquella isla, no es despreciable su relación.

Si esta isla se puebla con la gente que requiere el cultivo de toda ella, lo primero, los frutos que llevo insinuados (especialmente el Añil) fundarán un grande comercio con notable utilidad de la Real corona; lo segundo y principal, las naciones bárbaras y los indios, que después de haber quitado las vidas a cinco Venerables padres capuchinos, se hicieron a monte, se podrán domesticar, y reducir a nuestra santa fe: y en fin se lograrán las utilidades que de lo que llevo referido, fácilmente se deducen. Pero ya es tiempo de que sin salir de esta isla, demos una ligera, ojeada a una y otra costa, de la Tierra Firme.

Desde el promontorio o cabo que se levanta en la parte Occidental hacia las bocas de los Dragos, se descubren las altas Serranías de la costa de Paria: muros en que el Océano rompe sus oleajes con estrépito furioso, y es terreno que pertenece al gobierno de Cumaná, aunque no está del todo sujeto; porque por más que se han esforzado y trabajado los reverendos padres capuchinos de la provincia de Aragón en su ministerio apostólico, todavía hay naciones de gentiles en aquellas costas, que gustan más de la amistad y trato con los extranjeros: punto digno de la atención y reparo que requiere.

Digo pues que desde este cabo avanzado de los Dragos, en que nos consideramos hasta Cumaná, hay cincuenta leguas de costa: hasta la Guaira, puerto de Caracas, se computan doscientas leguas: hasta la boca de la laguna de Moraibo doscientas y sesenta; y hasta Cartagena poco más de trescientas leguas. No me detengo en apuntar la fertilidad de estas costas, por ser notorias: ni quiero decir la pena y lástima que me acongoja, viendo que aunque en ellas hay gran número de indios reducidos a nuestra santa fe, con todo en Cabo de Vela, en la provincia de Maracaibo, en la de Santa Marta, y en la de Cartagena hacia el Dariel, y desde éste hasta Portovelo y Panamá hay tanta multitud de gentiles por domesticar, y tantos los daños que hacen a los cristianos, así españoles como indios, que rehúsa la memoria trasladarlos a la pluma. Por lo cual, pasemos a la parte Oriental de la isla, y puestos en la punta o cabo de la Galera, observaremos la costa Oriental de la Tierra Firme; y aunque es preciso ver en ella mayores lástimas, por más que procuremos cerrar los ojos, con todo pasemos de largo por las colonias de Esquivo, Berbis-Corentín, y no hagamos pie en la ciudad de Surinam, costa de que se apoderaron los holandeses después de largos debates con los indios Caribes y Aruacas; cuya amistad ganaron finalmente, sin otra mira que la del comercio y del interés; pues sus ministros y Predicantes no han dado muestras de compadecerse, viendo morir sin enseñanza y sin bautismo tantos indios; pero todos cuidan de plantajes de Achote, de Café y de grandes ingenios de labrar azúcar; lo cual me consta de varios de ellos que me buscaron unos para abjurar sus herejías, y otros católicos ocultos, para confesarse; que a todas partes se extiende la paternal piedad de Dios para los que la imploran, y desean salvar sus almas.

Siguiendo la costa, debemos consolarnos al llegar a la Cayana, ciudad y Fuerza regular, con gobernador y capitán general, y la guarnición necesaria, provincia sujeta al cristianísimo rey de Francia: (los menos inteligentes confunden la Cayana con la Guayana, que está en Orinoco a sesenta leguas de las bocas) los frutos del terreno de la Cayana son los mismos que insinué arriba darse en la costa de Surinam. Digo los frutos de la tierra, porque se cogen a manos llenas otros más apreciables para el Cielo en muchas y muy floridas misiones, que los padres de la Compañía de Jesús han fundido, cultivan y aumentan cada día a expensas de la majestad cristianísima. Desde la isla Trinidad hasta la Cayana se computan ciento y cuarenta, y ciento sesenta desde la Cayana al río Marañón

De modo que miradas en común y a lo lejos esta costa y la Occidental, hallaremos que el río Orinoco ocupa y desemboca en la medianía y centro de los dos: véase el Mapa de monsieur Blaew y otros, y se hallará que desde la boca grande del Orinoco hasta el cabo de Norte, donde empieza el Golfo dulce, que resulta del río Marañón, hay trescientas leguas de distancia; y otras trescientas desde la boca última del Orinoco, llamada Manabo, hasta la ciudad de Cartagena. Si algún brazo del Marañón entra en Orinoco, o si entra al mar por la costa de la Cayana, es cuestión curiosa, que trataré en el capítulo segundo de esta primera parte.

El primer descubrimiento de la isla Trinidad del río Orinoco y de Paria fue fruto de los afanes y de la constancia invencible del Almirante Colón en su viaje tercero, año 1498; y fue la primera parte de Tierra Firme que vieron los españoles, de todo cuanto es el basto continente de ambas Américas: gloria que han mirado con ceño las naciones de Europa: blasón y honra que con cautelosa industria procuró apropiarse Américo Vespucio; pero en vano, como prueba muy bien nuestro Herrera, y con muchas hojas el R. padre fray Pedro Simón en su historia. El descubrimiento reducido a Compendio, pasó así:

Oprimido, Colón de los calores de la línea equinoccial, había vuelto ya la Proa hacia las islas Antillas, que tenía conocidas y demarcadas en sus dos primeros viajes: cuando martes, día 31 de julio del citado año, a la hora del medio día, divisaron los tres picachos de las bocas de los Dragos, costa de Paria y de la isla, a quien llamó Colón de la Trinidad; y por consiguiente vieron luego, o poco después, la Tierra Firme: y aunque en ese día y en el siguiente, que fue el primero de agosto, navegaron entre la Trinidad y algunas bocas del Orinoco, no pensó Colón en que fuese Tierra Firme; porque aquellas bocas le parecían otros tantos brazos de mar; y por lo tanto, admirado de la lozanía de las arboledas de las islas del Orinoco, las llamó islas de Gracia; y a la costa de Paria, que en forma de semicírculo ciñe al Golfo, llamó el día siguiente isla santa; no acabando de creer (aunque lo deseaba mucho) que ella fuese Tierra Firme. Pero el día 10 del dicho mes reconocieron las Lanchas cuatro bocas solas, de las muchas que tiene el Orinoco, a quien los indios llamaban Yuyapari: y con la noticia de solas aquellas cuatro bocas se maravilló mucho Colón de que hubiese en el mundo río de tan soberbio caudal, que llenase de agua dulce un tan dilatado Golfo; e hizo otros discursos que refiere Herrera, entre los cuales sacó por firme consecuencia, que tan copioso caudal de agua dulce no podía originarse ni recogerse, sino de muy vastos y dilatados terrenos, y de muy remotas provincias; lo que es tan cierto, que hasta hoy solo conocemos la mitad de las que baña y fecunda el grande Orinoco, cuya descripción (aunque diminuta, por lo mucho que resta por descubrir) es el objeto de esta historia, para la cual ofrece mucho y apreciable material.

Pero séame lícito hacer aquí una breve reflexión sobre el día y circunstancias de su descubrimiento en honor y obsequio de mi grande patriarca san Ignacio de Loyola. Día 31 de julio, día feliz para el Almirante Colón, feliz para la monarquía española, feliz y dichoso para tan innumerables almas de indios, que se han salvado y salvarán, y día muy especialmente feliz, porque le tenía ya destinado la eterna y sabia Providencia del Altísimo, para que a su tiempo celebrase en él (como lo ejecuta) nuestra santa Madre iglesia todos los años la memoria de las heroicas virtudes, celo apostólico y las demás glorias del admirable patriarca san Ignacio, a quien la Rota da el nombre de apóstol, no solo por los ministerios en que se empleó, sino también por los varones apostólicos que repartió por la Europa; y por el grande apóstol san Javier, que envió a las indias.

Y es digno de reparo, que en el año 1491, en que el Almirante Colón, después de concebida aquella alta idea y dictamen, de que hacia el Occidente podía descubrir un nuevo mundo: y al tiempo que en Santa Fe, Vega de Granada, trataba vivamente del descubrimiento con los Reyes católicos don Fernando y Doña Isabel, a ese tiempo nació san Ignacio en Guipúzcoa, en su Casa Solariega de Loyola: y que después descubrió Colón la primera parte de la Tierra Firme de las Américas, y el grande Orinoco en ella, año 1498, al entrar san Ignacio en los siete años de su edad. De modo que al mismo tiempo que a aquella grande alma se le aclaraba el uso de la razón, rayó y amaneció la noticia cierta del nuevo mundo americano; campo basto, en donde con tanto sudor y sangre de sus venas han sembrado y siembran los hijos de Ignacio el grano del Evangelio, con tan abundantes cosechas de almas, como publican aun los enemigos de nuestra santa fe.

De aquí es lícito inferir, que como a la sabia y suprema Providencia del Altísimo está patente toda la serie de lo que ha de venir, sin la menor sombra de aquellas, que para nosotros son y llamamos contingencias; dio su majestad a Ignacio, y le previno con aquella grandeza de ánimo, en atención a la alteza del espíritu y celo apostólico, a que había de subir: y al mismo tiempo que su majestad formaba los senos de aquel grande corazón, descubriría nuevos Mundos, reinos y provincias incógnitas para dilatadas Palestras del ardiente espíritu de Ignacio, que habían de heredar sus hijos. Es verdad que los operarios de la Mínima Compañía de Jesús llegaron más tarde a las indias que los de algunas otras esclarecidas religiones, porque nacieron éstas más temprano que la nuestra. También es cierto, que (exceptuando al glorioso apóstol san francisco Javier y sus apostólicos Compañeros) el resto de aquellos primeros jesuitas, especialmente en las dos Américas, entraron en aquella inmensa mies como Ruth, recogiendo las espigas, a que no podía alcanzar el afán de tan fervorosos y atareados Segadores; pero como el campo era, y aun es, tan sumamente dilatado, dispuso luego el Supremo padre de familias y Dueño de la heredad, que los hijos del grande Ignacio se incorporasen como Ruth con los demás Segadores evangélicos, y a hoz tendida recogiesen las almas de los infieles, copioso fruto y también premio de su fervor y espíritu.

Por todo lo cual me persuado que con altísimo acuerdo dio su majestad al Mundo antiguo las primeras noticias del Mundo nuevo, cuando en Ignacio tiraba aquellas primeras líneas tan singulares, que cada una pudo ser diseño de un gigante de santidad. Y que por la misma causa dispuso y acordó que el día 31 de julio fuese el señalado en el secreto de su eterna Sabiduría, para descubrir a España las Américas, y para que después en ellas, en España y en ambos Mundos, antiguo y nuevo, se celebren todos los años en el mismo día los méritos y gloria singular de san Ignacio.

En fin ruego al benévolo y piadoso Lector prepare su ánimo, y con la más profunda reverencia adore y venere conmigo los recónditos juicios del Altísimo, y la oculta, pero siempre sabia y acertada Providencia del todo Poderoso, al ver y considerar, que siendo Orinoco y sus costas las provincias de todo aquel vasto

Mundo, que se fue descubriendo poco a poco, se ve tantos años ha florecer la religión católica en los dilatados reinos de la Nueva España, del Perú y en muchas de sus recónditas provincias: reducidos a policía y vida racional sus indios: edificadas ciudades populosas con los adelantamientos que son notorios. Y al contrarío, vemos las costas internas y las marítimas del Orinoco todavía llenas de bárbaros, sepultados en las sombras de su ignorancia, y batallando la luz del santo Evangelio, para abrirse paso por entre el horror de aquellas tinieblas. Es verdad que ilustra ya la luz de la santa Doctrina a muchas de aquellas naciones; pero son muchas más las que cierran los ojos, por no ver su claridad, y se tapan los oídos para no oírla ni entenderla, frustrando el anhelo y afán de los operarios, que insisten en procurar su salvación eterna. ¡Oh, quiera la Divina Piedad logren estas naciones el bien que tanto ha logran otras muchas de las Américas! y aunque entren tarde, y casi con los últimos, sean contados entre los primeros; y ya que fueron los primeros en dar buenas esperanzas a los Argonautas españoles, se cumpla en ellos el vaticinio de nuestro Redentor, agregándose cuanto antes estas ovejas perdidas al rebaño de esta santa iglesia.

A este nobilísimo fin, como a centro único, corren todas las líneas de esta breve historia; el cual a la verdad será más asequible, sabiendo los operarios de antemano, las calidades de los terrenos, los genios de las naciones, sus estilos, sus errores, y el método más fácil de domesticar y enseñar a aquellas gentes: para lo cual registremos primero el terreno que ocupan.

§. III. Noticias previas del gran río Orinoco

El primer europeo que vio el Orinoco, y toleró la rapidez de los hileros, que son canales de agua del mismo río, que rompiendo camino por el Golfo, arrebatan las Embarcaciones, aunque sean de alto bordo, fue (como ya dije) el célebre Almirante Colón, en el año 1498; en cuyo Diario apuntó, que atravesando el Golfo Triste, desembocó por los Dragos, y pasó por la isla Margarita; y como consta del Plan, no pudo atravesar dicho Golfo, sin costear a vista de las bocas de Orinoco, dejando al Golfo el nombre de Triste, porque desde su centro no ofrece resquicio para hallar salida; y a la única y estrecha que tiene, llamó Bocas de los Dragos o Dragones, por el mal pasaje que le dieron, y dan todavía a los navegantes, que en cada nuevo monte de agua temen un naufragio.

Después de treinta y siete años de este primer descubrimiento fue Diego de Ordaz el primer español que se atrevió a tantear las bocas del Orinoco, año 1535; pero todo su afán paró en desgracias, pérdidas de gente y de Embarcaciones. No por eso perdió el ánimo Alfonso Herrera; el cual, excediendo los bríos de Ordaz, venció las bocas, penetró y superó los raudales furiosos de Camiseta y Carichana, que en cada escollo amenazan muchos naufragios: dio fondo en la boca del río Meta; y perdida casi toda su gente, ya en los combates con los indios, ya por falta de Bastimentos, como latamente se ve en Herrera y monsieur Laet, se retiró tan perdido como Ordaz.

Poco después, en el año 1536, creciendo la voz y fama del Dorado, esto es de cierta provincia de Enaguas o de Omaguas, que en los Mapas se apunta con nombre de Manoa, y que se ideaba (y aun hay fundamento para ello) llena de grandes tesoros, se arrestaron a descubrirlos Pizarro desde el Perú, Pedro de Ordaz desde Quito, y Gonzalo Jiménez de Quesada desde el Nuevo Reino despachó a don Antonio Ebrio: éste llegó al Orinoco; perdió casi toda su gente, y murió en la demanda. No fue más feliz el éxito de los enviados, así de Quito como del Perú, porque muy pocos de ellos salieron con vida: ciega los ojos el amor a las riquezas, para que no se vean los peligros.

Después, en el año 1541, habiendo el Adelantado Pizarro dado la Presidencia de Quito a su hermano Gonzalo Pizarro, hizo éste reclutas para descubrir el Dorado; cuya fama crecía como espuma: él mismo con parte de las tropas tomó su rumbo por los Andes y páramos, que dan paso muy arduo para la provincia de los Mojos: con el resto de la gente destinó en jefe a don Francisco de Orellana: el Presidente Pizarro, perdida su gente, rico de trabajos y miserias, salió a Quito: Orellana se llevó la Piragua, y sin acordarse más de Pizarro, se dejó llevar de las corrientes del río Marañón con grandes fatigas y trabajos; con las mismas costeó la Cayana, hasta que se encontró con las bocas del Orinoco y Golfo Triste en el mismo año 1541, sin más utilidad de tan arduo viaje, que haber demarcado (como mejor pudo) el río Marañón.

Entretanto, ya Diego de Orgaz que como dije, fue el primero que recejó y venció las corrientes del Orinoco, había vuelto de España con los poderes del Señor emperador Carlos V, para que solo Ordaz y no otro, corriese con el descubrimiento del Dorado y de todo el Orinoco: el cual magnífico aparato paró en la desgraciada fundación de Santo Tomé de la Guayana; fabricada de casas pajizas en la boca del río Caroní, enfrente de la isla que se le dio a Fajardo, que hasta hoy retiene el nombre de su amo. En su mayor auge tuvo dicha ciudad ciento y cincuenta casas: las abundantes cosechas de tabaco, y el ganado mayor, que multiplicó mucho, daban bastante útil a los Fundadores; pero sonó en Inglaterra el eco de Orinoco y del Dorado; y luego partió en su busca monsieur Ralego, y entró en dicho río con mano armada, año 1545, para ser testigo de sus pérdidas y desgracias, y no más. El año siguiente 1546, otro inglés, llamado Keymisco, envidiando los tesoros, que suponía en manos de Ralego, se armó, navegó y se asomó a la Guayana: temió, y se retiró sin honra y sin dinero.

Pero Ralego, encaprichado con su Dorado, armó al capitán Mathamo, año 1547, con tal desventura de vientos y borrascas, que ni aun llegó a ver las bocas del Orinoco. Entretanto, Ralego estuvo catorce años preso en Londres; y por salir de su prisión, hizo tan factible a su rey en varios memoriales la conquista del Dorado, que consiguió libertad y poderes para aviarse, como lo hizo, armando cinco naos a costa de sus amigos, esperanzados con una rica recompensa: llegó al Golfo Triste, llevando consigo a Keymisco por práctico, a quien Ralego envió bien armado a la Guayana, y con él a un hijo único, para más asegurar el lance. Era ya gobernador de la Guayana don Diego Palomeque, quien a causa de los ataques pasados, había agenciado y conseguido del nuevo reino ciento y cincuenta hombres de socorro, a tan buen tiempo, que Keymisco fue vigorosamente rechazado con pérdida de mucha gente, y muerte del hijo del general Ralego, el cual gastó el resto de su vida llorando sus infortunios, la muerte de su hijo y el parto infeliz de sus mal concebidas ideas; cuyo fatal éxito fue causa de que los ingleses no pensasen más en Guayana ni en el Dorado; del cual trataré en el capítulo último de esta primera parte.

No así los holandeses; porque estos entablaron en Guayana el trato del tabaco con tanto calor, que había año que subían y bajaban nueve o diez fragatas cargadas. Pero como después se hubiese publicado la Real Cédula, en que su majestad prohibió todo género de tratos con los extranjeros, el capitán Jansón, año 1579, socolor de cobrar la deudas atrasadas, se puso a vista de la Guayana con una fragata armada en guerra, ocultos los soldados bajo de la escotilla, para que los vecinos no los viesen; y al anochecer asaltó, saqueó y pegó fuego al Lugar. De los fundadores y vecinos, unos se refugiaron a Cumaná, otros se esforzaron a reedificar la Guayana en el lugar que tiene hoy, diez leguas más abajo de Caroní; para cuyo resguardo se fundó el Castillo, que después fue saqueado por los franceses juntamente con el Lugar, con tan poco útil del Corsario, que a costa de varios mercantes de la Martinica se había armado, que él y ellos quedaron destruidos; porque en la nueva Guayana no había otra cosa que saquear sino desdichas; y así, su misma pobreza fue su mayor resguardo y defensa. Es verdad que después se animaron los vecinos y gentes de la Guayana; y de los llanos de Cumaná y Barcelona trajeron ganados y yeguas, de que han resultado crías, que dan jugo y utilidad. Fuera de esto, se restableció la siembra del tabaco y otros frutos, lo cual junto con el camino real que se abrió y se trajina a los llanos de Cumaná, se ha hecho habitable y llevadero el sumo retiro o destierro de la Guayana.

Por aquel mismo tiempo los padres Ignacio Llauri y Julián de Vergara, después de haber hecho mucho fruto en San Joseph de Oruña, isla de la Trinidad, domesticaron redujeron a vida civil a la nación Guayana; fundaron cinco iglesias, y pusieron todo esfuerzo en doctrinar aquellas gentes, como consta de los mismos libros de bautismos, que hoy tienen en dichos pueblos los reverendos padres capuchinos, y yo los he visto y leído; pero como con la invasión del dicho Corsario quedó todo saqueado y destruido, murieron muchos al rigor de la hambre; y entre ellos el Venerable padre Llauri, varón de avanzada edad y de conocida virtud, de quien hace mención la Historia general de mi provincia. El padre Julián de Vergara tuvo orden de restituirse a las misiones de Casanare, como lo ejecutó después de haber entregado los pueblos Guayanos a un religioso del Gran patriarca santo Domingo, y a un padre Recoleto del doctor de la iglesia san Agustín. Poco después tomaron posesión los reverendos padres capuchinos, que hasta hoy cultivan aquella nación, sin que jamás hayan pensado los misioneros jesuitas volver a dichos pueblos, y más estando en manos de tan fervorosos y apostólicos operarios. La verdad cierta es ésta; y todo lo que se ha dicho en contrarío, son palabras que se lleva el viento. Y más cuando media un compromiso hecho por los Superiores de las misiones de Piritu de padres Observantes de san Francisco, por el Prefecto de los padres misioneros capuchinos y por el Superior de las misiones de la Compañía de Jesús, con autoridad de su padre provincial Francisco Antonio González; el cual compromiso autorizaron los señores gobernadores don Carlos de Sucre, que entraba, y don Agustín de Arredondo, que salía de aquel gobierno, año 1734. El cual aprobó la majestad del rey nuestro Señor, como muy conveniente al servicio de ambas majestades; porque en dicho compromiso se señalan los terrenos y términos, a que cada uno, de los tres cuerpos de misión se debe, y puede extender en el cultivo y bien de aquellos gentiles. Van dichas divisiones demarcadas y rotuladas en el Plan que puse al principio; y ojalá (como dijo allá Moisés) todos fueran profetas, para que todas aquellas naciones entrasen cuanto antes por la puerta de la santa iglesia.

Al tiempo que el venerable padre Llauri y su compañero doctrinaban la nueva Guayana, trabajaba apostólicamente al Poniente del Orinoco aquel gran Siervo de Dios y venerable padre Caravantes, religioso capuchino, con los prodigios y fruto espiritual que se ve en su vida, que anda impresa con general edificación; pero debemos venerar los ocultos juicios de Dios; porque como gran parte de aquellas gentes, que convirtió y bautizó S. Luis Beltrán, gloria de la esclarecida religión de predicadores, en la provincia de santa Marta, se volvieron después a su bárbara gentilidad, en que hoy persisten rebeldes a Dios y al rey nuestro Señor: así en Orinoco apenas quedó rastro ni memoria del fruto, afanes y sudores del Venerable padre Caravantes; y prevaleció la cizaña.

Pero ya es hora de dar a conocer el gran río Orinoco, sus caudalosas corrientes las vertientes que recoge, su altura Polar y grados de longitud.

Capítulo II. Situación del río Orinoco, y caudal de aguas que recoge

Como quiera que cada río es una cadena dilatada de muchas aguas enlazadas unas con otras, que se van deslizando por varios terrenos, según la longitud de sus corrientes; siendo la del río Orinoco de tantos centenares de leguas, cuantas por el aire corresponden a veinticinco grados y algo más de longitud, que corren sus raudales, suman quinientas leguas; y otras tantas más, que, dando vueltas y revueltas, se arrastra por tierra, buscando paso franco: no vasta pues (para la claridad que deseo) demarcar solamente la altura al Norte de sus bocas, para que todos entiendan la variedad del terreno que fecunda y baña el Orinoco; y así daré señas más individuales. Su boca grande, que llaman Boca de navíos, está en ocho grados y cinco minutos de latitud, y en trescientos dieciocho grados de longitud. Dije la Boca grande, que cae al Barlovento de la costa; porque de ésta hasta la última, que entra en el Golfo Triste, hay notable diversidad; y es hallarse esta última boca, llamada Manabo pequeño, en trescientos y catorce grados de longitud esto es, cuatro grados distante la primera boca de la última: tan dilatadas como esto son las fauces por donde el Orinoco se desagua. Es verdad que forman tal laberinto de islas que después de exquisitas diligencias para averiguar el número puntual de las bocas de Orinoco, que con ellas se forman, di por inasequible el empeño. La última diligencia que hice, fue congratular a un vecino de la Guayana, que había vivido quince años en dichas islas con los indios guaraúnos sus habitadores; por lo cual era tenido por el más noticioso y práctico en las dichas bocas: fui formando el borrador según lo que yo tenía demarcado, y lo que el tal práctico añadía, hasta que apuntadas ya casi treinta bocas por sus nombres, protestó que no sabía más. Por esta causa, ni mi Plan, ni el de mapista alguno es ni puede ser puntual en la individuación de dichas bocas, que aun en la voz común no hallan certidumbre: unos afirman que son cuarenta bocas: otros que son cincuenta y cinco; y muchos dicen que son sesenta. Yo digo que todo es adivinar; porque sé que los mismos Guaraúnos, dueños de las islas y de las bocas, no solo no saben el número de ellas, sino que muchas veces se pierden en el laberinto de caños, y se ven obligados a salir al Golfo, para tomar el rumbo que perdieron. Lo mismo ha sucedido y sucede a los pasajeros, si no llevan Piloto diestro, tanto al ir al mar como al volver; y han perecido muchos de hambre, sin saberse en donde, sino por las señas de la Piragua que se encuentra abandonada: ni vale aquí dejarse llevar de la corriente (esto solo es bueno en las bocas y brazos caudalosos) en los demás, entretejidos unos con otros, suben y bajan las mareas con más fuerza; por lo cual, lo que el barco anda en seis horas, lo desanda en otras seis; y lo peor es que ni al andar ni al desandar saben los pasajeros, si suben o bajan, sino es los que llevan abuja, y quien la entienda.

Arriba, donde el río Meta entra en Orinoco, se halla ya éste en solos dos grados de latitud, y en trescientos y seis de longitud. Después, en todo lo que tenemos registrado hasta el río Guabiare y sus contornos, camina Orinoco a veces un grado, y a veces medio, apartado de la línea Equinoccial, sí bien sus más retiradas cabeceras, conocidas por tales en Timaná y Pasto, se apartan hasta grado y medio del Equinoccio.

Ahora es bien que tomando el Orinoco contra su corriente, registremos de paso las bocas de los caudalosos ríos que recibe. Digo caudalosos, porque como en el Plan no puse de industria los ríos pequeños, caños ni arroyos innumerables que recibe, para evitar la confusión, por la misma causa no haré aquí mención sino de los ríos de primera magnitud. Sea el primero de estos, como vamos río arriba, el que realmente es último, si miramos a Orinoco agua abajo. Llámase Caroní, distante de la Boca grande setenta y seis leguas: es río caudaloso, y sus cabeceras todas están, como indica el Mapa, de este lado de la gran Cordillera, que acompaña el Orinoco por la banda del Sur, desde que nace en los páramos de Pasto y Timaná, hasta que se descarga en el Océano. Baja Caroní precipitado continuamente entre peñascos: y una legua antes de entrar en Orinoco, se desgaja con un formidable salto, con tal estrépito, que se deja oír de muy lejos; de donde sale tan rápido, que al entrar rechaza las corrientes del Orinoco, un largo tiro de fusil, con la evidente señal que distingue por largo espacio de río abajo las unas de las otras aguas; las del Orinoco siempre turbias en tiempo de lluvias por las crecientes, y en tiempo sereno por los vientos que levantan oleaje como en el golfo, y éste derriba barrancas, levanta arenas, y enturbia el agua: la del río Caroní corre con aspecto negro, por el fondo de arena negra que trae, y sobre que corre; pero cogida en un vaso el agua que parecía negra, se ve clara como un cristal: es delgada y sana: y es voz común de los Naturales, que aquella arena negra (que se aprecia mucho para las salvaderas) la extrae el río Caroní de los minerales de plata, por donde dicen que pasa.

A ochenta leguas de Caroní (medidas por elevación, porque atendiendo a las vueltas del Orinoco hay mucho más de cien leguas) damos en la boca del río Caura, que al primer aspecto, parece tan caudaloso como el mismo Orinoco, y entra también por el lado del Sur; de cuyas altas Serranías recoge su caudal: sus cabeceras son conocidas, y son como van expresadas en el Plan: está su boca en cinco grados y medio de latitud, y en trescientos y doce de longitud; y ésta es puntualmente la altura, en la cual la carta última sobre las observaciones de los Científicos de la Real Academia de las Ciencias de París pone comunicación mutua entre Marañón y Orinoco, por un brazo o río llamado negro; y si bien en la longitud convienen, le ponen en un solo grado de latitud.

Monsieur Sansón Fer, Geógrafo particular de la majestad cristianísima, en la Carta moderna de 1713 pone la misma comunicación de aguas por el dicho río negro, en los mismos dichos grados, uno de latitud, y trescientos y doce de longitud. Bien sé que aquellos señores, sutiles argos de las Ciencias, y linces para averiguar y establecer lo más cierto, no solo no llevarán a mal, sino que apreciarán el que yo afirme, que después de costeada una y muchas veces la dicha altura, y las demás de latitud y longitud, que baja Orinoco bañando por la banda del Sur, desde más arriba del raudal Tabaje, situado en trescientos seis grados y medio de longitud, y un grado y cuatro minutos de latitud: ni yo, ni misionero alguno de los que continuamente navegan costeando el Orinoco, hemos visto entrar ni salir al tal río negro. Digo ni entrar ni salir, porque supuesta la dicha unión de ríos, restaba por averiguar de los dos, quién daba de beber a quien; pero la grande y dilatada cordillera que media entre Marañón y Orinoco, excusa a los ríos de este cumplimiento, y a nosotros de esta duda. Fuera de que, aunque la cuidadosa observación del padre Samuel Fritz en su Plan del grande río Marañón demarca la cabecera del río negro casi en cinco grados de latitud, no se atreve a unirlo con el río Orinoco; ni pudiera, sin romper una elevada Serranía, para dar paso al Orinoco hacia Marañón, o al Marañón hacia el Orinoco. Finalmente, Guillermo y Juan Bleau, en la Parte segunda de su Teatro o Atlas nuevo y monsieur Laet en la décima Parte de sus Recopilaciones, no ponen al tal río negro unido con Orinoco, antes bien demarcan las cordilleras que separan a uno de otro río. Verdad es que como estos Autores puramente recopilan variedad de noticias, más me atengo a lo que vio el padre Fritz en Marañón, y a lo que yo tengo visto con cuidado en Orinoco.

Ni obsta a lo dicho el que el Regio Historiador Herrera, el reverendísimo padre fray Pedro Simón, y uno u otro moderno se aleguen en contrarío porque aunque aquellos por más antiguos, y estos por otros debidos respetos, se deben apreciar y atender; con todo, habiéndose registrado muy de propósito por sujetos inteligentes y fidedignos los ríos de Marañón y Orinoco, y escrito lo que hay, como testigos oculares, es necesario dejar la opinión dudosa, y seguir la más averiguada, sin que esto sea desairar a los de la opinión antigua, como se ve a cada paso entre los Autores en todas las materias controvertidas de Geografía.

Y descendiendo al punto de la nuestra, véase a Herrera, y se hallará que realmente confunde, no solamente las bocas del río Marañón con las del Orinoco, sino también el origen y cabeceras de uno y otro río: de aquí es, que el reverendo padre fray Pedro Simón en su Historia del nuevo reino, siguiendo al mismo Herrera (a quien allí cita) robora y confirma la misma confusión que halló escrita, y dice: Que el capitán Ordaz entró en el Marañón por la boca del Drago, que es lo mismo que si nos dijera: que el insigne navío la Victoria, después que dio vuelta a todo el mundo, entró en Guadalquivir, no por la Barra de San Lúcar, sino por la de Bilbao; porque tanto como estas Barras distan también entre sí la boca de los Dragos, que es una (ó por mejor decir las unas) del Orinoco, de la boca del Felipe, que es una de las del río Marañón; de modo que, como ya dije, las bocas del Orinoco distan de las de Marañón trescientas leguas.

Fuera de que el mismo fray Pedro Simón se hace cargo de que otros juzgaban, que el Marañón entraba en el Mar más al Este, como realmente sucede; y sin dar prueba alguna, añade una noticia curiosa, diciendo: Que ni éste ni el otro río se llamaron Marañón, hasta que el Tirano Lope Aguirre les puso el nombre con sus marañas. Y concluye su capítulo, dejándolo todo en la misma duda en que lo halló, diciendo: Que sea o no sea Marañón el río Orinoco, así lo llamará cuando ocurra hablar de él. De esta confusión nació después el afirmar contra lo que después ha mostrado la experiencia, que el río negro iba o venía (venciendo imposibles) y unía a los dos famosos ríos; con lo cual quedó compuesto (pero no averiguado) «que el Tirano Aguirre navegó parte del río Marañón; y después por el ideado paso del río negro se traspasó al río del Orinoco, por cuyas bocas salió al mar del Norte».

Pero oigamos ya lo que el padre Acuña de la Compañía de Jesús nos certifica en el Memorial que presentó al rey nuestro Señor, de todo lo que exactamente observó en la exploración del Marañón por orden de la Real Audiencia de Quito: habla del río negro, que en el margen le llama el Felipe, río treinta y cinco; y dice: «Que un brazo del río negro se va y entra en el río que llaman Mar dulce, que según su parecer es la boca grande del Marañón, llamada río de Felipe». Y luego añade el padre Acuña: «Y lo que puedo asegurar es, que el tal río de Felipe en ninguna manera es Orinoco; cuya boca principal cae enfrente de la isla de la Trinidad, cien leguas (diga trescientas) más abajo del río de Felipe; por el cual salió al mar del Norte Lope de Aguirre». Palabras son éstas, que a fuer de clarísima luz no dan lugar a la menor sombra de duda en esta controversia.

Y si alguno replicare que el tal brazo del río negro entra en el río que llaman Mar dulce, según el padre Acuña: como quiera que el Almirante Colón y Herrera llamen Mar dulce al Golfo triste que se forma de Orinoco, y desemboca furiosamente por los Dragos, se infiere que Aguirre salió por el Orinoco al mar; pero a la verdad no se infiere tal cosa: lo primero, porque ya añade allí el padre Acuña, que no es sitio la boca grande del Marañón, llamada río de Felipe. Y yo añado lo segundo con Herrera y otros, que como Orinoco forma el Mar dulce, que Colón llamó Golfo Triste, también el Marañón, que es mayor que Orinoco, forma otro

Mar dulce, que desde que se dobla el Cabo del Norte, ocupa una grande ensenada; en cuyo centro entra la boca grande del Marañón, llamada río de Felipe.

Y así quede fijo, que ni del río Marañón, Orellana, Amazonas, Apurimac, que
es un solo río con muchos nombres: ni del río negro entra, ni hay paso por donde
pueda entrar parte de sus raudales en el río Orinoco; y a no ser constante, lo
hubiera visto y notado el padre Samuel Fritz en su exactísimo Plan del Marañón: y
yo, que de hecho busqué y averigüé sus corrientes con deseo de hallar la verdad,
si hubiera hallado tal unión de uno con otro río, la hubiera expresado en mi Plan
del Orinoco, y la defendiera en este capítulo.

Siguiendo río arriba, omitiendo varios ríos medianos, que por una y otra
costa entran en Orinoco, hallamos al lado del Poniente las bocas del soberbio
río Apure, en cinco grados y quince minutos de latitud, y en trescientos y diez
grados de longitud. Este río, humilde tributario del Orinoco, mirado su caudal, se
puede contar entre los ríos más sobresalientes de la Europa (de éste, mejor que
de ningún otro río de todo el Plan, puedo hablar, por haber gastado nueve años
continuos en sus vegas, visto todas sus cabeceras, navegado sus medianías y
bocas repetidas veces). Su principal origen está en lo más alto y áspero de las
Serranías del nuevo reino, con tal copia de aguas, que desde sus principios niega
el vado a los pasajeros en Chitagá, no lejos de la ciudad de Pamplona, donde casi
al nacer necesita y tiene grande y costosa Puente: de allí corre y se precipita por
dilatados valles, hasta despedazarse al caer a los llanos y selvas de Casanare,
campo de las segundas misiones de la Compañía de Jesús: en dichos llanos casi
a cada paso recibe aumento; porque entran los ríos de Sididi, Casidi, Calajau,
Ubocá y el de Urú, que desciende desde la Villa de San Cristóbal, situada en lo
más alto del nuevo reino, entre las ciudades de Pamplona y de la Grita: luego
recibe al río Caperú, que toma sus corrientes de las nevadas que se elevan al
Oriente de la ciudad de Mérida: entran luego en el mismo Apure los ríos considerables de Santo Domingo, que recoge las aguas de la provincia de Varinas;
a Masparro y a la portuguesa, después que han fecundado la jurisdicción de
Guanare; y en fin, es tal el golpe de aguas que recibe en espacio de trescientas
leguas, que fatigado de su mismo peso, veinte leguas antes de Orinoco rompe
una selva, y se desagua tanto en el río Guarico, que baja tan pobre de la rica
provincia de Caracas, que solo es navegable después que recibe este abundante
socorro, según se demarca en el Plan: así sangrado y desahogado ya Apure,

corre soberbio a entregarse al dominante Orinoco; pero antes (como se ve en el Plan) se abre en tres bocas tan caudalosas y de corriente tan arrebatada, que parece no tira tanto a entregarse, cuanto a tragarse al Orinoco: no lo consigue, por el inmenso contrapeso de aguas que encuentra en éste; pero es tal el choque de unas con otras, que de una legua casi de ancho que allí tiene el Orinoco, pierde el cauce de más de un cuarto de legua a violencias de sola una de las tres bocas de Apure; hasta que turbada su furia entre espantosos remolinos (de que con suma cautela huyen los navegantes) corre hombreándose con el Orinoco por espacio de tres leguas distinguiéndose de él con lo claro y cristalino de sus aguas, hasta que violentado de los peñascos del raudal del Guarico, se confunden con las turbias olas del Orinoco. Diré para útil advertencia de aquellos Navegantes, que en los dichos remolinos que al chocar Apure y Orinoco se forman, han sucedido muchos naufragios, y yo me he dado por ahogado varias veces en ellos; porque por más que vire y ahorze el piloto, llaman y atraen de gran distancia los remolinos a las Embarcaciones con tal violencia, que con subir en mi último viaje en un barco bueno, con mayor y trinquete a viento recio, no obstante la gran fuerza de vela atrajo para sí un remolino al barco, y le hizo dar dos vueltas en redondo, con riesgo próximo de naufragar las dos veces que recibió el viento por proa: Dios nos favoreció en este aprieto; y el haber añadido fuerza de remo al coger tercera vez el viento nos libró del remolino.

Prosiguiendo río arriba a la banda del Sur, entran Pararuma y después Paruasi, ambos, ríos de poca monta. En la banda del Poniente entra el río Sinaruco; el cual viene con mucha agua del pie del páramo nevado de Chisgas: en el centro de los Bosques se llama Canaguata; afuera en el llano se llama Rabanal; y después se entra en un brazo, que el río Apure arroja de sí en el centro de las selvas, que al separarse se llama Masibuli; y afuera en el llano se llama Arauca: y desde que se juntan él y Canaguata, toman el nombre de Sinaruco, y con este nombre entra en Orinoco, en la medianía que hay entre Apure y Meta. Desde las bocas de Apure y Meta hace el Cauce de Orinoco un semicírculo, variado en vueltas y revueltas; pero vía recta al Sur: por lo cual está Orinoco en la boca del río Meta, solos dos grados apartado de la línea Equinoccial, y en trescientos y seis grados de longitud.

El río Meta compite en caudal de aguas y distancia de cabeceras con el río Apure; y porque en sus vertientes tenemos gran número de misiones, bajaremos desde su primer origen, viendo los ríos que recoge y las naciones que mantiene. En la altura mayor del nuevo reino de Granada tiene el famoso río Meta su primera cuna, entre las ciudades de Santa Fe de Bogotá y Tunja, en un páramo frío, llamado de Albarracín, por una venta y haciendas que hay a su falda de este nombre. Dije que es el terreno más alto del nuevo reino; porque de dicho páramo nace y tira hacia el Poniente el río Bogotá, que da su nombre a la capital del reino: y después de fecundar aquel espacioso llano, se precipita de un salto por un formidable despeñadero llamado de Tequendama, y luego entra en el río de la Magdalena. Desde el mismo páramo hacia el Norte desciende el primer arroyo, que en Tunja se llama río de Gallinazos; después se llama Sogamoso, y después Chicamocha, y baja por varias provincias, hasta incorporarse en el río grande de la Magdalena, que entra en el mar, entre Cartagena y Santa Marta. Y como dije del mismo páramo, baja hacia el Oriente el río Meta, que al caer al valle de Turmequé toma este nombre; y después de recogidas cuantiosas aguas en varios valles de aquella fragosa Serranía, sale caudaloso a los llanos de San Juan con el nombre Upia. Ya en el llano toma la vuelta al Nordeste; y recibidos varios ríos de poca monta, entra en él Cusiana, río que trae, su origen de los páramos de Toquilla, no muy distantes de Tunja. Poco después recibe al río Cravo, en cuya boca está la colonia de la Concepción, de nación Achagua. Después entra el río Guirripa, no lejos de la misión de San Miguel, nación Saliba. Más abajo entra el río Guanapalo, donde está la misión de San Juan Francisco Regis, nación Achagua. A cuatro leguas entra el río Pauto, que baja del riguroso páramo de Ogontá, recibe al río Tocaria, Curama y otros, y cae en Meta.

Fuera de estos ríos recibe después al río Casare de primera magnitud, cuyo origen son los páramos nevados de Chita. Este, antes de entrar en Meta, recibe después a los ríos Purare y Tacoragua. Al Poniente de estos está la misión de Pautos; y a su Norte la de Patute. Al Oriente (ya en el llano) está la misión de San Salvador, que sirve de puerto en Casanare, para bajar a Meta y Orinoco: entra después en Casanare el río Tame, que baja caudaloso de las nevadas de Chita, y tiene a sus riberas las dos numerosas misiones de Giraras y de Betoyes. Más abajo entra en Meta el río Ele junto con el río Cravo; en cuya medianía antes de unirse, está la misión de San Javier de Macaguane.

Dicho río Ele tiene tantas crecientes cuando llueve, como cuando hace el día claro y sereno. Parece cosa increíble, pero ello es así; y consiste en que cuanto más claro está el día y más recio el Sol, tanta más nieve se derrite en los páramos y nevadas de los Picachos de Chisgas y Guacamayas, de donde Ele baja. Y no es esto lo singular, sino el que con las crecientes envuelve tanto cieno y de tan mal olor, que aturde y embriaga gran copia de peces chicos y grandes, que se ven obligados (como los he visto) a recurrir a las orillas del río, y sacar sus cabezas fuera del agua. Pasa la creciente, y como ellos están aturdidos, se quedan en seco: y cada creciente de éstas es para los indios de Macaguana una festiva y útil pesquería.

En fin, recargado Meta de estos y otros ríos que omito, después de trescientas leguas de flujo se acerca al grande Orinoco; y parece, según su caudaloso golpe de aguas, que había de ser con la misma furia y estrépito que dijimos del río Apure; más no es así; porque algunas leguas antes de llegar, toma el cauce de Meta tal equilibrio con el de Orinoco, que apenas se percibe su corriente, y especialmente en tiempo de crecientes; y así entra con tanto disimulo y tan pacífico, que no da la menor muestra de su caudal soberbio, dando hermosa vista a la misión de Santa Teresa, nación Saliba, que está cerca de su boca.

Y siguiendo (como hasta aquí) al río Orinoco contra su corriente, después de seis días de navegación damos en la boca del río Bichada, que baja lleno de innumerables aguas que recoge de aquellos llanos dilatados, que hay entre Meta y Orinoco. En Bichada se entablaron primera y segunda vez las misiones antiguas, que fueron destruidas a manos de los indios Caribes, con las gloriosas muertes, que por amor de Dios y de la salvación de aquellas almas recibieron los Venerables padres Ignacio Fiól, Gaspar Bec e Ignacio Theobast; habiendo antes muerto a violencia de trabajos y de hambre los padres Francisco Figueroa y Francisco Castán; y ahogádose los padres Cristóbal Riadél y su Compañero, el padre Martín Bolea. Después quitaron la vida los mismos Caribes al padre Vicente Loberzo, al capitán Lorenzo de Medina y a otros dos soldados: de todo lo cual se hace mención en la Historia general.

El último río de los que entran en Orinoco, que tenemos navegado y conocido, es el Guabiari, que tiene varios nombres, según las varias provincias, por donde pasa. Su primario origen está en los encumbrados picachos de páramos fríos; a cuyas faldas de la banda Occidental logra la ciudad de Santa Fe de Bogotá de una bella primavera y perpetua amenidad, con un temperamento tan benigno, que se inclina más al fresco que al calor. De la parte Oriental de dichas alturas baja el Ariari, recogiendo ríos y arroyos hasta los llanos de San Juan; y acaudalando siempre más agua, atraviesa al Ayrico (quiere decir selva muy grande) y entra finalmente en el Orinoco, apostando grandezas y soberbia con él, a medio grado de latitud, y trescientos y tres grados de longitud. Los restantes ríos de que se forma el Orinoco, todavía no se han registrado; y solo los demarco en el plan por las noticias adquiridas de los habitadores de Timaná y Pasto, de donde el principal y los ríos accesorios descienden; y por la relación que recibí de mano del reverendo padre fray Silvestre Hidalgo, religioso del Gran padre de la iglesia san Agustín, del Diario que formó cuando fue de capellán con las Milicias que entraron por Timaná a reprimir la osadía con que salían a robar y saquear las haciendas de campo, aquellas naciones, solo conocidas por su bárbara inhumanidad.

Y por cuanto este viaje desde el mar hasta el río Ariari ha sido tan de prisa, que apenas hemos podido observar las bocas de los ríos tributarios del Orinoco, bajemos otra vez a la costa, y sin apartar los ojos de él, subamos observando solo el caudal y raro modo de correr de este soberbio río.

Capítulo III. Fonda del gran río Orinoco, sus raudales y derrames; singular y uniforme modo de crecer y menguar

Importa mucho que nos hagamos cargo del vasto terreno, cuyas vertientes, como a su centro, corren al Orinoco: para lo cual fijemos la vista en aquella cordillera de cumbres altísimas, que desde el istmo que en Panamá divide las jurisdicciones del mar del Norte, de las del Sur, corre por las provincias del Dariel y del Chocó; y cruzando la línea equinoccial por Quito, atraviesa el Perú: y dividiendo al Chile del Paraguay, no para hasta el fin de toda la tierra Magallánica. Volvamos a la provincia de Quito, y veremos como al pasar aquella espantosa Serranía, extiende (digámoslo así) sus dos brazos en dos iguales cordilleras de picachos inaccesibles, abarcando con el izquierdo todo el Quito y Popayán, todo el nuevo reino y las provincias de Maracaibo y Caracas: y sirve de antemural en toda aquella costa, contra la furia de los nortes que impelen y agitan aquellos mares. El brazo derecho de aquella Serranía lo extendió el sabio Autor de la Naturaleza desde Quito hasta las costas de la Guayana y Cayana, dividiendo de alto a bajo las provincias hasta ahora incógnitas, y las aguas que corren al Marañón, de las que pertenecen al Orinoco: de modo que dichas dos cordilleras de páramos, en muchas partes coronados de nieve, forman una pirámide imperfecta (porque la línea del Poniente casi es semicircular) en cuyo medio abarca los inmensos llanos de San Juan de Casanare, de Barinas, de Guanare, de Piritu, y otros hasta hoy incógnitos; cuyo ancho se reputa de trescientas leguas, y cuyo largo, desde el Ayrico hasta el mar, a lo menos pasa de quinientas; campo espacioso, por donde corren mansamente los ríos hasta Orinoco, después de haberse precipitado de las cumbres del nuevo reino. No así los que descienden de la banda del Sur; porque como Orinoco corre siempre al pie de aquella dilatada Serranía, recibe los ríos de ella al tiempo mismo que se descuelgan precipitados en busca de su centro.

Las dos Serranías que imaginamos a modo de dos brazos, contemplo yo ahora a la manera de dos inmensos tejados; de los cuales, el de la parte del Poniente baja desde Quito a Caracas, formando de sus aguas Occidentales los ríos de Cauca, Magdalena y los otros, que forman un mar dulce en la gran Laguna de Maracaibo; y al contrarío, todas las vertientes que aquella altura arroja a la parte Oriental y del Sur, todas (como vimos en el capítulo pasado) corren en busca del Orinoco: la otra Serranía, que como tejado natural baja desde Quito a la Guayana y Cayana por la banda del Sur, pasa repartiendo sus vertientes entre los ríos Orinoco y Marañón; a éste las Orientales, y al otro las del Occidente.

Pero a vista de lo dicho, ¿quién hará cabal concepto del abismo de aguas que en su anchuroso cauce incluye el Orinoco? Los Geógrafos convienen en que, en nuestro mundo antiguo no hay río alguno que pueda compararse con el de San Lorenzo en la Virgínea, en la América septentrional con el de la Plata y Paraguay, ni con el Marañón en los confines del Brasil. Ahora sale a luz pública el gran río Orinoco, no quiere quitar su grandeza a los tres nombradísimos ríos; pero pide (y con razón) que se tomen nuevas medidas, que se atienda a su fondo y caudal, para entrar a competir con todos cuantos ríos famosos hasta hoy se han descubierto en los dos Mundos antiguo y nuevo. El ilustrísimo Señor Piedrahita, capítulo 1. fol. 4. de su Historia afirma que el Orinoco solo cede y reconoce por mayor al río Marañón: del mismo sentir es el padre Matías de Tapia, en el Memorial que presentó al rey nuestro señor, año 1715, en página 21. y a la verdad no desdicen de este parecer las señas que voy a dar.

Año de 1734, por mandado del coronel don Carlos de Sucre, gobernador y capitán general de las provincias de Cumaná y la Guayana por su majestad, tomó fondo al Orinoco don Pablo Díaz Fajardo, ingeniero real, ancorando el barco en la medianía que hay entre la Real fuerza de San Francisco de Asís de la Guayana y la isla del Caño del Limón de enfrente; en donde se estrechan las aguas a cuarto y medio de legua con poca diferencia en el mes de marzo, que es cuando más bajo está el río. Puesto en dicho sitio, echó la sondaleza con la bolide de plomo correspondiente al temor que tenía, de que se le arrebatase la corriente, y con ella la noticia fija del fondo de Orinoco que se buscaba; y hecha la diligencia con toda exacción, se hallaron sesenta y cinco brazas de fondo. Pocos años antes había hecho el gobernador Guzmán la misma diligencia en la angostura, donde se estrecha el Orinoco algo más que en la Guayana, y nos dejó autenticado dicho gobernador, que halló ochenta brazas de fondo en dicha angostura; y como luego diré, crece allí veinte brazas por agosto y septiembre, que con las ochenta suman cien brazas de agua. Bien puede hombrearse el Orinoco sin temor alguno con los dichos tres ríos, que hasta hoy se han llevado la primacía.

Pero deseo que el curioso note con reflexión en Orinoco una singularidad tan rara, que me persuado no se ve en río alguno de cuantos se hallan sobre la tierra; y es que gasta cinco meses en crecer, subiendo por sus pasos contados, que deja gravados en los peñascos y árboles de sus costas; se mantiene un mes en su última altura y creciente; y después de gastar otros cinco meses en menguar por sus pausados escalones, se mantiene otro mes entero en su última menguante; con lo cual llena el círculo del año en una acorde y armoniosa mutación continua y perpetua; y esto, llueva o no llueva en las provincias comarcanas, porque su caudaloso flujo no depende de ellas. Otra cosa, aun más singular, está observada por los vecinos ancianos de la Guayana, y por los indios de todo aquel río; y es, que cada veinticinco años sube la creciente última de Orinoco una vara más sobre el término que deja demarcado en los otros veinticuatro años. La causa de esta exorbitante irregular creciente no la hallo; pero creo que (después de bien observado el río) hallé la raíz de su pausado modo de subir y bajar en diez meses; y es, que al empezar las aguas en abril, en tantas y tan remotas cabeceras y provincias como vimos, viene la primera creciente, de la cual ni se dan por entendidas las bocas de Orinoco, ni llega según las señas una gota al mar de dicha creciente, quedando toda embebida en las sedientas y dilatadas playas del Orinoco. La segunda creciente, como ya las coge húmedas, se deja percibir, y prosigue creciendo en éste y los cuatro meses, mayo, junio, julio y agosto, manteniéndose con todo su auge durante el mes de septiembre; y creo que la pausa de crecer depende de ir al mismo tiempo llenando, no solamente las lagunas que demarqué en el Plan, sino también otras muchas y muy dilatadas que omití de propósito para evitar confusión. Y como al empezar a bajar por octubre va recogiendo las aguas que dejó estancadas, en dichas lagunas y anegadizos, ocupa su menguante tantos meses cuantos ocupo en su creciente, y son octubre, noviembre, diciembre, enero y febrero, quedando todo el mes de marzo en su última menguante, y dejando sus playas para que las tortugas innumerables empollen sus nidadas al calor de las arenas, como después diremos: oportunidad que logran también los caimanes para sus crías.

No se puede dar noticia fija de las varas que crece y mengua el Orinoco, porque estas medidas son correlativas a lo ancho o angosto del cauce, y a la mayor o menor corriente que da el terreno. En medio de la angostura se levanta un promontorio de piedra viva de cuarenta varas en alto, sobre el cual hay un solo árbol, cuyas raíces por marzo se ven por entre las hendiduras del peñasco, llegan a lamer el agua y parte de julio y todo el mes de agosto no se ve del tremendo risco parte alguna, y solo por la seña del árbol que tiene encima, huyen del peligro los Navegantes; de que se infiere que en la angostura crece cuarenta varas. En la otra angostura de Marimarota, por donde pasa Orinoco como un rayo veloz, medí yo desde la señal de la creciente ordinaria hasta el agua catorce varas; y una más arriba está la señal de la creciente magna de cada veinticinco años. En frente de Uyapi, en donde se ensancha Orinoco cuatro leguas antes de las bocas de Apure (donde se extiende a más de veinte) y en otros semejantes terrenos bajos, es mucho menor la altura de dichas crecientes por el equilibrio de las aguas que derrama.

El flujo y reflujo del mar se deja ver palpablemente hasta el pie del raudal de Camiseta, que dista ciento y sesenta leguas del Golfo Triste y bocas de Orinoco: no pasa más arriba, a causa de caer aquí el río precipitado entre dos canales de peñascos, paso siempre formidable para los Navegantes. Antes de la boca del río Meta está el raudal de Carichana, formado de varias islas de piedra viva, rodeadas de peñascos ya ocultos, ya patentes, que hacen muy difícil y peligroso el pasaje. A doce leguas de éste está el raudal de Tabaje, no menos formidable; y treinta y cinco leguas de río arriba se despeña el Orinoco tres veces seguidas, negando totalmente el paso a las Embarcaciones. En los raudales antecedentes se pasa con notable peligro, tirando con sogas muy fuertes las Embarcaciones desde la orilla; pero en estos tres raudales de los Atures no hay otro arbitrio para pasar, que llevar las Embarcaciones por tierra con increíble trabajo.

Capítulo IV. Clima y temperamento del Orinoco, y alguna noticia de sus frutos

Supuesto ya que el Orinoco toma su primer origen en la jurisdicción de Quito, en poco más de un grado de altura al Norte y que acercándose al Ecuador, corre después retirándose de él, hasta que en ocho grados y pocos minutos de latitud entra en el Océano: queda ya dicho que el Orinoco está en el primer clima de la Zona tórrida; y por consiguiente que están aquellos países hasta la altura de nueve grados, y el clima inmediato hasta los diecisiete grados, sujetos a gravísimo y perpetuo calor. Así es, y así sucede; y dicho calor es el temperamento propio de aquel clima y de aquel terreno, y así lo pide la altura en que allí anda el Sol; cuyos rayos dos veces al año descienden perpendiculares y directos desde el Cielo al suelo y a las gentes que sobre él pisan; y en lo restante del año, por la poca decadencia, respectiva al terreno del Planeta Máximo, envía sus rayos desde el Cenit tan levemente transversales, que ni se percibe ni es sensible la corta disminución de su calor; y así quedamos en un perpetuo Estío, tanto más fogoso, cuanto más apartado de las cumbres nevadas, que allá se explican con el nombre de páramos, del cual usaré en adelante; aunque es verdad que no todo páramo mantiene nieve; pero frío, todos.

Estos páramos fundó la Altísima Providencia del Criador sobre elevadísimas cumbres, para que fuesen habitables los países de aquellos dos climas inmediatos al Ecuador o Línea Equinoccial; aunque los mismos páramos son en sí totalmente inhabitables, nocivos y mortales, aun para los viandantes: que los atraviesan, sino pasan muy resguardados y prevenidos contra un frío muy diverso del que se experimenta en las provincias más frías del Norte; porque dicho frío es poco sensible a las partes exteriores del cuerpo (aunque es verdad que raja los labios y la punta de la nariz del pasajero) en comparación del frío, que penetra y se siente en los huesos y en las medulas; tanto que se encuentran pasajeros muertos en los páramos a violencia del frío, y siempre incorruptos, porque aquella frialdad impide la corrupción; y se hallan enteros también, porque el rigor del páramo no es tolerable a las aves ni a las fieras que pudieran cebarse en los cadáveres; por lo cual no se acercan; sí bien, a distancia competente, se hallan Osos y Venados, y ecos mayores que los que se crían en tierras templadas. En fin, los hombres que se encuentran Emparamados, tienen difuntos el aspecto de quien se ríe, retirados los labios y descubiertos los dientes, a causa de que el rigor del frío pasma y encoge los músculos, y con ellos ambos labios. Quien quisiere ver lata y curiosamente la causa filosófica de estos páramos, sus efectos y otras cosas curiosas, vea al padre Joseph de Acosta de la Compañía de Jesús, al ilustrísimo Piedrahita y otros.

Yo solo digo, que la altura eminente a que se elevan aquellos picachos, los levanta sobre este aire craso, que llamamos Atmósfera; y bañadas, así las nubes, como las cumbres de aquel viento sutil y frío, por su altura resultan, así las nieves, como la permanencia de ellas en lo más elevado de los páramos. De aquí es que las tierras inmediatas a ellos son dominadas del frío todo el año, y por eso se han levantado con el nombre y realidad de tierra fría: las tierras algo más apartadas del páramo, como menos ventiladas de aquel aire frío, por el uso común de hablar se llaman tierras templadas; y las que por la distancia no participan de aquellos vientos, o aunque gocen de ellos, llegan ya perdida la cualidad fría por la violencia de los rayos del Sol, éstas se llaman y son siempre tierras calientes. De modo que en cada uno de todos los días del año se hallan las cuatro Estaciones de él en los dos climas inmediatos al Ecuador; pero no en uno, sino en diferentes terrenos, con éste orden: al pie de los páramos todo el año es frío, como el enero de Guadarrama en tierra de Madrid; y en los tales parajes no se da fruto alguno de tierra caliente. A distancia proporcionada del páramo los países son templados todo el año, y los árboles frutales siempre están floridos, con fruto verde y maduro siempre; y en esto equivale a la Primavera, y en el fresco moderado al Otoño. Los restantes territorios remotos de los páramos, por más que sople el Levante, que allá se llama Brisa, domina el calor del Verano, mayor que el que en julio y agosto se sufre en Sevilla.

Y así cada uno tiene en su mano vivir toda su vida en la Primavera perpetua de tierra templada, o en el sudor perpetuo de tierra caliente, o en el frío incesante de tierra fría. Elija, porque esta variedad no es de vocablos, sino real y verdadera: como lo es también la total variedad de frutos, sin que en tierra fría se dé ni arroz, tabaco, algodón, caña dulce, cacao, azúcar, plátanos, papayas, piñas, naranjas, limones, nísperos, sapotes ni otras muchas y muy ricas frutas de tierra caliente;

y al contrarío, en ésta no nace el trigo, ni se dan manzanas ni fruto alguno de tierra fría, ni aquel calor permite cabañas de Ovejas, que se sofocan y mueren luego; y así, la misma diversidad de frutos es prueba evidente de la diversidad de temperamentos, existentes a un mismo tiempo, pero en distintos terrenos: de modo que toda la variedad de flores, frutas y frutos que produce España en todo el círculo regular de las cuatro Estaciones del año, se halla a un mismo tiempo, entre los Trópicos de la América Meridional en diferentes sitios, según la perpetua diferencia de los temperamentos, v. g. en tierra fría, el trigo y hortalizas del Invierno: en tierra caliente, el arroz, maíz o panizo, uvas y lo demás que en Verano se da en Murcia, Valencia y Granada; y en fin, en las tierras templadas se da de todo, y se ven siempre en los campos flores, frutas verdes y maduras; y lo que más es, flores y frutas se ven juntas en un mismo árbol, como de los limoneros de Valencia y de Murcia dije en la Introducción de esta Obra. Véase a Herrera.

Esto es cierto e innegable; y para explicarme más, digo que todos los días del año sucede en dichos dos climas, lo mismo que todos los días de enero sucede aquí en Madrid, donde estoy escribiendo esto en enero. Sucede pues, que en día de escarcha hace notable frío en el patio; menos frío en la antesala: en la recámara hay buen temple, ni frío ni calor; y muy cerca de la chimenea es demasiado el calor: ¿todo a un mismo tiempo? sí; pero en diferentes puestos. Ahora pido se me oiga lo que pasa en Santa Fe de Bogotá, capital del nuevo reino, en solas nueve leguas de distancia, o a lo más, doce leguas. En los dos santuarios de Monserrate y de Guadalupe, cuyas fábricas están elevadas sobre la ciudad en dos picachos, después de los cuales se elevan las cumbres del páramo: en dichos santuarios hay perpetuo frío y recio. En la ciudad que está a la raíz de dichas Serranías, hace fresco, el cual se extiende a todo el llano hermoso de Bogotá hasta su parte Occidental, en donde desde una gran mesa de piedra viva se despeña el río, que da su nombre al llano; el cual cae a tierra caliente: ¿y cuánta será su caída a plomo y perpendicular? no se sabe a punto fijo; pero sean dos leguas, sea una, o sea menos, en la dicha distancia se hallan todo el año y todos los días los cuatro tiempos o las cuatro estaciones, que en espacio de doce meses causa la variedad regular del Sol en nuestra Europa. Estas son las cuatro estaciones del año, recopiladas en cada uno de sus días, pero repartidas en diferentes terrenos.

Ahora veremos las mismas cuatro Estaciones del año en solo uno de los días del año, y en solo un lugar, y doy por testigos a cuantos viven en la ciudad de Mérida, jurisdicción del nuevo reino, y a cuantos han estado en ella, aunque haya sido solo un día. Está dicha ciudad situada en seis grados y cuarenta minutos de latitud, y en trescientos y seis grados y medio de longitud, y en ella hay cada día natural trece horas de frío, cinco horas templadas de Primavera y de Otoño, y seis horas de calor. De este modo: desde las seis de la tarde hasta las siete de la mañana siguiente, que allá es una hora después de salido el Sol, corren trece horas de frío, originado de cuatro dilatadas cumbres de nieve, que tiene la ciudad a la vista hacia su parte Oriental: desde las siete de la mañana hasta las diez dadas; y desde las cuatro de la tarde hasta las seis, que es al ponerse el Sol todo el año, son cinco horas de templada Primavera; porque el Sol no domina sobre el frío hasta dadas las diez de la mañana, y a las cuatro de la tarde la caída del Sol y el fresco de la nevada forman un temple benigno, hasta que vuelve la noche fría: dura el calor seis horas, que son desde las diez de la mañana hasta las cuatro de la tarde, sobrepujando fuertemente los rayos del Sol en dichas seis horas, y amortiguando totalmente al ambiente fresco de las nevadas. Esto es tan cierto en el nuevo reino, cuanto lo es en España, que hay en ella Madrid, y que en Francia hay París.

De aquí es, que a la verdad venero como debo a los Autores que dicen, que los que habitan bajo la Equinoccial tienen dos Veranos, dos Inviernos, dos Primaveras y dos Otoños a causa de las dos idas y venidas, que respecto de ellos hace el Sol desde el Ecuador a los dos Trópicos. Concedo por innegable esta regular mutación y carrera con que el Sol mide el año entero; pero debo asegurar y protestar a los que desean saber la verdad, que donde no hay páramo bajo de la línea, o en sus primeros grados adyacentes hacia uno u otro Polo, y aun en los dos primeros climas, así de la parte del Norte, como de la del Sur, en aquellas tierras no se siente ni percibe la mutación de grados que el Sol va midiendo en el Cielo, porque solo subsiste y domina todo el año un recio calor continuado: y la razón es porque esté el Sol en el Trópico de Cancro, o esté en el de Capricornio, jamás envía sus rayos tan oblicuos al primer clima de éste y del otro lado del Ecuador, que se reconozca alguna sensible decadencia en el calor, con que hieren: si se hallare algún fresco o frío, seña es infalible de que cerca o más lejos hay algún páramo de donde dimana; y así la de los dos Inviernos, dos

Veranos, etc. es una locución meramente especulativa, que se verifica respecto de los movimientos del Sol en su eclíptica; y no hay señal alguna sensible, por donde se verifique sobre la tierra de que vamos tratando.

Por todo lo dicho añado, que tampoco se halla seña alguna de Invierno para los moradores de los países situados entre el Ecuador y los Trópicos; porque la máxima distancia del Sol, que es cuando él está en el Trópico de Capricornio (que en sentir del padre doctor Tosca es el único Invierno en aquellos terrenos) que es, v. gr. en Orinoco a 22 de diciembre de veinticinco grados: en Santa Fe de Bogotá de veintisiete; en Cartagena de treinta y cuatro y once minutos: ésta no es distancia que disminuya con disminución sensible la actividad de los rayos del Sol, como a fuerza de sudar noche y día lo protestan los moradores de aquellos países: menos los que (como dije) reciben el ambiente más o menos fresco de los páramos, según la mayor o menor distancia de ellos. Monsieur Laet, ya citado, después de pintar sus dos inviernos y sus dos veranos etc., concluye, dejando a los dos Inviernos sin más actividad que la que tienen las pinturas. Sus palabras son éstas: No digo esto, porque estas Estaciones se distingan entre sí con la mutua alternativa de frío y de calor. Pregunto yo ahora: ¿y con qué se distinguen? dirá que con la especulación de la máxima distancia del Sol; pero no es eso lo que cuestionamos.

Lo mismo que dije arriba afirmo por las mismas razones de los que viven bajo de los Trópicos; y no solo debo negarles, con el padre doctor Tosca, con monsieur Bion y el Espejo Geográfico de Hurtado, los dos Inviernos, pero a mi ver, ni concederles uno. La Habana o Cuba está en veintitrés grados y medio; tanto que su costa del Norte está debajo del Trópico de Cáncer; y en dicha isla se siente perpetuamente continuo calor, y da los mismos frutos propios de tierra caliente, que producen las tierras más cercanas al Ecuador, que son azúcar, tabaco, yuca y cazabe, y los demás que jamás produce la tierra fría. Es verdad que desde octubre hasta marzo llaman en La Habana tiempo de Invierno; pero ¿qué quieren decir en esto? Es decir, que el día que corre Norte, tienen frío; y si no corre el Norte, prosiguen sudando como antes. Este ni es ni puede llamarse Invierno, sitio un frío occidental y más casual que el que en Tierra Firme arrojan los páramos; porque el de los páramos es frío permanente y fijo; pero el de los Nortes de La Habana unas veces viene, otras no.

Estas noticias causan novedad, y admiran; porque se reciben como traídas del otro mundo; y no por otra cosa, sino porque no se hace pausada reflexión en otras muy semejantes y domésticas: explicóme con lo que sucede en el temperamento de esta corte, donde en el rigor de julio y agosto arden las calles y las casas menos acomodadas: más luego que sopla el viento Cierzo, todo se refresca y se convierte en una Primavera: y al contrarío, el mayor frío de diciembre y enero queda sin vigor, cuando casualmente sopla el viento Solano. Esto es notorio, y muchos celebran todavía la práctica de un famoso Médico de esta Villa, el cual tenía a mano todo el año ropa de Verano y ropa de Invierno, y se vestía por la mañana según el viento que corría: de modo que si en el Estío le decía el criado: Señor, corre el Cierzo, se ponía la ropa de Invierno; y si en el rigor del Invierno corría el Solano, echaba mano y se ponía la ropa de Verano: y así no hay por qué reparar tanto en lo que digo de La Habana y de otros países.

Y volviendo a ellos, digo que en Tierra Firme se ha introducido llamar Invierno, cuando llueve; y Verano, cuando no llueve; y esto con tanta impropiedad, que aun la gente no vulgar, si llueve por la mañana, dice: ¡Terrible Invierno hace! Y cuando a la tarde está despejado el Sol, dice: ¡Fiero Verano tenemos! ¿Qué cosa más impropia se puede ver ni oír? De mi sentir son el ilustrísimo Piedrahita y el reverendo padre fray Pedro Simón, aunque no se detienen ni dan más prueba que la experiencia; la cual a mi ver es la más fuerte. Del mismo parecer es el padre Andrés Pérez de Rojas, en su Historia de Sinaloa, tratando de las Serranías de Topia, que, según las señas, son páramos muy fríos.

Quiero concluir diciendo, que estoy tan lejos de consentir, ni dos Inviernos, uno, ni medio en las Regiones que están bajo de la Eclíptica, que antes afirmo, que al tiempo mismo que se idean allá los tales Inviernos, es más recio el verano y más intenso el calor (prescindiendo del frío accidental, sea de páramos o sea de Nortes). La razón es, porque el tal Invierno o Inviernos se idean en la distancia máxima del Sol respecto del Cenit de aquellos terrenos, que es a los últimos de diciembre; en el cual tiempo está el Sol en su Perigeo o Absismínima; esto es, está un millón de leguas más cerca de la tierra, tomada ésta en general: y nadie niega, que no se aumente el calor por aquel tiempo en la tierra tomada en general. Dicen los Autores, que dicho aumento de calor no es sensible ni perceptible a los habitadores de nuestra Europa: lo primero, porque como por diciembre está el Sol en la mayor distancia respecto de nuestro Cenit, llegan acá sus rayos tan notablemente oblicuos, indirectos y tan de soslayo, que no puede percibirse aquel aumento de calor (poco o mucho) que naturalmente añade el Perigeo o mayor cercanía del Sol al Orbe terráqueo, tomado en común: lo segundo, porque lo corto o breve de los días en Europa por diciembre y enero, casi no da lugar a que el Sol caliente la tierra, y más hallando en ella tanto frío que superar y expeler, para poder introducir su calor: razones fuertes a la verdad, para que en la Europa no se pueda percibir el aumento del calor, que el Perigeo del Sol precisamente causa en dichos meses; pero ni una ni otra razón militan, ni se hallan en las tierras sitiadas bajo de la Eclíptica, ni se pueden alegar, para probar que en dichos países no sea sensible el auge del calor, originado de la mayor cercanía del Sol: no la primera; porque allá los rayos del Sol no hieren de soslayo, casi no están indirectos, y es poca su oblicuidad: por lo cual, la cercanía del Perigeo o bajada del Sol, junta con la mayor cercanía de aquel Cenit al Sol (mayor, digo, respecto de nuestra Europa, aunque menor respecto de aquel terreno) ambas cercanías se unen a probar, que en diciembre y enero es allá más intenso el calor; y esto mismo robora y confirma con más fuerza la segunda razón dicha; porque el ser tan cortos y de tan pocas horas los días de diciembre y de enero en Europa, y el hallarse el terreno tan poseído de hielos y fríos, es fuerte y firme obstáculo, para que no se perciba aquel mayor calor, no solo el añadido por el Perigeo, pero ni aun el que el Sol diera desde allá, prescindiendo de su mayor cercanía. Así es; pero como en aquellas provincias de la Eclíptica los días son de doce horas, y a lo, más a los diecisiete grados de altura, al fin del segundo clima, decrece una hora: y por otra parte (exceptuando los páramos) no halla el calor del Sol frío que vencer; antes bien, cuando sale a las seis de la mañana, todavía halla calientes las piedras y el suelo (cosa que tenemos muy experimentada en el Orinoco) logra el Sol sin obstáculo toda la eficacia de sus rayos por doce horas junto al Ecuador, y once horas en el segundo clima; y así el no hallar obstáculo, como lo largo del día, convencen que ha de ser sensible el mayor calor del Perigeo del Sol, al tiempo mismo que se imaginan uno o dos Inviernos.

No obstante todo lo dicho, cedo alegre y voluntariamente mi parecer a los doctísimos Autores citados; y doy por especulativamente probables sus Inviernos, fundados en la máxima distancia del Sol, respecto de aquel Cenit; pero también les he de merecer el favor de que no nieguen los experimentos expresados, y más cuando sin profesarla, los hice con toda la refleja que pude a favor de su noble y apreciable ciencia. Y pues ya vimos el temperamento, veamos cómo se avienen con él los indios del Orinoco.

Capítulo V. De los indios en general: de los que habitan, en los terrenos del Orinoco; y de sus vertientes en particular

§. I. Preámbulo para la idea que se forma

Para que nos entendamos con toda claridad en esta materia, es bien que con una ligera ojeada imaginemos a los indios americanos en general, en tres estados muy diversos entre sí. En el primero veamos cómo estaban antes que en el Perú ni en México dominasen los Ingas ni los Montezumas: ¡qué horror! ciérranse de suyo los ojos, por no ver tan fea barbaridad. En el segundo estado registremos los dilatados países del Perú y de México, sujetos en gran parte, unos a los Ingas, otros a los Montezumas; rayando ya la disciplina Militar, y entablada a su modo la vida Civil en las provincias y naciones agrestes, que iban sujetando aquellos dos emperadores. El tercer estado, feliz para tantos millones de indios, como ya por la Bondad de Dios se han salvado y salvan (aunque infeliz para los que aun están en su ciega ignorancia, o ciegamente resisten a la luz Evangélica) empezó desde que las Armas católicas tomaron posesión de las principales provincias de aquellos dos vastos Imperios; y prosigue hasta ahora, creciendo siempre en todos aquellos remotos ángulos del nuevo Mundo la luz de la Santa Fe, para eterna dicha de aquellos infelices hijos de Adán.

El primer estado de aquellas gentes hace a mi ver un confuso eco con las tinieblas, en que estaba envuelto el Mundo en aquellos tiempos antecedentes a la dignación inefable, con que Dios se manifestó al patriarca Abraham, tiempos de barbaridad y de error. El segundo estado de las Américas hace una proporcionada consonancia con la Era de aquellos tiempos, en que ya en el Oriente los Medos y los Persas, ya los Egipcios, ya los griegos, ya en fin los Romanos, con la disciplina Militar redujeron a vida Civil gran parte de las naciones incultas de nuestro Mundo antiguo. El tercer estado en que vimos aquel nuevo Mundo en su primer descubrimiento, hace eco y consonancia al feliz Imperio de Tiberio Cesar, a quien con humilde silencio estaban rendidas las más nobles provincias de este nuestro Mundo antiguo: y así como esta unión y sujeción del Mundo al Romano Imperio fue disposición del Altísimo, para que la Ley Evangélica, con más facilidad desde Roma su Cabeza se difundiese por todos los miembros del Imperio y fuera de él: así la sujeción de la mayor parte del Perú al Inga, y el vasallaje de las principales Regiones de México al Montezuma, fue piadosa disposición del Altísimo, para que sujetadas aquellas dos Cabezas, se abriese puerta franca al santo Evangelio en aquellas tan dilatadas como remotas provincias. Y así como en todas aquellas gentes menos políticas o más bárbaras, por no haberse sujetado al yugo y disciplina de la Política Romana rayó más tarde la luz de nuestra Santa Fe, y en muchas aun dominan las erróneas sombras del gentilismo: del mismo modo ha sucedido y sucede en ambas Américas, en orden a las naciones no sujetas antiguamente, ni al Inga, ni al Montezuma; en las cuales, cuanto más adentro penetran los misioneros apostólicos, tanto mayor es la maleza y barbaridad con que hallan preocupadas las naciones. Pasa todavía adelante mi cálculo en la contraposición; y digo en fin, que así como acá sembró cizaña el enemigo común, en tantos y tan floridos reinos, como lloramos sumergidos en sus mismos errores, resistiendo y haciendo guerra a la misma benigna Luz que los busca: de la misma manera, por la industria del mismo mortal enemigo no faltan provincias en el nuevo Mundo, especialmente en la parte Meridional, que rebeldes a la fe que recibieron, la resisten y persiguen a sangre y fuego; y con el mismo esfuerzo impiden, estorban y niegan el paso, para que otras naciones, dóciles y tratables, reciban la Doctrina del Cielo. Es así, y ya se vino la pluma, casi de su propio peso, a las riberas del río Orinoco; pero no entremos todavía en él, veamos y miremos primero, como desde una alta atalaya, qué cosa sean, no solo estos, sino todos los indios de las dos Américas en común, para que desde aquí quede ya dicho lo que fuera preciso repetir de cada nación de Orinoco en particular, y aun de todas las restantes a que no se extiende mi asunto.

§. II. Estatura, facciones y color de los indios

No es razón entrar en una noble y curiosa fábrica, sin fijar algo la vista en su frontispicio y fachada, que es de ordinario índice de la interior arquitectura; y así, antes de poner a la vista la capacidad, propiedades e inclinaciones, usos y costumbres de los indios americanos, daremos un bosquejo del talle, aire, aspecto y color de aquellas gentes de Orinoco y sus vertientes.

En su estatura y corpulencia sucede entre aquellas naciones lo mismo que en las de este Mundo antiguo; y es, que en una misma nación unos son altos, otros pequeños, y no faltan muchos de mediana estatura: algunos son gruesos y corpulentos, otros flacos y adustos: por una parte se ven indios de bello arte y de talle airoso; y por otra al contrario, se dejan ver otros imperfectos y mal formados: muestran algunos notable viveza en los ojos y en sus acciones; y no pocos, apenas dan la menor seña de vivacidad: variedad hermosa, que es reparable espectáculo para los ojos, y noble origen de aquellos pensamientos, que de las criaturas deben pasar a quedarse absortos y anegados en el golfo inmenso de la Omnipotencia del Criador de todas las cosas.

No obstante lo dicho, sucede también entre los indios lo que se ha reparado entre las naciones de los blancos; y es que unas abundan más de indios altos y corpulentos, cuales son los Otomacos: las naciones Jirara, Ayrica, Saliba y la de los Caribes abundan mucho de indios altos, de gentil talle y bien proporcionados. No así en las naciones Achagua, Maypúre-Abane y otras, que abundan más de individuos de mediana estatura, menos que mediana; y comúnmente unos y otros gruesos y fornidos de carnes.

El cabello en todos sin excepción alguna es negro, grueso, laso y largo, con el apreciable privilegio, que necesita de largo peso de años para ponerse canos: argumento nuevo que robora la opinión antigua de que las canas son parto más legítimo de las pesadumbres y cuidados que de los muchos años. Ello es así que no creo se hallen gentes que disimulen tanto la edad, y la demuestren menos que los indios, cuyas canas apenas comienzan a pintar a los sesenta años.

Les negó naturaleza enteramente las barbas; y ellos al gusto de no tenerlas, añaden la diligencia de arrancar luego al punto el desventurado pelo que se atreve a sobresalir en su cara, a excepción de la nación Otomaca. En las naciones de Orinoco y del Ayrico se extiende la persecución hasta las cejas, sin permitir jamás en ellas ni un pelo. Es empero verdad que algunos de los indios ya cultivados y cristianos, que a imitación de los blancos dan en frecuentar la rasura, consiguen después de largo cultivo, bigote, pera y algunos pelos en lo inferior de la barba.

La fisonomía del rostro, contrapuesta con la de los europeos, africanos, chinos y tártaros, hace coro a parte, aunque sin disonancia. Quisiera dar algunas señas individuales, y no sé si acertaré. Tienen por lo común bellísimos ojos, no muy grandes, pero ni muy pequeños, negros y en el centro de un blanco bien apacible, a que les añaden no poca gracia las pestañas negras y muy pobladas; lo cual no obstante tienen su señal certísima y propia; y es que el párpado superior, al llegar al lagrimal, no forma cúspide al unirse con el inferior, sino que al finalizarse, cae sobre éste, formando un segmento de círculo. Más claro: digo que los indios no tienen lagrimal abierto como los europeos; pero esta facción, peculiarmente suya, no afea ni desdice de la simetría de sus rostros.

Las narices son ciertamente las que sobresalen por su especial modelo, y sostenidas de uno y otro juanete, ambos rollizos y huesudos más de lo ordinario: de ellas y de ellos resulta el distintivo máximo de la total fisonomía de aquel especial modelo de rostros; porque el arranque superior de las narices es chato en casi todos; y aun debo decir que es notablemente chato; y al contrarío, la parte inferior de ellas es carnosa, espaciosa, y da campo suficiente para ambas ventanas, que son anchas y cóncavas.

Los labios en ellos son comúnmente proporcionados, y se inclinan más a gruesos que a delgados. No se hallará en los indios cosa que más debamos envidiarles que aquella su dentadura de marfil purísima, cuya firmeza compite con su candor intacto y firme en casi todos hasta la edad más avanzada, y hasta la sepultura: ni tengo especie alguna de haber visto en los indios dolor de dientes ni de muelas: tal vez será porque, aunque es verdad que trabajan poco con el cuerpo, trabajan mucho menos, y aun nada con la cabeza, de donde bajan las fluxiones.

Del referido conjunto de facciones resulta la fisonomía extraordinaria de rostro que ya apunté, la que ni fuera fea ni desagradable, si los gentiles de que trato, no pusieran su mayor estudio en afearse notablemente con diaria untura de varios colores: especie tan extravagante, que ocupará adelante un largo y curioso capítulo: baste por ahora asegurar, que el que jamás los ha visto, a la primera vista se aturde, pensando que se le aparece una tropa de diablos en figura y apariencia de hombres.

Por lo que mira al color de algunas de aquellas gentes, no me atrevo a decir cosa fija y cierta, porque es mucha la variedad de sus colores: los indios que hallamos escondidos en los bosques, por lo general son casi blancos: los que andan por los campos descubiertos si no usan de untura, son trigueños: los Otomacos que navegan los ríos y andan en las playas, son prietos y morenos, porque no usan el defensivo de la untura: y en fin, las naciones que indispensablemente se untan, muestran un color casi blanco al tiempo que se lavan para untarse de nuevo; de modo que no es fácil de decidir cual sea a punto fijo el color de estas mencionadas naciones: si bien, hablando de los indios en general, es cierto que son de color trigueño, ya más, ya menos pardo, al modo que los europeos son blancos, ya más, ya menos, sin que falten trigueños, y más en la gente del campo.

Al nacer aquellos niños, son blancos por algunos días, lo que sucede también a los negrillos; y es digno de saberse, que así como los hijos de los negros nacen con su pinta negra en las extremidades de las uñas, como muestra de lo que luego serán; así también nacen los indiecillos con una mancha hacia la parte posterior de la cintura de color oscuro, con visos de entre morado y pardo; la cual se va desvaneciendo al paso que la criatura va perdiendo el color blanco, y adquiriendo el suyo natural. Esta seña o mancha es cierta, y cosa que tengo vista y examinada repetidas veces: su tamaño es poca más o menos del espacio que ocupa un peso duro de nueva fábrica.

Y a la verdad es notable la brevedad con que blanquea el color de los indios; tanto que la india que se casó con un europeo, con tal que la hija nieta, biznieta y la chosna se casen con europeos, la cuarta nieta ya sale puramente blanca, y tanto cuanto lo es la francesa, que nació y creció en París. En caso que sean dichos casamientos con europeos, las dichas cuatro generaciones son así:

I.   De europeo e india sale mestiza.   Dos cuartos de cada parte.

II. De europeo y mestiza sale cuarterona.   Cuarta parte de india.

III. De europeo y cuarterona sale ochanova.   Octava parte de india.

IV. De europeo y Ochavona sale puchuela.   Enteramente blanca.

Nótese empero, que esta graduación va según el rigor antiguo, y a que se atendía, así para la igualdad de los casamientos, como para saber hasta cual de aquellos grados llegaba a incluirse en la voz Neófito (esto es nuevamente convertido) para que según sus privilegios pudiesen dispensar los padres misioneros en ciertos grados de consanguinidad y de afinidad, para poder casarlos lícita y válidamente; pero por nueva Bula del Señor Clemente XI, consta y declaró, que por Neófitos ya no se entienden sino los indios y mestizos: de modo que los cuarterones y Ochavones se reputan y se deben tener por blancos.

Pero aquí es de saber, que si la mestiza se casó con mestizo, la prole es mestiza, y se llama vulgarmente tente en el aire; porque ni es más, ni es menos que sus padres, y queda en el grado de ellos.

Si la mestiza se casó con indio, la prole se llama salta atrás; porque en lugar de adelantar algo, se atrasa o vuelve atrás, de grado superior a inferior.

Aquí entra ya la luz para desterrar de la Europa un error muy común; porque de lo dicho se ve con evidencia, que indio e india no es lo mismo que indiano e indiana, por más que en Europa, y principalmente en España, parezcan sinónimos. indio es el natural americano: indiano es el americano, que trae su origen de otra parte diversa de la América. Este es el sentido con que en indias se usan estas voces, las que en España aplican también a los que vuelven de sus gobiernos, y de tratar y contratar. Más: a los que de Europa pasan a las Américas, en la parte del Perú llaman Chapetones, y en la Nueva España llaman Cachupines: nombres que impusieron los indios a los primeros Conquistadores, y permanecen hasta hoy; y en fin, a los descendientes de los europeos que se casan allá, llaman promiscuamente, ya blancos, ya españoles; y a los indios llaman Naturales.

Sabido ya esto, que es cierto y fijo, dejen de llorar las señoras españolas, y no se oiga más aquel ¡ay de mí, que mi hijo se casó con una india! Debe primero averiguar si es el casamiento con india o con indiana: si es con indiana, sepa que las hay muy blancas y muy Señoras en muchas y muy populosas ciudades, Villas y Lugares, hijas de nobles familias de España, que han pasado, y no dejan de pasar a las Américas. Si casó con india, no es el primero, ni es materia digna de tantas lágrimas, principalmente si casó con hija de algún cacique.

No es razón desterrar de este antiguo Mundo el error precedente, y dejar las Américas en otro error más perjudicial, que ha tomado posesión de todo el vulgo, con notable desdoro de una clase dilatadísima de gente; y a la verdad, no sin atrasos en el camino del Cielo: todo lo cual nace de la falsa opinión, de que la especie de mulatos no sale; esto es, no llegan los descendientes a la clase de blancos, como sucede en los mestizos y los indios.

Digo que esto es falso, y que el no salir o ser muy contados los que salen, depende de esta misma falsa persuasión; por la cual repugnan el casarse con mulatas: de modo que si las mestizas no se casasen sino con mestizos, jamás saliera la prole, y quedaría perpetuamente en el grado de mestiza, sin adelantar un paso; y en tal caso, si hubiera tal cual ejemplar en contra de casamientos de mestizas y cuarteronas con blancos, luego se desengañarían, viendo la mejora en la prole ya blanca: ¿cómo pues no se abandona y destierra el otro error, viendo (como realmente sucede) la prole blanca de tal cual mulata, que se ha casado con blanco?

En fin, quede por fijo que por los mismos grados por donde blanquea la mestiza, blanquea también la mulata a la cuarta generación, en la forma siguiente de casamientos.

I.	De europeo y negra sale mulata.	Dos cuartos de cada parte.
II.	De europeo y mulata sale cuarterona.	Cuarta parte de mulata.
III.	De europeo y cuarterona sale ochanova.	Octava parte de mulata.
IV.	De europeo y ochanova sale puchuela.	Blanca totalmente.

Ya se ve que si esta Puchuela se casa con mulato propio, la prole vuelve a retroceder; y si se casa con un negro, se atrasará mucho más; y de estos atrasos depende el que pocos de ellos lleguen a puros blancos; pero algunos realmente llegan.

Y supuesto que el material se vino a la pluma de su propio peso, conviene salir de otra duda por una parte, grave, y por otra, de no pequeña curiosidad: la duda es acerca del origen del color negro en los etíopes, si pueden mudarse o no; y la raíz de la tal mutación.

§. III. Del origen del color negro de los etíopes: si puede mudarse o no: y la raíz de tal mutación

No cuestionamos en qué consista el color atezado de los negros; v. gr. si en algún suco; ¿si en la contextura del cutis, o de la tela segunda o membrana reticular? ¿si en la tercera tela que está entretejida de glándulas de varias formas y figuras; o en fin, si abandonados todos esos modos de pensar, consiste solamente en la mayor o menor actividad, con que las dichas glándulas rechazan la luz tinturada de la refracción sola, que en ellas padece? Sea lo que se fuere del constitutivo del color: buscamos solamente el origen de la tintura de los negros; ¿y si puede descaecer (sea perdiendo o sea ganando) tomando otra tintura?

Buscando este origen más arriba de lo que se puede, erraron algunos; y otros, apropiándoles raíz poco conforme a la Sagrada Escritura: unos y otros están ya bien refutados con sólidas razones, y por plumas muy sutiles; en cuya confirmación solo añado, que aunque después Juan Ludovico Hannemán escudriñó (a su parecer) curiosamente el origen de los negros, no se conformó muy bien con la Divina Escritura. Dice, que en la maldición que Noé echó a Can, fue como marca o divisa de aquella pena el color negro. ¿Pero con qué lo prueba?, dirá que porque los negros, extraídos fuera de su patria, son vendidos por Esclavos, que es lo substancial de la maldición: Servus servorum erit fratribus suis; sin advertir que las naciones y gentes blancas de la Europa y Asia, extraídas y cautivadas, se venden y son Esclavos, sin ser negros; y así es cierto que el color prieto ni es castigo, ni es efecto de la dicha maldición; y sino responda Hannemán a lo que le diré en nombre de un negro de Angola.

Es verdad (dice) que por la culpa de Can, y por la maldición que cayó en nuestro padre y Progenitor Canaán, somos reputados como verdaderos Esclavos; pero mira, que compadecido Dios de nuestra desdicha, nos consoló, prefirió y condecoró con este bellísimo color negro: gala, con la cual estamos contentísimos. Dirá Hannemán, que esto no consta de la Escritura: y replica el negro, que tampoco consta lo que dice este Autor; y que si Hannemán tiene por feo el color negro, y lo aplica a lutos, a tiempos y cosas tristes: ellos tienen todo su gusto en él, y tienen por melancólico y triste el color blanco.

Más: si dicho Autor hubiera discurrido con mayor reflexión, hubiera hallado en la Divina Escritura, que de Canaán nació Sidón, y de éste los Sidonios: después nació Hethaeo y los Hethaeos: después nació el padre de los Jebuseos y otros hijos, que poblaron primero la Palestina, y después se fueron extendiendo hacia el África (y a mi sentir) de las costas de ésta a las Américas; todo a fuerza de tiempo y de muchas generaciones; sin que haya con que probar que fuesen negros, ni los Cananeos, ni los Sidonios, Hethaeos, Jebuseos, etc. ni después del Diluvio y de la dispersión de Babel; ni hasta hoy en día; lucero de estas gentes blancas, descendientes de Can y de Canaán, se originaron después las gentes negras; y de éstas finalmente los indios trigueños de las Américas, como adelante veremos. ¿Pero para qué es detenernos en lo que no es la cuestión? ahora buscamos la raíz de esta mutación de color; para cuya declaración debemos suponer, que si los hombres negros salieron de padres blancos, también los blancos y trigueños pudieron y podrán originarse de padres negros.

Fuera de esto, en esta cuestión hemos de mirar los colores, sin calificarlos ni darles entre sí preferencia; porque ésta será siempre incierta, hija de la voluntad, y no de la razón: al modo que cada cual prefiere el lenguaje materno en que se crió, al extranjero que no entiende, o se le hace duro, aunque le sepa: el amor natural es ciego e incapaz de voto desapasionado en negocio propio. Por otra parte es cierto que la hermosura no consiste solo en el color blanco: de este color hay caras muy feas; y del color negro las hubo muy hermosas: y en lo literal consta, que la esposa que se arrebató la corona y los cariños del rey, fue negra y muy hermosa; y aun el Mantuano, instruyendo a un Joven mal informado en este punto de apreciar colores, le puso a la vista, cuánto más apreciamos las violetas en contraposición de otras muchas flores blancas: de modo que en esta materia el aprecio nace, no del color, ni de la cosa o persona que le tiene, sino del afecto con que se mira; por lo cual dijo el adagio:

Quisquis amat ranam, ranam putat esse Dianam. Sin que guarde consecuencia el afecto humano: pues aun las Señoras que más aprecian su blancura, engastan en ella lunares negros por mucha gala: y el amor a los ojos negros en las provincias del Norte, ha dejado a muchas Damas tuertas, y a otras ciegas, a fuerza de acres sahumerios que para dicho fin han inventado.

Los hombres blancos han dado mayores muestras de dicha inclinación y amor al color negro: y hoy en día, en Cartagena de indias, en Mompox y en otras partes se hallan españoles honrados, casados (por su elección libre) con negras, muy contentos y concordes con sus mujeres: y al contrarío, vi en la Guayana una mulata blanca, casada con un negro atezado; y en los llanos de Santiago de las Atalayas una mestiza blanca casada con otro negro: éste la desechó muchas veces, diciéndola que reparase bien en su denegrido rostro, que tal vez seria después origen de sus disgustos: la respuesta de la mestiza fue irse a su casa, y untarse con el zumo de jagua, tinta tan tenaz, cual ninguna otra; y puesta a vista del negro, le dijo: Ya estamos iguales, ni tienes excusa para no quererme: casáronse, y Dios les ha dado muy larga descendencia: en fin, el amor es ciego, en punto de colores, ni distingue ni tiene voto; y caso que le tuviera, es nulo. Miremos pues los colores con la indiferencia que ya dije, y pasemos adelante, buscando el origen de lo negro.

Nadie ha dudado que los ardientes rayos del Sol tiznan y ponen denegrido el color: bien claro se ve en los trabajadores del campo de todas las naciones: excusa con que la ya nombrada Esposa de los Cantares disculpó lo denegrido de su bello rostro: Decoloravit me Sol. Ni esto es de admirar, cuando aun en las frutas, y lo que es más, en los mismos árboles hallamos diverso color en la parte en que reciben el Sol de lleno, de aquella a donde no alcanzan sus rayos; pero este influjo del Sol no vasta para causar el color negro en los hombres.

La razón es demostrable, y se hará evidente al que con el Globo Terráqueo en una mano, y la Historia general en la otra, puesto v. gr. a diez grados de la Línea Equinoccial, diere vuelta a la Esfera sin salir del dicho círculo paralelo verá en sus terrenos con la luz de la Historia Geográfica gentes negras, prietas, trigueñas y blancas; siendo así, que todo el clima correlativo al dicho círculo en toda la tierra es uniforme en cuanto a la eficacia del Sol, y modo de herir en todo él sus rayos: luego solo el calor e influjos del Sol no causan el color negro de que hablamos, aunque puedan disminuir y tostar el color blanco de los hombres, como ya dije.

Bien sé, y no debo omitir aquí lo que han notado ya los historiadores geógrafos, y es, que cuanto los países de las naciones están más cerca de la línea equinoccial, tanto más prieto es el color de las dichas gentes: y al contrario, cuanto más se van acercando las provincias al Norte, va creciendo la blancura de los habitadores de ellas; y lo que más es, blanquea en las aves la pluma; en los lobos, osos y liebres, el pelo; y solo en aquellas regiones se halla el mejor armiño. Todo lo cual creo yo verificado en los hombres naturales y patricios de dichos climas, desde su primera población hasta hoy (por la razón que daré al exponer mi sentencia) y no en otras advenedizos, ni en sus descendientes, aun después de largas generaciones y de muchos años, como se evidencia en las colonias portuguesas, establecidas entre los negros de África, costas e islas de Asia, en las populosas ciudades de españoles, fundadas ya cerca, ya no lejos de la equinoccial entre los indios; y en fin, en las muchas factorías fundadas en África y Asia por los franceses, ingleses y holandeses; en todos los cuales sitios, fortalezas y ciudades hay, casi dos siglos ha, familias europeas, que de generación en generación prosiguen heredando el color blanco de sus padres y progenitores: no obstante el Sol y calor ardiente de la equinoccial.

Supuesto todo lo dicho, para estrecharme a la mayor brevedad, pongo la mira únicamente en dos Sentencias sobre el color de los negros: escoja el erudito la que más le gustase. La primera (para que nos entendamos) llamaré moderna: a la segunda llama el Autor de la moderna comunísima y apadrinada de innumerables Historias, Libros y Autores, a favor de la posibilidad del hecho que defiende y en que se funda con casos específicos a su intento; esto es, de niños que salieron negros, por tener la madre la imaginación fija al tiempo del concepto, v. gr. en la figura de un etíope. Pero la desgracia de esta comunísima Sentencia está, en que los argumentos de los Filósofos que la protegen, están muy lejos de satisfacer al Autor de la primera, y da por inciertos los sucesos que alega, y faltos de prueba legítima; porque solo se prueban con testigos singulares, v. gr. cincuenta Autores, que refieren un mismo hecho, y se fundan en la única autoridad de la madre, que sola declaró (porque ella sola lo sabe) que al tiempo tal y tal tuvo fija la imaginación en el objeto negro, peludo o lanudo, o cosa semejante: declaración que es sospechosa y capaz de viciarse, por imprudencia, por interés, por adquirir nombre y por otros motivos; y así solamente concede la posibilidad de los tales efectos de la imaginativa, y niega el hecho.

Hágome cargo de todos estos reparos, como muy bien hechos; y no obstante ellos, me veo obligado a dejar esta Sentencia moderna, y a seguir la antigua y comunísima; y por cuanto los argumentos antiguos se dan por ineficaces, y de los casos específicos que se alegan, se dice que no tienen la certidumbre necesaria, procuraré dar fuerza y eficacia a los argumentos y alegar casos innegables y específicos, roborados con testigos muchos y abonados, que hoy viven, sin que la declaración de las madres sea necesaria; y todo quedará llano, si acierto a dar solución a los argumentos contrarios.

§. V. Contraposición de las opiniones moderna y antigua acerca del origen del color Etiópico

La Sentencia moderna duda y no decide; pero tampoco asiente a la Sentencia antigua; y afirma, que la causa verdadera y única del color de los etíopes es influjo del clima o país que habitan; con la advertencia, que esta voz influjo del clima, no es cosa desnuda, sino que se debe mirar la altura del Sol, y todas las demás propiedades y cualidades del tal país; y añade: que por influjo del país se debe entender, que la causa influyente es alguna cosa general a todo el país; y es juntamente primitivo origen de las particularidades que se experimentan en él; sin que el tal influjo del país deba atribuirse ni a las aguas ni a los frutos, ni a otras cualesquiera producciones de la tierra.

Ahora meditemos el influjo del clima o del país: la causa influyente, que es una cosa general a todo el país, y que es primitivo origen de las particularidades que se experimentan en él: y después de bien aquilatado todo, hallaremos en limpio, que aquella verdadera y única causa del color de los etíopes solamente es una cosa general a todo el país; y ésta es la cosa que buscamos, para saber por lo claro qué cosa sea ésta; y así esta cosa deja la causa que se busca, en el caos en que se estaba antes.

Pero sea esta cosa lo que se fuere, arguyo así: no obstante el influjo del clima o país de Etiopía; no obstante el primitivo origen de las particularidades del tal clima, y no obstante aquella cosa general a todo el país, vemos en él y en Angola y en Sierra Leona gran cantidad de familias blancas, descendientes de aquellos primeros argonautas portugueses, que por espacio de dos siglos han retenido de generación en generación su color blanco hasta hoy. Y al contrario en el Perú, Paraguay, Quito, Caracas, Nueva España y en todas las islas de Barlovento, no obstante la carencia de aquella cosa característica y general al país de los negros, es constante y notorio y ajeno de toda disputa, que los descendientes de padres negros, salen negros (a excepción de los que se casan con indias o con mulatas, y a excepción de los partos irregulares, de que hablaremos después): luego aquella cosa, aquel influjo del clima, y aquel primitivo origen no es la verdadera y única causa del color de los etíopes; y de serlo, todas las gentes de aquel clima fueran negras: y los hijos de ellos, nacidos lejos del tal clima, perdieran su color; lo cual no es así.

Y así, paso ya a establecer mi conclusión a favor de la Sentencia antigua y comunísima. Omitidas las pruebas antiguas, no por insuficientes, sino porque a la verdad, ni las necesito todas, ni este breve apunte las puede abarcar; y en atención a que la experiencia es madre de la mejor y más cierta Filosofía, de un solo caso de hecho, cierto y notorio deduciré la razón de dudar; daré mi parecer; le roboraré con razones filosóficas (desatando de paso los argumentos contrarios) y concluiré, confirmando la opinión con otro caso de hecho, cierto y notorio; y ambos de tal prerrogativa, que con ser partos irregulares, tienen toda la certidumbre necesaria, sin recurrir al voto declaratorio de las madres que dieron a luz los tales hijos: el hecho primero es como se sigue.

En Cartagena de indias, en la hacienda de Majates, una negra, casada con un negro, ambos Esclavos de dicha hacienda, hasta el año de 1738, llevaba ya de siete a ocho partos, pariendo interpoladamente, ya negros, ya blancos, de una blancura algo fastidiosa, por ser excesiva de pelo asortijado y tan amarillo como el mismo azafrán: cuatro son los que ha parido de este color, y los otros son tan negros como sus padres, no quise preguntar a la negra, por no ser aquí necesaria su declaración. El hecho es notorio a toda la ciudad de Cartagena, y a toda la comarca, y más adelante; porque el señor marqués de Villahermosa, al volver de su gobierno de Cartagena, trajo al mayor de los dichos negros blancos a esta corte; y el señor presidente de Quito, y ahora de Panamá, don Dionisio de Alcedo y Herrera, trajo la hermana para criada de la señora presidenta Doña María Bejarano; y así estos, como los dos hermanos, son conocidos en dicha ciudad y su contorno, sin que cause ya armonía; porque de tiempo antiguo consta de semejantes partos, y actualmente, fuera de esos cuatro hermanos, hay en aquel país otros negros Albinos, que este es el nombre que les han impuesto. Fuera de esto, negros de Angola que yo examiné sobre ello en Cartagena, me aseguraron que allá en su patria nacen también algunos de dichos Albinos, sin que cause novedad a los negros.

Del este hecho y hechos infiero esta consecuencia: luego después de la dispersión dejas gentes pudieron nacer de padres blancos hijos negros; y casados estos entre sí, ir poblando los países que hasta hoy poseen, y llenarlos de negros a fuerza de tiempo, como ha sucedido en otras gentes y provincias.

No niega la Sentencia moderna esta consecuencia, antes bien la tiene por posible; pero añade: «Que éste es un posible de muy extraordinaria contingencia, tal, que en rarísimo caso se reduce a acto, cuando para la multitud de millones de negros se requiere una continuada multitud de generaciones de ellos, suficientes a poblar tan vastos países como ocupan».

Este es un reparo, que más merece el nombre de escrúpulo, que el de réplica; y poniendo la consideración en Adán y Eva, en Noé y su corta familia, es igual y aun mayor la dificultad respecto de la primera y segunda población de todo un mundo: ¿cómo de solos aquellos dos se originaron tantos millones de hombres y mujeres, cuantos perecieron en el Diluvio universal? ¿Es posible que de Sem, Cham y Jafet se han originado, todas las naciones que hoy pueblan la faz de la tierra? sí, porque éste no es negocio de tres ni de cuatro siglos, sino de muchos millares de años y de generaciones.

De modo que como primero de Adán y Eva, y después de solas tres familias, poco a poco creció el gentío, y pobló la faz de la tierra: así de pocas familias negras (y aun de sola una familia pudo) resultaron los millones de negros que pueblan sus países: color que fue muy del caso para la hermosa variedad del Universo, aunque en sí parezca feo, como lo notó san Agustín. Fuera de que así como la admirable variedad de lenguas apresuró la dispersión de los hombres, que ya ellos tenían premeditada, y la población del mundo, como después veremos; así también la variedad de los colores concurrió después a la mayor separación de unos y otros entre sí; y si hoy los Albinos referidos se separasen y casasen entre sí en Región sola para ellos, no hay duda que con el tiempo creciera su Gremio, como crecieron las familias de Adán y de Noé.

Digo hablando de los colores de las gentes en común: Que las madres imprimen en el feto el color a que tienen más propensión, y el que por tal afecto tienen más impreso en la imaginativa: veis aquí que como la variedad de lenguas fue causa impulsiva para la separación de las gentes, que abandonaron la fábrica de la Torre de Babel; así también, después de pobladas algunas Regiones, la variedad de los colores fue segunda causa impulsiva para la mayor dispersión y población de otras Regiones, que aun estaban desiertas; sin que para esto se requiera un número grande de progenitores negros, sino una grande cantidad de siglos para ir naturalmente creciendo y multiplicándose las familias. Y así como cada nación ama su lenguaje materno, más que al extraño y forastero; así cada nación ama y aprecia más su color nativo (sea el que se fuere) que el color ajeno; a excepción de ciertos excesos exorbitantes que extraen al amante del modo y términos ordinarios, como el que se enamoró de una estatua de jaspe, y otros que se prendaron de objetos más despreciables que éste.

Pruebo la conclusión propuesta con un noble pensamiento del Gran padre de la iglesia san Agustín; dice pues; Que así como de los cuerpos pasan las imágenes al espíritu, así se podrán enviar e imprimir en el feto. Que es decir, que así como no hay proporción entre el objeto corpóreo: v. gr. negro, que mira la mujer, ni con la especie impresa en la fantasía, ni con la intelección espiritual que resulta; así esta especie impresa, ni la intelección y voliciones que de ella y por ella produce el alma, no tienen proporción alguna con el feto: con que si no obstante la notable improporción que media entre el objeto y la potencia, ésta, mediante las organizaciones proporcionadas, atrae e imprime en su fantasía la imagen del objeto negro, y toma entera noticia de él: así también podrá enviar e imprimir en el feto, mediante el influjo y conmoción que causan, ya la parte apetitiva (ó ya la aperciba) el color y figura a que se inclina (ó a que tiene notable aversión) y esto, sin que ni la física, ni la animástica se puedan querellar.

Esto mismo dice con otros términos el Angélico doctor santo Tomás en el mismo Artículo, que cita a su favor la Sentencia moderna; sus palabras son éstas: «Por lo que mira a la alteración, ya del calor, ya del frío y otras conmociones que a éstas son anexas, porque se originan y nacen de la imaginación, todas siguen el movimiento de las pasiones, al paso mismo con que éstas agitan el corazón; y de aquí es, que por la conmoción de los espíritus se altera todo el cuerpo; pero las otras disposiciones que no tienen orden o dependencia natural de la imaginación, ésta no las inmuta por más fuerte que sea la imaginativa; y así no puede inmutar la figura de la mano o del pie».

Y nótese que el santo doctor ni nombra ni excluye al color. Esto que altamente especularon san Agustín, santo Tomás y otros santos y doctores que luego alegaré, voy a individuar, insinuando la mecánica natural con que la fantasía conmueve las facultades, por medio de las cuales imprime en el feto la idea o el color que en sí tiene impreso; y es el caso, que ocupada y embebida el alma de la madre con aquella vehemente imaginación, se inclina y aun se deja llevar suavemente hacia el color, de que está impresionada la fantasía. A esta parte apetitiva sigue luego la judicativa, calificando por buena la propensión al tal objeto. De aquí cría más vigor la aprehensiva, e impelida de las dos afecciones dichas, aviva y pone en acción los humores y las facultades de los espíritus animales, que concurren a delinear en la prole o feto el color de aquel ejemplar, que retiene la imaginativa de la madre.

Con más brevedad y mayor claridad dijo esto mismo san Isidoro (Libro 11. Etimologías) dice: «Que el alma es de tal condición o actividad, cuando se halla constituida en la acción propagativa o generación, que atrae para sí las formas, figuras o imágenes que vio, y las imprime en el feto»: opinión que sigue y defiende el Tostado con gravísimo peso de erudición, y el padre Delrío con otros doctores. Fuera de que, consta en el Sagrado Texto el experimento del patriarca Jacob, repetido hasta diez veces por sus mismas manos, para variar el color de las crías al paso que la codicia de Labán le variaba la paga; de modo que puestas las varas, parte con corteza, y parte sin ella, en las pilas donde bebían las ovejas, veían su imagen de color varío al tiempo de concebir las crías, que después salían de color varío, blanco y negro.

Cuando Labán decía a Jacob, que las crías que saliesen negras, serian suyas, ponía varas sin descortezar en el fondo de las pilas donde bebían, y viendo las ovejas su imagen negra, las crías nacían negras; y cuando ponía varas totalmente descortezadas, entonces nacían blancas; con lo cual queda evidenciada la fuerza de la imaginativa en las madres para imprimir color, y también varios colores en la prole concebida.

Pero a la verdad no traigo este argumento para probar mi conclusión, sino para desvanecer los efugios, con que la opinión moderna procura evadir su fuerza.

Dice lo primero, que dicha variedad de colores en dichas crías no fue obra puramente natural, sino que intervino un Ángel, como el mismo Jacob afirma cap. 31. vers. 11. por lo cual este ejemplar no es del caso, por ser efecto milagroso y no natural, cual se requiere. Esta respuesta, roboran con la autoridad del Crisóstomo y de san Isidoro, y añaden la de san Isidoro; pero no sé cómo, porque el parecer de este glorioso doctor dejé poco ha expresado, a favor de la Sentencia antigua, y trasladadas sus palabras al pie de la letra; y vengo en que algunos santos padres llevaron esta Sentencia.

Más también es cierto, que la contraria se halla patrocinada por el doctor Máximo san Jerónimo, por el Sol de la iglesia san Agustín, por san Isidoro en el lugar ya citado, por el Abulense con otros doctores, por el padre Delrío y otros de copiosa erudición; pero bastará poner aquí lo que dice el Abulense, y es: «Que el efecto en la dicha variedad de colores fue natural; porque su causa eficiente no excedió los términos de la naturaleza: lo único especial que hubo, fue que Jacob no tenía antes noticia de dicha arte o maniobra, la que le reveló el Ángel; esto es decir, que la fuerza de la imaginativa la descubrió el Ángel; y que llegado el caso, la imaginativa obró naturalmente según su actividad».

Dice la Sentencia moderna lo segundo, que no se puede negar que las pasiones de la madre, excitadas con violencia, pueden alterar, y a veces alteran el feto considerablemente hasta ocasionarle la muerte por los humores excitados, que vician el licor o suco, de que el feto se sustenta.

Y es por cierto grande maravilla, ver cómo se concede lo más, y al mismo tiempo se ruega lo que es menos. Si la imaginativa impresionada de un susto y de una pesadumbre (y aun sin tanto impulso) si solo con fijarse en el deseo de una fruta o de una bagatela leve aquel antojo, fijo en la imaginativa de la madre, si no se halla a tiempo lo que desea, de tal modo mueve los humores y facultades internas de la madre, que quita la vida de la criatura, desbarata y destruye aquel todo sustancial, como lo confiesa la Sentencia moderna: (ni puede negarlo, por ser casos de hecho frecuentes y notorios) ¿cómo dicha Sentencia puede negar, el que la fuerza excitante de la fantasía imprima el color a que se inclina, y propende la apetitiva, que solo es un accidente?

Bien sé que a esta réplica responden, que la imaginativa de la madre concurre a su modo en todo aquello que en el feto dice orden, y tiene conexión con la madre, y que el color no tiene la tal conexión ni dependencia: yo quisiera que aquí me añadieran la razón y causa de esta independencia; porque esto es lo que buscamos. Dennos a entender, ¿cómo dependiendo todo el feto de la natural operación de la madre, solo el color del mismo feto se exime de esta dependencia?

Tal vez dirán (y no falta quien lo afirma) que la imaginativa de la madre no puede ejecutar en el feto aquella operación, que no puede en la misma madre; y como por más viva que sea la imaginativa materna (aunque llegue a ser manía) no puede mudar el color de la madre tampoco puede influir en el color del feto: la consecuencia que se seguía no es así, sino esta otra: luego no puede mudar el color del feto. Es cierto que no puede mudar el color que una vez le dio; pero puede influir al tiempo de la formación en el tal color, e imprimírselo al feto.

Fuera de esto, las facultades físicas de la madre tienen muy diverso fin e influjo, natural en orden a la misma madre, del que tienen para con el feto: atienden e influyen todo lo necesario para la conservación de aquella, como que es ya un todo completo y perfecto; (in facto esse) pero no así en orden al feto, en cuya formación y organización está ocupada y solícita la matriz y todas las facultades naturales de la madre, como que tienen (digámoslo así) la masa entre las manos: (in ipso fieri). Más: la materia del feto es tierna, delicada y muy dispuesta a recibir las impresiones que en ella quisiere delinear la fantasía de la madre; v. gr. este o aquel color a que se inclina: circunstancias que totalmente no se hallan en la madre respecto de sí misma: por lo cual no se puede admitir aquella proposición, poco ha propuesta a favor de la Sentencia moderna; es a saber: Que la imaginativa de la madre no puede ejecutar en el feto aquella operación, que no puede ejecutar en la misma madre: antes bien consta lo contrarío, cuando el espanto, pesar o susto de la madre causan la muerte y aborto de la prole, sin que la misma madre muera.

En fin, el último efugio de que se valen para evadir la fuerza del experimento mencionado, que usó Jacob con las ovejas de Labán, es decir, que hay mucha desproporción entre la imaginativa de las ovejas toscas, hijas de un alma tan material como ellas mismas, que fácilmente puede impresionarse de tal o tal color, y mantener la imaginativa fija en él, sin que otras especies fácilmente la borren: lo cual ni se halla ni cabe en la viva mutabilidad de la imaginativa de las mujeres, ni en aquella variedad tumultuosa de especies que les ocurren, atropellándose unas a otras, sin hacer intermisión, ni dejar huella.

¡Singularísimo, rumbo y modo de filosofar es éste! solo con aplicar los mismos términos a la nobleza y excelencia que resplandece en el alma racional, superior a la de los animales perfectos, se evidencia lo contrarío en esta forma: la imaginativa en las mujeres es verdaderamente más robusta, más activa y eficaz que la de las ovejas, por ser de alma de superior jerarquía, y espiritual; por formarse en fantasía más hábil, despejada, y por los conductos organizados con más perfecta proporción; por los cuales corren las especies de los objetos defecadas, sutiles y más aptas para imprimir la imagen del objeto; y sin que unas especies atropellen ni impelan a otras la alma da toda la valentía a los espíritus que concurren a la recepción y retención de las especies que envía él objeto a la imaginativa, para que ésta en línea de causa ejemplar, impelida de la parte apetitiva, traslade al feto aquel color que imprimió en sí misma: por lo cual se ve, que el acertado modo de inferir es éste: si la fuerza de una imaginativa tosca, y de unas facultades tales como ella, trasladó los colores que concebía a los tiernos corderillos, con mayores ventajas los trasladará al feto la vivísima y eficaz imaginativa de la mujer, como se evidencia con el caso de hecho, con que ofrecí concluir esta corta disertación, y es como se sigue, sin quitar ni añadir un ápice de lo que vi, observé y reflexioné.

Año 1738, estando a mi cargo el Colegio de la Compañía de Jesús, que la provincia del nuevo reino de Granada tiene en Cartagena de indias, salí a una

Enfermería, solo pared de por medio separada de dicho Colegio, a visitar los sirvientes enfermos, que se traen de la hacienda para recobrar la salud: hallé entre otros una negra casada, y al contexto de su enfermedad añadió, que no consiguió la mejoría que le había pronosticado el Médico en la resulta de su parto. Con esta noticia quise ver la criatura, por si acaso estaba enferma: levantó la negra la mantilla, y vi (más no sé si vi, hasta que salí de la suspensión con que me embargó la novedad) vi en fin una criatura, cual creo que jamás han visto los siglos: doy las señas de ella, para no incurrir en la nota de ponderativo; más temo que no consiga la pluma, lo que no pudieron con cabal perfección los mejores pinceles, empeñados a instancias de muchos curiosos, que solicitaron la copia de original tan peregrino y singularísimo juguete de la naturaleza.

Toda la niña (que tendría como unos seis meses, y hoy ha entrado ya en los cinco años de su edad) desde la coronilla de la cabeza hasta los pies está tan jaspeada de blanco y negro, con tan arreglada proporción en la varia mixtura de entrambos colores, como si el arte hubiera gobernado el compás para la simetría, y el pincel para el dibujo y colorido.

La mayor parte de la cabeza, poblada de pelo negro y asortijado, se ve adornada con una pirámide de pelo crespo, tan blanco como la misma nieve; la cúspide piramidal remata en la misma coronilla, de donde baja ensanchando sus dos líneas colaterales hasta la mitad de una y otra ceja; con tanta puntualidad en la división de los colores, que las dos medias cejas que sirven de basas a los dos ángulos de la pirámide, son de pelo blanco y asortijado y las otras dos partes que miran hacia las orejas son de pelo negro y crespo; y para mayor realce de aquel campo blanco que la pirámide forma en medio de la frente, le puso naturaleza un lunar negro y proporcionado que sobresale notablemente, y le da mucha hermosura.

Lo restante del rostro es de un negro claro, salpicado con algunos lunares más atezados; pero lo que sobre lo apacible, risueño y bien proporcionado del rostro y vivacidad de sus ojos da el mayor aire a su hermosura, es otra pirámide blanca, que estribando en la parte inferior del cuello, sube con proporción; y después de ocupar la medianía de la barba, remata su cúspide al pie del labio inferior, entre una sombra muy sutil.

Las manos hasta más arriba de las muñecas desde los pies hasta la mitad de las piernas (como si naturaleza la hubiera puesto guantes y calzado botines de color entre negro, claro y ceniciento) arrebatan la admiración de todos, y en especial, por estar aquellas extremidades tachonadas, con grande número de lunares, de un fondo tan negro como al azabache.

Desde el circuito del arranque de la garganta se extiende una como esclavina totalmente negra, sobre pecho y hombros, que remata formando tres puntas, dos en los lagartos de los brazos, y la otra mayor sobre la tabla del pecho: la espalda es de aquel negro claro y manchado, uniforme con el que tiene en los pies y las manos.

Y en fin, lo más singular es lo restante del cuerpo, varia y peregrinamente jaspeado de blanco y negro, con notable correspondencia en la misma variedad, en la cual sobresalen dos manchas negras, que ocupan entrambas rodillas de la criatura. Encargué mucho a la negra, que recatase la criatura de la curiosidad, y la resguardase; porque hay ojos tan malignos (le dije) que la pueden causar algún darlo notable, como a la verdad sucedió algunos días después.

Volví repetidas veces con otros padres de aquel Colegio a contemplar y admirar esta maravilla: a pocos días empezó el concurso de la principal nobleza de la ciudad y de los galeonistas recién llegados al puerto: todos se volvían atónitos, y alabando al Criador, que siendo siempre admirable en sus obras, suele también jugar en la tierra con las hechuras de sus poderosas manos. Impacientes las Señoras más principales, no veían la hora de que convaleciese la negra, para que llevase a sus estrados aquel peregrino fruto de su vientre. Regó en fin el tiempo deseado, en que quedaron bien satisfechas, hallando que admirar mucho más de lo que habían pensado, explicando su gusto con largas dádivas, así para la madre, como para la hija: no sabían dejar a ésta de entre sus brazos sin adornarla de zarcillos, sartas de perlas, manillas preciosas y otras alhajas, propias de su aprecio y de su gusto. Los que con ansia y con sobradas instancias querían comprarla, sin reparar en costo, fueron muchos: y pasando los deseos a ser ya empeños, a nadie se dio gusto, por no desairar a los otros, y por no ocasionar pena a los pobres padres de la niña; la que, como apunté, fue herida de no sé qué malos ojos, y amaneció triste y desmejorada y con asomos de calentura; por lo cual, logrando el silencio de la noche, la remití con su madre a la hacienda donde había nacido: sí bien su copia corrió por todo el nuevo reino y provincia de Caracas; y aun me aseguraron, que los Cónsules de la Factoría inglesa habían enviado a Londres una copia: muy individual de ella.

Desde el principio de esta novedad se excitó entre los curiosos la controversia del origen de los colores, y apenas se trataba de otro asunto: (como sucede en todas partes), cada cual discurría, según la opinión a que se inclinaba: y entonces fue, cuando yo tuve finalmente por indubitable la conclusión que aquí he propuesto de la eficacia natural de la imaginativa. Y es el caso, que en uno de aquellos días, en que ya la negra iba convaleciendo, tomé la criatura en mis brazos, para observar más y más la variedad dicha de sus colores, y reparé que al mismo tiempo saltó a las faldas de la negra una perrilla de color blanco y negro: empecé a cotejar en general aquellas pintas con las de la criatura, y hallando notable correspondencia de unas con otras, las fui cotejando parte por parte, unas con otras: y en fin, hallé una total uniformidad entre unas y otras, no solo en la forma, figura y color, sino en lo respectivo al lugar en que estaban colocados los colores. Y aquí advierto, que no quise preguntar a la negra, ¿si había pensado o no? ni para el dictamen que yo había ya formado, era necesaria tal pregunta: solamente averigüé, ¿cuánto tiempo había que tenía aquella perrilla? a que respondió: que ella la había criado desde que la quitaron de su madre para dársela. Preguntéla, ¿si la perra iba al campo con su marido? no padre (dijo) ésta es siempre mi compañera; y así creí y creo, que la continua vista, el afecto con que la miraba, y los muchos ratos que jugaba con ella, fue causa suficiente para dibujar toda aquella variedad de colores de la perrilla en su fantasía, e imprimirlos después en la configuración natural de su hija en la matriz. Este pensamiento comuniqué a solos dos sujetos del dicho Colegio de Cartagena, y ambos hicieron el mismo cálculo y cotejo de colores y manchas de la perra y de la niña, y la total correspondencia y uniformidad. Los convenció totalmente, y obligó a creer ejecutada allí la fuerza de la imaginación en las madres.

No hay aquí que añadir cosa alguna para la certidumbre, seguridad y notoriedad del hecho referido, del cual hay actualmente en esta corte testigos de mayor excepción, así Eclesiásticos, como Seculares, y en la ciudad de Cádiz viven hoy muchas personas de distinción, que son testigos abonados.

Y porque éste vasta, no añado otro parto de nuestro tiempo, digno de saberse, no por ser raro ni inaudito, sino por ser moderno. Hallaréle el curioso en el tomo último de las Obras del reverendísimo padre maestro Feijoo, que es el primero de sus Cartas Eruditas, cart. 4. pág. 73.

Volvamos ya la proa a nuestro río Orinoco, cuyos indios nos esperan, para darnos señas de sus propiedades e inclinaciones naturales: nuevo golfo, en donde apenas la mayor curiosidad hallará fondo.

§. V. Descripción genuina de los indios en general, y de sus genios

El indio en general (hablo de los que habitan las selvas y de los que empiezan a domesticarse) es ciertamente hombre; pero su falta de cultivo le ha desfigurado tanto lo racional, que en el sentido moral me atrevo a decir: «Que el indio bárbaro y silvestre es un monstruo nunca visto, que tiene cabeza de ignorancia, corazón de ingratitud, pecho de inconstancia, espaldas de pereza, pies de miedo, su vientre para beber y su inclinación a embriagarse: son dos abismos sin fin». Toda esta tosquedad se ha de ir desbastando a fuerza de tiempo, paciencia y doctrina: y al modo que un perito Estatuario, entre la misma dificultad y dureza de un peñasco descubre idealmente las perfecciones, que tendrá la hermosa estatua que pretende formar: no de otra manera, entre la monstruosidad de tan fieras costumbres, como he dicho, en los indios silvestres se descubren las preciosas margaritas de aquellas almas, que a tan caro precio compró nuestro Redentor, y se animan los misioneros, con especial favor de Dios, a cooperar a la salud eterna de ellas; y al ver logrados sus afanes, no solo en los párvulos, que recién bautizados vuelan a la Gloria, sino también en los adultos, que se van mejorando insensiblemente: como buenos mercaderes evangélicos, tanto más se animan, cuanto más crece la ganancia espiritual de aquellas pobres almas. La diferencia grande está en que el diestro estatuario, después que dio la última mano y lustre al duro mármol, ya no tiene más que hacer; pero no así el ministro evangélico, siempre ha de lidiar con la ignorancia, ingratitud, inconstancia, pereza, miedo y borrachera de su grey; y aunque en la juventud, que se va criando con esmero, corresponde el fruto al cultivo en gran parte: no así (ni es moralmente posible que sea) en los adultos, criados y envejecidos en una mera barbaridad: toda su ciencia y toda su prudencia ha menester el operario entre ellos, para no perderlo todo, con la ansia de ganarlo todo. Y es el caso, que su ruda ignorancia les hace proceder (aunque viejos) con las modales propias de niños, y con tan leve motivo como un niño se huye de la escuela, se huye un cacique con todos sus vasallos de un pueblo, y queda solo el misionero: ¡tal es su inconstancia! no valen los beneficios pasados, no favores presentes; salen con la suya; se esconden en los bosques, y es preciso renovar todo el trabajo pasado, y añadir mucho más, para recogerlos segunda vez, tercera y cuarta, como sucede con frecuencia; ¡tal como ésta es su ingratitud! ¿Y qué diré de su pereza nativa, hija de la suma ociosidad con que viven allá en sus bosques? todo el cultivo del campo y tareas de la casa recarga sobre sus pobres mujeres: en flechando el marido dos o tres peces o algún animal del monte, ya cumplió con sus obligaciones; y después de beber chicha (es su cerveza) hasta no poder más, duerme a todo su gusto.

Para la Europa esta es novedad que causará armonía; más no así en la América Meridional, en donde otras naciones, especialmente en Chile, siguen este entable tan irregular.

Lo que a mí me causa admiración, es, que en la isla Hermosa, o Formosa, poco distante del Imperio de la China, y sujeta a su gobierno, en el cual las gentes son sumamente laboriosas y económicas: con todo, aquellos chinos isleños, entregados al ocio y al divertimento de la caza, han recargado sobre las pobres mujeres todas las tareas, que trae consigo el cultivo de sus campos y heredades; ellas cavan, aran, siembran, y en fin hacen todo lo que debían hacer los varones, si no fueran afeminados.

Y volviendo a nuestros indios, digo que cuesta mucho tiempo, y se requiere mucha industria para irlos inclinando a la labor de aquello mismo que ellos han menester; y cuando se halla de nuevo alguna nación algo dada al cultivo de los campos como lo es la Saliba y la Achagua se reputa por una gran fortuna, y se da ya aquella gente por nuestra; y la razón es, porque en cuanto han sembrado y entablado ya su labor, tal cual le cobran amor, se están quietos, y hay tiempo para doctrinarlos.

Su miedo, sin qué ni para qué, es la raíz de su inconstancia, y de todas las congojas de los operarios: más delicados son que un vidrio; si le da la aprehensión de que el padre le miró con atención, si oyó alguna palabrita menos dulce, &c. seguramente se huye, y a lo menos se lleva tras sí toda su familia. Este miedo y temor, tan propio de los indios, es la causa de que sean tan maliciosos: en todo sospechan de que hay daño o engaño, y por eso rehúsan muchos decir la verdad, y tienen especialísima habilidad para mentir: tan seriamente, y con tales circunstancias adornan sus mentiras, que parecen verdad. No creo que haya gentes en el mundo que así guarden su secreto: ha sucedido estar dos o tres meses convocado, unido y pronto todo un pueblo, y también muchos pueblos, y ni hombre, ni mujer, ni chico ni mayor darán la menor noticia, aunque los maten. En provincias enteras ha estado secreta la rebelión y conjura general, al modo de la de Sinaloa y México, la de Chile y del Chaco, sin rastrearse hasta verla ejecutada: esto se hace increíble, y más en tales genios agrestes, voltarios y de tan poco alcance.

Añádese a lo dicho la sutileza con que han inventado arbitrios para huirse; de modo, que no sean ni puedan ser seguidos, caminando hacia atrás en las tierras húmedas, y en las salidas de los ríos, para fingir que vienen, al mismo tiempo que se van; y en las tierras anegadizas, donde por fuerza han de dejar señal y huella, dejan tantas: entran y salen tantas veces, que dejan confusos y aturdidos a los que los siguen; y es punto ya averiguado, que si cuando se va en busca de los que se han huido, no va guiando un indio fiel de la misma nación, no hay esperanza de hallarlos. Dije fiel, y aquí está la mayor dificultad; porque muchos tenidos por tales en lugar de guiar, han tirado a perder y a despeñar, y se han metido en lagunas de cuatro y de cinco días de travesía, para que los pobres misioneros mueran al rigor de los peligros, de los trabajos y de hambre, antes de hallar las descarriadas ovejas que buscan: este es negocio de hecho, y de que pudiera referir casos muchos y muy lastimosos.

No obstante lo dicho, dos reglas ciertas que me enseñó la experiencia, apuntaré aquí, para que den luz a los misioneros: la primera es que cuando el indio está ya resuelto a huirse, es más puntual a la Misa y a las horas de la Doctrina: frecuenta más ir a ver al misionero, ponderan su pobreza, etc.; y al fin pide algo al padre.

La segunda cosa es, que ya huido el indio con otros muchos o pocos, no tome el misionero guías para buscarlos, que sean parientes ni amigos de los fugitivos; porque si ellos guían, de cierto perderá su trabajo: debe investigar con quien tuvo riña el principal fugitivo (que estas fugas siempre nacen de una riña) y tome por guía al que pleiteó con el huido, y a los que él buscare para compañeros, y crea que va seguro y con mucha probabilidad, de que hallará los desertores: esta seguridad se funda en el genio vengativo de los indios.

¿Pues quién conocerá perfectamente el genio de estas gentes tan rudas y agrestes para todo, menos para su negocio? ¿tan ágiles para el mal, y tan pesadas y perezosas para el bien: tan inconstantes para su salud eterna, y tan firmes y constantes para su perdición? es preciso creer, que el Demonio, rabioso porque se le escapan aquellas almas, los instiga, persigue y engaña.

No obstante las dichas propiedades, que son comunes a todos los indios (en unas naciones más, en otras menos) prevalece finalmente Dios; y como ya dije, a fuerza de tiempo, de paciencia y de doctrina se forman bellísimas poblaciones, se entablan iglesias con música de canto figurado para los Divinos Oficios, se entabla la frecuencia de Sacramentos; y entonces los mismos indios dicen a gritos, que antes habían vivido como brutos. El afán y fatigas con que se buscan las familias de gentiles por las selvas y bosques, el trabajo para unirlos entre sí, y que formen pueblo regular, el método, paciencia y prudencia que se requiere para irlos desbastando y reduciendo a vida civil, para poderles enseñar la Doctrina, no es materia de días ni de meses, sino de años. A los principios solo se da el bautismo en artículo de muerte, ni cabe otra cosa en su mutable veleidad. Ya que se reconoce que habrá en ellos perseverancia, se trata con más eficacia de su enseñanza: ni se convierten todos; unos por rudos, otros por tercos, quedan gentiles, y se toleran, por no perderlo todo; y al fin, por la bondad de Dios todos entran en el Gremio de la santa iglesia. De esta materia trato en el capítulo 23 de esta parte: quien desde luego quisiere tener estas noticias, vea el tal capítulo.

Capítulo VI. Del origen desatinado que se fingen algunas naciones del Orinoco; y se apunta algo de su verdadero origen y descendencia

No bajemos aun de la atalaya, desde donde hemos visto algunas propiedades de los indios en común. Recojamos ahora la vista, y fijémosla solamente en Orinoco y sus vertientes, para ver qué origen y prosapia se apropian aquellas naciones, que disfrutan sus fértiles y fecundas Vegas.

Ya apunté en el capítulo antecedente, cómo se reconoce especial barbaridad y rudeza en todas las naciones, a que no llegaron las conquistas del Inga; y de hecho al río Orinoco no llegaron sus armas y gobierno civil ni se acercó jamás; por que dista lo que hasta hoy se ha descubierto del Orinoco, muchos centenares de leguas de la jurisdicción de Quito, término occidental de las conquistas de los Ingas (aunque es verdad, que los terrenos y ríos incógnitos del resto del Orinoco descienden de la dicha jurisdicción de Quito): por lo cual son singularmente incultas y agrestes las naciones de que vamos tratando. Ni leer ni escribir, ni pinturas ni jeroglíficos, como usaban los Mexicanos, ni columnas ni anales, por las señas de los cordoncillos de varios colores, en que guardaban las memorias de sus antigüedades los Ingas, ni seña alguna para refrescar la memoria de lo pasado, se ha encontrado hasta hoy en estas naciones; y así causa risa y compasión al mismo tiempo los desatinos que dicen de su Génesis y origen las naciones, que entre las demás se precian de entendidas: que aun entre bárbaros hay de esto. La mayor parte de aquellas gentes no tienen que responder cuando les preguntamos por sus antepasados: no se levantan sus pensamientos un dedo arriba de la tierra: no tienen otra idea, que la de las bestias, que es comer, beber, multiplicar y resguardarse de lo que aprehenden como dañoso y perjudicial. Esta y no otra, es la vida de aquellos hombres silvestres.

Y con todo, entre ellos se hallan naciones, que se precian de muy entendidas; y cierto que en el aire del cuerpo, en el desembarazo y modo de hablar, en la mayor suavidad del lenguaje y en otras señales, hay naciones, que hacen manifiestas ventajas a otras. La sobresaliente y dominante en Orinoco es la nación Cariba, que se extiende por la costa Oriental hasta la Cayana, y aun hoy vive mucha gente de ellos en la Trinidad de Barlovento, y en las tres islas de Colorados, que están junto a la Martinica: ni sé que haya en aquellos países nación que le iguale en extensión y gentío; si ya no es, que después de descubierta enteramente la de los Caberres, la iguale o exceda. Lo cierto es, que como después veremos, en valor se tiene, y a veces vence a los Caribes, cuando suben armados Orinoco arriba, y llegan o procuran abordar a los Caberres.

Son los Caribes de buen arte, altos de cuerpo, y bien hechos: hablan desde la primera vez con cualquiera, con tanto desembarazo y satisfacción, como si fuera muy amigo y conocido. En materia de ardides y traiciones son maestros aventajados, por lo mismo que de suyo son muy temerosos y cobardes. Preguntados estos, ¿de dónde salieron sus mayores? no saben dar otra respuesta, que ésta: Ana cariná róte. Esto es: Nosotros solamente somos gente. Y esta respuesta nace de la soberbia, con que miran al resto de aquellas naciones, como esclavos suyos: y con la misma lisura se lo dicen en su cara con estas formales palabras: Amucón paporóro itóto nantó: Todas las demás gentes son esclavos nuestros. Esta es la altivez bárbara de esta nación Cariba; y realmente trata con desprecio y con tiranía a todas aquellas gentes, rendidas unas, y otras temerosas de su yugo.

Pero ya que ellos no saben de su origen, la nación Saliba y Achagua se le ha buscado y averiguado a su necio modo, y no sin propiedad. Dicen los Salibas, que el Puru (de quien después hablaremos) envió a su hijo desde el Cielo a matar una Serpiente horrible, que destruía y devoraba las gentes del Orinoco, y que realmente el hijo del Puru venció y mató a la Serpiente con gran júbilo y alegría de todas aquellas naciones, y que entonces Puru dijo al demonio: Vete al Infierno, maldito, que no entrarás en mi casa jamás (note el curioso en esta tradición una confusa idea de la redención del Género Humano.) Y añaden, que aquel consuelo les duró poco; porque luego que se pudrió la Serpiente, se formaron en sus entrañas unos gusanos tremendos, y que de cada gusano salió finalmente un indio Caribe con su mujer; y que como la Culebra o Serpiente fue tan sangrienta enemiga de todas aquellas naciones; por eso los Caribes hijos de ella, eran bravos, inhumanos y crueles. Este favor y honra hace la nación Saliba a la altivez de los Caribes. No discrepa mucho de ésta la erudición de la nación Achagua: ésta protesta, que los Caribes son descendientes legítimos de los Tigres, y que por eso se portan con la crueldad de sus padres. Por esta causa del nombre Chavi, que en su lengua significa Tigre, deducen la palabra Chavinaví, que para ellos significa lo mismo que Caribe, oriundo de Tigre. Otros Achaguas de otras Parcialidades, o Tribus explican más la especie, y le dan más alma de este modo: Chavi es el Tigre en su lengua; y Chavina es la Lanza; y de las dos palabras Tigre y Lanza sacan el nombre de los Caribes, llamándolos Chavinaví que es lo mismo que hijos de Tigres con Lanzas: alusión o semejanza muy propia para la crueldad sangrienta de los Caribes.

La nación Otomaca, que es el abstracto y la quinta esencia de la misma barbaridad, barbarísimos entre todos los bárbaros de Orinoco, lleva una opinión muy conforme a su tosquísima bronquedad, y dice: que una piedra formada de tres, unas sobre otras, que levantan uno como capitel sobre un picacho, llamado Barraguán, dicen y afirman, que aquella es su primera Abuela; y que otro peñasco horrendo, que sirve de remate a otro picacho, distante dos leguas, fue su primer Abuelo; y guardando su dura consecuencia, creen que todas las peñas y piedras de que se forma dicho Barraguán (alto promontorio de peñascos, casi sin migaja de tierra) dicen, que cada piedra de aquellas es uno de sus antepasados; y a esta causa, aunque entierran sus difuntos, y con ellos pan y chicha para el viaje de sus almas: con todo, pasado un año, sacan las calaveras, y las llevan a la sombra de su abuela, metiéndolas en las concavidades que entre sí forman las peñas del dicho Barraguán; en las cuales se encuentran gran número de calaveras, sin que se vuelvan piedra como ellos piensan.

Los indios de la nación Mapoya llaman a la tal piedra, en que remata, y que sirve como de capitel al picacho del Barraguán, Uruana; y dicen que aquella es la raíz de toda la gente de su nación; y por eso gustan mucho de que los llamen Uruanayes, y ensartan esta raíz con una larga cadena de quimeras y desatinos.

No se han ideado mejor origen los indios Salibas, aunque a la verdad ellos y los Achaguas son las naciones más capaces y de mejor índole, que hasta ahora hemos hallado. Una de sus parcialidades, dice, que son hijos de la tierra: es verdad, y dicen bien; pero no es así como ellos piensan; porque las almas tienen origen muy superior; y ellos dicen, que la tierra brotó antiguamente hombres y mujeres, al modo que ahora brota espinas y abrojos. Otras parcialidades llevan otra sentencia, y afirman que ciertos árboles dieron por fruto antiguamente hombres y mujeres de su nación, que fueron sus antepasados; y preguntándoles ¿dónde están los tales árboles, y por qué ahora no dan ese fruto? se remiten a la sabia erudición de los Achaguas, sus vecinos, amigos y maestros. Otras Parcialidades de estos Salibas tienen los pensamientos más altos, y blasonan de que ellos son hijos del Sol: gloriosa prerrogativa, que las naciones del Perú daban únicamente a sus ingas soberanos. Preguntamos un día a estos hijos del Sol: ¿cómo pudo ser, que al parir el Sol a los dos salibas primeros, cayendo de tan alto, no se mataron? quedóse muy confuso el saliba, y dijo, quién sabe cómo sucedería; así nos lo cuentan los Achaguas.

Los dichos Achaguas, con todo su magisterio, no se han ideado mejor origen: unos se fingen hijos de los Troncos, y se llaman con esa alusión Aycubaverrenais: otros idean su estirpe de los ríos, y por eso se llaman Univerrenais; y a este tono otros desatinos, en los cuales confiesa ciertamente aquella gente bárbara, que dependen de otra primera causa superior a ellos; y no dando lugar su antigua ceguedad a dar con ella, se han fingido unas causas tan viles y bajas como vimos, y otras que omito, porque se pueden inferir de las ya dichas.

Y como no conocen otro terreno, que el que pisan, ni tienen noticia alguna, no solo del mundo nuestro, pero ni aun del suyo americano, nadie piensa que hay más gentes que aquellas comarcanas; y así oyen con gusto y con espanto las cosas de Europa. Y el vínculo más fuerte con que se dan por obligados, es cuando el misionero en su lengua de ellos les da a entender: «Como solo por librarlos de las garras del Demonio, ha dejado a su tierra y parientes, y ha venido desde tan lejos a mirarlos como hijos».

Hay repetidas experiencias, de que en las mayores perturbaciones que el Demonio siembra en los pueblos nuevos, no hay medio más eficaz que decir a los ancianos: ¿Y para esto dejé yo a mis parientes, y vine a buscaros?

Teniendo, como apunté, aquellas gentes tan cortas y limitadas noticias, nadie ha pensado que sus mayores hayan pasado de remotas provincias a fundar y hacer pie en aquellas, y por eso recurren a las piedras, ríos, árboles, etc. como a fundadores de sus linajes.

Y así yo en su nombre apuntaré aquí lo mismo que largamente medité entre ellos, al ver su modo, su estilo y su desdicha, digna de toda compasión. Digo lo primero, que los indios son hijos de Cham, segundo hijo de Noé, y que descienden de él al modo que nosotros descendemos de Jafet, por medio de Tubal, Fundador o poblador de España, que fue su hijo, y nieto de Noé, y vino a España año 131 después del Diluvio Universal (1788 de la Creación del Mundo). A este modo a Cham y a sus hijos le cupo la Arabia, el Egipto y el resto de la África; y algunos de sus nietos o biznietos, arrebatados sus barcos de la furia de los vientos, como en su lugar diré, o de otro modo, desde Cabo Verde pasaron al Cabo más avanzado de toda la América Meridional, que está en el Brasil, y se llama Pernambuco. Pruebo esta conclusión con el infeliz y mísero porte de los indios americanos, los cuales llevan tácita y pacíficamente el vasallaje que deben, y es razón den a nuestros católicos monarcas. Fuera de esto, es tan apocado su ánimo, que sirven a los negros, esclavos de los europeos; no paro en esto: lo que me ha dado mucho que pensar, es haber visto, observado y experimentado, que sirven de mejor aire, con más gusto y muestras de alegría a un negro, esclavo de Angola o Mina, que a un europeo, sea secular, o sea eclesiástico. Todavía he observado más; y es, que trata un europeo bien a un indio en vestido, comida y cuanto ha menester; y al fin desampara el indio a su amo, se huye y va a servir a un negro que lo maltrata y cuida muy mal; y con todo no se huye el indio, antes bien sirve gustosamente al Esclavo. ¿Qué misterio es éste? pues lo dicho no es observación especulativa, es muy práctica; y no es reparo solamente mío, es reflexión hecha ya por otros muchos: ¿y cuál será la raíz de un tan raro modo de proceder de los indios? respondo, que proceden así, para que se verifique al pie de la letra la maldición, que cuando Noé despertó de su sueño, echó a su hijo Cham, diciéndole: Que había de ser siervo y criado de los esclavos de sus hermanos. No dijo siervo o criado de sus hermanos, sino siervo de los esclavos de sus hermanos: y estos son puntualmente los indios, no por fuerza, sino de su propia inclinación, verificando la maldición que Noé echó a Cham.

Añado más: todos los europeos, que han estado y están en ambas Américas, saben que el vicio más embebido en las médulas de los indios, es la embriaguez, es el tropiezo más fatal y común de aquellos Naturales; y también echo yo a Cham la culpa de esta universal flaqueza de los indios, como la desnudez que de su propio genio han gastado y aun gastan los gentiles americanos. Hizo Cham burla de su padre Noé, por verle desnudo: (así encontramos las naciones silvestres del nuevo Mundo) hizo donaire de la casualidad, por la cual dormía; y en Virtud y fuerza de la maldición, lo que fue una casualidad en Noé, pasó casi a naturaleza en los indios, hijos de Cham, según el hipo y ansia con que beben: y aquella breve desnudez de Noé pasó a moda de los mismos, y a traje ordinario el no vestirse: ahora vean los curiosos, ¿si se hallará gente alguna en lo descubierto, a quien tan de lleno toque, y se verifique la maldición que su padre echó a Cham? El Regio Historiador Herrera cita varios indios ancianos, que contaron a los españoles en los principios de sus conquistas, que por tradición de sus mayores tenían noticia de Noé y del Diluvio, y que ellos eran hijos del segundo hijo de Noé, el cual había hecho burla de ver a su padre desnudo, y que por eso ellos vivían desnudos, por la maldición que cayó sobre su padre. Y si dice alguno, que también viven desnudos los negros, respondo que también defiendo, que los negros descienden de Cham, que no son de ánimo tan apocado, como consta de la experiencia ya dicha; en que vemos que los indios sirven de buena gana a los negros; y al contrarío, no hay negro que se digne y humille a servir a los indios: la cual altivez puede ser efecto del diverso temperamento y diversos bastimentos con que se crían en el África; y de otras causas, hasta ahora incógnitas, de que se origina también lo encrespado del pelo y aquel color negro.

Digo lo segundo, que las naciones del Orinoco y de sus vertientes observan muchas ceremonias de los hebreos, durante su gentilidad; las cuales siguen material y ciegamente, sin saber por qué, ni por qué no, llevados de la tradición, que va pasando de padres a hijos, sin saber dar razón de lo mismo que ejecutan. Del cual uso y estilo se infiere, que después de poblada la América por los descendientes de Cham, se transportó también algún número de hebreos, después de la dispersión de aquel ingrato pueblo; de los cuales redundaron a los primeros pobladores las ceremonias, que iré apuntando de paso; porque de este punto trataré después más de propósito.

La circuncisión, señal y divisa dada por el mismo Dios a su escogido pueblo (aunque con la variedad, que el largo curso de los tiempos introduce en todos los usos y costumbres) se halla entre aquellas naciones gentiles. Los Salibas, cuando lo eran, y los que restan en los bosques, al octavo día circuncidaban sus párvulos, sin exceptuar a las niñas, no cortando, sino lastimándolos con una sangrienta transfixión, de que solían morir algunos de uno y otro sexo.

Las varias naciones de Culloto, Urú y otros ríos, que entran en Apure, antes de reducirse a la santa fe, eran más crueles en dicho uso, y eran más inhumanas en esta ceremonia, añadiendo, heridas considerables por todo el cuerpo y brazos; cuyas cicatrices se ven en los que viven hoy, de los que nacieron en aquellas selvas: no hacían esta carnicería hasta los diez o doce años de edad, para que tuviesen fuerza para la evacuación tan notable de sangre, como se seguía, de más de doscientas heridas, que daban a las inocentes víctimas de su ignorancia. Yo encontré el año 1721 un chico moribundo en dichos bosques, cuyas heridas se habían enconado, y tenía el cuerpo lleno de asquerosas materias. Para que no sintiesen la punta afilada, con que atravesaban las carnes, embriagaban de antemano a los pacientes de ambos sexos, porque nadie se escapaba de esta sangrienta ceremonia; entre los indios Guamos y Otomacos, son igualmente crueles las señas de la circuncisión.

La Poligamia, permitida antiguamente a los hebreos, y el Repudio, está entre aquellos gentiles tan en su vigor, que la más observante Sinagoga, de las que hoy mantienen los Judíos, puede tomar ejemplo de aquellos bárbaros.

No se hallará Judío, que tenga tanto horror a la carne de lechón o cebón casero, como tienen los dichos gentiles; pero después de instruidos y bautizados, se desatinan por comerla.

Las unturas de óleos y aromas, tan propias del Judaísmo, que hasta el mismo Cristo le dio en cara al Fariseo, por haber faltado en esta señal de cortesía y amor, en que se estaba esmerando la Magdalena, están con todo su vigor en Orinoco; tanto, que para su inteligencia es preciso poner capítulo a parte.

Fuera de esto, a vista de la tarea indispensable de lavarse el cuerpo tres veces cada día, o a lo menos dos, ¿quién habrá que no diga, que los indios judaizan? otras señas del Judaísmo iré notando, como fueren ocurriendo, en su propio lugar. Y por no alargarme ahora, concluyo, protestando, que si el espíritu de codicia y de interés, que domina en el Judaísmo, se perdiera, todo le pudieran hallar vigoroso entre las naciones de Orinoco y sus vertientes; cuyo estilo, en puntos de parentela es heredado de los Judíos, llamando unos y otros hermanos y hermanas a los parientes y parientas de segundo y tercer grado. La inconstancia, ingratitud, deslealtad, timidez y otras propiedades que individua la Sagrada Escritura de aquel pueblo Judaico, todas, una a una, las tengo observadas en los indios dichos, en unos más, en otros menos; y así, a mi corto entender, unos descienden, otros tomaron los usos y ceremonias de los Judíos de la dispersión de Salmanasár, como más adelante veremos; ahora demos otra ojeada en común, sin fiar mucho los ojos en la desnudez de los indios.

Capítulo VII. Desnudez general de aquellas gentes: óleos y unturas, que casi generalmente usan

No supieron nuestros primeros padres Adán y Eva, que estaban desnudos, hasta que su pecado les abrió los ojos, y echaron mano de algunas hojas, obligados del empacho y del rubor natural. Esto bien se percibe, y los Intérpretes de la Sagrada Escritura hermanan muy bien aquella ignorancia, con la primera inocencia con que Dios crió a nuestros primeros padres. ¿Pero qué doctor habrá hoy, que componga y hermane, no la inocencia, que no la tienen; sino la disolución y brutalidad de aquellos gentiles con la ignorancia, que realmente tienen de que están desnudos?

La primera noticia que las naciones retiradas tienen de que los hombres se visten, es cuando un misionero entra la primera vez en sus tierras, acompañado de algunos indios ya cristianos, y vestidos al uso que requieren aquellos excesivos calores. entonces, si el misionero no ha enviado antes Mensajeros, toda la chusma de hijos y mujeres, atónitos de ver gente vestida, huyen a los bosques, dando gritos y alaridos (refiero lo que he visto muchas veces) hasta que después los van trayendo, y poco a poco van perdiendo el miedo: no les causa rubor su desnudez total; porque o no ha llegado a su noticia que están desnudos, o porque están desnudos de todo rubor o empacho. Uno y otro verifican con aquel desembarazo, con que pasan, entran, salen y traban conversaciones, sin el menor indicio de vergüenza: y pasa más adelante el desahogo. Porque muchos misioneros, antes de estar prácticos en el ministerio, han llevado y repartido algún lienzo, especialmente a las mujeres, para alguna decencia; pero en vano, porque lo arrojan al río, o lo esconden, por no taparse; y reconvenidas para que se cubran, responden: Durrabá ajaducá: no nos tapamos, porque nos da vergüenza. Y veis aquí otra especie inaudita: conocen la vergüenza y rubor, durrabá ajaducá; pero mudada la significación de las voces; porque al vestirse sienten rubor, se corren, y están sosegadas y contentas con su acostumbrada desnudez: ¡hasta aquí puede llegar la fuerza de la costumbre! pero esta repugnancia a vestirse, en breve tiempo pasa a ser gran molestia para los padres; porque al paso que van oyendo y percibiendo los Misterios de nuestra santa fe, se les van aclarando los ojos interiores: caen en la cuenta de su desnudez, reciben todo cuanto lienzo el misionero les puede dar, y porfían por más y más, con mucha molestia, así hombres, como mujeres.

En las naciones de gentiles, que, o no distan mucho de los españoles, o que tienen correspondencia con indios ya cristianos, usan los hombres, aunque no todos, de un retazo de lienzo, que llaman unos guayuco, otros guarruma; y las mujeres unos delantalillos, matizados con cuentas de vidrio: otras se cubren con un mazo de hebras de muriche, que es a modo de una libra de cáñamo suelto, tanto, cuanto vasta para la ínfima decencia, y nada más.

Todas las naciones de aquellos países, a excepción de muy pocas, se untan desde la coronilla de la cabeza hasta las puntas de los pies con aceite y achote: y las madres, al tiempo de untarse a sí mismas, untan a todos los chicos, hasta los que tienen a sus pechos, a lo menos dos veces al día, por la mañana y al anochecer: después untan a sus maridos con gran prolijidad; y los días clásicos para ellos va sobre la untura mucha variedad de dibujos de varios colores; y cada vez que el marido viene de pescar o de hacer alguna diligencia, le quita su mujer o alguna hija la untura empolvada, y le unta de nuevo los pies; y lo mismo hacen con los huéspedes que llegan, aunque sean muchos. Cosa rara lo que voy a decir: sea el que se fuere, chico o grande, sale con suma repugnancia de su casa, si no está untado de pies a cabeza; y esto, aun después de domesticados y puestos ya a la tarea de asistir a la Doctrina cristiana mañana y tarde: de modo que reconoce el padre, que faltan de aquellas filas, en que los forma el Fiscal, cuatro o seis muchachos, va luego el Fiscal a buscarlos, y vuelve sin ellos y diciendo: padre, no pueden venir, porque están desnudos: ¿cómo es eso, replica el padre: todos estos no están desnudos también? sí, padre, responde; pero están untados: que para ellos equivale a estar bien vestidos: para ir a la guerra los adultos, se pintan fea y horriblemente, como después diré.

Sobre las unturas entran sus galas, y son en los varones algunos plumajes de colores escogidos; y en las piernas, a la raíz de las rodillas, y arriba de los tobillos atan cuatro borlas muy esponjadas, de gran número de hebras de algodón: éstas sirven de gala y de remedio contra infinitas garrapatas menudas, que hay en todos los campos: tropiezan con una nidada de ellas, que es una pelota, que tendrá casi un millón de aquellos insectos, y se les enredan en las cuatro borlas, sin pasar a molestar lo restante del cuerpo: fuera de esto, adornan los hombres también sus narices y orejas con varias alhajas ridículas; y los que pueden, con planchitas de plata o de oro, que ellos mismos se labran a su modo.

Los Caberres y muchos Caribes usan por gala muchas sartas de dientes y muelas de gente, para dar a entender, que son muy valientes, por los despojos, que allí ostentan ser de sus enemigos que mataron: con estos adornos, y su macana en una mano, y la flauta, llamada fututo, en la otra, una y otra alhaja con sus borlas, salen los indios engalanados a todo costo para los días ordinarios; pero los días clásicos para ellos, que son cuando hay borrachera general en sus casamientos, cabos de año de sus caciques y capitanes, y siempre que vuelven de viaje largo, en tales días salen desnudos, como siempre, con las libreas más exquisitas de sus botes, unturas y colores, que guardan como un gran tesoro. Primero se untan al uso ordinario, luego untan con una resina, llamada caraña, amasada con varios colores, unas pleitas sutiles, curiosamente variadas con dibujos no despreciables, y van apretando aquellas pleitas coloridas a los brazos, piernas, muslos y a todo el cuerpo, con arte y proporción: tanto, que puestos aquellos indios a distancia competente, se engañará el forastero, que no supiere la inventiva, y creerá de cierto, que todos aquellos pintados están vestidos de angaripola muy lucida: no es vestido éste para solo un día, han de andar engalanados tantos días, cuantos dura la tenacidad de la resina caraña, que no son pocos. Los músicos de flautas, fututos y tamboriles, y todos los que están señalados para formar las danzas, salen mucho más lucidos, porque sobre los dibujos que deja en sus cuerpos la caraña pegajosa, van pegando variedad de plumas exquisitas en filas regulares, blancas, encarnadas y de otros colores, que a la verdad hacen juego curioso y espectáculo vistoso. En especial, al tiempo de danzar, cuando hacen sus círculos y mudanzas, forman una hermosa variedad, sobresaliendo muchos con pelucas, hechas de plumas singulares y de muy finos colores; las cuales suelen llevar también cuando trabajan sus sementeras, y cuando salen a navegar; porque no solo son adorno muy lucido, sino que defienden mucho del Sol y de los aguaceros a los que las llevan puestas; pero es espectáculo ridículo ver a un indio en pelota, con una peluca muy rica en la cabeza, y sudando al remo, o con el azadón entre manos, y muy formalizado con su peluca.

Las mujeres, fuera de los adornos de narices y de orejas, uniformes con los que dije de los hombres, adornan sus brazos, cuello, cintura y piernas con gran número de sartas de Chiripa; esto es, sartas de cuentas muy menudas, que labran de cáscaras de caracol con gran primor. Item, con sartas de dientes de monos y de otros animales; las que pueden conseguir sartas de vidrio, se cargan de ellas hasta más no poder: y por gala muy sobresaliente se encajan en cada oreja un tremendo colmillo de Caimán; para lo cual hacen un agujero grande en cada oreja. Fuera de esto, desde que nace la hembrita en algunas naciones le ajusta su madre debajo de cada rodilla y en las gargantas de los pies, arriba de los tobillos, cuatro fajas anchas y fuertes, a modo de sevillanetas, hechas de torzal de pita, tan durables, que con ellas van a la sepultura: es cosa feísima ver aquellas pantorrillas; porque oprimida la carne arriba y abajo con aquellas pretinas inquitables, no crece allí, y todo el nutrimento queda entre las ataduras de arriba y de abajo, con lo cual crecen descompasadamente las pantorrillas, y esa es para ellas notable gala; y a la verdad, moda rigurosa, que también han hallado tormento, para andar desnudas a la moda. Otra penitencia grave se han impuesto las mujeres Abanes: ellas hacen a sus hijitas tiernas un agujero en la carnosidad inferior de las orejas; el cual van agrandando con moldes, al paso que va creciendo la criatura; a la cual, cuando ya está casadera, le cuelga de cada oreja un círculo de carne, que cabe por él anchamente una bola de truco; y la gala de la moda consiste, en que aquellas dos claraboyas de carne estén siempre sin arruga alguna.

La industria que han hallado para este fin, es muy al propósito; y es, entretener en aquel círculo de carne otro círculo curiosamente labrado del vástago tierno de la hoja de palma: y este óvalo interior o círculo sirve como de forro y modelo, para que aquel círculo de carne, que de suyo estuviera arrugado y sin aire, se abra, ensanche y dé notable hermosura al rostro, allá, según su modo de aprehender: ni hay que admirarse de esto, porque lo que se sigue ha de dar más golpe.

El año 1723 encontré una cuadrilla de indios Guamos en las juntas de los ríos Sarare y Apure: estaban desnudos como las demás naciones de aquel país, pero más indecentes: si acaso en lo sumo cabe más. Dejemos esto, y vamos a sus orejas, que ellas solas vienen al caso, por la necia anatomía que hacen de ellas; porque no solo desprenden y separan la carnosidad interior de la ternilla (como los Abanes dichos) sino que prosiguen sutilmente cortando y separando la corta carnosidad que hay en todo el circuito de las orejas, dejando prendida aquella carne de la parte superior y de la inferior. Esta es su moda, y esta reputan por gala peculiar: y yo, viendo que una carta que di al capitán de ellos, para llevar a un padre misionero, se la encajó entre aquel círculo de carne y la oreja; y que las bagatelas que les di, y los trozos de tabaco de hoja, todos los iban ajustando en las orejas al modo dicho, pensé que aquella no solo servia de gala, sino también de faltriquera o de pequeña alforja.

El regio historiador Herrera afirma, que los primeros españoles que hicieron pie en la costa del Golfo de Honduras, hallaron las mujeres con las orejas a la moda que llevo referida, y vi yo en la nación de los Abanes: y añade el mismo autor, que por la singular armonía que les causaron a los Conquistadores aquellas claraboyas de las orejas; por las cuales, dice, que cabía un huevo de gallina, llamaron al dicho territorio: costa de Oreja; y así se halla demarcada en los Mapas antiguos.

Que aquella corta carne inferior de la oreja, amoldada desde la niñez con círculos, que van agrandando al paso que crece la criatura, crezca también, y se fortifique, no puede causar novedad a los Físicos; porque estos saben el empeño, liberalidad y oportunidad, con que la naturaleza socorre, fomenta y nutre con especial influjo la parte lesa, sea la que se fuere, de todo el cuerpo.

Tampoco habrá quien lleve a mal, que tengan por gala aquéllas mujeres, lo que realmente es contra la voluntad de la naturaleza humana; pues aunque ésta reviente acá entre la mayor Política, ha de llevar (ó por bien o por mal) que el pie y la cintura de las que van a la moda, se estrechen, achiquen y ajusten a los rigurosos términos de lo que se usa, y no más: pero volvamos a la América, para concluir esta materia con otros usos extraordinarios; mejor diré ajenos de lo racional.

No tengo por tal la de los indios cabelludos de las misiones de la provincia de Quito: nombre, a que dio motivo lo desmedido de sus melenas, que bien peinadas, visten la mayor parte de su desnudez; lo que me da golpe es la nación de los Calvos en Paraguay; cuya gala es no permitir un solo cabello en sus cabezas. Los Entablillados, nación poco distante de los Mojos del Quito, lo mismo es nacer la criatura, que ponerle la cabeza en prensa, entre dos tablas, la una sobre la frente para arriba, y la otra en la parte opuesta, y están atadas, hasta que resulta, una cabeza de figura de Mitra Episcopal. Vaya en hora buena, que al fin la hechura es airosa y de respeto; ¿pero qué gracia habrán hallado los inhumanos, indómitos indios Bocones, nación montaraz, en Buenos Aires, para rajar a las criaturas ambos lados de la boca hasta junto a las orejas? así lo hacen, y quizá será para remedar la boca de los perros, abriendo mayor puerta al hipo insaciable, que tienen de hartarse de carne humana.

Mayor desatino cometen, y mayor tormento daban las Achaguas a sus pobres hijas: (y aun dan los gentiles que restan de la tal nación). En primer lugar doy por supuesto, que a excepción de los Guamos, que se precian de barba larga, y tal cual Otomaco, el resto de todos aquellos gentilismos no permiten un pelo en su cara, ni hombres ni mujeres, hasta las cejas se arrancan de raíz, así ellos, como ellas. Lo cual supuesto, entra el desatino de las Achaguas; cuya divisa, seña y gala es, tener todas unos bigotes negros tan refilados, que ocupado todo el espacio donde debe nacer el bigote, van cogiendo gran parte de ambos carrillos, y en forma de semicírculo bajan de mayor a menor, hasta que casi juntan sus extremidades en el centro de la barba: bigotes, que desde la cuna no tienen necesidad de renovarse hasta la sepultura; cuya fábrica es la siguiente. Con un colmillo del Pez Payara, que es tan agudo como una lanceta, van grabando en la carne viva las rayas necesarias, para que los bigotes queden bien dibujados, de buen aire y garbo: (llore y reviente la criatura, no la tienen lástima) concluido el dibujo, enjugan y limpian toda la sangre, y con tinta sacada de una fruta, que llaman Jagua, llenan aquellas cisuras, que después de sanas, retienen fresco el bigote de por vida.

Y volviendo a la untura ordinaria de todos los días, digo que resulta de aceite y de Anoto, que es el que llamamos Achote: con aceite de Cunama o de Vesirri o de huevo de tortuga, se dan lustre a todo el cuerpo, mañana y tarde; y no solo les sirve de vestido, sino de arnés seguro contra los mosquitos, que abundan en tanto número de especies, como después diré; no solo no les pueden picar los mosquitos, sino que mueren, sin poderse despegar de la tal untura. Fuera de esto como el Achote es muy frío de suyo, aquella untura los alivia mucho contra los rayos del Sol y calor casi intolerable; y aunque después de bautizados se visten pobremente, ayudándoles para ello los misioneros, no puede ser sino a fuerza de tiempo; y entonces, para trabajar o bogar, piden licencia para untarse por las dos utilidades que llevo referidas.

Capítulo VIII. De su desgobierno civil y doméstico, y de la ninguna educación que dan a sus hijos

Aquí me es preciso hacer una advertencia, que aunque no es necesaria para los que se hacen cargo y comprenden bien las cosas; para otros es muy precisa: y es, que en lo tratado hasta aquí, y en lo que se ha de tratar de los indios, cuyo asunto he tomado, hablo siempre de los que son gentiles y de sus ciegos modos de proceder; y cuando digo alguna cosa extravagante, notable y disonante de los indios ya bautizados, me refiero a los tiempos de su gentilidad, por estos términos: Decían, hacían etc. Esta prevención es necesaria: lo primero, para que nadie piense que después de enseñados y bautizados se quedan y proceden como antes: y lo segundo, porque como advertí en el Prólogo, las tareas espirituales de los operarios y el fruto de sus sudores se hallarán en la Historia general de la provincia y misiones del Nuevo Reino; y aquí solo pongo tal cual menudencia de las que necesariamente omite el sabio y perito Historiador, por no ser muy del caso para su intento; y lo son del mío y de la Historia Natural y Civil que tengo entre manos. De modo que como apunté en el capítulo quinto, y diré latamente en el capítulo veintidós de la primera Parte, no es lo mismo agregar los gentiles a un pueblo, que ser luego cristianos: se gasta mucho tiempo en domesticarlos, desbastarlos y quitarles de la cabeza la malicia y sobresalto en que están embebidos; y entre tanto se coge el fruto que prudentemente se puede, que no es poco, en muchos párvulos y adultos.

Resulta el gobierno Civil de las Leyes que los reinos y Repúblicas se imponen en orden a su unión, paz, conservación y aumento. Nada de esto, ni aun sombra de ello he notado en las naciones de que trato, ni en general, ni en alguna en particular. Cualquier hormiguero de los que en aquellos territorios he observado, y de que haré después una curiosa mención, se gobierna con mejor regularidad y régimen, que cada una de las muchas naciones que he tratado: parece ponderación; pero puede el curioso calcular lo que digo en este capítulo, con lo que diré de las hormigas. Solo se dejan ver entre aquellas sombras de ignorancia algunos indicios y vislumbres de la Ley Natural, con que Dios selló la humana Naturaleza: en cuya fuerza, el bárbaro de aquellos que hace algún homicidio, de quien no es de los enemigos declarados de su nación, conoce su maldad; o sea por su mala conciencia, como en Caín; o sea por temor de que otro le quite su vida, como sospechó Lamec: luego se recata, se esconde, y últimamente se ausenta el matador. Todas aquellas gentes aborrecen a los ladrones; y con todo tienen todos una gran propensión a hurtar, y lo saben hacer con maña; pero son muy cortas y rateras las cosas a que se extiende su ánimo y su mano.

Todos sienten notablemente el adulterio, cuando le cometen sus mujeres; pero sola la nación Cariba tiene castigo señalado para los adúlteros, a quienes toda la gente del pueblo quita las vidas en la Plaza pública; y esta ley, con los demás usos Judaicos que arriba dejé notados, me confirma en la opinión, de que muchas de estas gentes descienden de los judíos. En otras naciones el marido ofendido depone su querella, y no se acuerda más de ella, cohabitando tantas veces con la mujer del adúltero, cuantas el tal cometió este delito con la suya: necedad tan entablada entre ellos, que no hay adúltero que chiste ni se dé por entendido con el que toma satisfacción de su injuria. Otros hay más bárbaros, que por vía de contrato mutuo truecan de mujeres por meses determinados; y pasado el plazo, cada mujer vuelve a la casa de su marido sin tener vista para reconocer la natural disonancia de un contrato tan opuesto a la razón natural; pero vamos a lo propuesto.

Aquellas naciones no son más que unos agregados de gentes, a quienes divide y une entre sí la uniformidad o diversidad de los lenguajes; y tomando el agua de su fuente, mejor diré que cada nación se origina de una familia, que descarriada de otras se escondió en aquellos bosques; y al paso que se aumentó dicha familia, es más o menos numerosa la nación, tomando su origen las capitanías, Parcialidades o Tribus de que se compone, de los primeros hijos, que como se fueron aumentando, se fueron también retirando con sus familias: modo con que se pobló el Mundo en sus principios, y después de la división y confusión de la Torre de Babel; y a esta causa todos los indios de un mismo lenguaje se llaman hermanos: frase muy propia de los Judíos, como se ve en los Libros Canónicos de la Sagrada Escritura. Esta hermandad y mutua relación no está fomentada con leyes que miren a la mutua conservación y aumento: solo subsiste un tácito decreto, en virtud del cual están prontos a tomar las armas para defenderse u ofender a otros, cuando idean que así conviene; y entonces vasta el eco del tambor de guerra, de que después trataré; o el aviso ligero de los veredarios, que dan la noticia aun callando; porque vasta dejar de paso una flecha clavada en lugar público, para tomar todos las armas. Este aviso se llama correr la flecha, que es tanto como publicar guerra; en ella aunque reconocen a su cacique y capitanes, no hay disciplina militar ni subordinación alguna; y así no es su guerra más que un estrépito tumultuario que repentinamente pasa; porque cada cual se retira cuando quiere; y en este negocio militar lo más se reduce a emboscadas y ardides: efectos e inventivas propias de su cortísimo ánimo y ningún valor para acometer cara a cara.

Esto es en común, y por lo que mira a su gobierno en general, o desgobierno, propio de su incapacidad; pero si entramos a reconocer lo económico de sus casas y familias, hallaremos otro desbarato y vehetría peor; mayor en las familias de los jefes sobresalientes, que suelen tener (más por vía de fausto y gravedad, que por otra cosa) diez o doce mujeres, y a veces más: tanto que en estos años pasados el capitán Yaguaria, jefe en la nación Caribe, tuvo para ostentación de su grandeza treinta mujeres cada una diferente de nación. No hay gobierno: no hay orden ni concierto, en aquellas casas: no les dan la menor enseñanza; porque ni saben, ni tienen que enseñarles: críanse aquellos chicos del mismo modo con que se criaron sus padres; esto es, al modo que se crían saltando y brincando los cabritillos en las manadas de cabras: mientras son pequeños, los miran sus padres con exorbitante y desatinado amor; y el medio más proporcionado que han hallado los misioneros papa superar y modificar la dura tosquedad de los bárbaros, es agasajar mucho, regalar y tomar en brazos a sus hijuelos; que es gran lisonja para sus padres. Y cuando después de reducidas aquellas familias, esparcidas en muchas leguas de selvas, a población regular, escoge el padre misionero los chicos para la escuela; y los que dan muestras de más hábiles, para la música, éste es un favor que ata últimamente a sus padres, y estiman, aprecian y hacen gala de que su hijo sea cantor, como si se le hubiera dado la mayor dignidad del mundo; pero volvamos a sus estilos gentílicos, por no salir de mi asunto.

Todo, aquel descompasado amor que gastan con sus hijos, mientras son tiernos y párvulos, pasa a dureza y despego, cuando empiezan a ser jóvenes y adultos: así los miran, como si jamás los hubieran conocido: no les mandan cosa alguna, si ellos de su bella gracia no lo hacen: no chistan en sus travesuras: no les van a la mano en cosa alguna; y lo que peor es, ni se atreven a ello: cosa parece increíble; pero con solos dos casos quedará bien confirmada esta verdad o conjunto de verdades. Un español honrado, vecino de la Guayana, me contó el primero, y fue así: que estando el tal en una población de Caribes, comprando aquel precioso bálsamo, que en lengua Cariba se llama Curucay, y en español Canime, un mozuelo, hijo de un Caribe, sobre una bagatela le dio un fiero bofetón a su padre, y se fue muy enojado: irritado el español, que se hallaba presente, reprendió al Caribe, que había quedado muy fresco, y le exhortaba a que castigase aquel atrevimiento de su hijo, instando mucho en ello: a todo calló el indio, y después de rato respondió al español estas palabras: «¿qué piensas, Camarada, juzgas que estos nuestros hijos son como los vuestros? pues no son así; porque si ahora le pego y castigo a éste, en cuanto crezca un poco más, me quitará la vida». A este modo crían sus hijos, y este fruto sacan de su ninguna educación: ¡digno castigo de su bárbaro estilo es, que de tales víboras salgan tales escorpiones; y de tan mortíferos árboles, tales frutos!

Para el segundo caso que prometí, en confirmación de lo que llevo referido, soy yo mismo testigo: me cito a mí mismo, porque pasó delante de mis ojos en el año 1716; y es caso digno de moralizarse en los Púlpitos. Estaba toda la gente, poco antes sacada de los bosques, fervorosa, levantando maderos para formar su iglesia: todos los párvulos y muchachos estaban ya bautizados; los adultos deseaban el santo bautismo, y muchos le habían ya recibido (porque no se concede este beneficio, sin especiales señas y pruebas de que han de perseverar). En estas faenas públicas, es cosa singular, que ningún indio ayuda al otro, aunque sea su padre o hermano: cada cual hace puramente, y cumple aquella tarea, que por medio de su medio capitán le señala el padre misionero (que la autoridad de solos los capitanes, ni vasta, ni se cumple). Estaba pues trabajando la parte que le pertenecía un buen viejo, ya bautizado, llamado Longinos: llegó un hijo suyo adulto y cristiano también, llamado Pablo, y dijo éste a su padre:

Esa parte que trabajas, es la que me toca a mí, y en ella trabajé está mañana: te engañas, y trabajaste de balde, porque me tocó a mí, respondió el viejo. Al oír el hijo esta respuesta tan mansa, e incapaz de dar enojo, se hizo una furia, y dio a su padre tal bofetada, que la oyeron muchos, que allí estaban trabajando: los muchachos de la doctrina y escuela levantan el grito; y concurre la gente alborotada. Llenéme de susto y sobresalto, temiendo que algún madero mal puesto hubiese caído, y muerto algunos trabajadores: el buen viejo venía hacia mí, trayendo a su hijo de los cabellos, y llorando: el resto de la gente (como ya medio doctrinados unos, y otros enseñados en nuestra santa ley) acusaban reciamente al Pablo: él se defendía, diciendo que todos mentían, que él era ya cristiano y que no había de cometer aquel exceso contra su padre; el buen viejo no cesaba de llorar, ni yo sabía qué medio tomar; porque en los pueblos nuevos, un castigo, aunque sea con sobrada causa, suele ser motivo de su total ruina. Reparé en el rostro del viejo, y no solo tenía el carrillo hinchado, sino también muy señalado el bofetón; y dije al Pablo: ¿cómo tú niegas, si está aquí clara la señal de tu atrevimiento y pecado? entonces, animado el anciano, dijo: si, padre, él me pegó: no lo había bien dicho, cuando enfurecido nuevamente el mal hijo, le dio otro bofetón peor: entonces sí, no me acordé de inconvenientes ni temí daños del pueblo. Luego al punto mandé a cuatro indios robustos, que cargasen al desvergonzado y cruel hijo: puse en manos de su padre unas buenas disciplinas, y le mandé que castigase aquella maldad, explicando a todos los presentes, que así lo mandaba Dios; y que si los padres no castigan a sus hijos, Dios toma la mano, y castiga mucho a los padres y a los hijos etc. Entré tanto el viejo descargó tres tandas de recios azotes sobre las desnudas espaldas de su hijo, habiendo tomado resuello y fuerzas dos veces; y viendo yo el gran silencio de toda la gente y que el penitenciado sufría sin hablar una palabra, me interpuse, y rogué al viejo que le perdonase: así lo hizo, y su hijo Pablo le besó de rodillas los pies, y después la mano, pidiéndole perdón, dando este buen ejemplo al pueblo, el que le había dado tan pésimo. Quedó satisfecho el buen anciano; pero Dios no, según las señas, porque a breves días dio una grave enfermedad al dicho Pablo; la cual padeció por espacio de seis o siete años, reducido a la figura de un esqueleto: solo tenía la piel sobre los huesos; conociendo él y el resto de aquellos Neófitos, que era justo castigo de Dios, por las dos bofetadas que dio a su padre; y para mí fue una gran prueba de que padecía por esa causa, el que, luego que su padre murió a los seis o siete años después, Pablo recobró su antigua salud, y hoy vive, y da muy buen ejemplo a todo el pueblo.

En fin, una de las principales cosas, que domestica mucho a los indios silvestres (fuera de la enseñanza de la Ley de Dios, que es la principal) la causa accesoria más eficaz, es, ver la buena crianza, que los ministros del Evangelio dan a sus hijos. Como ellos se han criado sin educación alguna, les cae muy en gracia ver a sus hijos humildes y rendidos a sus mandados; y sobre todo se admiran al ver, que cuando vuelven sus hijos de la Doctrina o de la escuela, alaban a Dios antes de entrar por las puertas, y luego besan la mano con reverencia a sus padres y a sus madres: todo esto les va abriendo los ojos, para que vean cuánto mejor es la vida civil, que aquella suya tosca y van cobrando amor a la nueva población y a la religión cristiana, que tan buena enseñanza trae consigo.

Los chicos por otra parte (sin saber lo que se hacen) ayudan grandemente a los misioneros; porque ellos les avisan a sus padres las horas señaladas, para que asistan a la santa doctrina: ellos les explican lo que los viejos no han entendido: ellos avisan cuando hay algún enfermo, y cuando ha nacido alguna criatura, para que logre el bautismo; y por último, si hay pleito, riña ù otra cosa que remediar, por medio de los chicos tiene noticia el misionero, para prevenir los remedios, y atajar los darlos.

¿Pero cómo puedo dejar de insinuar aquí algo del amor grande que los misioneros cobran a los doctrineritos, chicos inocentes, reengendrados en Cristo, buscados por aquellas selvas con tantas sudores, hambres y afanes? mucha razón tenía el apóstol de las gentes, cuando protestaba que eran sus hijos todos aquellos a quienes había reengendrado por el santo Evangelio en tantas y tan populosas ciudades de la Grecia. ¿Pues qué razón no tendrán aquellos operarios para amar en el Señor, y estimar aquella tierna grey, dócil, humilde y rendida, en que, como en blanca cera, se va imprimiendo la Ley Evangélica? no se reciba por ponderación, porque yo sé que aman más a aquella inocente grey, que las mismas madres que los parieron; y cuando muere alguno de ellos, he visto llorar a los misioneros más tiernamente que los mismos padres del chico difunto; y con razón, porque cada párvulo de aquellos, bien instruido, sirve después de columna firme para mantener nuestra santa fe en aquel pueblo; y de ordinario no para aquí el fruto; porque aquellos párvulos bien criados, son después instrumento de que Dios se sirve para ir agregando nuevas lentes al suave yugo de su santa ley.

Este es el imán, veis aquí puesto con toda ingenuidad el atractivo: estos son los vínculos indisolubles, con que suavemente ata Dios nuestro Señor los operarios de aquella su inculta Viña; porque por más que se cultive, siempre hay de nuevo más y más que cultivar; estos, vuelvo a decir, son los inestimables tesoros, escondidos en aquellos difíciles e intrincados bosques: éstas las preciosas margaritas, que después de haberle costado a nuestro Amante Jesús toda su sangre, todavía andan perdidas en aquellas espesas selvas. En estas riquezas negocian los operarios evangélicos: aquí emplean aquellos talentos, que el Señor benignamente les dio, grande número de Hijos de la Compañía de Jesús mi Madre, alegres y contentos en las selvas y campos, no solo del Orinoco sino también de ambas Américas: varones capaces de lucir, regentando las Cátedras más honoríficas y los Púlpitos del mayor aplauso: sí, pero tan gustosos en su ministerio, que tuvieran grande pena y si hubieran de trocar lo humilde y rústico de su empleo con el especioso (aunque al mismo tiempo tan útil y necesario) del magisterio y Púlpito. Esto es cierto, y es notorio a todos los que no quieren ser ciegos voluntarios; pero vasta de digresión, que si acaso lo es, confieso que ha sido casi involuntaria.

Capítulo IX. Genios y vida rara de la nación Guaraúna; palma singular de que se visten, comen, beben, y tienen todo cuanto han menester

Hemos contemplado desde la atalaya a que subimos, algunas curiosidades en general de los gentiles del Orinoco y de sus vertientes: bajemos ahora a dar un gustoso paseo, viendo y reparando el raro y extraño modo de vidas y arbitrios inauditos para mantenerse, que han entablado algunas naciones en particular. Veremos también de paso su variedad de genios y estilos particulares: lección, que al mismo paso que recreará nuestros ánimos, nos mostrará con evidencia, de cuán poco tren necesita la vida humana para vivir y pasar alegremente; y también veremos, que no está la felicidad de una vida gustosa, en poseer y tener mucho, sino en no desear mucho, y contentarse con poco. No se vio Monje ni Anacoreta en las Tebaidas de Egipto con tan corto menaje de casa, ni en chozas más pobres, que las que usan los indios del Orinoco: ni habrá habido en las Cortes jamás Aulico tan favorecido de sus Soberanos, que en el espacioso círculo de un año haya logrado tanto gusto, consuelo y alegría, cuanto logran aquellos indios en solo un día de sus acostumbrados recreos. Y la razón es, porque aquel placer que logran los indios, es entero y total, libre de sustos, zozobras y sobresaltos, lejos de etiquetas, ceremonias y otras circunstancias, que llenan de acíbar el paladar de los Cortesanos, con la urgente precisión de disimular, que suele ser la carga más pesada, y acíbar en el mayor placer.

Puestos ya en una buena lancha en las bocas del río Orinoco, entremos por entre aquella multitud de islas, y por aquel laberinto de caños, patria de la nación Guaraúna, y vamos con cuidado, que hasta los mismos Guaraúnos navegantes se pierden a veces con riesgo de sus vidas; porque así como nadie sabe el número cierto de las bocas del Orinoco, nadie sabe cuanto es el número de islas, que forman aquellos brazos y encrucijadas de sus desagües. En estas islas, como lo noté en el Plan, vive la nación Guarau o Guaraúna; y es cosa maravillosa, que puedan vivir en ellas, por estar anegadas durante los seis meses de creciente de Orinoco, y en los otros restantes se anegan dos veces cada día, con el flujo y reflujo de las mareas.

Acerquémonos a solo uno de aquellos pueblos, demos fondo a nuestra lancha (que no hay otro modo de ir) junto a la Plaza; y reconocido éste, hagamos cuenta que ya hemos visto todos los pueblos de esta nación; cuyo lenguaje, aunque son muy veloces en su pronunciación, es suave, y le aprenden casi todos los vecinos españoles de la Guayana, porque les tiene cuenta, por el amor y buena ley que los Guaraúnos tienen para con los españoles, y porque los españoles necesitan de la singular destreza con que pescan los Guaraúnos. Lo mismo es acercarse una lancha o piragua de españoles a uno de sus pueblos, que salir toda aquella gente, chicos y grandes, dando saltos y brincos de placer a su Plaza; y de ordinario los hallamos en ella bailando y cantando, que es su ordinaria ocupación. No se ha descubierto hasta ahora gente más festiva y alegre, que la Guaraúna: la lástima es, que con tener a un lado las misiones de los reverendos padres capuchinos de la Guayana, y al otro las de los reverendos padres capuchinos de Cumaná, como se ve en el Plan, ni son, ni pueden ser doctrinados estos indios (que se computan por cinco o seis mil cabezas) porque ni ellos quieren apartarse de sus islas, ni sus islas son habitables por europeo alguno, por la multitud intolerable de mosquitos de todos los caños y brazos del río, que brotan a millones aquellos anegadizos. Y lo peor, y lo que más obsta, es, el no haber terreno donde sembrar frutos para mantener la vida, y ser aquella humedad continua muy perjudicial a todos: menos a los Guaraúnos, nacidos y criados en ella; pero Dios dispondrá camino, y dará algún arbitrio para que aquellos fervorosos operarios algún día logren en esta nación sus buenos deseos de salvar aquellas almas. Entretanto, como siempre hay en la Guayana buen número de estos indios, se salvan muchos; porque de los que están allí, y de los que con frecuencia vienen con pescado, yuruma, redes para dormir, que llaman chinchorros, y otras mercancías, nadie muere de ellos, ni párvulo, ni adulto, sin el agua del santo bautismo: y si su tierra fuera habitable, ya fueran todos cristianos.

Pasemos ya de nuestra lancha a su Plaza, y registremos sus casas. Gran maravilla es en Europa ver la bellísima ciudad de Venecia, y parte de la rica ciudad de Liorna, fundadas en el agua; más la solidez de sus fábricas quita en gran parte el estupor, que causan unas habitaciones tan irregulares; pero aquí en nuestros Guaraúnos, que sobre estacas y maderos, sumergidos por entre el cieno, hasta que dan sus puntas en suelo firme, levantan en el aire, y sobre el agua sus casas calles y la plaza: ¿quién no se maravillará de una fábrica tan singular como débil? pues ahora voy a decir lo más raro, y que mayor armonía me hizo en las dos ocasiones que estuve en estos pueblos; y es, que puestas todas las estacas necesarias tan altas, que ni las mareas del tiempo de las crecientes del Orinoco las cubran, arriman y clavan, arrimados a las dichas estacas, los maderos necesarios, con la altura competente para levantar sus casas; y esto así prevenido, van poniendo travesaños y enmaderados desde unas a otras estacadas, y sobre estos enmaderados forman un tablado general a todo el pueblo del duro tronco, o cascaron de las palmas, que ya han disfrutado. Y veis aquí otra cosa irregularísima sobre todo pensamiento; y es, que (fuera del pescado que tienen con toda abundancia) todo su vivir, comer, vestir a su modo, pan, vianda, casas, apero de ellas, y todos los menesteres para sus piraguas y pesquerías, y varias mercancías que venden, todo sale de las palmas, que Dios les ha dado en aquellas islas, con una abundancia increíble de ellas, que llaman en su lengua Murichi; algo de esto se lee en algunos Autores, que han escrito acerca de los indios; pero no tanto, como lo que he visto en los Guaraúnos. Vamos por partes, y poco a poco desenvolviendo lo que parece a todos visos increíble, y alabaremos a Dios; cuyo poder aligó a sola una especie de palmas todo cuanto ha menester el hombre para pasar alegremente esta vida; y nos confundiremos viendo nuestra anchura de corazón, para el cual no vasta todo cuanto Dios ha criado en este mundo, como se ve en Alejandro Magno, que se acongojaba, porque no halló más mundos que conquistar: prueba cierta de que el mundo, que había ya adquirido, le había dejado muchos huecos por llenar en su corazón; de balde afanamos, dice san Agustín. Solo para sí nos crió Dios, y así solo Dios puede llenar nuestro corazón: vamos al caso y narración propuesta.

Del tronco disfrutado de las dichas palmas sacan tablas para suelo de sus casas, calles y plaza; y las paredes de sus casas se fabrican de las mismas tablas: de las rajas de las mismas tablas forman el enmaderado para los tejados: las cubiertas contra los aguaceros y contra los rigores del Sol forman y tejen de las hojas ya maduras y grandes de las mismas palmas: las sogas, cordeles y amarras, con que atan y traban toda quanta es la fábrica de plaza, calles y casas, las fabrican y tuercen de un género de cáñamo, que sacan de las hojas de la misma palma: los delantalillos que usan las mujeres, y los guayucos que usan los hombres para alguna, aunque poca decencia, sacan de unas entretelas que hay a modo de cordellate entre uno y otro pie del vástago ancho, que tienen dichas hojas en el mismo arranque por donde salen del cogollo de las tales palmas: las redes o chinchorros en que duermen, y gran cantidad de ellos, que tejen para vender (y por más que hagan, siempre sobran compradores) todo este material es del cáñamo que dije sacan de las hojas tiernas de la dicha palma: los cordeles, sogas, maromas y demás utensilios para pescar, para navegar y para cuanto se les ofrece; y mucho de esto que hacen y compran otras naciones, todo se fabrica del dicho cáñamo de las hojas. Más: todos sus canastos y cajas de varias hechuras para guardar sus cosas, y los abanicos para hacerse aire, para soplar el fuego, y para espantar los mosquitos y tábanos cuando salen de sus pueblos: digo cuando salen, porque en sus casas no hay tales plazas; porque las ahuyentan y destierran con el humo de un Comején, que queman perpetuamente: el tal Comején es un terrón, que a modo de panal de colmena forman unas hormiguillas, que viven dentro de él, y ni bien es de tierra, ni de cera, ni se sabe de qué es; todas las dichas cosas labran sutil y curiosamente de la cáscara que extraen del vástago verde de las tales palmas. ¿Y cuándo, o a qué tiempo sacan y logran todos estos materiales? ya lo voy a decir: y aquí vuelvo a pedir las atenciones todas del curioso investigador de la naturaleza, para contemplar en un solo árbol muchas más y mayores utilidades, que las que da el famoso Maguey de la Nueva España a sus indios: éste les da la bebida que llaman pulque: les da pita o cáñamo: les da armazón para sus casas en sus troncos, y tejado para ellas en sus hojas, pero todo es poco, a vista de lo que ya dije, y voy ahora a decir de estas admirables palmas.

De las cuales sacan dichos despojos después de haber extraído vino, pan y vianda: (al modo que acá, después de aprovechada la res, se logra la piel y la lana) derriban, cortando por el pie la palma: ahora lo hacen con hachas: antiguamente, que no las tenían, a fuerza de fuego les gastaban el pie, y con fuego hacían lo demás que diré. Derribada ya, viene a quedar, no sobre el agua, sino sobre una inmensidad de maleza, que brotan las islas en la menguante de Orinoco y de las mareas. Tendida ya la palma, la abren un socavón en el mismo cogollo tierno, y otro de allí para abajo, tan largo, cuanto es de larga la palma; pero sin dejarle resquicio por donde el licor, que va dando todo el interior de ella, se pierda ni una gota. Cada uno sabe cuantas palmas ha de derribar para su gasto, y para lo que quiere vender; luego que están formadas aquellas concavidades, que llaman Canoas y empiezan las palmas a manar y fluir de su interior un licor albugíneo con notable abundancia; el que fluyó hoy, se guarda en vasijas, que tienen prevenidas, al anochecer; y así van recogiendo aquel mosto todos los días, hasta que la palma no tiene más jugo que dar de sí. El primero y segundo día, después de recogido el tal mosto, es sabroso, y tira a dulce: de allí en adelante va cobrando punto fuerte, y se alegran y embriagan con él largamente, hasta que se avinagra; y entonces les sirve de sainete para sus guisados ya de pescado, ya de lo que voy a decir: y es, que en aquellas concavidades de donde han ido extrayendo el vino o mosto, se crían al mismo tiempo y muchos días después, hasta que no le queda a la palma gota alguna de jugo, gran multitud de gusanos blancos, del tamaño del dedo pulgar, que no son otra cosa que una manteca viva; y quitado el asco natural, que causa tal potaje, es vianda muy sabrosa y muy substancial. He visto españoles que de solo ver el guiso de los tales gusanos se les descomponía el estómago con violentas ansias; y reducidos, después de muchos ruegos, a probar uno de aquellos gusanos, todo el plato lleno les parecía poco: al modo de aquellos que al ver comer el centro de los mejores quesos de Flandes, reducida ya a gusanos toda aquella masa y sustancia del queso, vuelven a un lado la cara, para que la vista de los gusanos no les alborote el estómago; pero si a ruegos de un amigo se resuelven a probar, quedan apasionados por los tales quesos; lo más limpio y curioso es el pan, que últimamente sacan de las entrañas de la palma, y su fábrica es de la manera siguiente.

cuando lo interior de las palmas ya no arroja de sí los gusanos dichos, previenen vasijas de agua, y en ellas van echando toda la masa que tiene el esponjoso corazón de aquellos troncos: ésta sale revuelta con las venas, a modo de bordones de arpa, con que el árbol atraía el jugo de la tierra: hecho esto, lavan repetidas veces aquella masa, hasta que quedan limpias las venas con que salió entretejida; las cuales sirven después para encender el fuego: y para mayor limpieza cuelan aquella agua, ya blanca como una leche, a causa de la harina que recibió. Para esta maniobra tienen cedazos muy finos, tejidos de hebras sutiles, sacadas de los vástagos de las hojas de dichas palmas: así colocado el amasijo, le dejan reposar hasta el otro día, en que amanece el agua ya clara, y toda la harina extraída asentada en el fondo, como un almidón muy fino: entonces con gran tiento inclinan blandamente las vasijas; cae a fuera toda el agua, y queda el almidón en el fondo; y puesto al Sol, a breve rato se seca; y molido, es una bellísima harina, de que sale pan muy sabroso, pero pesado: tanto, que los que no están acostumbrados a él, se empachan, aunque no coman mucha cantidad: llámase en su lenguaje yuruma, y cogen tanto, que fuera de mantenerse venden con mucha abundancia a trueque de bagatelas, porque no estiman la plata, ni los Guaraúnos, ni los demás gentiles del Orinoco.

Finalmente, logran por entero la fruta de dichas palmas, que son unos grandes y hermosos racimos de dátiles redondos y poco menores que huevos de gallina: cuando están maduros, toman un color amarillo, que se propasa a encarnado: por lo exterior tienen poca carne, pero sabrosa; y con ella, extraída y batida, forman una bebida muy gustosa, y mucho más saludable, por ser la tal fruta de cualidad fría, y sirve de refresco contra aquellos recios calores. Después de extraída la carne de los dátiles, resta ir quebrando sus pepitas, de que sacan el meollo, bien semejante al de las avellanas, pero algo más duro: y veis aquí que logran la palma por entero, sin desperdiciar un ápice de ella de alto a bajo. ¿Y quien habrá que a vista de esto no exclame y prorrumpa en alabanzas del Sapientísimo Autor de la Naturaleza, y bendiga los arcanos de su altísima Providencia, que supo poner en solo un árbol todo cuanto ha menester el hombre para pasar su vida? alaben os, Señor, todas vuestras criaturas por todos los siglos. Amen.

Así lo han hecho (y me consta) muchos de los que han leído este capítulo, loando al Señor, al ver un nuevo árbol de la vida, que así se debe llamar en cierto modo una palma tal, que da de sí todo cuanto es menester para pasar esta vida. Otros se han acordado del maná, que les envió Dios a los hebreos en el Desierto; ¡maravilla grande! más como era símbolo de otra mayor, que es el Divino Sacramento, epílogo de todas las maravillas del todo Poderoso, solo les servia el maná para pan y vianda; pero esta palma, milagro del Supremo Autor de la Naturaleza, da pan, vianda, bebida y vestido: da a los Guaraúnos calles y casas, con todos los menesteres de ellas, y de sus embarcaciones. De esta admiración ha nacido en muchos el deseo de saber la hechura de la hoja (que es como la de un quitasol, que se abre sobre su vástago) y otras muchas individualidades que omito, por no ser de importancia.

Por el contrario, no ha faltado quien para no fatigarse en alabar a aquel Señor, que abre su mano, y llena de bendiciones, frutos y comida, no solo a los hombres, sino también a todos los animales, ha reputado por fábula la tal palma; perdono la injuria, pero confieso, que aunque en mí cupiera la tentación de pintarla a mi arbitrio, no hallo en mi corta capacidad fuerzas para inventar y formar una idea tan peregrina. No están los Guaraúnos ni su patria en los espacios imaginarios: en el centro de la pirámide que forman los gobiernos de Cumaná y de la Trinidad de Barlovento con la Guayana, están las bocas del Orinoco, los Guaraúnos y los palmares de que se mantienen; fácil es escribir a cualquiera de los tres términos dichos, y salir de la duda con la respuesta.

Al empezar a pintar la palma, para que no diese demasiado golpe la novedad, la suavicé con la multitud de utilidades, que el Maguey da a los indios de la Nueva España; y pareciéndome suficiente lenitivo, omití las muchas conveniencias que es notorio da el Coco en las Filipinas: las que da el Plátano y el Panizo en las tierras calientes de las dos Américas; y en fin pude haber traído las utilidades sumas, que la necesidad de las naciones de las indias Orientales han buscado, inventado y hallado en solo el arroz para pan, vianda y vino, cosa trivial en los Autores; pero para el que niega todo lo que no ve con sus ojos, no hay que hacer pruebas, ni hay para qué alegar Autores porque para los tales son inútiles las Historias.

Con todo (no para llevar la mía adelante) sino para excitar los ánimos a que todos alabemos más y más al Señor de todo lo criado, doy fin a este capítulo con otra palma llamada Coco, que fuera de lo que la palma Muriche da a los indios Guaraúnos, da todavía más a los Isleños de las Maldivas, que algunos Autores juzgan ser once mil islas pequeñas, que desde diecisiete leguas del Promontorio de Comorín entran mar adentro hacia el Oriente e islas de Java, Borneo etc. Son bárbaros todavía los moradores de aquella multitud de Isletas infelices, a causa de no tener atractivo para los forasteros; porque en todas ellas no nace otra planta, sino las palmas de los Cocos; pero con tanta abundancia, que sus frutas dan a toda aquella multitud de gentiles pan, viandas y bebidas regaladas: de las hojas sacan con que vestirse a su modo, velas para las embarcaciones, sogas, y los demás menesteres para navegar: de los troncos y tablas de los Cocos arman sus casas, y las hojas les sirven de tejas: hasta aquí corren parejas el Coco y el Muriche de los Guaraúnos. Exceden los Cocos, en que de ellos forman sus embarcaciones los Maldivos, para lo cual no sirve el Muriche; y añade monsieur Blaew, que salen las Naves de aquellas islas a Comorín hechas de Cocos, cargadas de Cocos, con lastre de Cocos, velas y menesteres para ellas de Cocos: la mercancía toda, Cocos, el pan y vianda que llevan, de Cocos, y el agua para el gasto, la misma que crían en su centro los Cocos; no hay más que pedir, ni que añadir, sino las palabras de Blaew, que por ser de extranjero, tal vez se recibirán con más aprecio por algún genio.

Capítulo X. Genios y usos de otras naciones de las riberas del Orinoco hasta las bocas del río Apure

Mucho nos íbamos deteniendo en esta visita de los Guaraúnos; prosigamos nuestro paseo que el río tiene mucho que navegar, y se ofrecerán en él muchas detenciones, a fin de examinar cosas muy curiosas. Por esta causa, y porque en varias partes de esta Obra se hace mención de la nación Caribe, no entremos ahora en sus puertos, que tienen enfrente de los Guaraúnos, y en toda la costa del Mar hacia la Cayana; demos sí una vista a los indios Aruacas, que después de largas y sangrientas guerras con los Caribes, se les han sujetado, y viven entre ellos.

Son los Aruacas la nación más amante y leal a la nación española, de cuantas se han descubierto en el Orinoco y sus provincias; luego que tienen luz de alguna rebelión, o de los Caribes o de otra nación, maquinada contra los españoles, al punto dan aviso secreto: lo que causa gran lástima es, que ni son cristianos, ni dan esperanzas de serlo, por más diligencias que se hacen y se han hecho. Yo quise hacer el último esfuerzo el año de 1731; y después de todas las diligencias factibles, se cerró uno de sus capitanes en esta respuesta: Yo quiero ser Aruaca, no quiero ser cristiano: añadía yo: me parece bien que seas Aruaca; pero quedándote Aruaca, es bueno que seas cristiano etc. no padre (decía él) porque los primeros españoles no dijeron a nuestros padres, que fuesen cristianos; solo les dijeron, que fuesen buenos Aruacas; y no fue posible que diesen oído a los motivos sobrenaturales que les alegué, ni a los partidos ventajosos que en lo temporal les prometía. Estos indios son los más diestros, y aun creo que son los inventores de la Maraca, que se ha introducido también en otras naciones; y se reduce a un embustero, que se introduce a Médico: hace creer a los indios, que habla con el demonio, y que por su medio sabe si ha de vivir, o no el enfermo. Para estas consultas tienen sus casetas apartadas, pero a vista de las poblaciones; y encerrados en ellas los Médicos, se pasan toda la noche gritando, y sin dejar dormir a nadie, así por los gritos, como por la Maraca, que es un calabazo con mucho número de piedrecillas adentro, con que hacen un fiero e incesante ruido: grita y pregunta al demonio el Piache (así llaman a los tales Médicos) y cuando se le antoja, muda de voz, y finge las respuestas del demonio: digo que finge; porque ya está averiguado, que todo es una pura mentira, un engaño, y hurto manifiesto, lo que cobra por su trabajo, después que muere el enfermo, y es todo lo mejor del difunto, menos lo que la pobre viuda pudo esconder; no se apura mucho el demonio, ni hace el favor de aparecerse a los que ya tiene por suyos. Así entre estos indios Aruacas, como en las demás naciones del Orinoco y río Meta, no hallé señal alguna probable, de que se aparezca el demonio a los tales. Es verdad que a doscientas leguas de dichos ríos, en los bosques de Calajau y Ubocá, a otra nación, muy diferente de éstas, desde una palma exhortaba un demonio a los gentiles, que ya estaban determinados a salir del bosque a ser cristianos; y les decía el maligno, que no saliesen. La voz infernal oía con susto el capitán don Domingo Zorrilla, Riojano honrado, y de gran valor, que no tanto como jefe principal de aquellas misiones, cuanto como operario insigne de ellas, ha trabajado y acompañado a varios misioneros de ellas por más de dieciocho años en continuados y arduos viajes a pie, ya por lagunas, ya por montes inaccesibles, librándolos de las asechanzas de los gentiles, y aun de la muerte repetidas veces. Este esforzado capitán preguntó sobresaltado, ¿de quién era aquella voz tan fiera? y un cacique cristiano, que le acompañaba, le respondió, que era el demonio; y dicho capitán lo creyó, por el horror interior que sentía en sí: y yo también lo creí por la gran veracidad de dicho capitán, y por otras señales ciertas que vi al mismo tiempo a solas dos leguas de distancia del río Ubocá, y fue día 23 de febrero del año 1716: pero los Piaches blasonan de ello, para que la simple gente les dé cuanto piden; y si resisten, los amenazan con su amigo el demonio. No ha muchos años, que un flamenco, llamado Francisco Eglin, entraba y salía a la nación Aruaca a comprar el bálsamo de Canime; y un Aruaca le dijo a éste, que su demonio con quien hablaba todas las noches, era muy bravo: pues el mío (dijo el Eglin) es manso: esta noche te le enviaré a tu casa; venga en hora buena, dijo el indio, que no tengo yo miedo. Fuese a su casa el Piache, y mandó a la familia, que se mudasen a otra, porque tenía que hablar con el demonio de los blancos: el Eglin, que solo deseaba enterarse de la mentira del Piache, se ató muchos ramos verdes a las piernas, brazos y cintura; y tapada la cabeza con otra rama, luego que anocheció, se fue acercando poco a poco a la casa del tal: luego que éste vio el bulto, dio un grito, diciendo: No tengo valor para hablar con el demonio de los blancos: (blancos llaman a los españoles) y diciendo y haciendo, volvió las espaldas corriendo. El Eglin entró, tomó varias frutas que tenía el Piache, y se volvió a su posada: fue por la mañana a visitarle y le preguntó: ¿cómo le había ido con su demonio? y confesó de plano el indio su flaqueza y el embuste con que engañaba a los indios para ganar de comer: esto me contó el tal flamenco muchas veces.

Los indios de la nación Guayana son de genio duro y belicoso; a los principios resistieron fuertemente a los españoles, y tuvieron choques muy porfiados y san-grientos con ellos: dieron en fin la paz, y se redujeron (como ya apunté) a cinco colonias; pero o sea por su genio naturalmente indómito, o sea (y es a lo que más me inclino) por la amistad y trato con la pésima nación Cariba, que reside no lejos de ellos, es cierto que no corresponden al sudor y fatigas con que los asisten los MM. reverendos padres capuchinos catalanes; antes bien los dan con frecuencia sustos considerables; y todavía, de cuando en cuando se alborotan de modo, que a no socorrerlos (como lo hacen cuando es menester) los soldados y vecinos de la Guayana, se vieran en gravísimos riesgos sus vidas.

Pasemos también, sin ver los Caribes de las cabeceras del río Caroní y de otros arroyos: ni aun nos hemos de acercar a la boca del río Caura, porque de las muchas veces que he pasado por allí (menos la primera, cuando fui a visitarlos en sus pueblos con salvo conducto) en casi todos los demás viajes nos han dado muchas cargas cerradas de fusilería desde sus playas y barrancas: no es gente tratable, ni quieren ser cristianos, ni quieren que otros lo sean en el Orinoco, porque se tienen por amos del resto de las naciones; y en esa mala fe venden a los extranjeros todos cuantos pueden cautivar, menos a los indios Quiriquiripas, que tienen atajados en la Serranía, sin dejarlos salir por el interés de las hamacas o mantas finísimas de algodón, que tejen.

Vamos a dar fondo en el caño de Uyapi, que es un brazo muerto o cauce antiguo de Orinoco, puesto y terreno de los indios Guayquiries y Palenques. Estas dos naciones, como después diré, a excepción de las familias, que años ha están en las misiones de Píritu, provincia de Cumaná, a la enseñanza fervorosa de los reverendos padres Observantes de san Francisco: el resto que queda es muy corto, porque, según su declaración los han ido aniquilando los Caribes. Son gente mísera e inconstante, y por eso inculta; sujétanse a los misioneros, por el interés que les puede sobrevenir, y en cuanto los Caribes concurren, se hacen de su bando, por el gran miedo que les tienen. El mismo genio gastan los Mapoyes de Uruanay y los indios Paos; tanto, que desde el año 1731 hasta el 1739 han sido recogidos estos y aquellos a colonias regulares y a enseñanza tres veces, sin más logro que el de los párvulos y adultos, que recibieron el santo bautismo antes de morir.

Cuarenta días antes de casar los Guayquiries a sus hijas, las tienen encerradas en un continuo y rígido ayuno: tres frutas o dátiles de Muriche y tres onzas de cazabe con un jarro de agua, es su diaria ración: y así, el día de la boda, más parecen moribundas que novias. ¿Por qué usáis esta crueldad, le dije yo al cacique? y él con mucha satisfacción respondió así: «Repararon nuestros antiguos, que todo cuanto pisaban las mujeres, cuando estaban en la costumbre ordinaria o lunación, todo se secaba; y si algún hombre pisaba donde ellas habían puesto los pies, luego se le hinchaban las piernas; y habiendo estudiado remedio, mandaron que para que sus cuerpos no tengan veneno, las hagamos ayunar cuarenta días, como ves; porque así se secan bien, y no son dañosas; o a lo menos no tanto como lo eran antiguamente»; así engaña el Demonio a estos ignorantes, y los induce a que usen de estas crueldades, paliadas con necia erudición, aparente piedad y oculta, pero cruel tiranía.

De todas cuantas naciones de gentiles he tratado sola en ésta vi casamientos con tantas ceremonias, que para escribirlas fueran necesarios muchos pliegos: resumiré aquí solas aquellas principales, que no darán enfado. La víspera y noche antes de la boda se gasta en untarse todos, pintarse y emplumarse, según y como dije en el capítulo séptimo; y en especial a emplumar las novias se aplican gran número de viejas, que ya para sí no cuidan de plumas: las diez del día son, y todavía están pegando plumitas en aquellos cuerpos hartos de ayunar: entretanto el cacique, que es el Maestro de Ceremonias desde su asiento en la plaza va gobernando, y diciendo lo que se sigue. Luego que sale el Sol, viene del bosque inmediato una Danza bien concertada con flautas y timbaletes, y dan muchas vueltas y revueltas al contorno de la casa y casas de las novias, do donde a su tiempo sale una anciana con un plato de comida, y se la da a uno de los Danzantes: entonces todos a carrera abierta vuelven al dicho bosque; y arrojando el plato y comida, dice uno de ellos en voz alta: Toma, perro demonio, esa comida, y no vengas a turbar nuestra fiesta; y preguntando yo, ¿por qué hacían aquello? me respondieron: porque tenemos miedo al demonio.

Algo de esto tenían y aun retienen los Magnates gentiles de la gran China; quienes antes de sentarse a las mesas del convite, salían al patio, y haciendo primero una inclinación hacia el Sur, ofrecían una taza de bebida al Señor del Cielo, la derramaban en el suelo, y hecha otra reverencia, entraban en su banquete. Esto hoy en día, y desde quinientos años a esta parte, tiempo en que entró la idolatría en la China, en los menos cultivados tiene su peligro, y es, idolatría; pero no así en los doctos y versados en las leyes y doctrina, que les dejó su Maestro Confucio; porque este gran Filósofo Moral conoció, predicó y mandó adorar a un solo y único Dios, Autor y Criador de todas las cosas: y aunque los Letrados retienen esta doctrina, ya entre los restantes (y aun en muchos Magnates) ha cinco siglos que entró la idolatría.

Pero volvamos a los Mapuyes; hecha esta ceremonia, como ya quedan seguros para divertirse, se ponen los Danzantes las coronas de flores, que allí tenían prevenidas, un ramillete en la mano izquierda, y en la derecha las sonajas, con que siguen el compás o descompás de las flautas y vuelven danzando a la puerta de la novia, donde ya están en fila otros Danzantes de otra librea; pero de la misma tela de plumas, y con unas flautas de más de dos varas de largo, de cierta caña negra, que llaman Cubarro, emplumadas a todo costo: y a la verdad estas flautas están en punto, y hacen suave consonancia de dos en dos, no menos que cuando suenan dos violines, uno por tenor, y otro por el contralto. En medio de esta danza van danzando también los novios con plumas de especial divisa;

y pueden brincar bien, porque no han ayunado como las novias: al tiempo de marchar, salen estas pobres, tales, que es una melancolía verlas: salen en ayunas, después de cuarenta días de ayunar: no las han dejado dormir en toda la noche las matronas emplumadoras; y lo que causa mayor mohína es, que cada novia lleva una espantosa vieja a cada lado. A este espectáculo llamo ahora a las Señoras más discretas, para que oigan a aquellas ancianas, más cargadas de trabajos y pesadumbres, que de sus años: las viejas salen llorando y cantando coplillas en su lengua alternativamente: no lloran de ceremonia, sino muy de veras: (y es, que la memoria les renueva sus duelos) dice la una en tono lamentable, y mal pronunciadas las palabras entre muchos suspiros. ¡Ay, hija mía, y si supieras las pesadumbres que te ha de dar tu marido, no te casaras! calla ésta, y entona la otra: ¡Ay, hija mía, y si supieras lo que son los dolores del parto, no te casaras! y de este modo los hombres danzando, las viejas llorando, y las novias aturdidas, dan vuelta espaciosa a todo el pueblo: y en llegando a casa, empieza la comida prevenida de tortugas, pescado etc. Entonces entran los muchachos, y tomando las flautas, sonajas y cuanto hay, meten más bulla que los adultos, remedando las danzas y los enredos, que han visto ejecutar.

Capítulo XI. Genios y usos inauditos de los indios Otomacos y de los Guamos

Dejemos aprisa este puerto de Uyapi, antes que nos provoquen a llorar las viejas plañideras, y naveguemos río arriba en busca de naciones de mejor genio, que las que aquí hemos encontrado. No están lejos las bocas del río Apure, cerca de las cuales está un bello puerto y pueblo de Guamos; y poco más adelante otro numeroso pueblo de Otomacos; demos allí fondo a nuestra lancha, que aunque los adultos no son cristianos todavía, ya están casi domesticados, y los párvulos ya han recibido el santo bautismo. Aquí ciertamente tendremos un buen rato, porque son de humor y de singularísimo genio, y porque los Otomacos son los que nos han de robar toda nuestra atención, si los vemos primero. Miremos de paso a los Guamos, que a la verdad son juglares, bailarines, y los más desnudos de rubor y vergüenza de cuantos hemos visto desde las bocas del Orinoco hasta éstas de Apure; todos los que hemos visto en lo ya dicho se cubren, o mal, o no muy bien; pero esta gente Guama no se cubre, ni bien, ni mal: toda su gala y ropa se reduce a un ceñidor ancho, y de algodón, tan sutilmente hilado, que los buscan y compran los españoles para corbatas muy finas. Es lástima ver cuán en vano hilan y tejen aquellas mujeres; pues pudiendo cubrir con alguna decencia con tan bellas y ricas bandas su total desnudez y ningún recato, solo les sirven de apretarse neciamente las cinturas. En Tabernáculos de ramos recién cortados celebran sus festines, dejando sus casas, para que nos acordemos segunda y tercera vez, de que estas gentes conservan algunos Ritos del pueblo Judaico. En el mayor de aquellos Tabernáculos se bebe y se baila todo a un compás, y todo al mismo tiempo; porque cuando reparten la bebida, cada sirviente va acompañado de dos Flauteros, con las flautas largas, que dije equivalen a dos violines. Los que tienen algún juicio, bailan al son de otras flautas del mismo tenor: los que están bebidos, duermen ensangrentados de pies a cabeza; porque cuando sienten que va subiendo a la cabeza el vapor de la chicha fuerte que beben, piensan que es otra cosa; y para prevenir el daño que temen (sin saber cual será) con dientes agudos de pescado, y con otras puntas de hueso afiladas se rajan bárbaramente las sienes y parte de la frente; y como en aquellas delicadas pastes hay tantas venas, da horror ver la sangre de que se bañan de cabeza a pies. Al reflexionar yo sobre este bárbaro modo de beber hasta más no poder en un temple sumamente cálido, conocí que el uso de aquellas sangrientas sajaduras es providencia muy especial de Dios, para evitar las notables calenturas y tabardillos, que la sangre agitada y elevada del calor de aquel exorbitante beber en tierra tan cálida, precisamente había de excitar, si faltara la dicha evacuación de sangre; pero ellos no saben lo que se hacen.

Vuelvo aquí a llamar el amor que las Señoras europeas tienen a los hijos de sus entrañas: ni quiero que se den por sentidas las Señoras americanas (que también las hay, y no son todas indias, como juzgan muchos en la Europa). Suplico a todas me den atención a lo que, como testigo de vista, voy a decir de las indias Guamas; las cuales, luego que ven enfermo a algún hijo suyo de pecho, o algo mayor, pensando ciegamente, que no hay otro remedio para que sane, toman una lanceta de hueso muy amolado, y con ella se traspasan la lengua: ¡con cuánto dolor! ya se ve. Sale la sangre a borbotones, y a bocanadas la van echando sobre sus tiernos y amados hijos extendiéndola con la mano desde la cabecita hasta los pies; y esta carnicería de su necio amor renuevan todas las mañanas, hasta que la criatura sana o se muere. Bien pueden avergonzarse todas aquellas Señoras, que no por falta de amor, sino por no sé qué se desdeñan de alimentar a sus pechos aquellas mismas prendas, tan hijas de su corazón, a quienes, después de Dios, han dado el ser que tienen; y después con notoria inconsecuencia niegan el pecho, negándoles el segundo ser (que así se puede llamar la conservación y nueva nutrición) de que toma notable tintura y colorido el genio e inclinaciones de toda la vida, según la opinión más segura de los mejores Físicos. Este reparo, muy digno de hacerse, urge mucho más a las señoras americanas, en donde de su materno regazo arrojan a sus inocentes párvulos al seno de una negra, de una mulata o de una india: ¿qué sangre ha de criar tal leche? ¿qué inclinaciones? ¿y qué bajeza de ánimos?

Vamos a la pensión, que por juro aligado a su bastón tienen los capitanes de la nación Guama, de que vamos hablando. No se puede negar que es bárbaro el medicamento que las Guamas aplican a sus hijos; pero son hijos, y vasta para cohonestarse: más sangriento y más doloroso es el tributo que los desventurados capitanes Guamos pagan por vía de remedio a todos los enfermos de su Bandera. ¿Quién lo creerá, sino el que sabe cuán amigo es el Demonio de que se derrame sangre humana? pues no cito testigos del otro mundo: en este estoy yo, que refiero lo que he visto; y de no haberlo visto, ni lo creyera, ni lo tomara en boca. Picó la enfermedad entre los Guamos, fue gran cosecha para el Cielo en gran número de párvulos y adultos, que por el santo bautismo volaron a él; no obstante me afligía mucho ver la crueldad que las Guamas usaban consigo mismas por el amor de sus hijos: pasó adelante mi congoja y mi asombro con la casualidad que voy a decir: encontrare con uno de aquellos capitanes Guamos, y viéndole descolorido, macilento y fatal, pensé que le había dado la enfermedad que corría por todas las casas, y le rogué que se recogiese a la suya a mirar por su salud. Respondióme: que estaba bueno y sano; pero que sus enfermos le iban destruyendo: yo, ajeno totalmente de lo que podía ser, y mucho más de que realmente era, puse en confusión con preguntas al pobre indio, que no se explicaba claramente; hasta que por último supe que tiraba de hecho a cumplir con las cargas de su oficio, traspasando todos los días sus carnes y agotando la sangre de sus venas para untar el pecho de todos los enfermos sujetos a su bastón, que no eran pocos: a buen seguro, que con este censo solo un bárbaro puede admitir los honores de capitán.

Ya que estamos con los Guamos, sépase antes que pasemos a los Otomacos, sus vecinos, que ésta es la gente de quien tan seriamente se ventiló no ha muchos años, si se mantenían de sola tierra, o no. Los apasionados a comer tierra son los indios Otomacos; esta herencia pasa entre ellos de generación en generación; y porque en fe de la vecindad y buena correspondencia, los Guamos casan sus hijas con los Otomacos, y estos dan las suyas a aquellos, por vía de herencia llevan las Otomacas el vicio de comer tierra a la nación Guama, que en esto es mucho más moderada que la Otomaca; todo se verá claramente en la ingenua relación, que voy a dar de los Otomacos.

Ya dejé apuntado, que si se pudiera dar barbaridad en abstracto se hallara en el celebro de los Otomacos, como en su centro: solo aquí temo ser difuso; porque son tales las especies de esta nación, que apenas hallaré términos genuinos para evitar circunloquios; y son de rumbo tan inusitado sus maniobras, que no se puede omitir aquí su noticia, sin defraudar en gran parte el fin de la fatiga de nuestro viaje. Ea saltemos presto de la lancha, antes que todos entren en ella, y nos hundamos: tal como ésta es su singular curiosidad: llegue quien llegare al puerto, todos volando concurren, menos los enfermos que no se pueden tener en pie: y retirémonos, porque la vehetría y ruido que siempre meten, no nos dejará entender unos a otros.

Y para formar cabal concepto de cuanto se diferencian estos Otomacos del resto de todos los indios de Orinoco, veamos su distribución, que desde antes de amanecer siguen uniforme y regularmente hasta media noche, en la cual se deja ver algún género de gobierno político a su modo, y después veremos otras cosas particulares, y en especial su fábrica de pan singularísima.

Luego que menudean su canto los gallos, como a las tres de la madrugada rompen el nombre con un estrépito triste y confuso de ayes y alaridos, mezclados con lágrimas y ademanes de mucho dolor: tanto que cualquiera que no sepa lo que es, pensará que ha sucedido alguna gran fatalidad (como lo creí yo, y salí bien asustado a ver si nos habían asaltado de noche los Caribes, como lo acostumbran:) entonces me informaron, como es uso de la nación amanecer llorando la ausencia de sus difuntos: estos lloran por sus padres, aquellas por sus maridos, los otros por sus madres y hermanos; y todos tienen que llorar, y todos lloran, no de ceremonia, sino muy de veras. Buen principio del día; y ojalá todos los cristianos gastásemos, no tres horas, como ellos (muy bueno fuera) pero a lo menos, gastásemos siquiera la primera hora de la mañana, y acordándonos de nuestros parientes difuntos, para encomendarlos a Dios, pensando que los hemos de seguir; y considerando que cuando menos pensemos, entraremos en su tenebroso y tremendo viaje. Luego que aclara el día cesa el llanto, y empieza la alegría, que reina en ellos hasta media noche, que es la hora en que ya rendidos de bailar (llueva o truene, no le hace) se recogen a dormir tres horas cosa muy desusada de las demás naciones, que se echan a dormir al anochecer, y madrugan con la primera luz del día a lavarse al río o arroyo, sin que haya en esto falta alguna.

Al mismo salir del Sol recurren los Otomacos a la puerta de sus respectivos capitanes, y estos señalan el número de los que en canoas han de ir a pescar o a traer tortugas, o a matar jabalíes, según la estación y variedad del tiempo: luego, si lo pide el tiempo señala otro número competente de sus peones para la labor que se ofrece en el campo; porque cada capitanía siembra y coge el grano en comunidad, y se reparte entre todos el trabajo y el fruto; y lo mismo sucede con el pescado, tortugas, caimanes, y lo demás que buscan para vianda. Luego que los Pescadores y los Labradores se van, todo el resto de la gente queda en asueto y holgueta, con la pensión cierta, de que el día siguiente se siguen ellos a pescar y a trabajar, para que descansen los que andan hoyen el trabajo y pesca. Luego concurre toda la gente residua a un hermoso y muy limpio trinquete de pelota, que tienen en la cercanía de su pueblo, algo apartado de las casas. Los Otomacos que forman el partido, son doce de un bando, y doce de otro: ponen en depósito la apuesta que han de perder o ganar; y concluido aquel juego, se vuelve a poner la apuesta para otro: no juegan solo por jugar, sino por el interés, y depositan, cuando le hay, canasticos de maíz: a falta de éste depositan sartas de cuentas de vidrio; y todo cuanto hay en sus casas, si es menester, lo juegan alegremente. Hay sus Jueces viejos señalados, para declarar si hay falta, si ganó o perdió raya; y para resolver las dudas y porfías ocurrentes: fuera de los que juegan en los dos partidos, la demás gente dividida en bandos, apuestan unos a favor de uno, otros a favor del otro partido; tienen su saque de pelota y su rechazo con tanta formalidad y destreza, que ni los más diestros Navarros les harán ventaja. Lo singular es, así la pelota, como el modo de jugarla: la pelota es grande, como una bola de jugar el mayo, formada de una resina, que llaman Caucho, que a leve impulso rebota tan alto como la estatura de un hombre: el saque y rechazo ha de ser con solo el hombro derecho, y si toca la pelota en cualquiera otra parte del cuerpo, pierde una y raya: causa maravilla ver ir y venir, rechazar revolver la pelota diez, doce y más veces, sin dejarla tocar en el suelo. Es otra cosa de mayor admiración, al venir una pelota arrastrando, ver arrojarse aquel indio contra ella con todo el cuerpo: al modo con que suelen arrojarse al agua para nadar, del mismo modo dan con todo el cuerpo contra el suelo, y con el hombro levantan por esos aires otra vez la pelota; y de este repetido ejercicio crían callos durísimos en el hombro derecho, y juntamente una singular destreza en el juego. Jamás pensé, que entre tales gentes cupiera tal divertimiento con tanta regularidad; y después de escrito esto, hallo que en las misiones de la Nueva España, los indios Acaxees de la Serranía de Topia, que están a cargo de la Compañía de Jesús, tenían y aun usan el mismo juego de pelota.

Durante el juego hasta medio día, se ocupan las mujeres en hacer ollas de barro muy fino para sí, y para vender a las naciones vecinas, platos escudillas etc. pero su mayor ocupación es tejer curiosa y sutilmente esteras, mantos, canastos, talegos o sacos del cáñamo o pita, que sacan del Muriche (según y como dijimos ya de la nación Guaraúna); y también forman de lo mismo pabellones para dormir, defendidos a todo seguro de la plaga tremenda de los mosquitos: en lugar de colchón amontonan arena, traída de la playa, en que a modo de lechones se medio entierran marido, mujer y los hijos, cubiertos con un solo pabellón. Las madres tienen a su lado las hijitas, y las van enseñando todas las dichas labores; pero en llegando la hora del medio día, levantan mano de la obra, coge cada Otomaca su pala, y se va a jugar a la pelota, llevando prevención para las apuestas. La pala es redonda, en su extremidad, de una tercia de ancho de bordo a bordo con su garrote recio, de tres palmos de largo, con el cual con ambas manos juntas rechazan la pelota con tal violencia, que no hay indio que se atreva a meter el hombro a repararla: por lo cual, desde que entran las mujeres con sus palas hay facultad, para que las pelotas rebatidas con pala, se rechacen con toda la espalda; y raro día hay que no salga algún indio deslomado de los pelotazos furiosos de las Otomacas, que celebran con risadas estas haberías. Desde que llegan las indias, empiezan a jugar aquellas, cuyos maridos están en los partidos, poniéndose doce de ellas en cada lado, según dijimos de los hombres, con que ya sobretarde juegan veinticuatro en cada partido, sin confusión; porque cada cual guarda su puesto, y nadie quita pelota que va a otro; y durante el juego guardan gran silencio.

En empezando a subir y a calentar bien el Sol, empieza también la carnicería: tienen sus puntas afiladas, con las cuales se sajan los muslos, las piernas y los brazos; tan bronca y cruelmente, que causa horror: sin apartar un momento su vista de la pelota, que va y viene, se sajan ciegamente, sin reparar ni en lo mucho ni en lo poco. Corre la sangre hasta el suelo, como si fuera sangre ajena, sin darse por entendidos de ella; y cuando les parece que ya vasta, se arrojan al río, y se les estanca la sangre; y si porfía en salir, tapan las cisuras con arena. Digo aquí lo ya dicho de los indios Guamos cuando beben; y es, que si estos Otomacos no se desangrarán tan largamente, la agitación violenta del juego, y el ardor del Sol, les habían de causar mortales tabardillos; más con aquel desagüe de sangre se impiden, según se reconoce de la salud, robustez y corpulencia grande de los individuos de esta nación; a que me parece concurre mucho el continuo ejercicio en que ocupan todo el día con el violento juego de pelota, y la mitad de la noche en su incansable manía de bailar. mientras juegan, echan mano a un puño de aquella tierra o polvo, y de un golpe se lo echan en la boca, y esperan la pelota, saboreándose con la tierra, como si fuera un bizcochuelo. cuando entran a lavarse al río, fuera de la greda de las barrancas, que están comiendo mientras se refrescan en el agua, salen saboreándose con un terrón en la mano, con gran consuelo; grande envidia les pueden tener las mujeres aficionadas a comer tierra; que a ellas les hace notable daño, y a la gente Otomaca notable provecho: digo provecho, no por la tierra, sino por la mucha grasa y manteca de Caimán y de tortuga, que no sé si diga comen o beben. Esta grasa no les deja parar la tierra en sus estómagos; y así, a todo seguro, para acallar las madres a sus hijos, les dan un terrón y ellos se le están lamiendo y chupando hasta que piden otro; y más si son de los amasados con el sainete que diré después.

El primer muchacho de los que andan traveseando junto al río, que descubre el convoy de Canoas pescadoras, a brincos y saltos de alegría alborota a toda la gente, y al punto dejan el juego de pelota, que es ordinariamente como a las cuatro de la tarde; y bien lavados en el río, pasan a sus casas: los pescadores dejan las Canoas casi siempre llenas de pescado, y sin tomar ni uno, se van a descansar a sus casas: entonces las mujeres y muchachos, según la variedad de capitanías, cargan el pescado, y le amontonan junto a las puertas de sus capitanes: estos reparten la pesca con proporción, según el mayor o menor número de hijos que tienen los padres de familia. Al tiempo de ponerse el Sol, ya han comido, cenado y almorzado todo junto; porque solo usan una comida en forma: y si toman entre día algo, son frutas, o las ya apuntadas golosinas; pero es increíble la gran cantidad que comen, y la gana con que le tiran a las ollas. El postre de su comida es, ir todos a bañarse y lavarse otra vez al río: de allí cada padre de familias toma su azadón o cosa semejante, y con todos los de su casa toma rumbo a parte, y cava tantos hoyos, cuantas son las cabezas de su cargo; y después que han hecho su forzosa diligencia, cada uno tapa con gran cuidado su hoyo. Esta es diligencia diaria, y siempre poco antes, o poco después de ponerse el Sol; y aunque debiera haberla omitido, no lo quise hacer, porque es ceremonia Judaica, y he dado palabra de ir apuntando las que fueren ocurriendo: y de los Judíos creo yo, que tomaron también los turcos este uso, cuando marchan o se acuartelan en Tiendas de Campaña; lo cual hacen con puntualidad.

Después de todo lo dicho, se sigue bailar hasta media noche, sin flautas, ni sonajas, ni cosa alguna de esas; porque formado el primer círculo de hombres, cogidas las manos unos con otros, se sigue a las espaldas el segundo círculo, formado de solas mujeres, asidas sus manos unas con otras: después se sigue el tercer círculo de la chusma menuda, que coge en medio a los otros dos. Hecho esto, entona el Maestro un tono (y fue Cosa para mí muy rara, ver que ninguno de los muchos tonos que varían, sale de los términos del más ajustado compás, así en el juego de las voces, como en los golpes de los pies contra el suelo) responden todos al eco del Director; y como en la rueda primera de hombres hay tenores y bajos escogidos, en la rueda de las mujeres, contraltos con abundancia, y en la de los chicos hay tiples a montones, resulta una música digna de oírse, especialmente a distancia proporcionada; prosiguen mudando tonos, hasta que rendidos, se van a dormir. Estas danzas se llaman en su lengua Camo: y visto el genio de la gente cantora de suyo, entablamos la doctrina cantada, al tono que usamos en España en las Procesiones de Doctrina; con tanta felicidad, que al dar solo un grito, diciendo: Camo, al punto teníamos la gente pronta a cantar la santa doctrina por la mañana, y antes de su baile a la tarde: tanto como esto importa acomodarse al genio de la nación.

Capítulo XII. Prosigue la materia del pasado: estilos y singulares noticias de usos, que no tiene nación alguna del Orinoco, sino los Osomacos

La Otomaca es la nación única y singular, en que no hemos hallado hombres con dos ni con tres mujeres, según el detestable uso de la Poligamia, tan radicado en todo el resto de las naciones conocidas, así en Orinoco, como en sus vertientes; y aunque no hubiera otro motivo, fuera de éste (que los hay, y muchos) para estimar y poner especialísimo cuidado en desbastar la tosquedad suma de esta nación: este solo motivo y singular prerrogativa compele a los misioneros a esmerarse en su cultivo, y anima a esperar mucho fruto.

En esta materia siguen otro rumbo, también raro; y es que cuando los jóvenes llegan a la edad competente para casarse, les dan por mujeres, mejor diré los entregan, a las viudas más ancianas del Lugar, y en enviudando, les dan mujer moza: la razón principal, que sus capitanes dan en aprobación y utilidad de este uso, no la escribo por la decencia. La segunda razón que alegan, tiene bastante de racional: dicen, que casar un mozo con una moza, es juntar un par de locos, que no saben cómo se han de gobernar; y que casando al joven con la anciana, ella le enseña cómo se ha de mantener la casa; cómo se debe trabajar para pasar la vida, y otras enseñanzas que la vieja le sabe dar, como acostumbrada tantos años a la economía doméstica. Por aquí llevan los viejos el agua a su molino; y por las razones dichas se casan con las mozas cuando enviudan, para que salgan mujeres de gobierno con su enseñanza: entretanto los desventurados zagalejos se consuelan, pensando que algún día enviudarán, y que también serán viejos, andando el tiempo, y gobernarán a su gusto. Esto, que por ley entablada sucede en los Otomacos, pasa y sucede en las demás naciones de gentiles por la malicia de los viejos, quienes van agregando para sí todas las mozas casaderas aunque tengan otras mujeres; porque juzgan que a ellos les tocan, y sin reparo dejan desaviados a los mozos, para raíz de muchos pleitos y quimeras; porque al paso que los viejos celan con vigilancia a las mozas, a ese mismo paso ellas los aborrecen; y la diligencia de los mocetones se aviva más, y todo para en riñas y disturbios.

Fue numerosa la nación Otomaca, y mantuvo recia y perpetua guerra con los Caribes, con grandes pérdidas de estos, hasta que en estos últimos años, con la amistad de los holandeses, empezaron los Caribes a usar armas de fuego, con susto y novedad de los Otomacos; los cuales horrorizados del estrago que causó un negro de los Caribes con sola una descarga de su esmeril, cedieron el campo, y se retiraron a sitios incógnitos a los Caribes. Son los Otomacos de un valor brutal y temerario: salían a pelear con los Caribes a campana rasa y jamás volvieron pie atrás, hasta que los aterraron las armas de fuego; antes de la batalla se excitaban y enfurecían cada uno contra sí mismo, hiriéndose con puntas de hueso el cuerpo, y diciéndose: Cuenta, que si no eres valiente, te han de comer los Caribes etc. Las mujeres Otomacas, aunque no peleaban, salían al campo de batalla, y ayudaban grandemente a sus maridos recogiendo las flechas, que disparadas del arco Caribe, pasaban sin herir: recogidas éstas, las llevaban a sus maridos, y con este socorro mantenían el puesto con valor; el cual han mostrado a nuestra vista, las veces que los Caribes han asaltado nuestras misiones; porque han salido como unos leones bravos a rechazarlos, y a seguir su retirada.

Son como vimos, aplicados a la labor del campo; y no solo siembran maíz, yuca y todos los frutos de la tierra, en la que cultivan y limpian; sino que también logran el terreno, que van dejando las lagunas, cuando van secándose, al paso que va menguando el Orinoco; y como aquella es tierra podrida, logran abundantes cosechas; pero las devoran brutalmente, y se les acaban luego, sin reservar otra cosa, que la semilla necesaria para sembrar después. Ni por esto quedan faltos de bastimentos; porque tiene esta nación una singular prerrogativa en esta materia, sobre todas las otras; y es, que de todas cuantas frutas y raíces hay, de todas sabe sacar pan y almidón para sustentarse aquellas frutas, que las otras gentes aborrecen, o por amargas, o por poco saludables, de todas sacan pan los Otomacos: veamos su fábrica, digna de saberse, según prometí en el capítulo pasado.

Esta faena pertenece a las mujeres Otomacas, y su destreza es tanta, que gastan en ella muy poco tiempo: cada una tiene cerca del río los hoyos que ha menester. En cada hoyo de aquellos hay greda fina o barro escogido, bien amasado y podrido a fuerza de continua agua, en que lo tienen, al modo del barro que pudren y preparan los Alfareros para tornear loza fina. En el centro de dicho barro entierran el maíz, las frutas o los otros granos, cuya sustancia han de sacar, y dentro de días determinados viene a sazón el tal amasijo; esto es, está ya en punto de agrio el grano enterrado en el barro; y como cada cual tiene varios hoyos, la que quiere, todos los días tiene pan fresco. Llegada la hora, sacan aquel barro ya amasado, y bien incorporado con el almidón, a unas cazuelas, que ellas mismas fabrican para la maniobra; y amasado allí segunda vez con más cantidad de agua, la pasan por un cedazo hecho al propósito, y cae aquella masa muy líquida a otras cazuelas limpias: en ellas reposa el agua, hasta que caída la tierra junta con el almidón del grano o de la fruta, al suelo de la vasija, derraman el agua, que quedó clara, sobre toda la masa: entonces echan gran cantidad de manteca de tortuga o de caimán, y con ella revuelven e incorporan la masa, y van formando sus panes, de hechura de bola bien redonda, para meterlos en sus hornillas; cuando no hay manteca para dar jugo y sainete al pan, con el almidón, de que va tinturado el barro y se contentan. Puesto el dicho pan en el horno, la fuerza del calor le quita toda la humedad del agua; y si llevó el amasijo manteca, sale del horno blando y tratable; y sino, sale poco menos duro, que acá los ladrillos. Pero sea como fuere, ellos se regalan grandemente con su pan, y ruegan a los padres que le coman, y lo alaban mucho, diciendo: Onona, choro, tenuna, Pare: Pan tú come, que está bueno, padre: y es preciso darles gusto, y comer algo pero no deja de crujir la tierra al tiempo de mascarle.

De esta relación verídica, cierta y genuina se infiere, que la distancia desfigura las verdades, y que no hay cosa que tenga todos los visos de falsa, que no se haya originado de alguna verdad. Cualquiera Forastero, que vea comer a los Otomacos o a los Guamos el referido pan, dirá que comen tierra amasada y cocida; o dirá con más verdad, que comen ladrillos; porque aunque la hechura ordinaria es como de una bola, el color que retiene es de ladrillo; y veis aquí, que el que tal vio, con buena fe protesta, que los Guamos y Otomacos se mantienen con tierra. La cual noticia es preciso que sea durísima al que a gran distancia la oye; pero el que de espacio ve y observa la referida fábrica de pan, reconoce, que lleva el barro consigo toda la sustancia del grano, y de ordinario mucho jugo de la manteca con que se mezcla.

Fuera de la sustancia de dicho pan, como apunté, es en gran cantidad la vianda que comen, cuando llega la hora: no hay nación los aventaje en la destreza y modos artificiosos de pescar, aunque entre a competencia la nación Guaraúna, que en esta mecánica excede a casi todas: cuando llegue su lugar, veremos la facilidad con que sacan del profundo río los Caimanes más formidables. Con la misma facilidad se arrojan al río en pos de la tortuga, que se estaba tomando el Sol, y al sentir ruido, se echó al agua: arrójase el Otomaco también, y la sigue hasta que la coge en el fondo: allí se la pone sobre la cabeza, virada la concha del pecho hacia arriba, y afianzándola con una mano, y nadando con otra y con los pies, sale a la playa con ella: cosa que parece impracticable, pero realmente así lo ejecutan. En los dos meses abundantes de huevos de tortuga, no solo comen a más no poder, sino que también asan a fuego manso sobre cañizos gran cantidad de canastos de huevos, que guardan para después que pase la cosecha: en fin, no hay que tenerles lástima, ni hay que lamentarse de los pobres Guamos y Otomacos, de que se mantengan de comer tierra.

Paréceme que oigo decir, que a vista del gobierno, unión y economía de los Otomacos, y de la sujeción, que de lo referido se ve tienen a sus capitanes, no es esta nación tan bárbara ni silvestre, como las otras de que ya hemos tratado; y que por tanto es muy rigurosa la censura, con que en materia de tosquedad y barbaridad les di la primacía entre todas aquellas gentes, que apenas tienen rastro de gobierno ni de economía. La réplica está bien fundada; pero a estas vislumbres, que dan de racionalidad, añaden tanta sombras, que me ratifico en la censura una y otra vez: lo primero, porque es gente de dura cerviz; es de genio inflexible, y muy difíciles de salir de aquel su entable: solo el tiempo y la paciencia constante, y el ir poco a poco doctrinando la juventud, los entrará en camino: lo segundo, en sus borracheras, generales a todos los indios, estos Otomacos, como gente áspera y belicosa, se enfurecen mucho más que las otras naciones: lo tercero, y peor, es, que sobre todas ellas tienen otro modo pésimo de emborracharse por las narices, con unos polvos malignos, que llaman Yupa, que les quita totalmente el juicio, y furiosos, echan mano de las armas; y si las mujeres no fueran diestras en atajarlos y atarlos, hicieran estragos crueles cada día: éste es un vicio tremendo. Forman dichos polvos de unas algarrobas de Yupa, que les dan el nombre; pero ellos solos puramente tienen el olor de tabaco fuerte: lo que por industria del demonio añaden, es lo que causa la embriaguez y la furia. Después que se han comido unos caracoles muy grandes, que hallan en los anegadizos, meten aquellas cáscaras en el fuego, y las reducen a cal viva, más blanca que la misma nieve: mixturan esta cal con la Yupa, poniendo igual cantidad de uno y de otro ingrediente; y después de reducido todo el conjunto a sutilísimo polvo, resulta un mixto de una fortaleza diabólica; tanto, que tocando con la punta del dedo dichos polvos, el más aficionado a tabaco en polvo, y que ya por el uso no le hace armonía, con solo acercar a la nariz, sin tocarla, el dedo que tocó la Yupa, se desata el tal en un torbellino de estornudos. Los indios Salibas y otras naciones, de quienes después trataré, usan también la Yupa; pero como son gentes mansas, benignas y cobardes, no se enfurecen como nuestros Otomacos, que aun por eso han sido y son formidables a los Caribes; porque antes de la pelea se enfurecían con la Yupa, se herían a sí mismos, y llenos de sangre y de saña, salían a pelear como unos Tigres rabiosos.

Fuera de esto, aun cuando están en su juicio, se enojan por levísimos motivos, y se arrojan a las armas por cualquiera friolera; y tomar uno las armas, gritando sin qué ni para qué, y estar toda la población en arma, con una gritería intolerable, todo es uno; y la causa es, porque siempre viven con el sobresalto de algún avance repentino de la nación Caribe: al primer grito, sea la hora que se fuere, ya están todos en arma: cosa de gran pena para los misioneros, y raíz de continuas zozobras. En una de estas revoluciones, estaba rezando sus horas uno de los misioneros en un apartamiento retirado, y volviendo casualmente la cabeza, vio a sus espaldas tres indios, el uno con ademán de darle con un cuchillo, y los dos con las macanas en alto, para descargar el golpe sobre él: y a no haber vuelto la cara por especial providencia de Dios, allí hubiera quedado muerto sin motivo alguno a manos de tres indios casi borrachos; por lo cual se ha tomado la providencia, y lo que se hace en las demás poblaciones, por justo recelo de los bárbaros Caribes, que han protestado, que estando lo misioneros diciendo Misa, los han de matar, como lo ejecutaron con el Venerable padre fray Lorenzo Lopez, religioso del Seráfico padre san Francisco (como ya dije); por lo cual, en tiempo de Misa hay a la puerta cuatro soldados de guardia con las armas prontas: esto, no tanto por los Caribes extraños, cuanto por ellos mismos, se usa en los Otomacos. Fuera de esto, luego que repentinamente se oye su alboroto, recurre el Cabo con sus soldados, no al puesto de la gritería, sino a la casa del padre, para defenderse, unidos todos, de lo que de gente tan bárbara pudiere resultar; con esta pensión y sobresalto se vive entre ellos, a fin de salvar sus almas.

Y entretanto va el Señor agregando para sí muchos párvulos y adultos, que del bautismo vuelan al Cielo, que es el denario diurno de los operarios evangélicos, y el pré que los detiene gustosos, guardando su puesto a vista de tanta multitud de enemigos, con la confianza firme, de que el Señor, cuya causa hacen, los ha de guardar, como lo hace su majestad, consolándolos al mismo tiempo con conversiones muy frecuentes de almas perdidas. Con una de las muchas que han sucedido entre los Otomacos, de quienes hemos tratado, quiero concluir este capítulo, por ser muy singular, y de muy tiernas circunstancias; y fue, que el año 1735, llegaron a esta población tres venerables ancianos con sus dilatadas familias; tanto, que sus hijos ya eran indios viejos, y sus choznos, muchachones de arco y flecha: eran los ancianos muy calvos, y el resto del pelo que les había quedado, desde su raíz para abajo hasta cosa de cuatro dedos, era muy cano; pero lo restante para abajo era de color de azafrán: ¡no he visto en mi vida cosa semejante! creo que la fuerza de los años había dado al pelo tan singular colorido. Uno de los viejos (tirando yo a averiguar que edad tendría, buscando señas, porque de los indios gentiles nadie sabe la edad que tiene) me dijo, que cuando los Caribes mataron al capitán Ochagavia, que de la Guayana subía a Santa Fe, él se halló cerca de la desgracia, y que ya andaba en la guerra con los Otomacos sus parientes: la muerte de dicho Ochagavia cien años cumplidos que había pasado; y ya el viejo, pues estaba en la guerra, tendría veinticinco años: con que bien se trasluce su avanzadísima edad. Veinte y siete días habían gastado estas tres familias en venir a este pueblo desde lo retirado de sus bosques, sin otro motivo para tan largo viaje que el haber sabido, que su gente Otomaca tenía ya padres misioneros: los tres ancianos traían sus tres mujeres según las señas, de la misma edad; una de las cuales, o por la fatiga del camino, o porque Dios la traía para darle el Cielo, luego enfermó, y bien catequizada y enseñada, poco después del bautismo (después de tan largos años de vida bárbara y silvestre) subió como párvula al Cielo. Dentro de pocos días tuvo una calenturilla corta uno de los tres viejos: le expliqué los Artículos principales de nuestra santa fe, y ya dispuesto, lo bauticé. A poco rato vino asustado un español, que había sido su Padrino, y me dijo: padre, venga, que mi ahijado Joseph está abriendo su sepultura fui, y supe que era estilo de aquella nación fabricar con sus manos su última casa, previniendo esta diligencia con tiempo; y viendo que el viejo estaba fuerte y sin amago alguno de peligro, me fui a hacer otras diligencias; y después lo sentí mucho, porque el buen anciano Joseph, luego que concluyó su sepultura, y se midió en ella, se asentó, y arrimadas sus espaldas a un lado, llamó a sus hijos, nietos, biznietos &c. y delante de su Padrino don Félix Sardo de Almazán, de algunos soldados de aquella Real escolta, y de otros muchos Otomacos, dijo a su familia estas palabras: «Yo, hijos míos, ya muero alegre, porque solo vine a morir cristiano: a vosotros os mando, que no os apartéis del lado de los padres, aprended la Doctrina, y procurad ser buenos cristianos; y dicho esto, se tendió en la sepultura y espiró». ¿Quién dudará de una muerte de tan singulares circunstancias, que entregó su espíritu en manos del Señor y que le había criado y traído en tal ancianidad de tan lejas tierras, solo para abrirle de par en par las puertas del Cielo? sea loada sin fin su altísima providencia, y los profundísimos arcanos de su infinita sabiduría y bondad. Amen.

Capítulo XIII. Trata de la nación Saliba, de su genio, usos y costumbres; y raras honras que hacían los gentiles a sus difuntos

Más de lo que yo pensaba nos hemos detenido con los Guamos y Otomacos; por lo cual conviene tomar nuestra navegación, y subir a vela y remo a consolarnos a vista de la nación Saliba, dócil, manejable y amable, gente bastantemente capaz, y que se hace cargo de la razón, mejor que nación alguna de las que hemos descubierto, aunque entre a competir la nación Achagua, que es todo cuanto se puede pedir de indios gentiles: este no es parecer solo mío, así lo afirman todos cuantos misioneros han tratado a esta nación y los que por relaciones de ellos han escrito de los Salibas y ninguno dice demasiado. Han sido y son los Salibas el vínculo de nuestro amor en Cristo Jesús: por no desamparar estas humildes y mansas ovejas, rindieron sus vidas los primeros y los segundos misioneros, que bajaron de mi provincia, en las manos sangrientas de los Caribes, lobos carniceros, que por apoderarse de toda aquella grey indefensa, mataron a sus vigilantes Pastores; y la tercera vez que bajaron otros misioneros, el año 1731, acometidos por todas partes de dichos Caribes, y no hallando ya la humana prudencia medios para evadir su cruel furia, la docilidad de los indios Salibas fue la única rémora que los detuvo, y hasta hoy los detiene expuestas a manifiesto riesgo sus vidas; porque a la verdad esta nación es aquella tierra buena que recibe bien el grano evangélico, y da fruto centésimo.

No por esto pretendo que se entienda, que los misioneros de esta nación se están en sus glorias ocupados únicamente en recoger frutos a manos llenas, sin el afán de desmontar y arrancar abrojos y espinas: mucho hay que vencer y mucho más que sufrir; porque aunque son notoriamente mejores estos indios que los demás, no dejan de ser indios, ni deja de tocarles toda la definición que dimos al principio, aunque con alguna moderación respectiva. Son más constantes que las otras naciones; son más dados al cultivo de sus sementeras:

por maravilla se oye una palabra más alta que otra entre ellos, porque gastan mucha mansedumbre; pero todo esto no quita el que convengan con el resto de las demás naciones, como realmente convienen en ser ignorantes, necios, moledores en gran manera, borrachos como todos los demás, aunque se precian mucho de que beben con juicio; pero este juicio solo consiste, en que después de embriagarse, como todo indio lo hace, no pelean ni se aporrean unos a otros; y a la verdad no es poco alivio para los misioneros. En la poligamia y en el uso del repudio corren iguales con las demás naciones, y creo que exceden a todas en el interés y codicia; gustan mucho de tener muchas y muy lucidas armas; pero no tienen ánimo para usar de ellas: si alguno los exhorta a que miren por sí, y se defiendan, responden: Que sus Antiguos no pelearon; y así ellos no pueden pelear. Por lo cual se han dejado sojuzgar de los Caribes; tanto, que siendo esta una nación de las más numerosas del Orinoco, se ha reducido a cinco o seis pueblos; tres de los cuales están ya en doctrina regular; y estuvieran también los otros, si hubiera operarios; pero hay mucha mies, y los operarios son allí pocos para campo tan dilatado.

Los varones Salibas (como se infiere de lo dicho) son muy afeminados; y al contrarío las mujeres son muy varoniles, hasta en el hablar: ellos son taciturnos, y lo poco que dicen es en voz baja y arrojada por las narices: (como después diremos) ellas al contrarío, hablan en tono perceptible, y con desembarazo; y aunque en todas aquellas naciones el peso del trabajo, no solo doméstico, sino el de las sementeras, recae sobre las pobres mujeres, en esta nación es peor; porque fuera de eso, tienen la tarea intolerable de peinar a sus maridos mañana y tarde, untarlos, pintarlos y redondearles el pelo con gran prolijidad, en que gastan mucho tiempo; y si hay diez o veinte forasteros en la casa debe hacer la misma obra con ellos: y una vez pintados y peinados, ni aun se atreven a rascarse la cabeza ni parte alguna del cuerpo, por no desfigurar su gala. No se puede llevar en paciencia su escrupulosa pulidez y aseo: tal es, que firmemente creo, que llevarán más pacíficamente cualquier otro daño, grave, que el que les descompongan una guedeja del pelo: lo cual colijo de la prolijidad con que se miran y remiran al espejo antes de salir de sus casas, y del gran cuidado que tienen de sí mismos, no arrimándose a parte alguna, ni permitiendo, que alguno los toque; pero todo se lleva en paciencia, a vista de las veras con que reciben y retienen la Doctrina cristiana.

De este mismo calibre y genio son los indios Aturis, que se reputan por Salibas, aunque su dialecto es algo diverso. La nación de Abanes, de Maypures y los Quirrubas son de diferentes lenguajes; pero del mismo genio y mansedumbre, y están prontos a recibir el santo Evangelio, luego que haya operarios que se lo expliquen: cosa que no puedo escribir aquí sin gran dolor de mi corazón; pero puede ser que a estos cuatro renglones tenga el Señor aligada la vocación de los operarios, que su altísima providencia tiene destinados para la salud eterna de estas pobres y bien dispuestas naciones. Quae albae sunt ad messem.

Y volviendo a los Salibas, de que ahora tratamos, lo singular que tienen entre todas estas naciones, es el acto previo, que sufre la gente moza, luego que llega el tiempo de limpiar las Vegas para sembrar su maíz, yuca, plátanos, etc. Ponen a los jóvenes en filas, apartados unos de otros, y unos cuantos viejos se previenen con azotes o látigos crudos de pita retorcida; y después que uno de ellos les intima, que ya es tiempo de trabajar, descargan sobre ellos una cruel tunda de azotes, tales, que fuera de tal cual herida que hacen, los restantes levantan verdugones considerables en aquellos cuerpos, sin que los mozos abran la boca para un ay, ni una queja. La primera vez que oí esta tempestad de azotes, fui a prisa a saber ¿qué delito habían cometido aquellos pobres? «ningún delito tienen, respondió uno de aquellos viejos sayones; pero como ya es tiempo de rozar y limpiar el campo para sembrar, con estos azotes quitamos la pereza de estos muchachos, y sin ella trabajan bien: oí la necedad, y me volví riendo».

Ni es menos necia la manía con que llevan pesadamente el que sus mujeres paran mellizos: tiénenlo por deshonra de sus personas, y llega esto a tanto, que luego que corre la voz, que Fulana parió dos criaturas, las demás indias, sin reparar que a ellas les puede suceder, y sucede a veces lo propio, corren a la casa de la parida a celebrar la novedad con apodos: unas dicen, que aquella es parienta de los ratones, que paren de cuatro en cuatro sus ratoncillos: otras que no, sino que es parienta de los Cachicamos, que paren más, y más a menudo. Y no para aquí el daño, lo peor es, que la Saliba gentil que da uno a luz, y siente que resta otro, al punto, si puede, entierra al primero, por no sufrir luego la cantaleta, y la zumba de sus vecinas, ni ver el ceño, que su marido la pone: y el sentimiento del marido es hijo de otra ignorancia; porque su pesar nace de pensar, que solo uno de aquellos mellizos puede ser suyo, que el otro es seña cierta de deslealtad de su mujer. Ni esto para en mera especulación, como lo vimos todos, los misioneros, no ha mucho tiempo: nos habíamos juntado a tratar varios puntos ocurrentes en uno de los pueblos de Salibas, y de repente vino la espía (que para esto tenemos, y conviene para evitar estos graves daños) avisando, que la mujer de un capitán había parido un muchacho y que quedaba pariendo otro: fue volando el padre, que cuidaba del pueblo, y por prestó que llegó ya la madre le había tronchado el pescuezo a la criatura, que había nacido: más tuvo la dicha que todavía alcanzó el agua del santo bautismo y murió media hora después; la otra criatura se logró, pero no paró aquí la función; porque luego que convaleció la mujer (que entre aquellas gentes es muy en breve) juntó el capitán su gente al anochecer, y puesta en pública vergüenza la triste Saliba, la hizo cargo de la desvergüenza de haberse atrevido a parir dos criaturas siendo su mujer: de ahí pasó a reprender, y a retar a las demás mujeres, amenazándolas con riguroso castigo, si en adelante se atrevían a parir mellizos; y para que viesen, que no había de parar el negocio en solas palabras y amenazas, tomó un látigo cruel, y dio una sangrienta disciplina a su propia mujer, para que en su cabeza escarmentasen las otras. Hasta aquí puede llegar la ignorancia, y gobierno descabellado de aquellos ciegos gentiles; y tanto como esto, y mucho más, hay que remediar aun en las naciones más tratables y dóciles; ¿qué será en las agrestes?

Pero la función clásica y distintiva de los Salibas gentiles, y en que descubren los fondos de su política y amor a sus jefes, es cuando muere alguno de sus magnates; y aunque es verdad que ya la han dejado, y a la primera insinuación que se les hizo, no se acordaron más de ella: con todo, por ser un conjunto de cosas irregulares y extravagantes, resumiré aquí la función según y como la vi en uno de aquellos pueblos, donde casualmente concurrimos tres misioneros y algunos soldados de la escolta. Llegóse el tiempo de hacer las honras de un hermano del cacique Pugduga, y luego empezaron las diligencias: unos a exornar el sepulcro que estaba en medio de la casa en donde había muerto; otros a buscar tortugas y pescado para los convites, y las mujeres todas atareadas, previniendo chicha o cerveza para los convidados. Señalóse el día, y la parentela del difunto se repartió a varios pueblos a convidar para la víspera y día de las tales honras; y todos andaban ocupados en variedad de faenas, todas dirigidas a la solemnidad; llegó en fin la víspera, y el Señor cacique nos llevó a ver el túmulo de su hermano. Junto a él estaba llorando la viuda, mutilado malamente el pelo, y sin adorno alguno de los que dije usan las mujeres; porque ni aun la untura ordinaria se les permite a las viudas, hasta después de largo luto; el contorno del sepulcro estaba cerrado con celosías bien hechas y bien matizadas de varios colores: en las cuatro esquinas y en los medios había seis columnas muy bien torneadas: dos de ellas remataban con coronas: dos tenían sobre sí dos pájaros bien imitados, y las dos delanteras remataban con dos caras, en ademán de llorosas, con las dos manos sobre los ojos, todo bien y mejor de lo que se podía esperar de su poco talento.

empezaron a venir compañías forasteras de los pueblos convidados; y yo no sé cómo puede ser ni en donde traían tan a mano las lágrimas; porque siendo así que venían alegres y con festiva algazara, al llegar a la puerta del duelo, soltaban un tierno llanto con verdaderas lágrimas. A éste respondía prontamente el llanto de los de adentro; y pasada aquella avenida melancólica, se ponían a beber y bailar alegremente; y si en el fervor del baile llegaba otra visita de convidados iban renovando el llanto dicho, y volvían a beber y bailar: lo cual prosiguió así, hasta que llegaron los últimos.

Luego resonó repentinamente una inaudita multitud de instrumentos fúnebres, que jamás habíamos visto ni oído: inventiva diabólica, muy propia para melancolizar los ánimos; todos, según sus clases, sonaban de dos en dos. La primera clase de ellos eran unos cañones de barro de una vara de largo, tres barrigas huecas en medio, la boca para impeler el aire angosta, y la parte inferior de buen ancho: el sonido que forman es demasiado oscuro, profundo y uno como bajón infernal; la segunda clase de instrumentos también de barro, es de la misma hechura; pero con dos barrigas, y mayores los huecos de las concavidades intermedias: su eco mucho más bajo y nocturno, y a la verdad horroroso; la tercera clase resulta de unos cañutos largos, cuyas extremidades meten en una tinaja vacía de especial hechura: y ya no hallo voces con que explicar la horrorosa lobreguez y funesto murmullo, que del soplo de las flautas resulta, y sale de aquellas tinajas. ¿Y quién dirá la melancólica vehetría que salía de todo este conjunto de funestas voces? lo peor era que, sonaban juntos, e incesantemente muchos en la casa del túmulo, y otros tantos en la casa del duelo. Al mismo tiempo salieron varias danzas, emplumados los danzantes a todo costo, como dijimos de los Guayquiries: cada tropa de danzantes llevaba su tren de las flautas fúnebres referidas: unos danzantes pasaban con mucha gravedad y reposo, con bastones muy pintados en las manos, siguiendo el compás de la música, no solo con los pies, sino también con los golpes que daban en el suelo con los bastones. Otra danza pasaba con ligereza y aceleradamente, haciendo todos a un tiempo y al compás de la música cortesías con todo el cuerpo, ya a un lado, ya al otro: cada uno de los de esta danza tocaba con una mano un pífano, acompañando con él los golpes de los pies y de los bastones. Otras danzas singularísimas fueron saliendo a la Plaza: cada danza, fuera de los músicos, se componía de doce indios, con singular adorno de plumas y plumajes largos de Guacamaya: cada cual traía en su mano derecha un mimbre largo, todo cubierto de variedad de plumas. Las puntas de dichos mimbres estaban atadas en lo más alto de una corona, cubierta de plumas, y el peso de ésta doblaba hacia abajo los doce mimbres, formando cada cual un semicírculo, y todos juntos formaban una cúpula, o media naranja vistosa; de cuyo centro quedaba pendiente la corona: el primor de estas danzas consistía en una notable variedad de posturas, vueltas y círculos compasados al son de la música; pero sin desbaratar ni descomponer la dicha media naranja; junto a estas danzas iban dedos en dos aquellas flautas largas de cubarro, de que dijimos en el capítulo de los indios Guamos, que están en punto, y suenan como dos acordes violines. Estos músicos pasaban en tono de danzantes; porque con la cabeza, pies y con todo el cuerpo iban haciendo extraordinarias cortesías y ceremonias: este conjunto de cosas formó un espectáculo digno de verse en cualquiera corte de la Europa: esto es fuera de las libreas, que hombres y mujeres se habían ya puesto, a costa de muchos colores, unturas y plumas. Cada rueda de gente, vista a lo lejos, representaba la variedad de un florido jardín: en especial se habían matizado las caras de tan raras figuras y colores, que sino por el habla, a nadie conocíamos. Con toda esta solemnidad pasó la tarde: ya iba anocheciendo, cuando recogiéndose toda la gente, vinieron el cacique y sus capitanes a preguntarnos: ¿qué tal nos había parecido la función? y respondimos: que muy bien, y que veíamos ya, que tenían mucho entendimiento. Este es el párrafo que más les cae en gusto a los Salibas, y por aquí hacen agua; y a la verdad, habiendo reparado con toda atención, no vimos cosa indecente ni supersticiosa, sino un agregado extravagante, ya de llanto, ya de bailes.

Fuese el cacique con los suyos, sin saber nosotros la noche que habíamos de pasar; y ciertamente, ni los padres, ni seis soldados que nos acompañaban, jamás tuvimos susto, espanto y terror semejante al que cuando menos pensábamos, nos acaeció esa noche, que fue de horror.

Quedó el pueblo en profundo silencio, y por todas la señas creímos, que cansados y rendidos los indios a puro llorar, bailar y principalmente a puro beber, dormían sosegadamente: por lo cual cada cual se recogió a descansar a la hora ordinaria.

Yo cogí el sueño, o el sueño me cogió a mí de buena gana: y allá como a la una de la noche sentí como una gran pesadilla, acompañada de un eco horroroso: desperté asustado, puse el oído, y me pareció que sonaba a modo de una horrenda tempestad, de las que se usan en Orinoco: salí afuera, y hallé a los otros dos padres aturdidos; y discurriendo qué podría ser aquel ruido, nadie acertaba; y cuanto más se discurría de él, más se acercaba, y mayor horror causaba. Llamé al Cabo y a los soldados, que ya aturdidos estaban cerca: díjeles: a las armas, señores, y vénganse luego con ellas, porque tal vez los Caribes han sabido la fiesta de estos indios, y habrán dicho: vamos esta noche a dar asalto, que a buen seguro los tenemos descuidados; a todos asentó bien mi recelo; pero aquel estruendo no era conveniente para asalto secreto, ni había cajas, tambores, futuros ni curupaynas bastantes en todo el Orinoco, para formar la centésima parte de aquel horroroso ruido: por otra parte ya no sonaba lejos, y en el pueblo nadie se daba por entendido, ni parecía un alma a quien poder preguntar. En este congojoso susto y terrible conflicto estuvimos largo rato, y los soldados prontos y alerta para lo que pudiese suceder: cuando a la vislumbre de la Luna, que ya salía, distinguimos un círculo grande de indios, que junto a una arboleda, distante unos tres tiros de escopeta del pueblo, danzaban, sin desbaratar el círculo y al uso de los indios Otomacos; y conocimos, que de aquella gente salía el estrépito fatal, pero no atinábamos, ni era fácil adivinar de qué se originan, o en qué consistía. En fin, fuéronse acercando muy despacio, y con la misma pausa dieron dos o tres vueltas al pueblo, sin hablar palabra, y sin salir indio alguno de su casa a ver o a preguntar; y concluidas las vueltas al rayar el día, se sentaron afuera en el llano, sin perder la forma de círculo: arrimaron los instrumentos infernales a un lado, y luego salió gran numero de mujeres, con abundante aparato para darles de almorzar, como lo hicieron a su gusto. A breve rato vino el cacique a ver si estábamos enojados (cierto no había para qué, porque el susto fue hijo de nuestra ignorancia): le dijimos que no; y pasamos todos a examinar la causa de aquel son tan inaudito y extraordinario.

De noventa indios se componía el círculo de aquella danza: treinta tocaban pífanos: treinta tocaban trompetas diabólicas, causa única de aquel estruendo; y otros treinta ayudaban a cargar las tales trompetas, las cuales tenían un palo largo atado a cada lado, que de la boca de la trompeta para afuera salían y recaían sobre los hombros de un indio, teniéndola el que soplaba con ambas manos aplicada a la boca; de modo, que la trompeta a mi ver, de mayor a menor, tenía dos varas de largo: su boca como la de un clarín; y el remate era una boca, que apenas se podría tapar con un buen plato. La materia de la trompeta era de una cáscara que llaman majagua, que se deja gobernar como papel; y cuando está fresca, es pegajosa como cola; con lo cual fabrican a todo su gusto dichas trompetas y mayores, si les da gana. Véase su figura, y la de los otros instrumentos, al principio de este capítulo; en fin, ellas son tales, que son menester dos hombres para poder usar de ellas: los treinta pífanos, desde cerca realzan y dicen bien con las trompetas; pero desde lejos no se oye sino la tempestad fea de sus voces.

Concluido su almuerzo, formaron su danza, y dieron una vuelta espaciosa por el contorno de la plaza: luego fueron saliendo por su turno las mismas danzas del día antecedente; con la singularidad, que entre una y otra mediaba un rato de llanto; y callando todos, salía uno con un elogio del difunto; y en tono alto y lastimero, decía: ¡oh, y qué pescador tan excelente hemos perdido! otro, pasado otro llanto decía: ¡oh, y cuán admirable flechero murió! no erraba tiro. Después que danzaron a todo su placer, se volvió a formar la danza de los trompeteros junto a la casa del túmulo, y precediendo todas las otras danzas, se encaminaron todos al río, danzando y tocando todos los instrumentos. Los últimos eran los del duelo, y entre ellos traían cuatro indios todo el aparato del túmulo, el cual arrojaron al río, tras de él las trompetas y todos los instrumentos fúnebres, como que desterraban la memoria del difunto; luego se lavaron todos en el río, y se volvieron a sus casas.

bastante eco hace este Rito gentílico de los indios Salibas, al modo con que los nobles gentiles de la China concluyen sus funerales; donde por último van los Bonzos tocando adufes, flautas, campanas, campanillas y otros instrumentos: llevan por delante varias insignias con pinturas de Elefantes, Tigres y Leones; y todas últimamente se arrojan al fuego, y se reducen a ceniza; pero los Salibas, que solo tiran a cumplir con el difunto en aquel día, y de allí adelante borrar de sus memorias todas cuantas especies pertenezcan a él: arrojan al río todo aquello que concurrió a solemnizar la exequias, para que las corrientes carguen con todo, y aun con la memoria del difunto.

Finalizada la función de los Salibas, al punto las mujeres de una capitanía llevaron tortuga asada y cazabe, que es su pan, a los hombres de otras capitanías; y las mujeres de éstas a los hombres de las otras, en señal de amistad; y como ellas decían, en agradecimiento de lo que habían bailado; he omitido otras ceremonias de menos monta, porque bastan las insinuadas para inferir las demás.

De los Salibas del río Bichada, misión que destruyeron antiguamente los Caribes refiere una función algo semejante a ésta el padre Joseph Casani, capítulo 26. de su Historia general, fol. 168.

Capítulo XIV. Epílogo de las ceremonias que otras naciones hacen por sus difuntos

Con ocasión de lo referido arriba, y por no tropezar después con otras especies lúgubres, reduciré aquí a breve suma algunas especiales, de las muchas ceremonias que practican aquellas naciones de gentiles con sus difuntos.

Entre los indios Guaraúnos hay una parcialidad de raro genio: luego que muere el indio, bien atado con una soga fuerte, le hunden en el río, y afianzan la soga al tronco de un árbol: al día siguiente, los peces llamados Guacaritos (de los cuales hablaremos después) ya le han mondado toda la carne, arterias, membranas y ternillas al difunto, y así sacan del río el esqueleto blanco y limpio, y entonces en un canasto que ya tienen prevenido, y muy labrado con cuentas de vidrio de varios colores, van poniendo los huesos de menor a mayor, desencajándolos del esqueleto; y tienen ya tan bien tomadas sus medidas, que la tapa ajustada del canasto, viene a ser la calavera del difunto; y luego cuelgan el canasto pendiente del techo de sus casas, donde hay colgados otros muchos canastos con los huesos de sus antepasados: de modo, que si no se volvieran tierra a fuerza de tiempo, ya no cupieran en sus casas los canastos de muertos.

La nación Aruaca entierra sus muertos con muchas ceremonias; y la principal es que vaya con todas armas a la sepultura, y que en ella no le caiga encima tierra alguna: para lo cual, sobre el difunto, cosa de un palmo en alto, ponen un cañizo fuerte, y sobre éste muchas hojas anchas de Plátano, y sobre todo pisan la tierra. Los Achaguas gentiles usan el mismo rito; pero es únicamente con sus capitanes y caciques: con la singularidad, que la última tapa de la sepultura es de barro bien pisado, y todas las mañanas por largo tiempo embarran las grietas que abre el barro al irse secando; y pensando yo que esta prolija diligencia era para evitar todo escrúpulo de mal olor, me respondieron: no, padre; esto hacemos, para qae no entren las hormigas a inquietar al difunto. La contraria opinión llevan otras naciones; y creen tan de cierto, que luego que está el difunto enterrado, cargan sobre él las hormigas, y se le comen, que la imprecación con que indican su mayor ira cuando se enojan, es decirle: Maydaytú, irruquí roleabidaju: ¡Ojalá carguen contigo presto las hormigas! que es lo mismo que desear presto la muerte, o que le entierren cuanto antes.

Los indios Caribes, cuando muere alguno de sus capitanes, tienen unas ceremonias tan bárbaras como suyas. La que ellos reputan por más honorífica y grave, y a la verdad es la más pesada e intolerable, es, que puesto el cadáver en una hamaca de algodón, colgada de las dos extremidades, que es su cuna ordinaria, las mujeres del difunto han de remudarse a continua centinela, paradas a un lado y al otro del cadáver; el cual en aquellas tierras sumamente cálidas, a las veinticuatro horas ya está intolerable, y llama para sí todas las moscas del pueblo; y esa es la tarea de treinta días de aquellas infelices mujeres, que no han de permitir por cuanto hay, que mosca alguna se pare sobre aquel cuerpo. Ni es esa (aunque de suyo intolerable) la mayor pena de las pobres mujeres, sino el estar allí pensando tanto tiempo cada una: ¿si seré yo la que he de acompañar a éste en la sepultura? y es el caso, que los hijos y parientes del difunto, llegando el día del entierro, después de ponerle a un lado su arco, flechas macana, rodela y las demás armas, al otro lado le tienden una de aquellas sus mujeres, para que le cuide y acompañe: honor inhumano, que usaban los del Perú con sus emperadores difuntos, enterrando con ellos, no una, sino muchas mujeres, y los criados más leales y estimados; a ese modo los Caribes dan compañía al capitán difunto. Después de lo cual, el hijo mayor entra a heredar y poseer las mujeres del difunto, menos la que le parió; y ésta, por más vieja, suele ser la compañera del muerto: ceremonias son éstas, que indican bien lo inhumano y bárbaro de esta nación: por última diligencia, al cabo del año sacan aquellos huesos, y encerrados en una caja, los cuelgan del techo de sus casas para perpetua memoria.

La nación Jirara, Ayrica y las demás que se reducen a ellas (por tener el mismo lenguaje, aunque variado el dialecto) usaban antes de ser cristianos, un luto muy del caso, y de muy poco costo. Puesta en infusión la fruta llamada jagua, da un tinte muy negro, y tan tenaz, que untado el cuerpo con él, permanece mucho tiempo sin perder su tinte, por más que se laven repetidas veces cada día en el río: luego que espiraba el enfermo, la mujer y los hijos, hermanos y hermanas del difunto se teñían de jagua de pies a cabeza todo el cuerpo, quedando del mismo traje y aspecto, que el que traen los negros de Guinea, cuando los venden chontales y desnudos: los parientes de segundo grado de consanguinidad solo se teñían los pies y las piernas, los brazos y las manos, y parte de la cara; el resto de la parentela solamente los pies y las manos, y un salpique de la dicha tinta por la cara, a modo de borrones o de lunares. De este modo daban a conocer su sentimiento y el grado de parentesco con el difunto; estas gentes eran exactas en guardar el año del luto, rechazando cualquier casamiento, que a viudos o viudas se les ofrecía durante el año del luto.

Pero en medio de todo lo referido, no he visto ni oído cosa más del caso para excitar las lágrimas y un vivo sentimiento, que el tono y cosas que los Betoyes gentiles cantaban y lloraban todo a un tiempo junto a la sepultura, después de haber cubierto el cuerpo, y añadido sobre él un túmulo de tierra. Convidaban para el anochecer a toda la parentela y a los amigos: los varones todos iban con sus bajones de singular hechura, pero de voces muy consonantes y parecidas a las de los bajones, tenores y contraltos: la hechura es muy fácil; porque rotos por adentro todos los nudos de una caña de dos varas de largo, menos el último, en éste forman una lengüeta sutil de una astilla del mismo canuto, sin arrancarla de su lugar, y tan adelgazada la astilla, que da fácil salida al aire, cuando soplan por la parte superior y de tal lengüeta proviene el sonido; pero el tono de él depende de lo mayor o menor del calabazo, que encajan en el último canuto por dos agujeros que le hacen por medio, que calafatean y tapan con cera: solo donde estaba el pezón del calabazo, dejan un respiradero, para que salga el aire impelido: si el calabazo que ajustan a la caña, es grande, la voz es muy semejante a la de un bajón escogido: si es mediano, se parece mucho la de un tenorete; y si el calabazo es pequeño, resulta un contralto muy bueno. Con mucha cantidad de estos bajones concurrían los hombros convidados; y llegando a la sepultura, hacían que se asentasen los muchachos a un lado, y las muchachas a otro; tras de éstas se sentaban las mujeres, y tras de los chicos los hombres; y luego se empezaba la función, entonando la viuda o el viudo, con voz lamentable, y mezclada con lágrimas: ¡Ai asidí, marrijubí! ¡Ay asidí! que es decir: ¡Ay de nosotros, que ya se nos murió! ¡Ay de nosotros! sin añadir otra palabra en toda la dilatada lamentación. Luego respondía todo el coro lo mismo en el propio tono, haciendo acorde consonancia los tenoretes y contraltos con las voces de las mujeres y muchachos, dando un fondo muy proporcionado a la música los bajones, conjunto más acorde de lo que se podía esperar ni creer de una gente silvestre; y al mismo tiempo era una armonía tan triste y melancólica, que no tengo frase genuina con que explicarme; baste decir, que aun los forasteros que no tenían porqué sentir la pérdida del difunto, al oír el arranque de la dicha lamentación, luego se acongojaban y lloraban con todos los del duelo.

Este uso, tan envejecido entre ellos, se le quitó su misionero con una industria muy proporcionada al genio de los indios, mucho antes que ellos fuesen cristianos: (aunque los párvulos y la chusma habían recibido el santo bautismo) y fue así. Habiendo muerto la hija mayor del cacique (la cual en el bautismo se llamó Florentina) rogó el misionero al cacique, que no permitiese llanto en su casa, ni convidase para el lamento del sepulcro; ofreciéndole, que él mismo padre con sus indios cantores, que estaban bastantemente diestros, correría con toda la función triste, al uso de los españoles y de todos los cristianos; y que de la tal función, se le seguiría a él más honra, y a la difunta más provecho: y que los indios gentiles, tendrían más gusto, por la novedad que les causaría el entierro; aceptó el cacique el partido, y no se oyó llanto en el difunto. El misionero convocó sus músicos, y bien ensayados, salió con ellos de la iglesia con Cruz alta, capa negra de Coro, y lo demás que manda la iglesia, acompañando las campanas con sus dobles: al mismo tiempo concurrió toda la gente y grandes y pequeños, atraídos de la curiosidad: entonóse el primer Responso con el lleno de la Música, acompañada de bajón, tenorete, contralto y un añafil (instrumentos recién traídos de la puebla de los Ángeles, donde se fabrican con primor, y adquiridos por vía de Caracas y la Vera Cruz) al oír esta armoniosa consonancia, totalmente nueva a los gentiles, no prorrumpían en lamentos, por el temor y respeto; pero les caían las lágrimas hilo a hilo. Salió el cadáver, y hechas varias pausas con los correspondientes Responsos, entró todo el concurso en la iglesia: en ella, al oír el Benedictus en fabordón y el último Responso cantado con toda solemnidad, creció la ternura y lágrimas de los indios, y el gusto que le rebosaba entre las lágrimas de sus ojos al cacique, sobre quien recaía todo el duelo. Concluida la función, y echada ya tierra sobre la difunta, tomó asiento el padre, y mandando sentar a toda la gente, les hizo una larga exhortación, tomando por preámbulo el uso universal de todas las naciones, de hacer duelo y mostrar sentimiento por la ausencia de sus difuntos: después pasó a explicarles lo mismo que habían visto y oído en el entierro presente, y a probar, que éste era uso mucho mejor, por muchos motivos; pero cuando el padre habló más a su modo, y dijo: «que el llorar la parentela, esa era deuda natural, y que todas las naciones pagaban ese tributo: el cual no era mucho de apreciar, porque no todos lloran la muerte del difunto, sino la falta que les hace, y lo que pierden del alivio, que de él recibían; y al contrarío: que el llorar el padre y los Cantores, sin ser parientes del difunto, sin haber recibido de él cosa alguna, y sin haber perdido cosa con su muerte, que esa sí era cosa grande, digna de aprecio etc.». Esta razón es la que les hizo grande fuerza: (así son todos los indios; porque como no tienen capacidad para penetrar el nervio de una razón urgente, les hace fuerza, y se convencen de un argumento, casero y material) concluyó el padre su plática, diciendo: «que si ellos llorasen en adelante sus muertos, allá a su modo él y los Cantores callarían; pero que si ellos callasen, sin lamentarse al uso de sus bosques, entonces quedaban obligados el padre y sus músicos a llorar y enterrar sus muertos del modo que acababan de ver y oír: con tal que el difunto hubiese recibido el santo bautismo: en buena hora se propuso el contrato, porque en adelante jamás se oyó lamentación al uso de las selvas, a trueque de lograr entierro más honroso»: esto pasó en el pueblo de San Ignacio de Chicanoa, año 1719.

Es tal el horror que la nación Anabalí y otras, que ahora poco ha se convirtieron, tenían a la muerte, que luego que enterraban al que moría, en el mismo sitio donde tenía su fogón, y cubrían la sepultura con muchas esteras, desamparaban el pueblo, dando de mano a todas sus sementeras y se mudaban apresuradamente a vivir y hacer casas nuevas a doce y aun a quince leguas de distancia; y preguntados, ¿por qué perdían su trabajo en los frutos que abandonaban? respondían: que una vez que la muerte había entrado en su pueblo, ya en su compañía no podían vivir seguros. Después que se redujeron a vida política, y ya no podían ausentarse de la población, luego que moría él enfermo, desbarataban la casa, y quemaban con las esteras y armas, y todo lo que había tenido el difunto, para quemar la muerte con todo el tren.

Un misionero de buen humor, al tiempo que un indio empezaba a deshacer la casa en que había muerto un pariente suyo, le dijo: dime, ¿por dónde se llevó la muerte el alma del difunto? el indio respondió, que por aquella esquina, señalando un ángulo de la casa: pues bobo (replicó el padre con mayor seriedad) si ese es el camino de la muerte, con quitar esa poca hoja de palma, y poner otra nueva desconocerá el camino, y pasará de largo la muerte. Es verdad, dijeron otros indios que estaban oyendo, dice muy bien el padre; y nosotros, bobos, nos cansamos, haciendo casas nuevas cada día; así se hizo en aquella casa; pero poco después, ni aun eso; porque como van aprovechando en la Doctrina, se van avergonzando y dejando sus usos inútiles y vanos.

Es uso casi universal entre aquellas naciones de Orinoco y sus vertientes, o enterrar con el difunto sus armas y alhajas, o quemarlas; menos entre los Aruacas, en donde (como dije) el Médico carga con casi todo lo que era del difunto. Pasa más adelante el abuso y también es casi universal entre dichas gentes, el ir luego que la viuda o viudas han enterrado a su marido, a arrancar de raíz las sementeras que sembró el difunto, yuca, el maíz, piñas etc. Todo cuanto sembró arrancan; y dicen que es para arrancar de su memoria al difunto: la razón es desatinada, y la pérdida es cierta y grave; y después se ven obligadas a molestar a las vecinas, viviendo a su costa, hasta coger nuevo fruto. Dejemos ya los muertos; y antes de tratar de los vivos que nos restan, visitemos primero a los enfermos, donde hallaremos muchas extravagancias que admirar, y que apuntar en la memoria.

Capítulo XV. Cuán ingratamente descuidan de sus enfermos, cuán neciamente se curan, y cuán pacíficamente mueren aquellos indios

Aquí más que en parte alguna de esta Historia temo soltar la represa, no sea que la avenida y multitud de especies haga correr la pluma más allá de éste que debo llamar compendio: y la razón es, porque como el principal cuidado de los misioneros es la vigilancia sobre los enfermos en orden a su salud temporal y eterna, y su principal granjería a los principios está en que no muera ni párvulo ni adulto sin el santo bautismo: es éste el ministerio en que más noticias recogen los operarios de aquellas selvas, y donde mejor penetran los de las naciones. Siempre me ha causado notable armonía, ni jamás he podido saber cómo se encuadernan en aquellas cabezas de los indios (y aquí hablo de todas cuantas naciones he tratado) y cómo concuerdan aquel grande amor que muestran los padres a los hijos pequeños; y el amor poco o mucho que los casados tienen entre sí, con un descuido, que casi llega a ser abandono total de los mismos cuando están enfermos. Más: ¿cómo compondremos este bárbaro e inhumano descuido tal, que al tiempo de verlo, apenas se puede creer, con aquellas lágrimas, llantos y demostraciones de dolor tan funestas como las que hacen en sus entierros y funerales, y en el capítulo pasado acabamos de referir?

Ello es así, que aunque el enfermo o moribundo sea el hombre de la casa y padre de familia larga, de quien toda depende, nadie se apura: poco dije, nadie se da por entendido; coma o no coma, beba o no beba, las muestras de aquellos gentiles dan a entender, o que son insensibles, o que desean la muerte del enfermo: y claro está, que ni una ni otra cosa puede ser. cuando llega la hora en que comen todos, ponen aquello mismo que dan a los demás, debajo de la red, en que está tendido el enfermo, sin decirle una palabra; si come, bien; y sino, también: no oye aquel paciente una palabra de consuelo en toda su enfermedad, ni ve a uno que le anime a tomar un bocado. Y a mí me afligen ahora dos congojas: una, el pensar que habrá quien crea, que éste mi modo de hablar es hiperbólico o amplificación: otra conocer, que aunque más procure explicarme, no equivaldrán mis voces a la seca ingratitud de aquellos férreos enfermeros; y así, pasemos a los pobres y desvalidos enfermos, que si tienen la dicha de tener ya misioneros, son visitados, consolados y atendidos según la posibilidad de los países.

Vamos de uno a otro asombro; porque si causa horror la ingrata sequedad de la familia, también causa grande admiración la invicta paciencia y tolerancia de los enfermos: no se oye de su boca un ay: no abren sus labios para quejarse del más activo dolor; quedan como estatua inmoble, fijos en aquel dictamen indeleble: Amarranimiu nucabita: que es decir. Ya me muero: quien mete bulla, entra y sale, es el Piache, o Médico de puro nombre; no por caridad, sino por el interés de la cura; muera o escape, la paga ha de estar segura. Todo lo que el Piache manda, se hace ciegamente, y le estuviera mucho mejor al enfermo, que no le visitase ni viese; porque la primera receta es intimar un ayuno general al enfermo y a toda la parentela: los más de ellos mandan, que ninguno de la casa coma cosa caliente ni guisada, ni pimentón; y prohíbe lo que ellos más desean comer. Llegando a la práctica de los remedios, ya vimos, que los Piaches Aruacas ni duermen, ni dejan dormir, ni al enfermo, ni a otros: los Médicos Otomacos echan agua fría incesantemente sobre los enfermos, y con eso mueren más aprisa: los Guaybas y Chiricoas son sumergidos en barro fresco o en el agua, con sola la cabeza fuera, para que se les quite la calentura; y aunque los hallan muertos de ordinario, cuando van a sacarlos, no escarmientan; y a este tono son sus desatinados remedios, muy proporcionados a su caletre.

Dos son las raíces de las agonías amargas de la muerte, que a fuer de dos torcedores, aprietan y agravan comúnmente al moribundo: una, la violencia de los dolores y enfermedad: la otra, el remordimiento de la conciencia, y temor de la cuenta rigurosa que nos han de tomar después. Ni una ni otra perturba a los indios gentiles: no la enfermedad; porque aquellos cuerpos parecen de diamante para sufrir: no la cuenta ni remordimiento; porque han vivido sin luz y sin ley, y piensan que no hay más que esta triste vida; y en algunas naciones, que reconocen que las almas no mueren, piensan todos, que andan vagueando no lejos de sus sepulturas. Con la misma tranquilidad de ánimo mueren los Neófitos; esto es, los que ha poco tiempo que son cristianos; porque si son recién bautizados, es gusto ver la firmeza y certidumbre que tienen de que se van a gozar de Dios en el Cielo: si llevan ya algunos años pasados después del bautismo, en recibiendo los santos sacramentos no les pasa por el pensamiento sospecha alguna de que puedan condenarse; pero debo también decir, que la mayor parte de aquel sosiego nace de su incapacidad, y del poco concepto que hacen de la Eternidad que se sigue después de la exactísima cuenta que todos hemos de dar.

Consta esto de lo que le sucedió al padre Manuel Román a los principios de la fundación de la reducción de nuestra Señora de los Ángeles: enfermó uno de aquellos gentiles Salibas; acudió el padre; asistióle, y enterado de todo lo necesario para el bautismo, le recibió y en él el nombre de Ignacio. Caminaba el enfermo a paso largo a la Eternidad, y ya solo tenía la piel sobre los huesos: día de san Lorenzo 10 de agosto de 1736, después de consolar el padre al paciente, le dijo: Ea, Ignacio, buen animo, que luego irás al descansar al Cielo. ¿Y cómo tomó el enfermo y la familia este consuelo? voy ya a decirlo: volvió a la tarde el padre a ver su enfermo; el cual muy sosegado estaba mirando a su gente, que con gran faena le estaban abriendo la sepultura al pie de su pobre cama; ¿qué hacéis? dijo asustado el padre; y ellos, dando razón de sus personas, respondieron muy en ello: Como dijiste que Ignacio se iba al Cielo, pensábamos enterrarlo ya; ¡hasta aquí puede llegar la ignorancia de la parentela!, después que Dios lleve su alma (replicó el misionero) enterraremos su cuerpo, y no ha de ser aquí, sino al pie, de la santa cruz con los otros cristianos difuntos; (no había aun iglesia fabricada) eso no (replicó la parentela) porque al pie de la cruz no podrá sufrir los aguaceros cuando llueva mucho: en este tono entienden las cosas sus gentiles, y todo esto y mucho más se va desbastando con el favor de Dios; aquí el padre alabó a su majestad, por haberle traído tan a buen tiempo; porque a no venir, hubieran enterrado vivo al Ignacio. Ahora ¿cómo cabrá en una misma cabeza aquella firme confianza, de que se va al Cielo el moribundo, con aquel temor de que no podrá sufrir los aguaceros el cadáver, sino se entierra bajo de cubierto?

No puedo omitir lo que me refirió el reverendísimo padre fray Benito de Moya, misionero apostólico de la nación Guayana, y ya segunda vez Prefecto dignísimo de aquellas misiones, y muy digno de mayores cargos por sus letras y por sus virtudes. En el pueblo de Suay llevaba un indio viejo muchos años de cama; esto es, de estar tendido en su penosa red, que es un potro de tormentos; rogó un día a sus tres hijos, que en la misma red le llevasen a la sementera para divertirse un poco; puesto ya en el campo, llamó a sus hijos, y les dijo: «Ya yo no sirvo en este mundo sino para estorbar, y daros fatiga: yo, he sido buen cristiano, y quiero irme ya al Cielo a descansar: a vosotros os encargo mucho, que creáis bien en Dios; que no os apartéis de la Doctrina de los padres, no sea que os lleve el Demonio, y os perdáis: ahora cavad aquí mi sepultura, y enterradme; y si el padre se enojare, decidle que yo os lo he mandado así». No se atrevieron a replicar los hijos; cavaron la sepultura, metieron a su padre en ella, y después de haberles hecho otra exhortación, para que fuesen buenos, les mandó echar tierra sobre sí, menos en la cara; ya que habían echado buena cantidad, díjoles: «esperad, que ya pesa mucho la tierra, dejadme descansar un rato: descansó, y dijo a sus hijos: ea, a Dios, a Dios, hijos míos, echadme tierra aprisa»; así lo hicieron, sin advertir que eran parricidas, y que en ello no podían obedecer a su padre; y el anciano, homicida de sí mismo, se fue a la otra vida lleno de ignorancia. La buena fe de los mozos constó por la paz y candidez con que refirieron a los padres misioneros por menor lo que aquí llevo escrito: no parece que pueda llegar a tanto la ignorancia, y más cuando ha precedido la enseñanza, como la hubo en el referido anciano y sus hijos; pero de esto nace la admiración.

No es factible que europeo alguno, que no haya tratado con gentes bárbaras, haga concepto de aquel su modo de entenderse. No podemos entrar ni penetrar su interior, ni nos toca más que enseñarles nuestra santa ley, y observar por las señas, si creen, o no; y a la verdad, en medio de toda su rudeza se hacen capaces de todo lo necesario para salvarse: lo cual no quita, que lo irregular de sus genios y sus modales sean tan extravagantes, como llevo dicho y diré; porque su genio es tan distante del de los europeos, cuanto las Américas distan de la Europa; de modo, que en los pueblos ya antiguos de cristianos se les ha oído decir a los indios, en especial cuando están alegres con el calor de su chicha: hombres, cuidado, que ya los españoles quieren saber tanto como nosotros.

Ninguna persona de mediana inteligencia extrañará lo que afirmo del irregular genio de aquellas gentes y a vista de la notable diversidad de genios de las naciones de la Europa: materia abundante y ordinaria para el chiste de la conversación, y para las cantaletas no solo de una nación a otra, sino lo que más es y dentro de una misma nación. Los de una provincia motejan el genio de los de las otras, y todos quedan iguales; porque los mismos que motejan son motejados de los otros; y si acá este es punto innegable y cierto, ¿quién pondrá duda en lo distinto e irregular del genio de los indios, y más siendo su capacidad tan limitada, y su cultivo en los gentiles ninguno, y entre los Neófitos fructifica con pausa? entretanto la multitud de los que piadosamente creemos que se salvan, es muy grande; y el Señor que los crió los endereza a su eterna Gloria. A este propósito, es digna de memoria la respuesta que dio el ilustrísimo señor doctor don Francisco de Cosío y Otero, dignísimo arzobispo que fue del nuevo reino de Granada.

Concurrió entre otros señores y Prebendados de aquella santa iglesia a visitar a su Ilustrísima el señor Chantre Florián, hombre de letras y experiencia: tratóse del genio inconstruible de los indios, y después de varias reflexiones y reparos sobre la materia, dijo dicho doctor Florián: «señores, no nos cansemos en discurrir sobre este punto; porque para mí es cierto (después de reflexionadas todas las circunstancias) que Dios nuestro Señor tiene otra providencia extraordinaria para salvar a estos indios». Paróse al oír esto el ilustrísimo arzobispo, y con su acostumbrado fervor y eficacia replicó, diciendo: ¿qué es lo que dice, Señor?

mire que para salvarse, no hay otro camino que la Cruz de Jesucristo; y sobre este firme principio digo, que la extraordinaria y especialísima providencia de Dios nosotros y todos los europeos somos los que la necesitamos para salvarnos: regalones, codiciosos y soberbios, que al paso que todo nos sobra en regalo, riqueza y honra, todo nos parece poco y mucho menos de lo que nuestra altivez pide: nosotros sí, ¿cómo entraremos por la puerta del Cielo, que tan estrecha nos pinta Cristo en su Evangelio? pero los pobres y rendidos indios, más humildes que el suelo, más pobres que los Ermitaños de Egipto; cuya ordinaria comida son raíces; cuya cama es el duro suelo, con una estera o una red tendida en el aire, trabajados, asoleados y mal vestidos: ¿qué oculta providencia necesitan para salvarse, después de tal cruz y de tal vida? ya se ve que Dios les ha de dar luz, para que le ofrezcan los indios su cruz.

Hasta aquí la vigorosa réplica de aquel ilustrísimo Prelado, que recopiló a breves cláusulas todo el porte de los indios, ya convertidos, de todo aquel nuevo reino y sus anexos; que como buen Pastor conocía bien a sus ovejas; y yo, en apoyo del mismo sólido sentir de aquel ilustrísimo Señor:

Añado lo que me consta por larga experiencia; y es, que aunque los indios generalmente son inclinados al hurto, no pasan sus hurtos de una niñería; porque su corto ánimo no se extiende a más: hurtan cuatro mazorcas de maíz, un racimo de plátanos, dos piñas y otras cosas semejantes; y ni aun esto parece hurto; porque al hacerles el cargo, responden al padre o al Corregidor: Verdad, Señor, lo hurté; pero el fulano, su amo, ya me había hurtado primero a mí; y así mutuamente se compensan los cortos daños que mutuamente se hacen; en la honestidad se oye entre los indios cristianos rarísimo escándalo; y si hay una u otra caída, no es por amistad mala, sino por una casualidad. Pero dejo a los indios cristianos antiguos en su línea, y vuélvome a los recién convertidos: en donde, para mayor gloria de Dios, debo decir que después de confesada toda la gente de una población nueva, apenas se puede echar una absolución, sino bajo de condición; porque apenas hay quien traiga materia cierta para aquel santo sacramento: No padre, responden, para confusión de los que se precian de cristianos viejos, y viven como unos ateístas o turcos: No padre, desde que me bautizaste, tengo mucho miedo al Infierno y al demonio: no quiero enojar a Dios: la sinceridad de esta respuesta saca muchas lágrimas de consuelo a los misioneros, que del porte de aquella nueva cristiandad conocen, que es verdad lo que dicen. A la réplica que me han opuesto muchas veces, de que ¿cómo se puede esto componer con la grande inclinación a embriagarse? respondo, hablando nombradamente de los indios catecúmenos y chontales, que ninguno de ellos cree ni piensa, que con su chicha ha de perder el juicio; y aun aquellos mismos que ya han bebido gran cantidad de ella, están tan lejos de pensar, que si beben más se han de privar, que toda quanta chicha ven, les parece poca para la gran confianza que tienen de su cabeza.

Sé me replicará, que una y otra vez avisados, deben hacer refleja, de que les sucede lo contrarío; es así, que la deben hacer; pero también es cierto, que hasta que con el tiempo y la doctrina se van poco a poco desbastando, no la hacen. Es cierto que se les avisa y amonesta con el mejor modo (para no perderlo todo junto); pero la respuesta, que repetidas veces oímos de los chontales, es ésta: «padre, como vosotros no sabéis beber chicha, andáis con esos temores; pero nosotros sabemos beber mucho desde chiquitos etc.». así se explican a los principios; pero por último todo lo vence la enseñanza, y se llega a conseguir una gran reforma (en los indios digo) que sus mujeres jamás, ni aun en los bosques de su gentilidad, se embriagan qué es cosa muy digna de notarse.

De modo, que primero se consigue, que para sus bebidas pidan licencia: después se les va poco a poco limitando con prudencia y refleja, hasta conseguir una gran reforma. El padre Ignacio Garriga, provincial de la provincia de Lima, en su fervorosa Carta que imprimió para su provincia, después de muchas cosas de edificación, que escribe de los indios de aquellas misiones, en que trabajó gloriosamente muchos años, añade, que en muchos de aquellos pueblos no solo no beben chicha los indios, sino que las mujeres han olvidado ya el modo de fabricarla; y de cierto género de chicha, que usaban los Achaguas de las misiones de mi provincia, que era muy fuerte, puedo yo afirmar lo mismo; de modo, que no ha quedado sino el nombre. Los padres Procuradores de la provincia del Paraguay me aseguran, que en la mayor parte de sus dilatadas y apostólicas misiones los indios totalmente no usan ya la chicha.

Ni puedo omitir lo que me refirieron dichos padres; y es, que habiendo unos indios forasteros introducido la bebida en un pueblo, que estaba al cuidado del padre Tolu, Sardo de nación, operario fervoroso, viendo que con sus continuas exhortaciones no remediaba el daño, llevado de su fervor, les dijo en el Sermón: hijos míos, si proseguís en este vicio de la bebida, me quitaréis la vida, según es la pena que me causa vuestro desorden. Enfermó el padre después del Sermón, y dentro de poco tiempo murió con tal pena y sentimiento de aquellos indios, que desde entonces hasta ahora, no han probado la chicha; ¡caso digno de indeleble memoria!

A vista de lo referido en este capítulo, de lo que tengo ya apuntado en otros, y de lo que ocurrirá notar de la fe de los americanos; de los muchos que logran su eterna salvación, y de los ejemplos singulares de piedad y religión, que se dejan admirar entre aquellos Neófitos: debo ya aquí, como en su propio lugar, hacer una amigable reconvención a monsieur Noblot, y en su persona a los eruditos Recopiladores de Manuscritos Anónimos, más dignos de examen, de lo que parece a la primera vista. Muéveme a esto el amor a la verdad, y la obligación de volver por el honor de los americanos, denigrado injustamente con el de sus ministros evangélicos, y el de la nación española; me compele también el haber comido pan americano treinta y seis años continuos, que no fundan corta obligación: la pura verdad será el nervio y norte de mis respuestas sin el menor salpique de pasión ni enojo.

Capítulo XVI. Reconvención amigable a monsieur Noblot al folio 520 del tomo 5 de su Geografía e Historia Universal

No me persuado, ni puedo creer, que este erudito Escritor haya mojado su pluma en aquella natural tintura, con que al hablar, aun de las cosas más loables de la nación española, muchos Escritores extranjeros dejan rubricada al Público aquella oculta pasión, que no pueden disimular por dominante. Quéjome sí de aquellos Viajeros y Diaristas, de cuyos apuntamientos se valió monsieur Noblot; cuya calidad, graduación y secta debía haber examinado, antes de manchar la noble Historia con noticias ajenas de la verdad, denigrativas e infamatorias, así de la fe de los americanos, como de los Sagrados ministros de la misma fe y del santo Evangelio, que predican con afanes y con las fatigas, que de esta Historia se traslucen.

No pido ni quiero se me dé más fe ni más autoridad a mi dicho, que la que se me debe por testigo ocular, por Sacerdote y por religioso (aunque indigno) de la Compañía de Jesús; y quiero que se prescinda por ahora de los honores, con que sin mérito mío me ha condecorado mi religión, honrado los señores Inquisidores e ilustrísimos señores obispos. Solo pido se me atienda a la ingenuidad de mi respuesta; porque ella sola convencerá al ánimo que no se hallare preocupado con la pasión, hija primogénita del genio nacional.

Monsieur Noblot en el fin del folio 519 del citado libro 5, da de paso una cuchillada a la crueldad de la nación española para con los americanos: no hay que extrañarlo; porque con este golpe solo renueva muchas heridas antiguas, con que las Plumas extranjeras han zaherido la piedad española. «Se asegura (dice) que los españoles hicieron perecer tantos americanos, que el país parece ahora un desierto, en comparación de los indios que le habitaban.» Pregunto: ¿quiénes son los testigos que vieron poblados aquellos campos de tan innumerable gente antes de la Conquista de Cortés, Pizarro y Quesada? y si hubo quien los viese, también verían la bárbara incesante efusión de sangre humana en honor de los Ídolos; la continua mortandad en sus mutuas guerras y otras barbaridades, con que se destruían los americanos; la cual cruel inhumanidad cesó y se desterró con la luz del santo Evangelio; punto digno de toda reflexión.

Pregunto más a monsieur Noblot: ¿si está ya averiguado, que si Dios hubiera destinado aquel Nuevo Mundo, para que le conquistase alguna de las otras naciones europeas, se hubieran portado con mejor conducta, mayor prudencia, valor, piedad y caridad cristiana, que el Invicto y digno de inmortal memoria, Hernán Cortés? al fol. 499 responde claramente monsieur Noblot, que no, y que apenas hay alabanzas iguales a la grandeza de ánimo de Cortés; a su prudencia, sagacidad y gran conducta, afirma que no hay cosa igual; y añade, que Cortés poseyó todas las virtudes en grado muy eminente; y prosigue dando la razón de ello. Y aquí añado yo, que el que algunos soldados y aun algunos jefes errasen, y se propasasen entonces a lo que no era de razón, no debe causar admiración; porque ¿qué guerra hay ni ha habido, en que no suceda y haya sucedido lo mismo?

Todavía me resta otra pregunta; y es, que me diga monsieur Noblot, ¿si las almas de los indios son mejores o más apreciables que las de los negros? unas y otras están redimidas con la preciosa sangre de Jesucristo: y así me responderá, que todas son sumamente apreciables. ¿Pues cómo se nota y se reprende, y tan seriamente se fiscaliza la paja leve en los ojos de los españoles por aquellos mismos hombres, que tienen una gran viga atravesada en los suyos? por aquellos digo, que con la mayor ansia y diligencia extraen y trasportan innumerables negros, dejando despoblados sus países, a fin de utilizarse, ¿y no más? haga el docto Lector el paralelo, que yo no quiero dar luz aquí a los que ignoran la materia, aunque pudiera.

Y después de agradecer al Diarista, de quien monsieur Noblot trasladó la noticia, de que los españoles, los criollos y los mestizos son gente de buena fe católica, apostólica y Romana, es digna de toda admiración la seguridad con que afirma todo lo contrarío de los negros y de los americanos, diciendo, que su fe es por el miedo que tienen a los españoles, y por el terror que les causa la Inquisición. ¡Lástima es que no sepamos de qué fuente sacó este Escritor agua tan turbia y pestilente! y da más compasión ver, que a un hombre tan erudito sea fuerza darle ahora noticia, de que el santo y Venerable Tribunal de la Inquisición no comprende a los indios americanos; ni aquellos rectísimos y sabios Jueces ejercitan con ellos su jurisdicción por la corta capacidad de dichos indios. Si algo se los nota y toca su conocimiento al ordinario; pero no he oído ni leído hasta ahora, que hayan dado que hacer los señores obispos, sino cuando los Idolatras ocultos del Perú; y por la misma razón no tienen casos reservados a este santo Tribunal ni a los señores obispos: por lo mismo, la santa madre iglesia les ha dispensado en el tercero y cuarto grado de parentesco, para que puedan contraer el santo matrimonio en dichos grados lícita y válidamente: les ha dispensado en todos los ayunos y vigilias del año, obligándolos únicamente al ayuno los Viernes de cuaresma, el Sábado santo, la Vigilia de Navidad, la de la Asunción, la de los apóstoles san Pedro y san Pablo; y creo que ninguna otra. Estas dispensaciones ha conseguido la nación española por la piedad y compasión con que ha mirado y mira por sus americanos: el amor paternal con que los reyes católicos y sus Leyes indicas favorecen a los americanos, mirándolos como menores o pupilos, todo en atención a su corto alcance es admirable, y fuera notable digresión, querer apuntar aquí la menor parte; consta pues, que la fe de los indios, no depende del terror que les causa el santo Tribunal de la Inquisición, a quien no están sujetos.

Que no estribe su fe en el miedo que se finge tienen los americanos a los españoles, se evidencia con dos preguntas. Lo primero, pregunto: ¿de dónde le consta a monsieur Noblot este miedo de los indios? ¿ó qué señas o pruebas nos da de que tienen tal miedo? yo, en tantos años de curiosa observación, ni he hallado tal miedo en los indios por este motivo, ni señas de él; ni sé cómo un pasajero Diarista ve y observa en uno o dos días lo que muchos linces no han visto en largos años. Pregunto lo segundo: ¿a qué españoles tienen miedo los indios cristianos, para estar aligados a la fe, en fuerza del temor? no he hallado ni hallo españoles a quien puedan temer; porque en la Tierra Firme y Perú, los indios viven en sus colonias separadas, y las más muy distantes de las poblaciones de los blancos, sin más intervención, que la que da de suyo la compra y venta de los frutos que cogen los indios; por otra parte no hay ni jamás hubo soldados, ni es factible que los haya, para tener a raya, y celar la fe de los indios; luego la fe que ellos tienen, no es por miedo de los españoles. Lo cierto es, que el indio que se halla mal avenido, no tanto con su fe, cuanto con el poso mal desfogado de sus pasiones, desampara su pueblo, y se retira a los gentilismos, que aun los hay en muchas partes; lo cual hacen no pocos con gran facilidad, y con el seguro de que apenas pueden ser buscados ni extraídos de aquellas selvas; pero esta misma fuga y facilidad de ejecutarla, prueba fuertemente la buena y sana fe de los innumerables indios cristianos, que pacífica, alegre y voluntariamente viven en sus colonias, bajo el suave yugo del Evangelio: digo voluntariamente, pues no hay quien pueda oponerse a su fuga, cuando la quieren ejecutar: ¿de dónde pues sacó monsieur Noblot, que es forzada o hija del miedo la fe de los americanos?

Mucho menos lo es la fe de los negros; antes bien es materia de alabar a Dios, ver como abrazan la religión cristiana, y lo aplicados que son a mantener, frecuentar y asistir a sus Congregaciones, dando singular ejemplo a los cristianos antiguos. Es prueba real de las veras con que los neófitos negros, pardos y zambos abrazan nuestra santa fe, ver que de los muchos, que con su trabajo adquieren para libertarse, no se sabe hasta hoy, que alguno de los que se han libertado, haya vuelto a Guinea o Angola; antes bien se agregan a las Parroquias, y proceden bien. Tan notoria es esta verdad, que en la provincia de Caracas, los pardos y negros, que han redimido su libertad, han fundado la ciudad de Nirua, sin permitir en ella ni blancos ni otras gentes: ellos se gobiernan con mucha economía, y tienen su Párroco; y me aseguró el año 1737 el señor gobernador de Caracas, que esta ciudad de pardos y negros es muy puntual al servicio del rey nuestro señor. ¿Qué mayor prueba se puede dar, para evidenciar que la fe de los negros es sólida y nada forzada? esto es tan cierto, que nadie lo puede dudar; y así no inculco más en ello. No por esto quiero decir, que no se hallen algunos rebeldes y otros escandalosos; pero esto no obsta a lo que de ellos en general dejo afirmado; ni se hallará, no digo nación pero ni ciudad, por ejemplar que sea, que no tenga esta excepción; porque la trae consigo la desdicha humana: y la misma Verdad Eterna dijo, que era necesario que hubiese escándalos; aunque desdichados de aquellos que los causaren.

Prosigue monsieur Noblot seria y eruditamente, diciendo con toda seguridad al folio 520 del mismo tomo 5: Que casi todos los Párrocos (de los americanos) son religiosos. Espere por su vida, que ya caí en la cuenta: esta noticia, indigna de su Historia general, la tomó sin duda del mismo Diario falso y apócrifo; del cual tomó las noticias ya arriba falsificadas; y las otras que pone en el folio 543, que no necesitan de prueba, para que conste su notoria falsedad. En este folio dice de Venezuela: Esta es una villa o ciudad capital que da su nombre a este reino; tenga la mano, que no hay tal villa ni tal ciudad: son dos o tres pueblos de indios, formados de casas pajizas, fundados sobre duras estacas en la laguna de Maracaibo, y todavía permanecen.

Dice más: La Villa o ciudad de Maracaibo, está fabricada a la moderna, al modo que lo está Venecia en el mar Adriático. Si quiere decir que estuvo o está fabricada en el mar o laguna, es falso; porque está fundada en tierra firme: si quiere decir que en la fábrica se parece a Venecia, no hallará con qué probarlo. Prosigue y dice de Maracaibo: Ella es ciudad Episcopal: no hay tal; porque ella pertenece al Obispado de Caracas, donde reside el obispo de toda la provincia de Venezuela. Estas tres curiosidades que nos da, son hermanas de la que ya de solo verla, me dio en rostro; y es: Que casi todos los Párrocos (de los americanos) son religiosos. Es cierto, que nada perdieran los americanos porque casi todos sus Párrocos fuesen religiosos; pero la Historia de monsieur Noblot pierde mucho, por haber puesto esta noticia, sin averiguar (como debiera) que era y es falsa. Tenga pues por entendido, que exceptuando las islas Filipinas, que hacen coro aparte de las dos Ameritas, en donde la mayor parte de los Párrocos son religiosos; tanto, que apenas hay veinte Curatos de Clérigos, por falta de españoles, que den hijos para que se críen en los estudios, en las dos Ameritas no me sacará Obispado ni Arzobispado, en donde exceda mucho el número de Párrocos religiosos al de Clérigos. Suponiendo que aquí no hablamos del gran número de religiosos misioneros apostólicos, que la piedad de nuestro católico monarca mantiene en la enseñanza de los gentiles y Neófitos; porque estas colonias no se llaman Curatos, sino misiones o Reducciones. Pero aquella noticia de monsieur Noblot importa muy poco que sea falsa; porque no es dañosa su falsedad: las tres noticias que nos da consecutivas, son infamatorias; tanto, que no sé cómo la pluma se atrevió a dar tinta para que el Autor las escribiese.

«Todo el afán (dice) de estos religiosos Párrocos, en orden a la conversión de aquellos Idólatras, se reduce únicamente a bautizarlos, y hacer que oigan Misa, sin darles más que muy poca o ninguna instrucción»; ésta es su primera noticia de las tres últimas: la segunda prosigue así: «El principal cuidado de ellos, es vivir entregados a las delicias»: tercera: «O agenciar y amontonar grandes sumas de plata, para conseguir al favor de ella alguno de los muchos Obispados, que se han erigido en aquel país». ¡No se pudieran amontonar más feas falsedades en otras tantas cláusulas, aunque el más malicioso genio duplicase el estudio! no afirmaré que todos los Párrocos cumplen exactamente con su obligación: es preciso que nazca cizaña entre el buen trigo; pero que todo el trigo escogido se vuelva cizaña, ¿quién se lo creerá a monsieur Noblot?

Ni él mismo lo cree; porque ya dio por cierto, que los españoles y los criollos viven bien, y retienen la fe Romana en las Ameritas; lo cual no puede ser, si es verdad esto último que dijo: la razón es evidente; porque dice Noblot, que los españoles y criollos son los mejores, y de mejor fe. Para Curas y Párrocos eligen los señores obispos y vicepatronos los mejores y más selectos sujetos, que florecen en virtud y letras entre los españoles y criollos, luego estos Párrocos son la nata y el grano selecto de la cristiandad americana. Es cierto e innegable; pero atención, que de estos electos sujetos y Párrocos venerables, dice tres horrores Noblot: primero: Que no enseñan la Doctrina a sus Feligreses: segundo: Que viven entregados a las delicias: tercero: Que solo tratan de amontonar plata para llegar a ser obispos. Y si en parecer de Noblot, los más puros y selectos de las Ameritas viven tan escandalosamente, como indican estos tres artículos inflamatorios; ¿el resto de aquellas gentes cómo vivirá? si los Médicos se hallan agravados con estos tres contagios, ¿los enfermos populares qué salud pueden tener? y en fin, si monsieur Noblot dice verdad, hasta el trigo más selecto de la iglesia americana es ya cizaña intolerable; porque de unos Párrocos ajenos de piedad, entregados a las delicias, y poseídos de la codicia del dinero, para subir a ser obispos; ¿qué obispos podíamos esperar, sino lobos carniceros, destruidores del Rebaño de Cristo? pero bendito sea Dios, que es y sucede todo lo contrarío de lo que afirma Noblot; porque

Lo primero, aunque tal cual sujeto americano sube a las Sagradas Ínsulas de algunos de aquellos Obispados, son los que ascienden, de tan notorias prendas y virtud, que no obstante la suma distancia de las Ameritas hasta esta corte, se deja ver la altura de sus grandes méritos; y aunque allá hay muchos muy dignos de este ascenso; con todo, la práctica de la Curia española, es enviar para Prelados de las iglesias americanas a los mayores hombres, que después que han ilustrado las mejores Universidades, son dignos de los mayores empleos; esto bien pudo saberlo Noblot.

Lo segundo es evidente, que los Párrocos, que del Estado Clerical pasan a serlo, pasan por rigurosos exámenes de letras y costumbres; y es notorio que en los concursos de oposición a los Curaros vacantes, escogen siempre los Prelados a los tres más dignos y más beneméritos por su doctrina y virtud; y de los dichos tres dignísimos, escoge el vicepatrono el más digno. Por lo que mira a los Curatos que se proveen a los religiosos todavía hay más exacción (si acaso cabe más, sobre la que se usa con el Clero); porque los provinciales, después de repetidas consultas y exámenes, presentan tres religiosos al ordinario y al vicepatrono, para que elijan al que de los tres les pareciere más a propósito. ¿Y qué calidades tienen estos tres que se presentan? son sujetos fatigados ya con la carga de regentar Cátedras, hombres de aprobada observancia religiosa, y honra de sus religiones en toda madurez, espíritu y fervor; de esta categoría son aquellos de quien tan fea e indecorosamente habla Noblot; el cual, si vive, no dudo que se arrepentirá de haber creído Diarios anónimos indignos de la menor fe.

Lo tercero y último, sepa monsieur Noblot, que con ser tan selectos, como dije, los Párrocos, todavía velan sobre ellos los señores obispos y los provinciales de las religiones, visitándolos por sí mismos; y por medio de sus Visitadores, remediando todo lo que hallan digno de remedio y si alguno (ya se ve que no han de faltar defectos) no se estrecha al cumplimiento de su deber, le apartan de su Curato, y ponen un Substituto en su lugar, que cultive y enseñe a los cristianos americanos; los cuales, cuando llegan a estar en Curatos, ya no son gentiles, como dice Noblot. Para la enseñanza de los gentiles tiene la majestad católica un gran número de misioneros apostólicos, que mantiene de su Real Erario, sin la menor contribución ni molestia de aquellos nuevos Planteles de la santa iglesia. Infórmese mejor monsieur Noblot, y verá, que ésta es la verdad pura. Prosigamos algo más.

Capítulo XVIII. Prosigue la materia del pasado con nuevas y más individuales noticias acerca de la fe de los indios

El muy reverendo padre Presentado fray Gregorio García, en su erudito Libro del origen de los indios, por lo que mira a la fe de ellos, no la califica como monsieur Noblot; pero muestra bastante desconfianza, y los tiene por hombres de poca fe: dando por prueba, el haber sacado su Paternidad del retiro de los bosques un indio cristiano, con todas las señas de bárbaro que allí expresa por menor. Esta prueba y las demás que añade, como son de uno o dos hechos particulares, de ellos no se puede inferir una consecuencia universal: fuera de que es notorio, que por bien cultivados que estén los árboles frutales y las viñas, si se les da de mano, crece la maleza, sufoca las plantas, sobrepuja las cepas, y éstas dan agraces en lugar de uvas; y aquellas, o se esterilizan, o dan frutos muy desabridos; pero no pasan a ser zarzas, ni se convierten en abrojos. Lo mismo pasa en su modo a los indios que se retiran a los bosques, sin que la tal retirada sea señal ni prueba cierta de que abandonan la fe (exceptuando los que se dan a la idolatría, la que no se halla en todas las provincias de las Ameritas, como adelante veremos.) Este dictamen me ha enseñado la experiencia de largos años, por haber hallado en selvas retiradas de poblado más de cien leguas, como son las de Urú y Caparú, a banda del Norte del río Apure; y también en las vegas del Orinoco: y el Venerable padre Juan Ribero, en las retiradas vegas del Ayrico, familias de indios cristianos, envejecidos ya en sus ocultos retiros: y después de seria averiguación, he hallado que mantienen la fe a su modo tosco; y algunos (en especial los de las vegas de Aruaca) sacaban a bautizar sus hijos a pueblos de cristianos, donde no podían ser conocidos: ni hallé en ellos otros motivos de su retirada, que, o el rigor de sus Corregidores, o el haberse adeudado mucho, o el miedo de otros indios: el cual es muy común, por el temor de que les den veneno, como suelen hacerlo. Y al contrario, jamás he hallado (ni sé que le haya hallado alguno de los muchos padres misioneros de mi religión y de otras, con quienes he tratado) indio alguno de los fugitivos de que hablamos, que se haya retirado por haberle dado en rostro cosa alguna de nuestra santa fe.

El que después de largo retiro se olviden las oraciones, no prueba que olviden también los principales Misterios, como se ve con frecuencia en los rústicos que se precian de cristianos viejos, que apenas retienen en la memoria lo precisamente necesario, y quiera Dios que así sea; y con todo eso, váyanles a tocar en la fe, y hallarán un Gigante armado para defenderla; y si se ofreciere, morir por ella. No concedo yo tanto fervor en todos los indios; (aunque es verdad que está en mi provincia del nuevo reino indeleble la memoria de un indio de nuestras misiones, que murió por no contaminar su honestidad; cuyo retrato, con un armiño entre sus brazos, se guarda en el Colegio Máximo de dicha provincia) pero no se puede negar que retienen la santa fe en sus retiros y el deseo de salvar sus almas.

El que después de largo tiempo queden desnudos en los bosques: lo primero, les sirve de gran conveniencia, en especial a los que moran entre los trópicos, en vegas distantes de los páramos nevados, por lo intolerable de aquel calor. Lo segundo aunque quieran vestirse, ¿con qué dinero comprarán ropa? ¿o en qué Tienda donde la moda corriente es la total desnudez? se untan como los demás gentiles, no tanto por imitar su traje, cuanto por defenderse de las plagas de los mosquitos, jejenes y zancudos: este traje no se opone en cosa alguna a nuestra santa fe, sino en la falta de decencia, que de suyo trae; pero ésta se cohonesta con no haber con que cubrir sus carnes. ¡Oh y a cuantos cristianos europeos ha sucedido esto mismo!

Juan Martín, soldado español, que únicamente se escapó de la crueldad de los Caribes, en la segunda entrada, que el capitán Selva hizo en busca del Dorado, después de muchos años de haber servido a un capitán Caribe, tuvo la dicha de escaparse, y entró untado, pintado y cobijado, como cualquiera bárbaro silvestre, por la capital de la isla de la Margarita: encaminóse a la iglesia, seguido de mucha gente por la novedad; y al entrar en ella, decían: ¿adónde va? ¿qué busca este Urbaro? arrodillóse, y dio muy de espacio gracias a Dios, porque le había librado de tan grandes trabajos. Esto mismo le sucedió a un Francés honrado en las primeras conquistas de la Virginia; y a otro español en los primeros descubrimientos de la Sinaloa en la Nueva España, llamado Álvar Núñez Cabeza de Baca, con tres compañeros, que en diez años que gastaron atravesando por naciones de gentiles desde la Florida hasta la Sinaloa, haciendo grandes prodigios con la señal de la santa Cruz, no solo quedaron desnudos de toda ropa, sino también prietos como los indios, y olvidados casi por entero de la Lengua castellana: bárbaros en lo exterior, y llenos de fe sus corazones.

Buen testigo es también Jerónimo de Aguilar, ordenado de Evangelio, cuando, a demanda de Hernán Cortés, le remitió un cacique de Yucatán en traje del indio, porque no tenía ropa, desnudo hasta de la Lengua castellana, que con el largo tiempo se le había ido de la memoria: los soldados de Cortés aprestaron los arcabuces para matarle a él y a los que le traían, pensando que seria alguno de los muchos rebatos que les daban; ni él tuvo otro modo de explicarse, que desatar la punta de la marta, y mostrarles el Breviario o el Diurno. Veis aquí muchos europeos ya en traje de bárbaros, y este último despojado hasta del lenguaje materno: ¿qué mucho que los indios se olviden del Credo en los bosques, y se apliquen a seguir la desnudez de sus mayores? no es lo mismo parecer bárbaros, y usar su traje, que serlo: la fe es interna, y se puede avenir con aquel traje; y más donde no se usa ni puede usar otro.

Vasta lo dicho para roborar mi opinión; pero para no defraudar al piadoso Lector de una singular noticia y de un ejemplo casi sin ejemplar, añadiré otro caso, que aunque parecido, excede mucho a los antecedentes. El Venerable padre Joseph Cabarte, misionero insigne, de mi provincia, de quien ya hice, y haré repetidas veces memoria, entró al Ayrico, doscientas leguas distante de nuestras misiones, a emplear su celo entre aquellas gentes; y cuando reconoció la dureza y terquedad de ellas, junta con incesantes riesgos de morir a sus manos, no tuvo forma de retirarse, por falta de guía para tal camino: por lo cual insistió nueve años en su empresa, con el fruto de los párvulos y adultos que bautizaba en el artículo de la muerte, y no más. Pasado este tiempo tuvo oportunidad de volver a sus antiguas. misiones; pero ya entonces no le había quedado otra ropa, que una manta roída y destrozada, de las que usan los indios del Nuevo Reino. Con este vestido, que apenas alcanzaba a cubrir la desnudez, después de grandes jornadas, fatigas y continua hambre (porque solo de frutas y raíces se mantenía) dio vista a una cabaña del territorio de Santiago de las Atalayas; luego que los dueños vieron aquellos bultos, y al indio que guiaba al padre con arco y flechas, creyeron que eran espías de los bárbaros Guagivos, que salen a robar y quemar las casas distantes de la ciudad; y así luego salieron con sus escopetas; y a no haber gritado el padre, diciendo: Miren que somos cristianos, los hubieran muerto. Tal venía aquel venerable Sacerdote, que parecía y fue reputado por uno de los bárbaros, que infestan aquel país: ¿pero qué colmo tan alto de heroicas virtudes es preciso que reconozcamos en aquella alma que daba vigor a su cuerpo, para sufrir tales calamidades por el amor de Dios y de los próximos?

Y volviendo a nuestro propósito (aunque no nos hemos apartado de él) yo con la debida licencia del reverendo padre Presentado, por lo ya dicho, y por lo que diré en otros capítulos, me veo obligado a llevar la opinión contraria a la de su reverendísima; y muy especialmente si hablamos de las muchas provincias adónde no llegaron las conquistas de los emperadores Ingas y Montezumas; porque así como los emperadores Romanos (según san Leon) al sojuzgar las naciones, tenían por gran religión traer a Roma todos los errores de ellas; al contrarío los dos emperadores americanos no tenían por suya la provincia nueva-mente conquistada, hasta que introducían en ella la idolatría; por como les resta-ban muchas por conquistar, cuando fueron conquistados, en casi todas éstas no se halla idolatría, sitio un mero paganismo muy tosco: sí bien es verdad, que con el trato y comercio de estos inmediatos a las provincias, conquistadas, ya tenían sus Ídolos; y a no haber llegado la luz del Evangelio, hubiera ido caminando la idolatría. Digo pues, que donde no precedió la idolatría, reciben los indios, y retienen ingenuamente nuestra santa fe; ni por ésta restricción quiero ni puedo excluir los indios del Perú, y mucho menos los de la Nueva España: (no obstante que en dichos dos reinos se ha visto retoñar y reverdecer tal cual vez, aunque con secreto industrioso, la idolatría) Bien sabida y común es la respuesta, que un indio mexicano dio a su alcalde mayor, no muchos años después de la conquista: reparó éste, que el anciano indio frecuentaba mucho el ir a la iglesia a confesar y comulgar, que oía Misa todos los días etc.; y solo por tantear el fondo de su fe, le dijo un día estas palabras: «Yo hijo mío, no entiendo ni comprendo, ¿cómo habiéndote criado entre la idolatría de tus padres, la puedes haber abandonado ya tan de raíz como tú muestras?». a que respondió el indio una sentencia admi-rable en pocas palabras, y dijo: «Señor, la secta y ley de nuestros mayores era tan irracional, cruel y sangrienta, y nos daba en rostro tan de lleno, que no digo yo la Ley de Dios, que es santa, buena, y que nos lleva al Cielo; sino también cualquiera otra hubiéramos recibido, a trueque, de descargarnos de tan cruel y pesado yugo».

Verdad es que los Mexicanos exceden mucho en capacidad a los indios del Perú; y mucho más, sin comparación, a los de Tierra Firme, en especial donde no dominaron los Ingas: y así se ve en la Nueva España, lo que ni aun se imagina en otros reinos americanos; y es que los Mexicanos indios, que tienen medios, envían sus hijos a las Universidades; y aunque comúnmente, sabida la Latinidad, se aplican al moral, de que se hacen cargo enteramente; muchos de ellos se aplican a la Teología Escolástica, y hacen en ella lucidos progresos; tanto, que algunos han tenido acto general de la Teología, con admiración de los hombres doctos, y consuelo de sus Maestros.

Estos mismos, después de pasar por los exámenes necesarios, se ordenan de Sacerdotes: se oponen a los Curatos, a que van, y salen excelentes Curas: fuera de esto, en los Curatos de mucho gentío sirven con satisfacción de Ayudantes de Cura; si monsieur Noblot y otros de su opinión vieran esto, no hicieran tan poco aprecio de la fe de los indios. Esta reconvención no toca al R. padre Presentado; porque confiesa su Paternidad: «que en Coyoacán, lugar distante de México legua y media, al reconocer la devoción con que aquellos indios hacían una devota Procesión de Rogativa, para que Dios remediase los males que los afligían, protesta su reverendísima, que no pudo menos que enternecerse»: ternura, que no pudo ser sino por las señas, que de su viva y sólida fe daban los tales indios Cuyuacanes. ¿Y cuánto más se enterneciera si viera las sangrientas penitencias que usan en Semana santa, no solo los indios de la Nueva España, sino también los de Tierra Firme, y hasta los mismos Neófitos de Casanare?

En fin voy a dar una prueba universal, que comprenda las dos Ameritas; y sin apartarnos de la septentrional, ¿cuál seria la fe de aquel dichoso y feliz indio mexicano, a quien se apareció tres veces seguidas la santísima Virgen Nuestra Señora; y al entregarle cantidad de rosas, se dio a sí misma en la prodigiosa Imagen que dejó estampada en la misma manta del indio? ¿y qué diremos de los innumerables favores, que hasta hoy reparte la misma Señora, así a los indios, como a los españoles, en su célebre santuario de Guadalupe, donde es venerada, no lejos de la ciudad de México? claro es, que a no tener fe, no fueran favorecidos de Dios, ni de su santísima Madre. Este argumento de la fe de los americanos, que a la verdad es sólido, se halla repetido en todas las provincias principales de una y otra América: en el Perú, en el célebre santuario de nuestra Señora de Cocharcas: en Quito, en los de nuestra Señora de Qunche, y nuestra Señora de Guapulo: en el nuevo reino, en aquellos dos perennes manantiales de prodigios, nuestra Señora de Chiquinquira y nuestra Señora de Mongi. En los inmensos llanos de Casanare reparte María santísima del Buen viaje innumerables favores, y hace grandes milagros en beneficio de los indios y españoles, que de todas partes concurren a pedirla mercedes: en la de Guanare y Caracas, nuestra Señora de Curumuto, quien se le apareció a un indio en el tronco de un árbol.

El devoto que quisiere enternecerse, derretirse en lágrimas y encenderse en devoción sólida de María santísima, vea la vida del Venerable y apostólico padre Antonio Ruiz de Montoya, que dio a luz el ilustrísimo señor obispo de Santa Cruz de la Sierra; lea, digo, y considere las continuadas maravillas, con que la santísima Señora, en su Imagen del Oreto, acompañó, asistió y favoreció aquella gran multitud de indios, cuando por el gran río Paraná se vieron precisados a retirarse con sus misioneros. Allí, a la verdad, extendió la Divina Señora sus poderosas manos, para que aquellos pobres indios no se ahogasen, ni cayesen en manos de sus enemigos, ni muriesen de hambre en aquel desierto y dilatado río, dándoles las milagrosas yerbas, que a manera del antiguo Maná, les daba todas las mañanas, y les servia de sustento y medicina, hasta que llegaron a su tierra de Promisión, guiados de aquella Celestial y bellísima Nube; y forman las misiones de Guranís, donde desde el pueblo principal, que con mucha razón se llama de nuestra Señora del Oreto, tomó a su especialísimo cuidado aquellas dichosas misiones, protegiéndolas, aumentándolas, y repartiendo en todas ellas continuos favores y gracias. Tal fue el salir a recibir en el Cielo a la india Isabel, recién muerta, festejándola con danzas de niños inocentes difuntos de aquellas misiones; y el mandarla volver a su cuerpo, para que predicase y dijese a los indios cuánto los quería la reina del Cielo, a quien ellos servían: lo cual dicho, y añadiendo muchos buenos consejos, volvió a morir felizmente. Tal fue la dignación de dejarse ver de un indio, en las calles de aquel pueblo; y diciendo el tal con llaneza: ¿Señora, qué hacéis ahora de noche por estas calles? le respondió con inefable ternura: Ando rondando y cuidando de estos mis hijos. ¡Oh, mil veces felices indios, pobres, despreciados, que merecéis el amparo, la presencia, y ver el rostro de María santísima, al tiempo mismo que por su soberbia, altivez y ceguedad ha vuelto su majestad las espaldas a tantas provincias, que no piensan sino en la novedad y el horror! gran pena me da el ver que los Libros, en que se habla mal de la fe de los indios, corran por tantas manos; y que no haya ojos para leer los que con tantas evidencias prueban lo contrarío; dejo otros muchos.

Por no callar otro favor singularísimo de esta santísima señora, hecho a un indio del mismo pueblo: el caso es moderno, cierto, notorio e indubitable; el mismo padre prior general del Paraguay, que le ha predicado desde los Púlpitos en aquella provincia, me le ha referido; y también está autorizado en las Annuas de dicha provincia: ejemplo es muy digno, de que con toda energía se repita en todos los Púlpitos de la cristiandad. Sucedió pues, que el año 1724, hallándose el mencionado indio muy enfermo, fue el padre Paulo Benítez, que cuidaba de aquel pueblo, a oírle de confesión, y administrarle los santos Sacramentos; los cuales recibidos, entró en las agonías, tuvo sus parasismos, y al parecer de los circunstantes, espiró: (aunque también pudo ser desmayo largo o parasismo) lo cierto es, que después de largo rato, con espanto de todos, se sentó repentinamente, dando un confuso grito, con rostro y ademanes de espantado; pero sin poder articular palabra alguna: desde entonces empezó a mejorar hasta quedar perfectamente sano, pero enteramente mudo. Luego que tuvo fuerzas, fue a la iglesia, y estuvo largo tiempo de rodillas delante del Altar de la santísima Virgen con muestras de mucha devoción, y las manos juntas delante del pecho: devoción en que insistió todos los días por espacio de dos años, con mucha edificación, y no sin admiración de todo el pueblo; cayó segunda vez enfermo; fue a visitarle el padre Benítez, y al entrar el padre y se le desató la lengua, y dijo: «Ya, padre mío, puedo hablar por favor que le debo a la santísima Virgen, para que me confiese bien, y se salve mi alma; porque te hago saber, y quiero que lo oigan bien todos los presentes, para que lo cuenten en todas las misiones, que ahora dos años, cuando me confesé, callé un pecado por vergüenza, y despúes (no sé cómo o en dónde) me hallé en una oscuridad grande, y allí muchos demonios que ya me iban a prender para llevarme al Infierno: clamé a la Virgen santísima, quien luego estuvo a mi lado, cercada de resplandores; a cuya vista huyeron los enemigos; y entonces con rostro serio me reprehendió, porque no me había confesado bien: y que en castigo de no haber dicho la verdad en la confesión, quedaría mudo; pero que recurriendo yo a su Altar a rogárselo con perseverancia, me alcanzaría de su santísimo Hijo tiempo y habla para confesarme bien. Todos habéis visto la perseverancia con que he recurrido todos los días a clamar a nuestra piadosa Madre, y veis ahora ya concedido el favor: sírvaos de ejemplo, para ser muy devotos de la santísima señora; y retiraos mientras me confieso y preparo para morir bien». Así lo hizo con todas las veras que se dejan ver en tan singulares circunstancias; y en fin, recibidos los santos Sacramentos, entre fervorosos coloquios con Dios y con la santísima Virgen, espiró, con tan singulares prendas de su salvación, como de todo el caso se deducen.

De modo, que esta bellísima señora, más hermosa que la Aurora, más agradable que la Luna, como Sol selecto influye en los indios de ambas Ameritas tantos favores, que... ¿pero adónde voy? ¿ni cuándo podré acabar, si prosigo el asunto? y así, solo recopilaré los singulares favores que nuestra Señora de Copacabana hizo a un indio bárbaro y agreste de la nación de los Uros, en el reino del Perú.

Hallábase el tal indio totalmente tullido en su fragoso bosque; pero los favores que la santísima Virgen repartía a todos en dicho santuario, penetraban con su fama hasta semejantes retiros; y movido el enfermo de lo que los otros indios le referían, tomó el camino, a ratos arrastrando, y a ratos llevado en hombros ajenos; y llegando a la iglesia, consiguió licencia para estarse de día y de noche al pie del Altar de la santísima Virgen, pidiéndola favor por espacio de nueve días. Más (¡oh piedad de la Divina señora!) desde la primera noche bajó del Cielo llena de resplandores y de belleza; y prosiguiendo las noches siguientes, no solo enseñó al indio toda la Doctrina y las Oraciones, sino también un Himno muy devoto en que se contenía la Sagrada Pasión del Señor, en metro elegante de la Lengua Aymará de aquella provincia, que traducido a nuestro Romance, empieza de este modo:

Aquel bellísimo Esposo,
Sobre todo lo criado,
Que sin tener culpa alguna,
Sus patricios afearon.
¡Ay dolor!
Su sangre derramó por nuestro amor.

En la última visita que le hizo la santísima señora, quedó el indio con entera salud; concurrió a la novedad mucha gente, a quienes refirió los favores que de la Madre de Dios había recibido; y después de haber rezado las Oraciones, con admiración de todos cantó el Himno, causando general ternura y dulces lágrimas, creciendo en fe y devoción a vista de tales maravillas. El indio se agregó a las misiones de Juli, que están a cargo de la Compañía de Jesús, donde vivió ejemplarmente.

Y añaden aquellos padres misioneros, que siempre que el indio cantaba el dicho Himno, todos cuantos le oían, derramaban muchas lágrimas de ternura y devoción. Bien se infiere de todo lo dicho, que los indios tienen fe. Acerca de la cual, y de la gran misericordia que Dios nuestro Señor ha usado con muchos indios, trayéndoles ministros que les instruyesen y bautizasen, trato en la segunda parte, capítulo segundo, a que me remito; porque todo él es confirmación de lo que dejo asentado y probado en éste.

Antes de pasar adelante, debo también hacer mención de monsieur Bion; el cual en su erudito toma del uso de ambos Globos e Historia Geográfica hace práctica demostración en su estilo y método, que se puede decir mucho en pocas palabras, y que grandes volúmenes se pueden estrechar a una clarísima y breve suma. Dice pues este noble Autor en orden al porte de los españoles para con los indios, estas palabras: «Los indios creen, que todos los cristianos (esto es, que también extranjeros) son malos y crueles; e imaginan que todos son del humor de los españoles, a quienes los indios han visto practicar mil crueldades». Y a la verdad no necesitaba dicha apreciable obra de esta noticia tan curiosa: sin ella hubiera logrado todo el lucimiento que se merece; pero ya parece que es moda antigua y rigurosa el que nos favorezcan con estos y otros peores elogios aquellas mismas Plumas, de quienes hablamos con respeto y estimación. La mía deja la respuesta correlativa en un profundo silencio, en agradecimiento de la honra que monsieur Bion hace a los misioneros españoles, que trabajan entre los indios, a quienes compara con los varones apostólicos de la Compañía de Jesús, que a fuerza de afanes evangelizan a los indios de la Nueva Francia, por otro nombre, Canadá.

Pero por otra parte me da pena, y no percibo cómo, siendo ya su tercera impresión la que corte, y como en su principio protesta, sale revista y corregida por su erudito Autor, no ha visto ni corregido su merced una errata tal, como la que se contiene en éstas sus palabras, fielmente traducidas: «Todas las relaciones dicen muchas cosas buenas de aquel rey de México, llamado Montezuma, al cual los españoles quitaron la vida, por apoderarse de sus tesoros»: ¿qué relaciones son todas éstas? ¿de quién son? ¿qué autoridad tienen para publicar una fábula tan palpable? ¡lástima es ver en tan excelente libro este otro borrón!

Y aun causa mayor compasión ver, que da crédito a semejantes relaciones, cuyos Autores hallan mucho que alabar en Montezuma, ciego y gentil, cuya soberbia excedió en mucho a la de sus predecesores; y por ella le amenazó Dios con tan repetidos e infaustos anuncios su ruina y la de su Imperio: para este rey terco, a quien sus mismos vasallos quitaron la vida a violencia de las piedras, que le airaron: (ni sé cómo; pues tan duro como ellas, aunque se lo rogaron mucho, no quiso dar oídos a nuestra santa fe) para este terco idólatra tienen los dichos Relacionistas muchas cosas buenas que decir: no las negamos, y primero las dijeron Castillo, Herrera y Solís. Lo que debo notar es, que teniendo tantas cosas buenas que decir de aquel ciego gentil, de los españoles no se les ofrece decir ni una sola cosa buena; y no hallando que tachar ni motejar en la justificada conducta de Hernán Cortés para decir algo malo, fingen una quimera, tal como decir: Que el rey de México murió a manos de los españoles; y para agravarla más, añaden otra, interpretando la intención y causa del hecho, diciendo: Que fue para hacerse dueños de sus tesoros. Pues sepan los tales Relacionistas, que la mayor pesadumbre que Cortés y los suyos tuvieron en toda su conquista fue la que les causó la muerte violenta de Montezuma, y que por causa de ella no adquirieron, sino que perdieron las riquezas que el mismo rey espontáneamente les había dado; y perdieron muchas vidas de esforzadísimos soldados, que por querer llevar algún oro, no llegaron a lograr el orden que era necesario en tan reñida y peligrosa retirada. Esto sí es cierto, y se puede ver en los Autores citados, si hay ojos para ver la verdad; y bien pudieran haber dicho muchas cosas buenas y heroicas de Cortés y sus españoles, como, sacadas de originales verídicos, las han publicado otros Escritores extranjeros; pero dejo esto apuntado y en embrión.

Y paso a rogar en amistad a monsieur Bion, que su merced o sus herederos, antes de la cuarta revista, corrección e impresión, lea a Castillo, a Herrera, o a lo menos lea a Solís; que está tan genuinamente traducido en Francés, que supo el Traductor beberse y trasplantar a su Idioma, no solo la verdad de su original, sino también la mejor y más fluida elocuencia; y allí verá que la mancha que los Relacionistas falsamente atribuyen a la conducta siempre loable de Cortés en México, es la decantada temeridad de Pizarro en el Perú; y si por ser este hecho verdadero, le quiere imprimir, le suplico que le remita a la Prensa con todas sus consecuencias, que son los tremendos daños que se le siguieron a Pizarro por su atentado. Cuán mal recibido fue en esta corte por nuestro católico monarca, y cuán mal visto, reprobado y censurado fue el tal hecho por todos los españoles, éste debe ser uno de los cuidados de los Escritores al publicar una verdad, que (sea la que fuere) amarga, sino a unos, a otros de diverso paladar; y tanto, que no la pueden tragar; vístase de sus circunstancias, que ellas mismas sirven de sainete para suavizarla; que las píldoras amargan, si doradas causan menos horror o los enfermos.

Capítulo XVIII. Resumen de los genios y usos de las demás naciones, que hasta el corriente año de 1740 se han descubierto en el río Orinoco

No conviene que prosigamos navegando Orinoco arriba, como hasta aquí: lo primero, porque de estos Salibas para arriba está el río lleno de peligrosos raudales, despedazándose el agua entre fieros peñascos, en repetidos lugares; en donde también suelen hacerse pedazos muchas Embarcaciones. Lo segundo, porque algunas de las naciones, de que hablaré ahora, no viven cerca del Orinoco; y fuera gran fatiga ir por tierra, y más donde no hay ni caballería ni carruaje. En el mismo puerto, donde dimos fondo, se levanta en forma de pirámide uno de los más vistosos obeliscos que ha criado naturaleza: tiene su firme basa algo más de media legua de circuito, y estribando sobre sí misma, se levanta la peña, toda de una pieza, a una altura maravillosa: solo por dos ángulos permite paso a su cumbre; y para poder subir sin sobresalto de bajar precipitados, es preciso desnudar los pies de todo calzado; vamos subiendo, que esta elevada cumbre llamada Pararuma, más parece idea del arte, concebida en la más amena fantasía, que roca natural. La misma cumbre, que a lo lejos parece cúspide piramidal, es un bellísimo plan de figura ovalar, rodeado de un firme bordo, que se labró la piedra de su misma pieza, cuyo seno y fondo es de tierra muy fértil, elevada a tal altura a fuerza y fuerzas de indios, o depositada por las aguas turbulentas del universal Diluvio. En este terreno tienen los Salibas una hermosa huerta, siempre fresca, por la oculta vena de agua que le ofrece la dura peña; aquí hay plátanos, piñas y las demás frutas que da la tierra; pero lo mejor que tiene para nuestro intento es una fresca y amena arboleda silvestre, que han reservado los Salibas para lograr el fresco, así de su sombra, que en tal altura jamás falta, y para observar desde aquella eminencia las Embarcaciones enemigas, que suben río arriba. Tomemos aquí nuestros asientos, y a todo placer, y sin dar un paso, vamos registrando con la vista terrenos poblados de gentiles y cristianos nuevos, tantos, cuantos no pudiéramos visitar en muchas semanas de camino. Al Oriente y al Sur pondremos las espaldas; porque por estos dos vientos se halla atajada la curiosidad, con la fragosa Serranía, que acompañando al Orinoco desde su primer origen, corre hasta sepultarse con él en el Océano; pero al Norte y al Poniente no hay altura que estorbe la vista, hasta que fatigada, se da por vencida entre el Cielo y el inmenso llano, uniéndose al parecer uno y otro para formar el Horizonte, nada menos distante, que el que registra en alta mar la vista más lince desde el tope del navío.

En este mismo lado del Sur, donde estamos, siguiendo agua arriba el Orinoco, hallamos otra peña más singular que ésta sobre que estamos: tiene más de seis millas de circuito, y toda es de una pieza, sin añadidura alguna: también está coronada de arboleda silvestre: tiene difícil y única subida, y ha de ser a pie descalzo por su parte Oriental: desde su cumbre hasta dar en el espacioso plan (que a modo de balcón ofrece al río) medimos de altura perpendicular ciento veintiséis brazadas: el plan, que tiene cuarenta pasos de ancho, y más de ochenta de largo y dista de la lengua del agua catorce varas perpendiculares; en este balcón o plan, que ofrece la disforme peña, formaron los misioneros una fuerza con tres baterías, cuarteles y casas para una parcialidad de indios Salibas que se han agregado a dicha fuerza. Esta fue más dirigida de la urgente necesidad, que del arte, y fabricada por mano de los mismos padres misioneros, soldados e indios, contra las continuas invasiones de los bárbaros Caribes, año de 1736, con tan feliz éxito, que desde que la vieron, ningún armamento de ellos se atrevió a llegar; y aunque lleguen, es totalmente invencible, porque no da subida, sino para ir de uno en uno, y ayudándose de pies y manos, para no caer: ni puede ser asaltada la fuerza por otra parte. El río, todo cuanto él es, se estrella con este tremendo peñasco, que se llama en aquella lengua Marumaruta: los españoles que no pueden pronunciar bien la palabra, llaman Marimaróta; y oprimido el río de otras peñas y arrecifes del otro lado, se estrecha todo aquel gran cauce de Orinoco a solo un tiro de fusil, con tales remolinos y precipitadas corrientes, que da paso muy arduo a los Navegantes. ¡Ojalá junto al mar hubiera otra angostura, para atajar los Caribes de la costa! con dicha fuerza hemos resguardado gran parte de las misiones, aunque las que están de esta fuerza para abajo, han quedado expuestas a los repetidos asaltos que padecen de los Caribes: llámase esta Fuerza y pueblo de san Francisco Xavier; la cual, con la casa fuerte de enfrente, cierra totalmente el paso al Enemigo; por el pie de esta peña entra el río Paruasi, que baja de la Serranía del Sur, en cuya vega se ha formado de nuevo la misión de san Joseph de Mapoyes, de gente dócil y tratable. Y que recibe bien la santa Doctrina. A cuatro leguas de río arriba, pasado el furioso raudal de Carichana, en la boca del río Meta, está la colonia de santa Teresa de Jesús, de nación Saliba, tan dócil como ya dijimos. Y siguiendo el río agua arriba, viven a sus márgenes varias capitanías de Salibas, la gente Aturi, los Quirrubas, Maypures y Abanes: todas son naciones benignas y prontas a recibir la fe, y solo faltan los operarios; que la mies madura está ya.

Síguese la nación Caberre, copiosa en pueblos y gentío, y valientes; tanto, que las armadas Caribas siempre han llevado con ellos el peor partido: gente no solo bárbara, sino también brutal; cuya vianda ordinaria es carne humana de los enemigos, que buscan y persiguen, no tanto para avivar la guerra, cuanto para apagar su hambre; no obstante, han bajado ya dos veces a nuestras misiones; de paz y amistad; y se volvieron contentos, porque fueron bien recibidos y agasajados. Llegan los Caberres poblando el Orinoco y tierras Occidentales de él hasta la boca del río Ariarí. De este río para arriba no han penetrado todavía nuestras misiones: solo tenemos noticias de estar lleno de indios gentiles todo aquel terreno hasta Timaná y Pasto, Poniente del Orinoco; y por la banda del Sur hay también, según las noticias lo publican, muchas naciones, y la principal la de los Omaguas o Enaguas, donde se idea el famoso Dorado, que ha tantos años que dio el nombre a todo el país de Orinoco, y de que trataremos al fin de esta primera parte. Ahora volvamos la vista a los dilatados llanos de la parte del Norte y del Poniente, que interrumpidos con muchos ríos, vegas y bosques, forman un bello país, siempre ameno y verde, sin despojarse árbol alguno de sus antiguas hojas, hasta vestirse primero de verdes y pomposos cogollos.

Aquí, entre el río Synaruco y Meta, se formaron las colonias de Santa Bárbara y de San Juan Francisco Regis a fines del año de 1739, habiendo dado la paz la nación Sarura; de la cual, el padre Manuel Román, Superior actual de aquellas misiones, en carta de 20 de febrero de 1740 me da muy buenas noticias del buen genio y docilidad de aquella nación, y que recibe con ansia la enseñanza, con esperanza de que se formarán otras reducciones con el buen ejemplo de estas dos primeras. Y añade, que en la colonia de San Francisco de Borja de la misma nación Sarura, que está al cuidado del padre Francisco del Olmo, el cual ha reducido aquella Lengua a Arte y Vocabulario, florece mucho la nueva cristiandad; y que entabladas ya las escuelas de leer, escribir y de canto de órgano, ofician aquellos niños (poco antes montaraces) y cantan las Misas, Salves, Letanías etc. con mucha decencia; ¡tanto es lo que produce en aquellas selvas el cuidadoso y diligente cultivo! del pueblo de Santa Teresa cuida con la misma eficacia el padre Roque Lubian; del de San Ignacio el padre Bernardo Botella; el dicho padre Superior, el padre Joseph María Cervilini y el Hermano Agustín de la Vega atienden lo mejor que pueden al resto de los pueblos nuevos, y claman por operarios, con la firme esperanza que el Señor los enviará cuanto antes.

Dejado este llano, tendamos la vista al otro lado del río Meta; y bien se puede; porque desde sus vegas hasta las márgenes del río Ariari, que también baja de la Serranía del Nuevo Reino, hay un llano intermedio, que pasa de trescientas leguas, interrumpido con ríos, arroyos de menor porte, y con muchas lagunas: este dilatado campo es la palestra de las continuas guerras de las dos naciones andantes de Guayvas y Chiricoas, que incesantemente giran y vaguean; sin tener casa, hogar, sementera, cosecha ni morada fija, según nos pintan a los Chichimecos de la Nueva España.

Andan siempre de un río para otro; mientras los indios pescan o cazan Venados, fieras y Culebrones para la vianda, las mujeres arrancan unas raíces, de que abunda toda aquella tierra, que se llaman Guapos (son a modo de las batatas blancas o criadillas de la tierra, de que abunda Galicia). Otras raíces, de hechura de un pan grande, hallan, pero no con tanta abundancia: llámanse éstas en su lengua Cumacapana, y son de mejor sabor que las otras. Estas raíces les sirven de pan; y todo cuanto hallan, aunque sean Culebrones, Buyos, Tigres y Leones, todo es bueno y sabroso para aquellas dos naciones; las cuales, hállense donde quiera que fuere, han de pelear, a fin de hacer esclavos, que van a vender a otras naciones; por cuya paga reciben hachas y machetes para formar tugurios, tan a la ligera, como que solo les sirven una o dos noches, y luego pasan adelante; de modo, que su vida y la de las fieras silvestres se distinguen en muy poco solo que duermen con mucho sobresalto, y las fieras no; porque por temor de ser asaltados de noche, en una parte cenan y dejan fuegos encendidos, y se apartan a dormir en otra; y ni esta diligencia les vale; porque ellos ya se entienden unos a otros para su daño y ruina.

El modo de marchar todos en una fila, en su continuo andar, es éste: primero marchan los mocetones fuertes, armados de arco, flecha y lanza: la paja que brotan aquellos llanos, de ordinario, excede la estatura de un hombre: y así el delantero tiene la fatiga de ir abriendo y apartando la paja a uno y otro lado, y pisar el pie de ella, para abrir sendero; y como camina descalzo y desnudo en cueros, el corte de la maleza le hiere y ensangrienta, en especial de las rodillas para abajo; y en cuanto se ve fatigado y herido, se aparta a un lado, deja pasar toda la fila de chicos, y grandes, que hay tropa de ellos que ocupa una legua, y se pone el último de todo; donde con el piso de tantos, ya el camino está bueno, y en su lugar prosigue abriendo trocha el que marchaba a sus espaldas; y de este modo se van remudando todos los delanteros. Después de los cuales marchan los casados con sus armas y algunos chiquillos tiernos al hombro: síguense los ancianos, que pueden andar por sus pies, y las mujeres débiles y ancianas: luego se siguen las casadas, cargadas con unos canastos muy grandes, y en ellos platos, ollas y otros menesteres de cocina: de ordinario, sobre el canasto va un chiquillo sentado, y otro va prendido del pecho de la madre: los mayorcillos marchan junto a sus madres: en la retaguardia van los indios de más fuerza, cargando cada uno un recio canasto, y en él un inválido, sea hombre, mujer, viejo o mozo: allí va un hospital portátil en aquellos canastos: ciérrase la fila con gente de guerra y con los que cansados ya se retiran de la vanguardia.

No es gente que se apura: en cuanto murió en la marcha algún enfermo de los canastos; se aparta de la senda el carguero ayudado de los dos últimos de la fila, le medio entierran, y a veces no (yo me he encontrado muchas veces con calaveras y osamentas de ellos; de que infiero que rara vez entierran a sus difuntos). Fuera de esto acaece, que en estas marchas le dan los dolores de parto a una o muchas de aquellas indias: se aparta un paso del camino, pare, envuelve de nuevo la criatura con las secundinas, y corre aprisa para proseguir marchando con todos llega al primer río, que se ofrece, allí lava la criatura, se lava a sí misma, y ya está libre de su parto, y convalecida también: ¡tanto vale criarse al rigor del Sol y del sereno!

Es gente briosa y atrevida: luego que a la orilla del río dejan los canastos, y a las mujeres arrancando raíces, salen en forma de media Luna por aquel contorno, y no hay tigre ni bestia que escape de sus manos: si tienen la fortuna de dar con tres o cuatro tigres, o con un atajo de diez o doce venados, estrechan los cuernos de la media Luna, y unidos marchan en forma circular todos al centro, hasta llegar a tiro de flecha; y entonces sobre cada tigre o venado llueven tantas flechas, que ninguno escapa. Para facilitar sus cacerías, y que la paja alta no impida, tienen gran cuidado de pegar fuego a los matorrales, cercanos a los ríos donde ellos van a parar, y los animales a beber; y también aquella paja, yerba y heno, que retoña de nuevo, atrae a los venados y a otra multitud de animales, que buscan pasto tierno.

Estas dos naciones han sido piedra del toque de nuestros misioneros antiguos y modernos, el crisol donde se ha refinado su tolerancia y sufrimiento, y un campo, que después de cultivado con increíbles afanes, y regado con los sudores y lágrimas también de muchos operarios, se ha mostrado estéril, árido e ingrato; y en lugar del fruto correspondiente, no ha producido sino espinas y abrojos: generación de Gitanos, o rama de ellos que entregados a una vida vagabunda, todo lugar fijo, aunque lleno de las mayores conveniencias, les parece cárcel intolerable y remo de galera insufrible. Los pueblos de estas dos naciones, que recién entrados, hicieron los padres misioneros, llegaron a tal altura, que nadie dudó de su perseverancia; pero cuando menos se pensaba todos se desaparecieron como humo. Por último, el año de 1725 se emprendió su reducción con todo el empeño; y después de recogidos a vida civil y racional cinco pueblos, ya formadas sus sementeras, y con abundantes frutos (a que se tiró, para aligarlos más) repentinamente cada pueblo tiró por su rumbo, y no se han vuelto a ver aquellas gentes: solo nos quedó el consuelo de gran multitud de párvulos y adultos, que con el santo bautismo lograron el Cielo. De las misiones y naciones reducidas en Meta, Casanare y los demás ríos, habla largamente en su Historia el padre Joseph Casani; y en fin, quien vio las naciones que he apuntado, vio las otras.

Capítulo XIX. De sus monterías, animales que matan para su regalo, y otros de que se guardan con cuidado

Apartemos la vista de aquellas vastas llanuras, no la fatiguemos más, supuesto que desde esta bella cumbre en que estamos, podemos ver más de cerca curiosidades más agradables, y que con mayor novedad diviertan nuestros ánimos.

Los indios han pedido (como acostumbran) licencia a sus misioneros para divertirse en las selvas, la mitad de ellos, quince días; y al retorno de estos van los restantes por otro tanto tiempo; en lo cual no solo se atiende a que se diviertan en sus nativos bosques, sino también a que traigan (como lo hacen) carne seca al calor del fuego para sus mujeres y familias. Allá en el otro lado de Orinoco están arrimando sus arcos, flechas y arpones, para formar estancia, desde donde, un día por uno, otro día por otro rumbo, salgan a batir y espantar los jabalíes que abundan, con otras muchas especies de animales silvestres, de carne gustosa y tierna. Escogen a la orilla del río la arboleda más coposa, y cortada la maleza con sus machetes, limpian y barren aquel suelo con mucho aseo, para ahuyentar las culebras: cuelgan de unos árboles a otros sus redes chinchorros para dormir: juntan gran cantidad de leña, para mantener toda la noche llamarada de fuego contra los Tigres; los cuales, aunque bramen muchos junto a la ranchería; mientras arde el fuego, ninguno se atreve a llegar; por lo cual velan los indios siguiendo su turno, cuidando de que arda el fuego: y este modo de formar ranchería, y con las mismas circunstancias, guardan los padres misioneros en todas sus entradas y salidas, por aquellos bosques y selvas pobladas de Tigres; tanto, que en las vegas del río Apure hubo noche, que nos quitaban el sueño con sus bramidos ocho o diez Tigres; pero como arda el fuego, no hay que temer.

Formada ya su estancia o ranchería, tejen los cañizos, sobre los cuales han de poner la carne para irla secando a fuego manso; los cuales elevan sobre la tierra cosa de una vara, afianzándolos sobre cuatro o seis horquetas firmes: luego previenen sus arpones: estos son de hueso o de hierro, de punta muy aguzada, y a buena distancia de ella tiene dos lengüetas a los dos lados; de modo, que entrando el arpón, obstan las dos lengüetas para que salga. Este arpón está prendido con un cordel fuerte de pita bien retorcida, afianzando el otro extremo contra la verada o astil de la flecha; de aquí es, que luego que el arpón clava al Jabalí, se desprende de la verada o astil en que estaba levemente afianzado: corre la fiera entre la maleza, agitada de la herida, y la verada o astil que lleva arrastrando: luego se traba y enreda entre las ramas, por lo cual queda asegurada; y así descuidan los monteros de los jabalíes o Paquiras, que van arponeando, hasta que no les queda arpón en la aljaba, haciendo gran carnicería en breve rato. Van por aquellas selvas los jabalíes en manadas grandes: la fortuna de los Cazadores consiste en dar con una manada brava, y que haga frente; entonces a todo su gusto logran todos los arpones: si la Piara huye, logran el lance siguiéndola, pero con el trabajo de ir después recogiendo en largo terreno los jabalíes heridos: de los cuales ninguno se pierde; porque al ir precipitadamente en su alcance, van al mismo tiempo rompiendo ramas tiernas con gran destreza, las cuales sirven de seña segura para volver por los mismos pasos que habían ido. Y este modo de caminar, dejando dichas señas, se practica en todos los viajes, que por aquellas espesuras hacemos; y la razón es, porque no hay caminos ni trochas abiertas, y rarísima vez se forma senda; y así, para seguir uno de aquellos derroteros, no se atiende al suelo, porque en él no hay señal, por estar cubierto de más de un palmo de hojas secas: solo se atiende a las ramas quebradas, y por ellas conocen los indios cuantos años ha que no se trajinó aquel rumbo; porque la rama quebrada cada año echa su renuevo, y por los mismos cuentan seguramente los años.

Los Tigres cogen también al Jabalí, que se desmanda o queda muy atrás de los otros, porque a la tropa entera no se atreven a embestir; pero con todo es grande la abundancia de jabalíes, a causa de ser muy dilatadas aquellas selvas, y abundantes de frutas silvestres; y en comparación del terreno, muy pocos los indios que entran al ojeo: las Paquiras matan al modo dicho, y abundan del mismo modo. Es la Paquira especie de jabalí, pero es la mitad menos corpulenta: tiene también la uña rajada, y los cuatro pies blancos; pero es cosa singularísima ver, que tiene el ombligo encima del espinazo, y en él un bulto notable, dentro del cual hay gran cantidad de almizcle, de un olor excesivamente intenso; tanto, que si muere la Paquira antes que la corten de raíz el ombligo, ya no es comestible su carne, porque se inficiona toda con dicho almizcle, que es lo mismo que después diremos del mucho almizcle, que el caimán o Cocodrilo de Orinoco guarda en las conchas del pecho; las cuales, si no se arrancan estando él vivo, no se puede comer su carne por el almizcle que se difunde en ella.

En este ojeo encuentran Armadillos, cuatro veces mayores que los que se crían en el llano limpio, de que hablaré después. Estos están vestidos por todas partes de unas conchas tales que como si unas contra otras tuvieran goznes, se ensanchan y se ajustan, según los movimientos del Armadillo: ellos viven en cuevas profundas, que cavan con sus agudas uñas, y no se apartan mucho de su escondrijo para refugiarse en él; su carne es tierna y delicada; pero algo fastidiosa por el olor que tiene de almizcle.

Si algún día tienen mala fortuna, y no encuentran jabalíes ni Paquiras, no por eso vuelven vacíos a su puesto; porque en todas aquellas selvas hay abundante multitud de Monos y Micos de muchas especies, en que escoger a todo su gusto, y emplear sus arpones; y es de saber, que cada nación de indios gusta de una especie de Monos, y aborrece a las otras: los Achaguas se desatinan por los Monos amarillos, que llaman Arabata: estos por la mañana y a la tarde hacen infaliblemente un ruido intolerable, con ecos tan bajos, que causan horror. Los indios Tunevos gustan mucho de los Monos negros: son estos muy feos y bravos; y al ver gente, bajan con furia hasta las últimas ramas de los árboles sacudiéndolas, y regañando, con eso los Cazadores los matan a su gusto. Los Jiraras, Ayricos, Betoyes y otras naciones aborrecen a las dos especies dichas, de Monos, y persiguen y gustan de los Monos blancos, que son también grandes, nada menos que los amarillos y negros: su carne es buena; pero por más fuego que se le dé, siempre queda dura: el hígado de dichos Monos es bocado regalado y apreciable.

Por lo que mira al gran número de varias especies de Micos o Monitos pequeños, todas aquellas naciones comen de ellos; ni hay en qué escrupulizar; porque así estos, como los Monos grandes, solo se mantienen de frutas silvestres, muy sanas y sabrosas; de las cuales se mantienen también los indios durante su montería; y en los viajes que los padres hacen por aquellas y otras selvas, observan los frutales en que están comiendo los Monos y Micos, y a todo seguro comen y se mantienen de aquellas frutas, que son: primero, dátiles en grande abundancia: segundo, naranjillas, de un agrio muy sano, y son del mismo color, y algo menores que las naranjas ordinarias: tercero, guamas muy dulces son de la hechura de las algarrobas del reino de Valencia, pero de color verde, aunque estén maduras: cuarto, también abundan los Guaymaros, que cargan mucho de unas frutas, menores que bellotas, de mucho gusto; pero la reina de las frutas silvestres, es la que llaman los indios en su Idioma Mutuculicú, y por su singular sabor la llaman los españoles leche y miel; porque es tan sabrosa y suave como dice el nombre que la han puesto, y juntamente es muy sana: donde quiera que hay estos frutales, hay grandes avenidas de toda especie de Monos y de Micos; pero cada manada de por sí, porque las unas se tienen miedo a las otras, según se infiere; porque si una llega a los árboles donde está comiendo otra, ésta luego se retira a comer a otra parte.

también se valen los Cazadores y los que andan por los bosques de otras frutas, que no son de árboles, como las dichas. Primero, son de mucho sustento unos racimos, al modo de uvas negras, que nacen de unas palmitas tan bajas, que con la mano se alcanza su fruto: llámanse Mararabes: segundo, otras palmitas algo más altas, y muy llenas de espinas, dan otros racimos de mayor tamaño, y su fruta es agridulce y muy sana: se llama Cubarros; tercero, de las palmas silvestres, llamadas Veserris, y otras llamadas Cunamas, veremos después el aceite admirable que sacan de sus dátiles. Fuera de dichas frutas de árboles, por el suelo de aquellos bosques se halla una multitud grande de varias especies de piñas silvestres, y de otras que por ser menores, se llaman Piñuelas, unas y otras suaves al gusto: brotan también todo el año gran cantidad de hongos, de varias especies diferentes, de que usan los indios, en especial de unos que nacen al pie de los árboles caídos, que llaman Osobá.

De todo van cargados al sitio destinado para dormir; pero sobre todo matan gran cantidad de Pabas pardas, y de Paugies, aves grandes y de buena carne, que vuelan poco, y van saltando de rama en rama por las vegas: de éstas asan gran cantidad para llevar a sus mujeres; y al mismo tiempo logran las plumas, que son vistosas, y mucho más los copetes, que a modo de coronas tienen sobre las cabezas. también comen (y logran las bellas plumas) de gran número de Papagayos de diferentes especies, de que es preciso tratar en otro lugar.

Cuando vuelven a su puesto, ya hallan que los dos indios que se remudan a guardarle, han juntado grandes montones de leña, para ir secando la carne de que vienen cargados: y es maravilla ver lo que comen aquellos indios; aun los que lo ven, no lo acaban de creer: son voraces, más de lo que se puede ponderar. El descanso de las noches no es mucho; porque se han de remudar a cuidar del fuego, no solo para espantar los Tigres, sino también para ir asando la carne: fuera de esto, la plaga de innumerables mosquitos, los gritos incesantes de los Pericoligeros, el ruido de los gatos de monte, que llaman Cusicusis: todo estorba el sueño en gran manera. Pericoligero es un animal del tamaño, de un perro lanudo; su pelo muy suave y sutil, y en la espalda y en el pecho dos manchas pardas cuadrangulares; la cara y cabeza de hechura de tortuga; pero tiene orejas, las que no tiene la tortuga: el pecho y barriga tiene contra el suelo, y los dos brazos y piernas tendidos a uno y otro lado, como una rana: se llama ligero, porque la mayor jornada de todo un día será un cuarto de legua: para levantar una mano, gasta tanto tiempo, que se puede rezar un Credo despacio: de día duerme, y de noche en las selvas no deja dormir; porque cada rato da tres ayes en punto de solfa, y luego de otros sitios responden otros muchos en el mismo tono; y con esta música se ahuyenta el sueño: sus pies y manos rematan con tres uñas, en forma de semicírculo, tan fuertes, que la cosa que cogen, no hay forma de soltarla; con ellas se ayudan para subir a los árboles; de cuyas hojas se mantienen, y no de otra cosa. El Cusicusi es del tamaño de un gato: no tiene cola, y su lana es tan suave, como la del castor: todo el día duermen, y de noche andan ligeramente de rama en rama, buscando pajaritos y sabandijas, de que se mantienen. Es animalejo de suyo manso; y traído a las casas, no se huye, ni de día se menea de su lugar; pero toda la noche anda trasteando la casa, y metiendo el dedo, y después la lengua (que es larga y sutil) en todos los agujeros; y cuando llega a la cama de su amo, hace lo mismo con las ventanas de las narices; y si le halla la boca abierta, hace la misma diligencia: por lo cual no hay quien quiera semejante animal en su casa.

Pasados en fin quince o veinte días, vuelven los Cazadores a sus casas cargados de carnes asadas, y de muchas plumas; y sus mujeres les dan la bienvenida, con muchas tinajas de chicha que les tienen prevenida, y todo para comer y beber largamente dos o tres días; y luego quedan tan faltos de vianda, como estaban antes.

La nación Achagua gasta menos días en volver con mucha carne de Ante asada: salen los Antes del río a comer paja tierna: los Achaguas están sentados entre la misma paja, y saben remedar bien el eco del Ante: al tal eco responde la Anta (es lo que llamamos la gran Bestia) y ambos juntos vienen al reclamo del Achagua: éste dispara a cada uno su flecha de veneno, llamado Curare, y ambos caen muertos luego al punto; de modo, que si hay fortuna, en un día se matan: en el día siguiente se asan, y al tercero o cuarto día ya están en sus casas cargados de carne asada, y no despreciable; porque sabe la carne de Ante a muy rica ternera, aunque su figura es la más rara que se puede pensar: su cuerpo es del tamaño de un jumento o de un muleto de un año: los cuatro pies cortos, que no corresponden al cuerpo, rematan, no en dos pesuñas, como las de la ternera, sino en tres; y éstas son la uñas afamadas y tan apreciables, que vulgarmente se llaman las uñas de la gran Bestia, por haberse experimentado admirables contra la gota coral, tomando de sus polvos, y colgando una de aquellas uñas al cuello del doliente. La cabeza del Ante tiene alguna semejanza, aunque poca, a la de un cebón; y tiene entre ceja y ceja un hueso tan fuerte, que con él rompe quanta maleza y palos halla por delante en las selvas; de modo, que el Tigre se esconde junto al pasto que ve trillado de los Antes, salta encima del primero que pasa, y le aferra con sus cuatro garras: si el paraje es limpio, perece el Ante; pero si hay maleza cerca, y arboleda, recae el daño sobre el Tigre; porque corre furiosamente el Ante, mete la cabeza por lo más escabroso de la selva con tal ímpetu y fuerza, que si el Tigre no se ha desprendido antes, perece despedazado entre los palos y los abrojos.

La cola del Ante tampoco dice ni corresponde a su cuerpo; porque es corta, delgada y retorcida, ni más ni menos que la de un cebón; también tiene crin, que le da algún aire; pero no excede de la crin de un jumento: de tan buena gana vive en el profundo del río o de la laguna, como en tierra. Es verdad que para pacer la yerba de su regalo especial, que se llama Gamalote, siempre sale a tierra: en fin, ella se llama comúnmente la gran Bestia: no sé por qué; tal vez será, porque es un animal irregular, que viene a resultar de varias partes de otros animales, sin que en el todo se parezca a alguno de ellos.

¿Pues qué diré de sus dientes, y de lo la facilidad y destreza con que despelleja de alto abajo a los perros, cuando se ve rodeado y perseguido de ellos? el Ante no deja su puesto, por más que le acometan; y es tal su habilidad, tenacidad de dientes y fuerza con que arroja al perro que acertó a morder, que quedándose con la mayor parte del cuero del perro, le arroja bien lejos despellejado, y dando terribles aullidos; con lo cual huyen los otros perros, espantados de la desdicha de su compañero. ¿Cómo hace el Ante este daño, tal y tan instantáneamente? ni los mismos españoles, que gustan de cazar los Antes, por la diversión y por el interés de la piel y de las uñas, que ven morir en cueros y sin piel todos los días a sus perros, no saben decir cómo es, ni explicar la destreza con que lo hacen: un Ante, que nos trajeron los Achaguas a la colonia de Guanapalo, tenía de largo dos varas y cuarta.

Capítulo XX. Resinas y aromas que traen, cuando vuelven los indios de los bosques y de las selvas: frutas y raíces medicinales

No solo se utilizan estas gentes de la carne plumas de los animales y aves que matan: tienen también la ganancia de otros intereses, que les dan aquellas

174

desiertas arboledas; y a la verdad es muy poco lo que en ellas se ha descubierto, en comparación del gran tesoro que yace escondido por falta de personas inteligentes; a mí me ha sucedido muchas veces quedarme absorto en medio de aquellos bosques, y embargado el movimiento de una tal fragancia y suavidad de olores exquisitos, que no hallo con que explicarme. Preguntaba entonces a los indios compañeros, ¿de dónde salía aquel bellísimo olor? y la respuesta era: ¿Odi já, Babí? ¿Quién sabe, padre? para mí es indubitable, que hay entre aquellas vastas arboledas resinas, aromas, flores, hojas y raíces de grande aprecio, y que serán muy útiles a la botánica, cuando el tiempo las descubra; ahora apuntaré lo poco que se ha descubierto, que creo muy útil al bien público.

Dejo a parte las vainillas, que en dichos bosques se crían, de unos sarmientos siempre verdes, que suben enredándose en los árboles. Hállase abundancia de unos árboles, llamados Cunasiri, en lengua Betoya y Jirara: son de tronco corpulento, y él color de la madera medio encarnado: todo el palo es aromático, y todo el interior del tronco, y la misma corteza está penetrada de granos muy menudos, tan aromáticos como el incienso: no solo esto, sino las mismas raspaduras del Cunasiri, o el aserrín que cae cuando asierran tablas, puestas sobre las ascuas, exhala el mismo olor del incienso.

Abunda también el cedro, y es la mayor parte de aquellas arboledas; pero lo singular es el cedro, que llaman blanco, a distinción del otro, que es de color encendido. Este cedro blanco se parece mucho, no en la hoja, sino en el color de la madera, y en lo dócil de ella a nuestros pinos: no arroja resina fuera de sí; pero cuando se asierra para tablazón, se hallan concavidades, llenas de cierta goma aromática, mucho más suave que el incienso: con esta diferencia notable, que si el cedro blanco es mediano, se halla dicha goma en sus concavidades cuajada, pero dócil y tratable, y de color algo dorado; si el cedro es mayor, se halla hecha granos la goma; y si es el cedro ya grande y añejo, dicha goma se halla hecha polvos amarillos; pero siempre con la misma fragancia y olor suavísimo. No lejos de la capital del Nuevo Reino se hallan también estos cedros, y es la madera más usual en Santa Fe de Bogotá para todas las obras domésticas.

El palo de Anime es tan común en dichos bosques, que apenas se da paso sin encontrarle en los ríos Tame, Cravo, Macaguane y otros muchos: le pican los indios el tronco con un machete, y por cada herida llora cantidad de resina tan blanca como la nieve, de un olor muy suave; y se ha experimentado, que su humo alivia grandemente la cabeza, aunque esté con jaqueca; y cuando ésta proviene de frío, con dos parches que se ponen en las arterias que bajan de la cabeza por detrás de las orejas, se reconoce luego la mejoría; después que esta resina está largo tiempo recogida, cría color algo amarillo; y no dudo que servirá para otros muchos remedios, con el tiempo y la experiencia. Tres frutas, a modo de ciruelas verdes, echa el Anime de cada cogollo: jamás maduran, por lo que mira a poderse comer; porque siempre su jugo es un cáustico tan activo, que morder la fruta, ampollarse, y rajarse los labios, todo es uno: y yo, por curioso y por incrédulo llevé, aunque de mala gana, la mortificación, que me duró algunos días; el primero con los labios hinchados, después llagados y rajados, hasta que poco a poco se fue quitando la acrimonia, y sanando las heridas.

En las selvas donde hay peñascos y piedras, se crían los algarrobos, que son árboles tremendos, y dejan caer de sus troncos cuajarones de goma de a dos y tres libras cada uno: es diáfana como el mejor cristal: no sabemos hasta ahora qué cualidades tendrá. Los indios usan de ella para alumbrarse, así en los montes, como en sus casas: y es cosa bien digna de notarse, que clavado en el suelo un carámbano de aquella goma, prende la llama en la parte superior; y sirviendo sola la goma de pávilo y de pábulo, arde toda la noche, arrojando una llama muy clara, hasta consumirse toda. Se ha tirado a derretir con aceite, con agua, con vino y con varios zumos de limón y naranja, y siempre queda dura; y por último, hecho el experimento en aceite de Canime, de que luego trataré, a fuego muy manso; ni aun es menester tanto: al calor del Sol se derrite, y se hace un licor espeso; el cual aplicado a los encerados de lienzo, los clarifica, y les da tal barniz, que parecen de vidriera cristalina. De esta novedad nos movimos a dar aquel barniz a algunos cuadros, para defender sus pinturas del polvo; y es cosa singular cuánto aviva los colores: por vieja y deslustrada que sea la pintura, la renueva enteramente, y la defiende del polvo; ya se va entablando el dar este bello lustre al ropaje de las estatuas después del colorido; en las selvas donde no hay piedras, nacen estos algarrobos también; pero no dan resina alguna.

Los indios Tunevos de nuestra misión de Patute suben hacia el páramo nevado de Chita, y traen grande abundancia de incienso, tan granado y tan aromático, que se confunde en el color y en el olor con el que se lleva allá de la Europa; y subiendo más alto, hallan los árboles que dan la Otova; o como dicen otros, Otiva: no es resina ni goma; es una como avellana blanca, que hallan dentro de las flores de aquellos árboles, tan blanda como una mantequilla: hacen bolas de a libra, y después las venden a ocho reales de plata cada una; y por mucha que cojan, falta siempre, por los muchos que la buscan para remedio de sarnas, tiñas y otros males: especialmente es un admirable preservativo contra las Niguas, Piques o Pulgas imperceptibles, que se entran hasta la carne viva. Es gran confortativo para el estómago: con una pelotilla del tamaño de una avellana, tomada, y dos sorbos de agua tibia encima, se quita el dolor de estómago: tomadas tres o cuatro pelotillas del mismo tamaño, fomentadas con agua tibia, sirve de purga. El olor de esta Otova es fastidioso, y tan fácil ella para derretirse, que tomándola entre los dedos, con solo el calor natural, se reduce a aceite; creo que el tiempo irá descubriendo muchas virtudes en esta Otova.

El Currucay es goma que llora el árbol de su nombre, después que le pican la corteza; es parecida al Anime, pero muy pegajosa: tiene el olor aromático, más intenso y fuerte que el Anime: se entiende por los efectos, que es goma muy cálida; y la experiencia ha mostrado, que una bizma de ella quita la frialdad que se introduce en las descoyunturas de huesos, y en los pasmos; lo que yo tengo experimentado es, que puesta una bizma de Currucay sobre los empeines, después de bien estregados, los quita enteramente, sin ser necesario repetir el remedio. Otra resina, llamada Caraña, sacan los indios; es de color encarnado, tiene el olor fiero: dícese, que es muy fresca, más no se sabe aun qué utilidades, o buenos efectos puede tener. El padre Pompeo Carcacio, que fue misionero de los Tunevos muchos años, nos aseguró que en su tiempo traían aquellos indios nuez moscada, tan parecida en todo a la que traen del Oriente, que no se podían distinguir unas nueces de otras; pero yo no la he visto, ni sé que hoy la saquen.

La resina rara, que todavía no se sabe de dónde la sacan los indios Guaybas, Tunebos y Chiricoas, es la que ellos llaman Mara: es de color encendido; no tiene mal olor, aunque es singular e intenso: yo no sé qué conexión tiene con los Venados, que van en pos del que tiene Mara. El uso de los indios dichos es éste: en viendo algunos Venados, se untan el pecho y algo de los brazos con Mara: observan por dónde sopla el viento; y puestos allá, coge cada uno una rama para cubrir su cara, y llevan los arcos y flechas: luego que los Venados perciben el olor de la Mara, van en su busca muy levantadas sus cabezas, y embobados; con lo cual los indios los flechan a su salvo: secreto es el de la Mara, digno de inquirirse.

El árbol, que en la provincia de Cartagena llaman Merey, y en la de Casanare Caracolí, todo es útil; porque tomada el agua cocida, y tinturada con la corteza de este árbol, ataja las evacuaciones de sangre: su fruta es muy sabrosa, del color y casi de la hechura de una manzana; pero solo tiene una pepita, del tamaño de una almendra, afuera, en la parte opuesta al pezón: el caldo de esta fruta se fermenta como el mosto, y pasado aquel hervor, sabe a vino, y tiene el mismo color. La pepita de afuera tostada tiene el mismo sabor que las almendras tostadas; pero dicha pepita cruda, o sin tostar, es un cáustico violento: vasta un pedacito de dicha almendra para abrir una fuente, o levantar vejigatorio cuando conviene.

En los ríos de Chire, Tate, Punapúna, y otros muchos de aquellos llanos, se halla la Zarza, tan celebrada y aprobada contra el mal gálico. En los repechos para subir a la Nevada y páramo de Chita, se halla la raíz de China, aprobada contra muchos males; y se busca con ansia para poner dentro del jarro en que se bebe, o en las tinajas de agua; por la experiencia, de que por mala que sea la deseca, adelgaza y quita las malas cualidades: su color es entre encendido y amarillo: es raíz de poco bulto, y mucho peso.

En los troncos de las palmas nace el Polipodio: su tronco es delgado y peludo; por lo cual le llaman los Betoyes Sorroy umucosó, que es decir, Brazo de Mono: su hoja es casi como la de col, va creciendo y arrojando raíces a un lado y otro de la palma, con que atrae su jugo, y se tiene sin caer: la agua de la raíz del Polipodio se ha experimentado eficaz contra la tiricia, después de bien cocida con dicha raíz; pero los indios la usan para sal, de que carecen; encienden fuego, y consumida la leña, echan sobre las ascuas aquellas raíces de Polipodio; y el carbón que resulta de ellas, es salitre bastantemente intenso, el cual echan en su puchero para darle gusto de sal.

En aquellas selvas se halla también la pepita, que llaman de toda especie; y es propio el nombre, porque con ser del tamaño de una almendra pelada, el olor tira al de la canela, y en el picante no dista mucho de la pimienta y clavo: es saludable, y muchos la buscan a toda costa, para echar en el chocolate, y les alabo el gusto.

Aunque el nombre de la fruta que voy a pintar es feo, su virtud contra todo veneno de víboras es admirable. En todos los llanos de Varinas, Guanare y Caracas, y en los ríos que por ellos bajan al Orinoco, se cría un árbol bajo, pero muy coposo, y carga de abundantes racimos de unas frutillas de la hechura y tamaño de nuestros fréjoles: es picante y aromática, y merecía mejor nombre que el que le dio la casualidad; y fue, que recogiendo su ganado algunos Pastores de aquel Partido, picó una víbora al Garañón, que iba entre el atajo de Yeguas, el cual corrió velozmente a uno de aquellos arbolitos, y a vista de los Pastores empezó a comer de aquellos racimos de frutillas: quedó sano, y aunque jumento, dio aquella lección a sus Pastores; los cuales a su modo llamaron el árbol del Burro, y la fruta del Burro; ni es conocida por otro nombre. Son ya innumerables las curas que se han hecho y hacen de continuo, con tomar cinco o seis pepitas, comidas enteras o hechas polvos, y aplicar otras tantas machacadas sobre la herida venenosa; y reparé en los dichos llanos, que todo hombre camina prevenido con buena cantidad de dichas frutas; porque como son llanuras grandes, y casi desiertas, abundan mucho las víboras y otras muchas culebras. El árbol llamado Drago, se halla por aquellas selvas con abundancia: el jugo que destila por las heridas, que para eso le hacen, es de color de sangre, y por eso se llama sangre de Drago, tan apreciable y medicinal, como todos ya saben.

En las dilatadas vegas del río Apure y otros que entran en él, crece de suyo abundante arboleda de Cacao silvestre, y carga de fruto dos veces al año, como el que cultivan en los poblados. A éste recurren innumerables especies de Monos, Arditas y Papagayos, que logran por entero la cosecha, sin que haya quien se lo impida: no obstante, ya los indios van a recoger cuanto pueden porque hallan quien se le compre.

Los árboles más coposos y hermosos de aquellas vegas, son los cañafístulos: se cubren de flor amarilla; tanto, que no distingue la vista ni una hoja durante la flor: luego cargan de fruto con una abundancia inmensa; pero todo cae y se malogra en el suelo, menos los árboles que están cerca de poblado, que allí se logran aquellas algarrobas, y guardan su carne para muchos remedios: los Monos y otros animales gustan poco de aquella fruta, por el purgante que de ella sienten.

El árbol más apreciable que se halla en el Orinoco y en todas sus vertientes, es el Cabima, que así le llaman los indios; y entre los blancos se llama Palo de aceite. El mismo aprecio que se hace y con mucha razón de este aceite, ha sida causa de los muchos nombres que tiene; tanto que apenas nos entendemos: y al nombrarle con otro nombre que el que cada uno sabe, le parece que ya es otro aceite diferente. Verdad es que el mismo árbol, y por la misma herida da tres aceites muy diferentes a la vista; pero muy uniformes en sus efectos: es el árbol grande, coposo y corpulento: sus hojas bien parecidas a las del peral: la corteza de su tronco lisa, suave y gruesa: el tronco que este año dio aceites, se está muchos años sin dar más; como que ha menester todo ese tiempo para concebir y dar eficacia a tan excelente bálsamo: nace en lugares húmedos, como son junto a los ríos y lagunas: un año antes avisa el árbol del licor precioso que va preparando; y la señal es un tumor que va formando entre el tronco y corteza, a poca distancia del sitio, en que se divide en brazos y ramas, que es como el centro y la medianía, adonde todo el árbol remite aquel precioso humor, para formar el bálsamo. En el mes de agosto empiezan los indios a recoger este aceite; para lo cual, algo más abajo del tumor abren a punta de hacha una concavidad, capaz de la vasija en que se ha de recibir; puesta ya la vasija, pican el tumor por la parte inferior, y cae todo aquel bálsamo que el árbol tenía prevenido: que si el árbol es grande, suele dar la primer vez de diez a doce libras. Este primer aceite es espeso, a manera de miel refinada al fuego, y forma hebra al caer, ni más ni menos que la miel, y su color tira a pardo: quitada aquella vasija, dejan otra encajada, para que reciba el aceite que queda goteando por la herida; este aceite segundo ya es más claro, y menos oscuro su color: ponen finalmente tercera vasija después de muchos días, y el tercer aceite sale más líquido, claro y transparente. El segundo y este tercero, es el que usamos para purgas, y vasta una cucharada, que no pase de media onza, para causar una grande operación, sin el menor riesgo, y sin hacer cama; y aunque sea un Cavador, que ha de trabajar y mojarse, no tiene riesgo alguno la tal purga: solo requiere tomar agua tibia; y cuantas veces la tomare, tantas evacuaciones hará: y en dejando de tomar agua tibia, cesa la operación; de lo cual tengo larga experiencia: el aceite primero y grueso tiene los mismos efectos; pero es más amargo que los dos postreros: todos tres son maravillosos para todo género de heridas y para llagas. Los indios, unos le llaman Cabima, por el árbol que lo cría: otros le llaman Curucay: los blancos, corrompiendo el nombre Cabima, llaman aceite de Canime: otros muchos le llaman aceite de María, y éste es el primero que sale del árbol, que con facilidad se cuaja, y parece ungüento. La codicia que tienen los holandeses de comprar estos aceites de mano de los Caribes, es la causa principal de su amistad, y de los daños que han padecido y padecen nuestras misiones: y el anhelo con que le buscan los extranjeros, es prueba eficaz de las grandes virtudes que en dicho aceite han reconocido.

Capítulo XXI. Variedad de peces y singulares industrias de los indios para pescar; piedras y huesos medicinales que se han descubierto en algunos pescados

Con él recelo de que el ojeo y montería de los indios, por ser entre selvas tan cerradas, no habrá sido tan apacible como se deseaba: volvamos los ojos a esos dilatados placeres del Orinoco, y a esa inmensidad de extendidas lagunas, en que divierte sus aguas cuando crece; y a buen seguro que al ir registrando la multitud, variedad y propiedades de tan innumerables especies de peces, cómo engendra y mantiene el Orinoco en sus vivares; y al ver y reparar las mañosas industrias con que los indios los engañan y pescan, tenga un buen rato nuestra curiosidad, y mucha materia nuestras potencias, para excitarse y prorrumpir en alabanzas del admirable Autor de la naturaleza, que tan varia, útil y hermosamente adornó, y preparó tal casa y tal despensa para los hijos de los hombres, sin reparar su majestad en nuestra ingrata correspondencia a su divina mano liberal, y aun pródiga para nosotros.

La causa de la multitud increíble de pescado del río Orinoco depende a mi ver del gran buque del mismo río, y de las grandes lagunas a que se extiende, caños en que se divide, y multitud de caudalosos ríos que recibe; todo lo cual ofrece conveniencia a los peces para sus crías, y pasto abundante para su manutención; aunque creo que no todos comen, y que muchos solo necesitan del agua para vivir, crecer y multiplicar: consta del experimento hecho en Santa Fe de Bogotá por el doctor don Juan Bautista de Toro, quien en una redoma cristalina puso un pececillo, a quien jamás dio comida alguna, y solo le remudaba agua pura cada día; con todo eso creció tanto, que llegó a no poder nadar en su corto y diáfano estanque. Es tanta la multitud de peces y de tortugas, que la baba, excrementos y continua sangre que derraman, comiéndose e hiriéndose unos a otros, tengo por la causa principal, de ser el agua del Orinoco tan gruesa y de mal gusto como realmente lo es: lo cual sucede también en algunos ríos de la Hungría, y se experimenta en las piscinas, estanques y criaderos de pescado, cuya agua, aunque entre clara, limpia y delgada, luego es todo lo contrarío por la causa dicha de la multitud del pescado.

Lo que en esta materia causa mayor armonía es la novedad de especies y figuras de pescados, tan diversos de los de nuestra Europa, que ni aun las sardinas son de la figura ni del sabor de éstas. Lo más, que al reparar bien en aquellos pescados, podemos decir, es: éste se parece algo a la trucha, aquel se asemeja algo al lenguado etc.; pero nadie podrá decir: éste es como tal de la Europa, con semejanza adecuada. ¿pero qué mucho? cuando es cierto que el pez, que allá se aviva en los ríos de tierra fría, es totalmente diverso del de tierra caliente a bien que la cumbre en que estamos, por su altura, amenidad y buena sombra nos convida a divertir la vista. Y así reparen y verán en aquella ensenada cuatro Canoas, que llevan los muchachos de la Doctrina, a boga arrancada; y sépase que es la cosa más curiosa, y el modo más raro de pescar que puede imaginarse; porque los peces llamados Bocachicos, Palometas, Lizas, Sardinas y otras muchas especies de pescado mediano saltan de suyo con tanta abundancia en las Canoas, que a no remar con tanta fuerza, y a no navegar con tanta velocidad, hundiera las Canoas la multitud que salta en ellas; porque cada especie de pescado tiene su temporada fija para desovar; y a fin de lograr algunos huevos para su multiplicación, los ha impuesto el Supremo Autor de la Naturaleza, en que dejadas sus madrigueras, busquen un raudal al propósito, en donde puestas las colas contra la corriente, sueltan la hueva, y abren al mismo tiempo sus agallas, para recoger en ellas los huevecillos que casualmente llegan, y estos únicamente se logran; siendo el resto pasto para los otros peces, cuya multitud al pie de dichas corrientes es inmensa, amontonándose una avenida de ellos sobre otras. Pasan los muchachos o adultos remando por encima de aquella multitud de peces; los cuales, espantados con el golpe de los remos, saltan sobre el agua por todas partes para escaparse, y gran parte de ellos cae en las Canoas. Este modo de pesquería se practica también en el río grande de la Magdalena, y gustan mucho de él los pescadores de la noble y rica Villa de Mompox.

No quiero decir por esto, que todo pescado desova al modo dicho; porque tengo bien observado, que los Codoyes y las Guavinas ponen la hueva donde no hay corriente arrimada a la barranca, y se dan maña de taparla con hojas y yerbas, estando allí en centinela hasta que se avivan y salen los pececillos. El pez Mojarra, aun después de nacidos los acompaña a su lado hasta que están ya grandecillos; y los defiende con valor y vigilancia de los demás peces.

Cuando suben estas avenidas de peces, que llaman ellos Cardume y se ponen otros indios a pie quedo en la orilla del Orinoco y de otros ríos, y a todo su gusto flechan cuantos quieren; porque la multitud de ellos, especialmente Payaras y

Bagres, no da lugar a que yerren tiro. Estas Payaras en otros tiempos se pescan con otro modo singular, sin anzuelo ni flecha: solo atan reciamente en la extremidad de un palo un retazo de bayeta o paño colorado, y toman carrera las Canoas a fuerza de remos, llevando otros los trapos levantados a cosa de una vara sobre el agua: da la Payara el salto, y con sus mismos colmillos, que son muy largos, se prende del trapo, y la atraen a la embarcación, sin escape, ni remedio.

Para los meses, en que Orinoco está crecido, no usan los indios otra industria, que de unos fieros garrotes, y otros más curiosos llevan sus lanzas: vanse a los llanos bajos, adonde alcanza la creciente cosa de una vara de agua, allá sale toda especie de peces a divertirse y a comer, como fastidiados de haber estado tantos meses en el cauce del río: allí se ven nadar entre la paja, y a todo su gusto los van aporreando los indios, no como quiera, sino escogiendo: estos gustan de Bagre; aquellos de Cachama, los otros de Morcoto o Payara: de todo hay, y para todos con una abundancia increíble.

Todavía logran más abundante y más fácil pesca, cuando el río Orinoco va bajando y recogiendo las aguas que tenía esparcidas; porque entonces atajan con fuertes cañizos las retiradas, y queda innumerable multitud de peces a su disposición, en muy poca agua. Pero la cosecha imponderable de pescado es en las lagunas grandes, adonde entran innumerables tortugas y Bagres, de a dos y tres arrobas de peso: Laulaos, de diez a doce arrobas; y sobre todo innumerable Manatí, de a veinte y treinta arrobas cada uno. A éste llaman los europeos Baca Marina; se mantiene de la yerba que nace a las riberas de Orinoco; y en cuanto éste empieza a llenar las lagunas sale a ellas para lograr pasto más fresco y abundante; luego que empieza a bajar el río, observan los indios el sitio por donde forma canal el desagüe de la laguna, que han escogido para almacén de pescado (no se le puede dar otro nombre a la abundancia que allí encierran para muchos meses.) Concurre toda la gente del pueblo, forman estacas de largo competente, y muy gruesas, para que resistan a los golpes y avenidas de los disformes peces, que a tropas dan repetidos y casi continuos asaltos contra la estacada, buscando el centro del río. Ponen las estacas bien clavadas y juntas, tanto, que dan paso al agua; pero no al pescado de primera magnitud, ni a las tortugas: refuerzan su estacada con vigas fuertes, que atravesando la canal de barranca a barranca, hacen espalda a las estacas; y para mayor seguridad apuntalan con troncos firmes estas vigas, que sirven de atravesaños. Parecerá ocioso tanto trabajo;

pero las avenidas de Manatíes, que porfían contra esta tapa, son tales y tantas, que el año que solo la refuerzan dos o tres veces, es feliz. No es ponderable, ni cabe en la pluma expresar la multitud de peces grandes, que queda asegurada a la disposición de los indios; podráse colegir por el que sacaron en la laguna de Guariruána en la grande persecución de los Caribes del año 1735: juntaron los misioneros en aquel pueblo de San Ignacio de Guamos hasta noventa hombres de armas, para que juntos con los indios hiciesen frente a los rebatos y avenidas de los Caribes, que habían protestado no volverse a sus tierras, sin destruir del todo nuestras misiones: para lo cual, con arte diabólica cortaron los platanales, arrancaron los yucales, y pegaron fuego a las trojes del maíz para hacer más cruda guerra con la hambre que con sus armas, durante aquella total falta de maíz y yuca. El Bagre, Cachama Morcoto, Laulan y Manatí asado servía de pan a los noventa huéspedes y a los indios del pueblo, y el mismo pescado servia guisado en ellas de vianda. ¡Excesivo consumo! pero llevadero, a vista de la laguna, que bien tapada, daba largo y sobrado abasto a todos cada día, y todos los meses que se hubo de mantener la dicha Guarnición. Todas las mañanas traían dos lanchas cargadas de Manatí y otros pescados y tortugas; y cuando era menester, traían por la tarde las lanchas con segunda carga, sin que este gasto tan grande hiciese disminución conocida en dicha laguna; en tal manera, que llegado el tiempo de destapar las lagunas, para que el pescado que sobra se vuelva al río, y no muera por falta de agua, se olvidaron los indios de quitar la tapa de esta laguna; y cuando se acordaron y fueron, según me aseguró, como testigo de vista, el padre Bernardo Botella, misionero de los Guamos, hallaron muertos más de tres mil Manatíes, y otra grande multitud de pescado; porque no habiendo quedado sino media vara de agua, todo aquel a quien daba el Sol en el lomo, iba muriendo; y solo la inmensidad de tortugas, que se contentan con poca agua, estaba dominante, y con ellas se fue manteniendo la gente mucho tiempo; de modo, que la abundancia de pescado y tortugas del Orinoco apenas es creíble a los que la ven y tocan con sus manos; ¿qué diremos de los que esto leyeren?

Ni por eso dejan de pescar en los ríos pequeños y arroyos, para variar de plato o de divertimiento; dos especies de raíces crían para este propósito: la una llaman Cuna: crece al modo de la Alfalfa, y cría la raíz semejante a los nabos, menos en el olor y sabor: uno y otro son tan molestos para el pescado, que machacadas algunas raíces, y lavadas en el agua, lo mismo es oler su actividad, que embriagarse y atontarse los peces; de modo, que con la mano los van pasando a sus canastos los indios: el resto del pescado huye apresuradamente agua arriba y abajo; los que tiran hacia arriba, se encuentran con una fila de indios, que aporreando el agua con garrotes, los hacen revolver con los demás agua abajo para su ruina; porque los más se aturden con la fuerza de la Cuna. Los mayores, que corren más, y tienen mayor resistencia, se encuentran con el río atajado con un cañizo algo más alto que el agua; topan, vuelven atrás, vuelven a encontrar con el olor de la Cuna, y redoblando la fuerza, dan un salto sobre el cañizo de la tapa, y caen sobre otro cañizo grande, que a espaldas de la tapa tienen prevenido los Pescadores; y así no hay por donde evadir la trampa. Esta es pesquería muy divertida, y de ordinario muy alegre para los indios; porque a éste, un pescado al saltar, le da en la cara, al otro en las costillas: los restantes hacen trisca, y lo celebran con chacota, y luego les sucede lo mismo, de que se ríen.

La otra raíz con que pescan a este mismo modo, se llama Barbasco: es del mismo color y hechura que el de un tronco de parra, y tiene también la fuerza de la Cuna.

Muy fácil y curioso es el otro modo con que las indias pescan con Cuna: muelen el maíz cocido, y apartada una pelota de aquella masa, con la restante muelen una o dos raíces de Cuna, hasta que se incorpora bien: vase al río o arroyo pequeño más cercano, y va arrojando aquella masa, que no está inficio-nada: concurren a la golosina gran cantidad de sardinas, lizas, codoyes y otros de aquellos peces medianos: ya que los tiene engolosinados, echa mano de la otra masa inficionada con Cuna, y entran sus hijitos en el agua cuatro pasos más abajo del charco, cada cual con su cesto. Es gusto ver la brevedad con que coge pescado para toda su familia; porque va arrojando pelotas a toda prisa, y con la misma las van tragando los pececillos, y con aquella píldora quedar borrachos, y sin movimiento todo es uno: la corriente los va llevando abajo, y los chicos con mucha bulla y algazara los recogen; es por cierto modo raro de pescar, y fuera del útil que da, es rato divertido.

La destreza conque un indio de Orinoco sale en su Canoa, sirviendo su mujer de Piloto, clava un arpón al Manatí, y lo lleva al puerto, es cosa admirable: la mujer va remando; el marido va en pie, observando cuando el Manatí se sobrea-gua para resollar: lo cual hace cada dos o tres credos; y lo mismo es asomarse, que clavarle un recio arpón de dos lengüetas, el cual está prendido en una soga muy fuerte y larga, hecha de cuero de Manatí, que es mucho más grueso que el cuero de Buey; la otra punta de la soga está atada en la proa de la Canoa: luego que el Manatí se siente herido, corre con la velocidad de un rayo, a veces una legua, a veces más, llevando tras sí la Canoa; en la cual con ambas manos, y con mucho riesgo, se afianzan el marido y la mujer: luego que paró el Manatí, le va llamando por la soga poco a poco el indio, hasta que ya cercano reconoce el pez la Canoa, y emprende segunda carrera con la misma velocidad, pero no tan larga: llámalo por la soga segunda vez, y al acercarse, toma tercera carrera; en la cual infaliblemente se cansa y se sobreagua boca arriba, ya sin fuerza: entonces llegan con la Canoa, le abren el vientre, y luego que le entra agua por la herida, se muere. ¿Y ahora qué hacemos en medio de un río de una legua de ancho, con un Manatí de veinte, y aun de treinta arrobas, casi tan largo como la Canoa? ¿cómo, entre solos marido y mujer, meterán dentro de la Canoa el Manatí, en sitio donde no hay fondo para afirmar los pies? la singular maniobra, que practican todos los días, es de este modo: se arrojan ambos al agua: con los pies y la una mano nadan, y con la otra mano abocan el bordo de la Canoa, para que coja agua, hasta quedar casi llena. entonces con gran facilidad rempujan la Canoa, y la ponen debajo del Manatí, y tomando una vasija, llamada Tutuma, que para el caso cargan en la cabeza, encajada a modo de un gorro, empiezan a sacar agua de la Canoa, y al paso mismo que la desaguan, se va levantando y sobreaguando, y recibiendo en su hueco al Manatí; de modo, que acabada de agotar el agua de adentro, ya la Canoa recibió sobre sí el peso de todo el Manatí, quedando sobre el agua suficiente bordo para navegar: entonces el indio sube, y sentado sobre la cabeza del Manatí, y la india sobre la cola, van bogando puesta la proa al puerto, donde esperan ya los parientes del Pescador, y los que no lo son: y no hay hombre pobre, porque se reparte con gran liberalidad.

Es la figura del Manatí, o Baca marina, muy irregular, y diversa de todo otro pescado: ya dije que se mantiene de la yerba y ramas que se crían a las márgenes del río: la dentadura toda, y modo de rumiar, es propia de Buey: también son muy semejantes a los del Buey su boca y labios, con semejantes pelos a los que tiene también el Buey junto a la boca: en lo restante de la cabeza no se le parece; porque los ojos son muy pequeños y desproporcionados a su grande mole: sus oídos apenas se pueden distinguir con la vista; pero oye de muy lejos el golpe del remo: por lo cual los Pescadores bogan sin sacar el remo del agua, por no hacer ruido: no tiene el Manatí agallas, y así necesita sacar cada rato la cabeza para resollar. A distancia proporcionada de la cabeza tiene dos brazuelos anchos, a modo de una penca de Tuna: estos no le sirven para nadar, sino para salir a comer fuera del agua: cuando está el río bajo, va y vuelve muy despacio, y los indios, y también los Tigres suelen caerles encima: bajo de dichos brazuelos tiene dos ubres con abundante leche, y muy espesa; luego que pare la hembra (pare siempre dos, macho y hembra) se los aplica a las ubres; (el cómo, solo Dios lo sabe) y cogido el pezón, aprieta a sus dos hijos con ambos brazuelos contra su cuerpo, tan fuertemente, que aunque nada, brinca y salta fuera del agua con todo el cuerpo, jamás se desprenden las dos crías de los pechos de su madre, hasta que tienen dientes y muelas; entonces los arroja de sí, y van junto a ella aprendiendo a comer lo mismo que come su madre. Al nacer las crías, ya cada una pesa a lo menos treinta libras: digo esto con toda certidumbre; porque habiendo pagado (como se acostumbra) a dos Pescadores, para que me trajesen un Manatí, acertaron a traer una hembra preñada, que es cuando están más gordas: su tamaño era tal, que entre veintisiete hombres, con sogas y palos no la pudieron sacar de la lengua del agua, donde habían volcado la Canoa los Pescadores, que ese es el modo de descargar. Viendo que las sogas se quebraban, y que trabajaban en vano, la mandé abrir, para que sacadas las entrañas, más fácilmente la trajesen a tierra: con el resto de las entrañas sacaron las dos crías, que pesadas por romana, cada una pesó arriba de veinticinco libras; y así, a todo seguro dije, que cuando nacen, ya pasan de a treinta libras cada una.

La piel o el cuero ya dije, que es más recio y grueso que el de un Toro, y tiene en tal cual parte algunos pelos algo más largos que los del Toro: su cola es de hechura contraria a la de todos los peces; porque estos la tienen de alto a bajo en forma de timón, y realmente les sirve de timón; pero la cola anchurosa del Manatí es a modo de un grande círculo, que da vuelta de la extremidad derecha del cuerpo a la izquierda, y de ordinario tiene una vara de travesía, y a veces más por cualquiera parte que se mida. El grueso es correspondiente, y todo cuanto contiene fuera de las ternillas en que remata el espinazo: todo lo demás del interior es grasa o pura manteca: después del cuero tiene cuatro telas, dos de grasa, y dos de carne muy tierna y sabrosa: el olor, cuando la están asando, es de Lechón, y el sabor de Ternera; las costillas son más dobles y recias que las de un Buey; y entre la última juntura del pescuezo y el casco de la cabeza, tiene una chocozuela redonda, del tamaño de bola de truco: este hueso es remedio experimentado contra flujos de sangre, y para este efecto se busca y encarga con ansia. Del cuero forman rodelas los indios para reparar las flechas en sus guerras. Un día antes que llueva, dan grandes saltos fuera del agua: véase a Herrera.

Los Lauláos, que también son de extraña magnitud, y de carne muy sabrosa, caen en anzuelo, que hacen muy grande y recio para que no le rompan: después que ha tragado el cebo y el anzuelo, le dejan dar tres carreras como al Manatí, para sacarle al seco después de cansado. Los habitadores blancos del río Apure atan la punta de la soga a la cola de un caballo, y la otra extremidad con anzuelo y cebo la arrojan al río; y lo mismo es prenderse el Lauláu, que meter espuelas al caballo el jinete, que está esperando encima, y no detiene la carrera, hasta que está en la playa seca el Lauláu; y es buen lance; porque algunos de ellos pasan de doce arrobas para arriba.

La Curbinata es pescado mediano, el mayor llega a dos libras, y abunda mucho en el río Orinoco: es de gusto suave y especial; pero por lo que grandemente se aprecia, es, por las dos piedras que cría en la cabeza, del tamaño de dos almendras sin cáscara: su color de perla fina, y sus visos de nácar. En el mismo sitio donde debían estar los sesos (si los tuviera) allí se cuajan aquellas dos piedras, dividida la una de la otra con una membrana. Estas que llaman piedras de Curbinata, se buscan y se compran a cualquier precio por la singular virtud que tienen contra la retención de la orina: sus polvos, en solo el peso de tres granos de trigo, tomados en una cucharada de agua o de vino tibio, hacen correr la orina; pero se ha observado, que si no se guarda la dosis, y hay exceso en la cantidad de dichos polvos, se laxan de tal modo los músculos, que no se puede retener la orina.

Concluyamos este capítulo con otro modo de pescar tan peregrino, que el padre Procurador Matías de Tapia, en el Memorial, que sobre las misiones del Orinoco presentó al rey nuestro señor, le expresa como cosa muy singular, y omite los que yo llevo referidos.

A poco más de cincuenta leguas de esta eminencia en que estamos, siguiendo agua arriba, se destroza este río, en el raudal de los Adoles (del cual hablé ya), estrellando sus corrientes tres veces por otros tantos despeñaderos; en el último de los cuales sobresale una peña llana, tan capaz, que en ella vive de asiento un pueblo entero de la nación Adole (o Ature, según su lengua). Allí todos se ocupan en la pesca, sin otro arbitrio para pasar la vida; pero no les falta grano, legumbres, frutas ni cosa alguna de las que componen el corto menaje de los indios; porque las gentes comarcanas les traen todo lo necesario a trueque de pescado, que almacenan con grande copia después de seco al calor del Sol y del fuego. El pez Cuero da horror por todas partes, y solo el estruendo con que se precipita tan caudaloso río, aturde, y queda impreso en los oídos de los que han estado allí uno o dos días; porque violentada el agua de los dos primeros precipicios, choca con notable furia contra esta elevada peña; la que, o porque Dios la crió así, o porque la continua y violenta fuerza de las corrientes las han abierto, tiene muchas canales y profundos boquerones por donde se precipitan muchos raudales, y con ellos grande multitud de peces grandes, medianos y pequeños, de notable variedad de especies. Para lograr la pesca han inventado unos canastos tan grandes y firmes, como requiere el furioso golpe de agua que reciben, y el peso gravísimo del pescado, que cae de cabeza con ella, con tanta mayor precipitación, que la del herido del molino, cuanto va de un río formidable a una corta canal: tejen dichos canastos o nasas de un género de mimbres largos y correosos, llamados Bejuco, dándoles como dos varas de fondo, y vara y media de boca, con muchas asas firmes para las sogas, hechas a correspondencia de la máquina, del peso y del golpe que han de sufrir: llenos ya los canastos, los sacan, no sin industria, fatiga y riesgo; y en fin logran su trabajo.

De los Caimanes o Cocodrilos, de otros muchos peces dañinos, y en especial de la sangrienta voracidad de los Guacaritos, trataré en la segunda parte. Ahora veamos brevemente la mayor pesca del río Orinoco, si pesca se puede llamar la de las tortugas.

Capítulo XXII. Cosecha admirable de tortugas que logran los indios del Orinoco: huevos de ellas que recogen; y aceite singular que sacan de dichos huevos

Es tanta la multitud de tortugas, de que abunda el Orinoco, que por más que me dilate en ponderarla, estoy seguro, que diré menos de lo que realmente hay; y al mismo tiempo conozco, que no faltará alguno, que al ver ésta mi relación ingenua, de lo que tan repetidas veces he visto experimentado y tocado con mis manos, me tenga por ponderativo; pero es cierto, que tan dificultoso es contar las arenas de las dilatadas playas del Orinoco, como contar el inmenso número de tortugas que alimenta, en sus márgenes y corrientes. Del increíble consumo que hay de ellas, se podrá inferir su multitud: a bien que la tarde está apacible, y todavía hay tiempo para ver, como todas las naciones y pueblos de los países comarcanos, y aun de los distantes, concurren al Orinoco con sus familias a lograr la que llamé cosecha de tortugas; porque no solo se sustentan los meses que dura, sino también llevan abundante provisión de tortuga seca a la lumbre, e inmensa cantidad de canastos de huevos tostados al calor del fuego; pero lo que principalísimamente atrae a las naciones, es el logro del aceite que sacan de los huevos de las tortugas en cantidad excesiva, para untarse todo el año dos veces al día, y para vender a otras naciones más remotas, que no pueden, o por temor no quieren bajar al río Orinoco.

Luego que al bajar dicho río empieza a descubrir sus primeras playas por el mes de febrero, empiezan a salir también las tortugas a enterrar en ellas sus nidadas de huevos; primero salen las que se llaman Terecayas pequeñas, que apenas tienen una arroba de peso: ponen éstas veintidós, y a veces veinticuatro huevos, como los de gallina; pero sin cáscara: en lugar de ésta, están cubiertos con dos membranas, una tierna y otra más doble. Entre estas Terecayas salen a poner también todas aquellas tortugas, que el año antecedente no hallaron playa para esconder la nidada, o no les dieron lugar las otras tortugas por su multitud. Estas tortugas grandes, que en llegando a tener tres años, pesan dos arrobas sin falta (como lo he experimentado yo con la romana) ponen cada una sesenta idos, y de ordinario sesenta y cuatro huevos redondos, mayores que los de las Terecayas, y de membrana tan fuerte, que los indios juegan con ellos a la pelota en las playas, y también apedrean con ellos por modo de juego: en cada nidada de éstas se halla un huevo mayor que los otros, y de él sale el macho, y el resto de la nidada son hembras. Al mismo tiempo empiezan a concurrir al Orinoco por todas partes avenidas de indios de todas las naciones dichas: forman sus chozas pajizas los unos; otros se contentan con clavar palos, para colgar de ellos las redes en que duermen. también concurren multitud de Tigres a voltear y comer tortugas, que realmente vuelven fastidioso el paseo y regocijo de los indios; y a la verdad, por más cuidado que pongan, cada año se comen los Tigres algunos de aquellos pobres indios, que no tienen otro modo de ahuyentarlos de noche, que con el fuego, que mientras arde, espanta a los Tigres.

Las tortugas, temerosas del Sol, que las suele su calor dejar muertas en las playas, salen a los principios de noche a poner sus nidadas; pero entrando más el tiempo, es tanto el concurso de ellas, que una multitud que salió, impide el paso a que salgan otras innumerables, que con sola la cabeza fuera del agua, están esperando oportunidad para salir: y así luego que ven paso, salen a descargar de un golpe todos los huevos, cuya carga no pueden tolerar sin gran trabajo, sin reparar en el Sol y calor, que les cuesta a muchas la vida.

Tres cosas curiosas tengo reparadas en las nidadas de las tortugas: la primera, que después de cavar con gran trabajo el hoyo en que dejan de una vez todos los huevos, tienen grande industria en taparlos; de modo que por ninguna seña se pueda conocer que allí hay nidada; para esto dejan el suelo igual con lo restante de la playa; y para que la huella y señales que con los pies dejan en la arena, no sirva de guía, pasan una y muchas veces por encima del sitio de la nidada, y dan muchas vueltas al contorno, para confundir la señal; pero en vano; porque donde hay huevos, como la arena quedó fofa, al pasar, se hunde el pie, y por esta seña se hallan los huevos a los principios; pero después, en la fuerza del poner todas, ya no hay que andar buscando; porque en los mismos arenales, en que pusieron las primeras, ponen las segundas y terceras, y más; tantas, y tanto, que al cavar éstas últimas e intermedias para poner los huevos, ya entre la arena sacan otros, y así todo queda inundado de huevos a montones: donde quiera que los indios escarben, hallan con toda abundancia cuantos quieren.

La segunda curiosidad que tengo observada, poniendo un palo clavado junto a la nidada recién puesta; es, que a los tres días cabales ya están no solo avivados y empollados los huevos, sino también se hallan los tortuguillos fuera de los cascarones: ¡tanta es la fuerza del Sol y la intención del calor, que por sus rayos reciben aquellos arenales!

La tercera cosa que noté, es, que ya salidas de sus cáscaras las tortuguitas, que son por entonces del tamaño de un peso duro, no salen de día fuera de su cueva: ya les avisó la naturaleza, que si salen de día, el calor del Sol las ha de matar, y las aves de rapiña se las han de llevar: salen pues con el silencio y fresco de la noche; y lo que me causó más admiración, es, que aunque la cuevecilla de donde salen, esté media legua, o más, distante del río, no yerran el camino, sino que vía recta se van al agua. Esto me causó tanta armonía, que repetidas veces puse las tortugas a gran distancia del río, llevándolas cubiertas, y haciéndoles dar muchas vueltas y revueltas en el suelo, para que perdiesen el tino; pero luego que se veían libres, tomaban el rumbo derechamente al agua, obligándome a ir con ellas, alabando la providencia admirable del Criador, que a cada una de sus criaturas da la innata inclinación a su centro, y modo connatural de llegar a él: ¡gran reprehensión nuestra, que aun alentados de los eternos premios, y amenazados con imponderables castigos, apenas acertamos a tomar la senda derecha de nuestro último fin y centro de la Bienaventuranza, para que Dios nos crió!

Por este tiempo madrugan los indios y las indias; aquellos vuelcan cuantas tortugas quieren, dejándolas el pecho por arriba tan aseguradas, que no se pueden menear; porque aunque con manos y pies tiran a enderezarse, es tan alta su espalda, que ni con pies ni manos alcanza a tocar el suelo, para hacer fuerza e hincapié: luego las van cargando a sus ranchos, en donde quedan aseguradas, dejándolas volteadas al modo dicho: entre tanto las mujeres con sus hijos se ocupan en sacar y llevar canastos, así de huevos, como de tortuguillos a los ranchos. De los huevos levantan formidables montones, y a los tortuguillos mantienen en los mismos canastos, para que no se escapen al río, como lo hacen todos cuantos pueden; también cavan la arena, y abren pozas al peso del agua del río; y trasminada ésta hasta las pozas, descargan en ellas grandes cantidades de dichos tortuguillos para ir comiendo; que a la verdad, cada uno es un buen bocado y sin hueso; porque hasta las mismas conchas son tiernas y sabrosas; y no es creíble ni reducible a guarismo la multitud de Tortuguitas tiernas, que cada una de tan innumerables familias come cada día.

Pero mucho mayor es la cantidad de huevos que consumen, ya en la comida, ya en la fabrica del aceite; tanto, que con ser el río Orinoco tan grande y de primera magnitud, es dictamen de los prudentes y prácticos de aquel país, que a no haber tan exorbitante consumo de tortugas, de tortuguillos y de huevos, como llevo apuntado, fuera tal la multiplicación y multitud de tortugas del Orinoco, que se volviera innavegable, sirviendo de embarazo a las embarcaciones la multitud imponderable de tortugas, que de tal inmensidad de huevos (si se lograran) habían de redundar en aquel grande río; y yo soy del mismo parecer. Al modo que se escribe de Terra Nova, que en sus mares cerca de la Pesquería del Banco, adonde tantas naos concurren, se afirma haber tanta multitud de Bacallao, que a veces niega el paso a los navíos, los estorba y retarda: tanto hay, que cada

Pescador coge al día cuatrocientos Bacallaos; vamos ya a ver como fabrican el aceite, que como dije, es su principal interés.

Lavan las mismas Canoas en que navegan, las sacan a la playa, echan en ellas algunos cántaros de agua, y luego van lavando canastos de huevos de tortuga, hasta que no les queda pegado ni un grano de arena; y ya limpios, los van echando en las Canoas, dentro de las cuales están los muchachos pisándolos, del mismo modo que acá se pisan los racimos de uvas para extraer el mosto. Ya que las Canoas están suficientemente cargadas, se dejan descubiertas al batidero del Sol: toman calor las Canoas, el agua y los huevos que se han batido en ella, y a poco rato se sobreagua un licor muy sutil y muy claro, que es lo oleaginoso de los huevos, que lo son tanto, que a mi vista, y no sin maravillarme, he visto poner la sartén o la cazuela seca al fuego, y ya que está bien caldeada, echan los huevos de tortuga bien batidos, y al tocar la sartén ardiente, arrojan tanto aceite de sí, que vasta para freír la tortilla, con el seguro de que jamás se pega, ni a la sartén, ni al barro de la cazuela.

Mientras el calor del Sol va elevando aquel aceite sutil, ponen las mujeres cada una su cazuela grande al fuego: los indios con conchas sutiles, y muy al propósito van extrayendo el aceite de la superficie del batido de las Canoas; y trasponiéndolo a las cazuelas, en ellas, a la fuerza del fuego, hierve y se purifica; y si con las conchas tomaron algo de los huevos batidos, queda aquella parte crasa frita en el fondo de las cazuelas: lo cual hecho, van llenando gran numero de vasijas, que para ello traen prevenidas, de aquel aceite bellísimo y puro, mucho más claro que el aceite de olivas, y también más sutil y delgado; lo cual experimenté delante de sujetos de toda graduación, que no lo querían creer. De este modo llené medio vaso de aceite puro de oliva, luego sobre éste añadí otro tanto aceite de huevos de tortuga: ¡cosa rara! luego empezaron uno y otro a dar vueltas de arriba a abajo en el vaso, cual arriba, y cual abajo hasta que empezándose a mezclar por el centro, se confundieron enteramente uno con otro, perdiendo ambos su color, y resultando un color albugíneo, al modo del que tiene la leche muy aguada, y paró aquella mutua contienda y movimiento. Sosegados ambos licores por espacio de media hora, y algo más, empezó el aceite de huevos de tortuga a sublimarse, y a breve rato quedó sobre el aceite de oliva, al modo que éste se mantiene sobre el agua, quedando uno y otro en su color natural como antes; pero volvamos a la narración.

Llegada la hora de comer (aunque todo el día están comiendo, por vía de golosina, huevos y tortuguillos) para entonces una sola tortuga da tres abundantes platos, y muy diferentes, que dan largo pasto a la familia, por mucha que sea; porque rajada por ambos costados la tortuga, la extraen cinco cuartos, que son: cabeza y pescuezo, los dos pies, y los dos brazuelos de las manos, que han menester una olla de buen buque para que quepan. Antes de echarlos en la olla, les quitan unas grandes pellas de manteca tan amarilla, como las yemas de los huevos (y ésta es otra ganancia, que llevan a sus casas, y muy considerable; porque la tortuga que menos, da dos libras de dicha grasa). Puesta ya la olla al fuego, el marido coge entre las manos la concha de la tortuga, que corresponde a la espalda, y la mujer la concha, que corresponde al pecho; y después que cada cual pica bien la carne, manteca y gran cantidad de huevos, que quedan pegados a la concha, las mismas conchas sirven de olla, y sin el menor riesgo de que se quemen: antes que el potaje esté a punto, las ponen en los fogones, con que tienen para principio el gigote, que se preparó en el pecho, muy sabroso y tierno; y hasta el mismo pecho les he visto comer; porque queda aquella concha muy penetrada de manteca, y tierna: luego se sigue el guiso o picadillo de la concha principal: éste es un regalo, y se llama garapacho; no sé por qué. Y finalmente, entra en tercer lugar la olla, y todo se corona con abundante chicha, que llevan prevenida para toda aquella temporada; en la cual no es creíble cuanto engordan aquellas gentes, especialmente los muchachos y chusma, y con razón; porque el padre Manuel Román, ya otra vez citado Superior actual de nuestras misiones de Orinoco, me aseguró muchas veces, que habiendo nacido en Olmedo, y crecido en Valladolid y Salamanca, no echaba menos el rico Carnero de aquellos países a vista de las tortugas del Orinoco: y esto mismo oí también a otros padres españoles de aquellas misiones.

Pero no para aquí la granjería y útil de los indios; porque fuera de la inmensidad de los huevos que comen, y de los que consumen para su aceite, forman también unos largos cañizos, donde puestos innumerables huevos al fuego manso y al calor del Sol, los ponen secos a modo de higos pasados, y después llevan grande abundancia de canastos llenos de dichos huevos a sus casas; y para que se conozca la abundancia, por solo un cuchillo venden cuatro canastos de estos huevos secos, que podrán tener hasta mil huevos.

Llevan también al fin del paseo tantas tortugas, cuantas pueden sufrir las Embarcaciones sin hundirse; y para que vayan sujetas, antes de embarcarlas, las atan fuertemente una mano contra otra, y del mismo modo las atan y traban los pies. De esta especie de tortugas lo que me causó novedad, es, la multitud de huevos que cada una tiene dentro de sí; porque fuera de las sartas (que así están) que ha de poner este año, más adentro tiene ya los que ha de poner en el otro casi del mismo tamaño; pero sin aquella tela o membrana blanca que después tienen: y para el tercer año tiene los que ha de poner, del tamaño de balas de mosquete: para el cuarto, del tamaño de balas de escopeta: para el quinto, son a modo de munición gruesa; y a este modo en disminución vamos a dar a una confusión de huevas como semillas de nabo, mostaza etc., que Dios solo sabe para cuantos años tienen aquellos animales prevención de crías.

Concluyo este capítulo con la útil cosecha de miel de abejas, que casi continuamente recogen los indios del Orinoco. Es tanta la abundancia de enjambres, que no se halla palo hueco, árbol ni rama cóncava, donde no se halle colmena con abundante miel: la que sacan con facilidad, dando la puerta de las abejas, o derribando y rajando el tronco sin temor de ellas, que no pican, ni gastan el aguijón de las de acá; y así luego vuelan, y se van a buscar otra rama hueca. Es tanta la miel que recogen, que por un cuchillo venden los indios cinco frascos de ella después de despumada y colada, y todavía abundara más, si una especie de Monos pequeños o Micos no persiguieran las colmenas. Se pone el Mico a la puerta, y al salir y entrar, va pillando y comiéndose las abejas, hasta la última: después, si puede meter la mano, no deja panal en la colmena; y si no puede, mete la cola, y como sale untada de miel, se va saboreando con ella, hasta que ya la cola no alcanza más, ni halla arbitrio para lograr la restante.

Ni a nosotros nos resta ya luz del día, sino para bajar a la misión de que salimos: vamos por estotro lado, que aunque es más larga, es menos pendiente la bajada: los padres misioneros ya nos estarán esperando: allá proseguiremos con nuestros discursos más despacio: y trataremos puntos y materias más curiosas, y de mayor importancia.

Capítulo XXIII. Método el más practicable para la primera entrada de un misionero en aquellas tierras de gentiles, de que trato, y en otras semejantes

Dos intentos consigo en este capítulo: el primero, satisfacer a muchas personas, que han deseado y desean saber lo que contiene el título propuesto: el segundo será, deshacer al mismo tiempo un agigantado monte de dificultades, que al oír nueva entrada a gentiles incógnitos, se forma aun en la mente del misionero más fervoroso; porque por más que lo sea, es hombre, y como tal, aunque el espíritu esté pronto, vigoroso y ágil, no así la carne, que es enferma y flaca, tanto, que en semejantes ocasiones se llena de sudor frío, no sin congojas; porque el conocimiento de la infidelidad e inconstancia de los gentiles, en cuya busca toma el viaje, le representa el peligro de su muerte, como próximo, y muy factible, no sin pavor y tedio; pero la firme confianza en Dios lo vence todo.

Fuera de esto, quedarán instruidos también muchos varones apostólicos, cuyo amor de Dios y del próximo, les hace abandonar sus patrias, para salvar aquellas almas destituidas de todo cultivo espiritual. Estos operarios, llevados del ímpetu de su espíritu (aun desde la Europa) se imaginan en aquellos bosques, selvas y playas de los ríos con un crucifijo en las manos, ponderando a los gentiles: las finezas de aquel Divino Señor etc. y no ha de ser así a los principios.

Con un símil me daré a entender: los aguaceros recios, que suele haber en el Verano con aparatos de truenos y relámpagos, caen sobre la tierra árida, y sobre las plantas marchitas por los rigores del Sol, y al punto aquella se refresca, y éstas reverdecen; y como que resucitan a nueva vida, muestran en su lozanía y verdor lo oportuno del beneficio; y a pocos días que prosigue el Sol haciendo su oficio, queda la tierra casi tan árida, como estaba, y los árboles y plantas tan marchitas, o poco menos que antes. Al contrario, las aguas que reparten las nubes en el Invierno, son de ordinario menos recias y menos ruidosas; pero aunque mansas, son permanentes, y van poco a poco embebiéndose en la tierra: los árboles, plantas y sembrados muy poco, o casi nada, se dan por entendidos, ni aquellos se visten de hojas, ni se coronan de flores, ni estos dan más muestras que de estar vivos, aunque marchitos al rigor de los hielos: esto es a lo que se ve por defuera; pero allá en sus raíces van acaudalando el vigor, los sembrados, para dar copioso grano; las viñas, generoso vino, y los árboles, según su variedad, abundantes frutas. No de otro modo sucede en las misiones, que llamamos circulares, entre cristianos viejos; ¿qué de confesiones generales? ¿qué escándalos quitados? ¿qué de casamientos necesarios no se contraen? ¿cuántos se revalidan? ¿qué devociones no se entablan etc.? pasó la misión: ¿y qué sucede? sucede casi lo mismo que en los campos a los quince días después de las lluvias del Verano; sí bien es, y debe ser muy apreciable la práctica y la cosecha de dichas misiones circulares.

Pero en las misiones entre gentiles insisten una y otro año, regando con sudores copiosos el terreno, cultivan con afán aquellas plantas, siembran a tiempo oportuno el grano del Evangelio, después de haber gastado mucho tiempo en desmontar, limpiar y arar aquel campo lleno de malezas; y con todo, ni la tierra se da por entendida, ni la semilla nace, ni las plantas florecen, ni aun dan señas de reverdecer, para que el misionero se consuele con la esperanza del fruto; pero no importa, porque es tiempo de Invierno: buen ánimo, y nadie descaezca, ni abandone el campo, aunque todas las señas sean de estéril: Non fiat fuga vestra in hyeme. Tiempo y paciencia es menester, y esperar con sufrimiento (como del Labrador dice Santiago), que llegará su propio tiempo, y tendréis tan abundante cosecha, que apenas tendréis manos ni fuerzas para recogerla toda, y os veréis obligados a clamar a los Superiores, que envíen nuevos operarios, porque la mies es mucha, se cae de puro madura, y se pierde porque los operarios son pocos; de modo, que al paso que tardó el terreno en fomentar la semilla que ocultaba, a ese paso es después la abundancia del fruto en las misiones de gentiles, y no fruto transeúnte, sino fijo y permanente: porque, ¿qué otra cosa es fundar una colonia de mil familias, que estaban dispersas por aquellos bosques, que establecer una finca perpetua, que ha de fructificar el rédito de innumerables almas, así de párvulos, como de adultos (mediante la bondad de Dios) hasta el fin del mundo? La esperanza de este grande y permanente fruto alivia, y hace tolerables los muchos afanes, que deben preceder, antes de empezar a recogerlo. Yo os elegí, dijo Cristo a los tales misioneros, para que emprendáis ese largo y arduo viaje (y viajes sin parar: ut eatis) y recojáis mucho fruto, y para que ese fruto sea permanente: Et fructus vester maneat. Así sucede, por la misericordia de Dios; ni ésta es especulación fantástica, sino una seria y verídica relación de lo mismo que sucede en las misiones de que trato; y me persuado (por ser los indios casi de un mismo calibre en toda la América) que sucede lo mismo en las demás misiones; en estos desiertos reparte el Señor a manos llenas el Maná del Cielo:

en ellos ostenta su majestad la liberal magnificencia de su poderoso brazo, como altamente lo expresó san Ambrosio.

Ahora, supuesto lo dicho en general, descendamos a lo particular, y a lo que ha enseñado la experiencia. Los mismos Neófitos de un pueblo nuevo dan la primera noticia de la nación, que hay en aquellos contornos, cerca o lejos. ¿Se averigua si son sus amigos o enemigos? ¿se informa de su genio, si son pacíficos o bravos y guerreros? ¿si estables en un Lugar, o si son andantes y vagabundos? y recogidas todas las noticias necesarias, no conviene que el misionero trate desde luego de ir a verse con ellos; porque la misma novedad les hace echar mano a las armas, pensando que el padre llega con mal fin, y no para su provecho. Si tira a quedarse entre ellos, lo llevan a mal, y se retiran a otra espesura impenetrable: si se retira a vista del mal recibimiento, los deja en peor estado de lo que estaban para poderlos tratar, y ganarles la voluntad; esto es, si al mismo llegar no le han atravesado con muchas flechas, como ha sucedido, sin más fruto que el de aquella su buena intención y caridad, que a la verdad no la hay mayor, que la que expone su vida por el bien de los próximos.

La práctica es instruir bien dos o más indios de los Neófitos, que saben la tal lengua, y bien aviados de regalos para el cacique; y los viejos, enviarlos como embajadores, y con el encargo de que entren con sus armas bajo el brazo, y con las demás ceremonias que ellos usaren en señal de amistad; y con mayor cuidado a no insinuar, ni que ellos insinúen a los tales gentiles, que el padre quiere ir a visitarlos; pues ha sucedido, que con sola esta insinuación se han ahuyentado a tierras muy remotas. La embajada solo ha de ser: Que el misionero, que les está cuidando, es su amigo, y que les envía, v. gr. aquellos cuchillos, agujas y otras bagatelas, en señal de que es verdad; no han de añadir ni una palabra más, sino responder fielmente a innumerables preguntas que les han de hacer: de ¿cómo vino el padre a vivir con ellos? ¿por dónde, y con quién vino? ¿qué hace? ¿qué pretende con su venida? ¿cómo los trata, y en qué se ocupa etc.? Si los mensajeros lo hacen bien, desde luego vuelven con ellos dos o tres indios principales, más por curiosidad, que por otra cosa. Si la tal nación es de genio altivo y natural terco, es preciso repetir con intervalo de tiempo algunas embajadas; y en la última (cuando ya se reconoce blandura) se envía a decir: Que si no estuviera tan ocupado en cuidar de su gente, que fuera a visitarlos; pero que etc. la respuesta ordinaria a este aviso suelen ser muchas muestras de deseos de que el padre vaya, con lo cual se les envía a decir la Luna en que irá (esta Luna se demarca por las frutas, que en ella maduran; porque para todos los meses del año hay frutas propias de aquella Luna). Si el viaje es largo, como de ordinario acontece, es preciso dar forma de que otro misionero supla su ausencia, para que nadie muera sin instrucción y bautismo, ni pierda lo cierto, para lograr lo incierto.

Sea el viaje por los bosques, o sea embarcado por los ríos, ya está averiguado, que la misma necesidad ha de tener, si lleva algunos indios cargados de maíz tostado, y otros semejantes bastimentos, como si no los llevara; porque aunque lleve la dicha prevención, a más tardar, a los cuatro días se la han comido los indios que la cargan, para aliviar la carga, y por su natural voracidad. Lo mismo con poca diferencia sucede, si el viaje es con embarcación por algún río; y así, mejor es que como de los cuatro días para adelante no falta la Providencia Divina, dando ya aves, ya pescado, frutas y raíces, solo se saque prevención para el primer día; porque de ordinario, en la cercanía de los pueblos tienen ya los indios destruidas las Aves, Monos, jabalíes etc.; y de ahí para adelante no falta, ni uno ni otro para vianda, ni frutas o raíces para pan, a veces más, a veces menos de lo que es menester; ni hay peligro de morir de hambre, aunque no deja de suceder tal cual desmayo, especialmente en llanos rasos, que de ordinario son estériles.

Lo que se debe llevar son abalorios, cuentas de vidrio, cuchillos, anzuelos y otras bujerías, que para los gentiles son de mucho aprecio. Se procura que los que van de guía, nivelen las jornadas de modo, que la noche se pase junto a algún arroyo o río, así por la pesca, que es segura, como porque siempre cerca de los ríos se halla más volatería y montería para el sustento. Fuera de doce o catorce indios fieles que lleva consigo, es bueno que le acompañen uno o dos soldados, así por la multitud que hay de fieras, como por el buen gobierno de las noches, en las cuales debe siempre arder fuego, para que los Tigres no se acerquen, como lo hacen luego que se apaga. Remúdanse las centinelas de dos en dos horas; y para eso, y para mayor resguardo del padre, cuando llegue a la tal nación, conviene que lleve los dos hombres con sus armas. Luego que a buena hora se llega al sitio donde se ha de hacer noche, unos limpian el sitio, y arrojan toda la maleza, otros buscan y amontonan leña, otros se aplican a pescar, y los demás salen a buscar algún Jabalí, Monos u otros animales, y no vuelven vacíos. La noche de ordinario se pasa en vela, a causa de la multitud de mosquitos que hay en todas aquellas partes todo el año; y de este modo, y con este método se prosigue el viaje, sin más que el Breviario, la cajita del ornamento, y la red o hamaca, que para dormir o descansar de noche se cuelga de un árbol a otro.

Es muy conveniente, que un día antes de llegar se adelanten dos indios, y den el aviso, de como el padre llegará el día siguiente: con eso no les coge de repente la llegada; y los que están dispersos, se juntan en los ranchos del cacique, y previenen sus menesteres.

Veamos ahora como sucede en casi todas aquellas naciones, la entrada y las ceremonias del recibimiento. Tienen generalmente todos los caciques gentiles, no lejos de su casa, otra abierta por los cuatro vientos, y solo con techo de paja o palma para recibir forasteros; vía recta a esta casa se va el misionero con sus compañeros, cuelga su hamaca o red de uno a otro palo, que para el caso están siempre clavados en el suelo, y descansa buen rato, sin que parezca indio alguno, o porque se están pintando, o porque dan lugar a que descansen los huéspedes: a su tiempo llega el cacique, y a buena distancia dice sola una palabra, ¿que en los Guaneros es Menepuyca? ¿en los Caribes Guopuri? ¿en los Jiraras Majusaque etc.? ¿que es decir: ya viniste? y en cuanto el misionero responde Marrusa, ya vine; se retira el cacique, se asienta, y se siguen los capitanes y todo el resto de la gente, haciendo la misma pregunta, y retirándose a su asiento. Luego está allí la cacica y las mujeres de los capitanes, y sin hablar palabra, ponen cerca del padre cada cual una tutuma, que es un vaso de chicha, un plato de vianda y pan del que usan: lo mismo hacen las demás mujeres del pueblo; de modo que se llena de platos y vasijas casi toda la casa, y a todo esto nadie chista, ni se oye una palabra. La chicha de las tutumas cada cual suele ser de su color, blanca, morada o colorada, según la fruta o grano de que se hizo, y no deja de dar asco a los principios; pide luego el padre el plato que le parece a uno de sus indios compañeros, y come lo que ha menester: pero por lo que mira a la bebida (aquí es el aprieto) ha de beber o probar, o hacer como que bebe, de todas las tuturnas; so pena de que la mujer que la trajo, y su marido se han de dar por sentidos, y aun por enojados, si no prueba algo de su tutuma. Es a la verdad función penosa para el padre, y muy alegre para los indios de su comitiva: los cuales, luego que el padre probó algo de la última chicha, sacan afuera todo aquel aparato, comen y beben a todo su gusto, y quiera Dios que no les parezca corto el desempeño.

Luego que el misionero volvió a su hamaca o red, se levanta el cacique, y acercándose a él, empieza su arenga, que ellos llaman Mirray: ésta la aprenden desde pequeños, y así la recitan seguidamente, añadiendo al principio y al fin de ella algunas circunstancias propias de aquella bienvenida; v. gr. «Que él días antes había visto pasar sobre su casa un pájaro, de singulares plumas y colores; o que había soñado, que estando sus sementeras muy marchitas, había venido sobre ellas una lluvia muy a tiempo etc.; y que todo aquello eran avisos de que el padre había de venir a verlos etc.» El cuerpo del Mirray contiene varias lástimas y aventuras sucedidas a sus mayores; y todo lo refieren en tono lamentable, rematando la mayor parte de las cláusulas (cada nación con las suyas); y la Achagua con estas dos palabras, dos veces repetidas, en tono más alto: Yaquetá, nude yaquetá; que quiere decir: es verdad, sobrino, es verdad. Concluido su Mirray, se retira al lugar de su asiento, y luego se asienta el padre en su hamaca (y lo más usado es en cuclillas) y corresponde con otra arenga, que contiene el grande amor que les tiene; lo cual robora con las mejores pruebas que le ocurren, o trae pensadas; y la última es el haber tomado aquel viaje, y les cuenta lo principal, que en él ha sucedido; y concluye protestando, que solo quiere y busca su amistad, su bien y el defenderlos de sus enemigos etc. Luego reparte los donecillos que trae prevenidos, primero al cacique y su mujer o mujeres; luego a los capitanes; y ha de tantear, que aunque les toque a poco, alcance a todos; porque es un gran sentimiento para ellos y ellas no recibir, aunque solo sea un alfiler, para sacar las niguas de sus pies; es consuelo saber que se contentan con poco, y con buenas esperanzas para después.

Toda esta primera batería ha de ser oculta de parte del misionero; porque si se aclara, pierde el viaje. Los indios compañeros son los que abren la brecha, y más si están bien instruidos; porque los gentiles les están preguntando de noche y de día, y las respuestas de los Neófitos les van ablandando los corazones, y abriéndoles los ojos: por ellas saben que los misioneros solo buscan su amistad para defenderlos de sus enemigos; que cuidan mucho de sus enfermos; que les buscan herramientas para trabajar en sus campos; que quieren mucho, y enseñan a sus hijos a que miren el papel: (es su frase y para decir que les enseñan a leer todas éstas y otras noticias les causan grande novedad y admiración, como cosa para ellos ni vista ni oída: en especial se admiran de que el misionero haya dejado sus padres y parientes para vivir entre ellos, y de todo esto tienen largas conferencias.

Entre tanto el misionero con uno de aquellos indios va a visitar a los enfermos; les da sus donecillos; los agasaja, y ve si están o no de peligro. Raro viaje de estos hay, o ninguno, en que no se logren muchos bautismos de párvulos y adultos moribundos, y así jamás se malogra el trabajo: como el padre va de casa en casa, viendo los enfermos, le van siguiendo los muchachos; a estos se les dan alfileres y anzuelos, y se les muestra grande amor, a fin de ganar a sus padres: ellos como inocentes corresponden, y no aciertan a dejar ni apartarse del misionero; y después en sus casas cuentan a sus padres todo lo que le han oído; y de ordinario les dicen, que no permitan que el padre se vuelva etc. la mejor industria es, que cuando al otro día y en los restantes va a ver a los indios en sus casas, y a visitar a los enfermos, tome en sus brazos alguno de aquellos párvulos, le acaricie y haga fiestas a su modo; esto aprecian grandemente las indias, y a sus maridos les parece muy bien. Es cosa de ver que en cuanto el padre tomó un chico en sus brazos de los de su madre, luego concurren las demás mujeres que crían, y le ofrecen sus párvulos a porfía (iy quién podrá explicar las ganas que tienen aquellos Cazadores de almas, de que se compongan bien las cosas, y se llegue la hora de poder bautizar aquellos inocentes, sin peligro de que sus padres se remonten! todos los clamores del corazón se dirigen a sus Ángeles de Guarda, para que alcancen de Dios este favor.) Es preciso que para estas funciones reserve el misionero sartas de abalorio, las de mejor color, para ponerles a los chicos en el cuello, siquiera una a cada uno. Ya está repetidas veces experimentado, que las mujeres son las que abiertamente rompen el nombre, primero entre sí, y luego con sus maridos, para que, o no permitan que el padre se vuelva, o para que se vayan todos en su compañía; que aun entre los gentiles es mayor la piedad en aquel sexo.

Muy poca necesidad hay de prevenir aquí de ante mano a los que el Señor destina y prepara para tan apostólicas correrías: que si un rey de la tierra da todo cuanto ha menester a un embajador, solo por que va en su nombre a otros reinos; mucho mejor y con mayor liberalidad el rey de la gloria avía y previene con sus dones y abundante gracia a los embajadores evangélicos, que envía a dilatar su santo nombre entre aquellos que redimió a costa, de su propia sangre y vida. Con todo es bien que sepan de antemano lo que les puede acontecer, para que no les coja de susto, y prorrumpa alguno sorprendido con la novedad, en algunas palabras que disgusten al cacique y a los principales gentiles; y es el caso, que de ordinario hacen al misionero la oferta, que según su bárbaro estilo usan hacer a los demás forasteros: la que también notó Herrera en los primeros descubrimientos de aquel Nuevo Mundo; y es ofrecerle una mujer que le asista y sirva: aquí el padre, con la mayor modestia (y aun sin querer, bien sonrosea-do el rostro) responde: «Que todo su amor tiene colocado arriba en el Cielo; y que de ellos no quiere cosa alguna en este mundo, sino mirarlos como a hijos, y cuidar de su bien etc.». ¡No sabré decir cuánta novedad y espanto causa en aquellos hombres silvestres ésta o semejante respuesta! éste es para ellos un lenguaje inaudito, y que jamás llegó a su pensamiento: de aquí nace en ellos una gran veneración, y empiezan a mirar al padre como cosa muy superior a ellos; no se contentan con esto: van a sus casas a ponderar lo que han oído: llaman a los indios compañeros del padre, y preguntan y repreguntan mucho sobre la materia, hasta quedar satisfechos de lo que no acaban de creer. En fin, nadie se perturbe, que como dije, Dios nuestro Señor tiene mucho que dar; pero también digo, que antes de entrar en estos ministerios: Probet autem se ipsum homo; y como la vocación sea de Dios, vaya seguro entregado en las manos de su Divina majestad: más no sin recelo de sí mismo; que aquí importa mucho desconfiar totalmente de sí, y confiar enteramente en Dios, por cuyo amor entra tan cerca del fuego del horno de Babilonia, en donde su majestad le defenderá con tanto cuidado, que no le llegará el fuego a tiznar ni un hilo de la ropa. Y entre tanto, a quien el Señor no llamare (que no faltan señas seguras para conocerlo) siga mi parecer, y no se intrometa donde no le llaman; pues para nuestra enseñanza, ni el mimo Hijo de Dios se fue al Desierto por su propia elección: dejóse llevar: Ductus est; exâmine bien el misionero, ¿qué espíritu es el que le inclina al Desierto? que así lo aconseja san Juan Evangelista.

Después que los indios principales quedan satisfechos de la multitud de pre-guntas que han hecho al misionero, y a los Neófitos sus compañeros, empiezan a pedir: unos piden hachas para sus menesteres: otros piden machetes para des-montar sus campos; y el sufrir y dar buena salida a estas demandas, es pensión necesaria, y pide destreza para dar buena salida. Se responde: «que no ha traído sino dos, o tres (que así conviene) que esas son para el cacique, a quien ruega las dé emprestadas, ya a unos, ya a otros: que como viven tan lejos, es muy difícil cargar herramientas: que si se animasen a buscar un buen sitio cerca del otro pueblo, que tuviese buenas pesquerías (como tal, y tal puesto, que han de llevar ya pensado) que entonces, con menos trabajo los visitaría con frecuencia, les socorriera con herramientas, cuidaría de buena gana de sus enfermos etc.». De esta respuesta depende ordinariamente el éxito de la empresa; porque algunos caciques responden, que irán con sus capitanes a ver si hallan sitio a propósito para mudarse cerca del otro pueblo; y así se ejecuta, previniendo con tiempo sementeras, y al tiempo de coger el fruto, se mudan con todas sus familias, o con la mitad, y fabrican casas etc. otros caciques piden espera, y tratan el punto largamente con sus gentes antes de resolverse. También suele suceder, que en el pueblo de los ya catecúmenos no hay muchas familias, y hay terreno para que estos puedan juntarse con ellos; en este caso los mismos del pueblo ya empezado, y el padre, les dan palabra de prevenirles sementeras y algunas casas, con lo cual se facilita más el transporte de la gente nueva. Sucede a veces que la gente que se tira a domesticar, o sus mayores, han tenido guerra con alguna capitanía de las que ya están pobladas, y entonces se añade la fatiga de agenciar de una y otra parte las amistades; y ya que están compuestas, las sellan a su modo bárbaro con unos cuantos palos que se dan unos a otros, que son paga universal de todas las querellas pasadas: al modo que al amistarse los indios Filipinos, el último sello de paz es, romperse la vena del brazo, y que la sangre de ambos caiga y se mezcle en una misma vasija; lo cual sirve de una firmísima escritura; en fin, hay entradas, en que los indios principales se tienen firmes en no dejar su sitio por ameno y fértil; y lo que es más, por ser su patria: y por otra parte se cierran en que el padre se ha de quedar con ellos. entonces consigue que el cacique y algunos de aquellos gentiles le acompañen al pueblo de que salió, desde donde avisa a los superiores, y con su beneplácito vuelve, y ya es recibido sin ceremonias y con notable júbilo de toda aquella gente, que en todo esto solo ha mirado su interés y conveniencia propia; y este mismo rumbo debe seguir el misionero, que de veras desea la salvación de aquellas almas: lo cual doy por muy cierto; porque en aquellos destierros no hay otra cosa que buscar: Vamos con la suya, que es su interés, y salgamos con la nuestra, que es asegurarlos y domesticarlos para enseñarles la santa Doctrina. Y ésta es la regla que nos da san Pablo apóstol: Non prius quod spirituale est; sed quod animale, deinde quot spirituale. Con los beneficios, suavidad y muestras prácticas de amor se ganan aquellas voluntades terrenas: ni cabe a los principios otra cosa; porque como el mismo apóstol de las gentes nos advirtió, el hombre animal terreno, y que está todavía por desbastar, aunque se las digan y expliquen, no percibe las cosas espirituales; la señal fija de que perseverarán quietos, entre otras es ver, que han trabajado buenas sementeras y buenas casas; que envían de buena gana sus hijos a la Doctrina y a la escuela etc. Hasta tener esta moral certidumbre solo se bautiza en peligro de muerte; cuando hay la tal seguridad, ya se bautizan los chicos instruidos en la Doctrina, que se debe entablar desde el primer arranque de la fundación; que en la crianza de estos está la ganancia; y el mayor mérito, en tolerar la férrea tosquedad de los adultos.

Capítulo XXIV. Fertilidad y frutos preciosos, que ofrece el terreno del río Orinoco y el de sus vertientes

Habiendo fijado la vista y la atención desde aquella empinada cumbre, en que estuvimos, solo en la copiosa abundancia de peces, Manatíes y tortugas de Orinoco, en la copia de jabalíes y otras carnes, resinas y aromas, que sacan los indios de los bosques, quedara desairado el terreno, sino fijáramos en él los ojos para registrar la virtud que encierra en sus extrañas, para dar a manos llenas frutos de mucho valor y aprecio para la Europa, fuera de los aceites, bálsamos y lo demás que llevo referido; y fuera de lo que actualmente da a sus moradores en frutas y frutos del país, cuya relación reservo para un paseo que hemos de hacer hacia sus huertas y sembrados en la segunda parte de esta Obra; omitiendo lo que arrebató la atención de los extranjeros; esto es, que las playas del Orinoco, especialmente donde el río forma remolinos, pintan en arenas de oro y de plata señal fija de los minerales por donde pasa; voy solamente a tratar de los frutos que da y puede dar para el comercio con España.

Corre el gran río Orinoco, como ya dije, y se ve en el Plan, al pie de unas altas Serranías, desde que nace hasta que se sepulta en el Golfo Triste; de aquellas elevadas cumbres descienden caudalosos ríos y multitud de arroyos, que de industria no demarqué en el Plan, para que no saliera a luz con demasiadas sombras. La humedad que aquellas corrientes difunden por los valles, tiene a estos hermoseados con mucha y fresca arboleda: los ríos, por la altura de que bajan, pudieran ser sangrados fácilmente con repetidas acequias: el migajón del terreno, que sin cultivo alguno prorrumpe en bosques, cuyos árboles son de notable corpulencia, ya se ve que obedeciera al cultivo, y mantuviera fecundos los árboles del Cacao: poco he dicho: diré lo que vi repetidas veces en las vegas del río Apure, Tame y otros, que corren al Orinoco; y lo mismo, creo de los bosques de éste, si se registran con cuidado, por ser uniforme el temperamento y clima en éste y aquellos. Digo que vi en dichas vegas arboledas de Cacao silvestre, cargadas de mazorcas llenas de grano, que ofrece aquel suelo espontáneamente para pasto de innumerables Monos, Arditas, Papagayos, Guacamayas y otras aves, que a porfía concurren a disfrutar las cosechas, que de suyo se perdieran; y si aquel fecundo terreno así produce el Cacao de suyo, ¿qué arboledas, y qué cosechas diera al favor del cultivo y del riego? yo he visto los valles más afamados de la provincia de Caracas, que son el Tuy y el Orituco, donde se da el mejor Cacao; y cotejándolos con los de la banda del Sur del Orinoco, hallé en estos más campo, mejor migajón en la tierra, más fácil y más abundante el riego para inmensos plantajes de Cacao. Por otra parte vi en la Guayana, en la huerta de don Jerónimo de Rojas, un árbol de Cacao tan frondoso y tan cargado de bellísimas mazorcas, que no tenía que envidiar a cuantos vi en el Tuy y Orituco. ¡oh y qué país, si se lograra su fertilidad!

Ni es de omitir la Canela, que a modo de la de los Quijos de la provincia de Quito, halló el citado ya fray Silvestre Hidalgo en su entrada a los Andaquíes, y otras naciones cercanas a la parte superior del Orinoco: me aseguró dicho R. padre, que hallaron una vega entera de árboles de Canela, y que las hojas (de que cargaron mucha cantidad) eran más fragantes que la corteza; y lo creo, porque la corteza allí, como la de los Quijos y Mocoa, retiene aquella baba por ser antigua, y cortada fuera de tiempo; pero pódense las ramas de dichos árboles silvestres al modo que lo hacen en Ceilán (que es el mismo con que en Murcia y Valencia podan las moreras), y después que el renuevo tiene ya la corteza hecha, tengan la economía de rajarla al contorno y de alto abajo, para que críe cuerpo; y después corten y pongan aquellas varas, no al Sol, sino en cañizos dentro de casa, para que se sequen, y la experiencia les mostrará, que la tal Canela no es de otra ni de inferior especie que la del Oriente, en donde también parte de los árboles aromáticos son silvestres, como dicen Guillermo y Juan Bleau. Como también es silvestre la arboleda de Canela, que se halla en Samboangán de nuestras islas Filipinas; y es de notar, que aunque silvestre, a todos los europeos, que se aplican al uso de aquella Canela de Samboangán, la de Ceilán les parece insulsa y sin espíritu, como realmente lo es en gran parte; porque los holandeses suelen extraerle para vender no tanto el alma, cuanto el cuerpo de la Canela; de modo, que así este cuantioso renglón de las especies, como otros muy considerables, que desprecia nuestra monarquía, no es por vía de letargo, como monsieur Rouset clamorea en su Mercurio de enero de 1741, que no faltan ministros, muchos y muy despiertos, y argos vigilantes, que comprendan lo más oculto de los caminos y rumbos más intrincados de la economía y del comercio; sin que les hagan falta ni las alas, ni el caduceo de Mercurio, para saber y comprender lo mucho que importan las migajas que caen de la dilatada y espléndida mesa de la monarquía española; y que solo con beneficiar la Canela y la demás Especería de Filipinas, bastaba este leve golpe para que perdiera su ala derecha el elevado vuelo que ha tomado el comercio de Holanda; pase ésta por breve, pero importante digresión.

Fuera de esto, de la caña dulce, que casi todas aquellas naciones siembran para golosina y entretenimiento de sus hijos, del tamaño de ella y del intenso dulce de su jugo se infiere con evidencia, que todos aquellos inmensos y despoblados territorios dieran no menos útil con el azúcar, que con el grano de cacao; y más cuando la pendiente de los ríos dieran a poca costa copiosos caños de agua para el movimiento de los ingenios y máquinas con que en otros países se beneficia la caña a excesivo costo, por falta de agua. No se hallará en las provincias de Tierra Firme terreno ni temperamento más al propósito para copiosas y apreciables cosechas de tabaco, como está ya visto y comprobado en el que siembran y cogen aquellos indios para su gasto.

El café, fruto tan apreciable, yo mismo hice la prueba: le sembré, y creció de modo, que se vio ser aquella tierra muy a propósito para dar copiosas cosechas de este fruto. Por lo que mira al añil, le brota aquel terreno, al modo que en otros nace y crece de suyo la maleza; y ya se ve cuánto diera, y con qué abundancia, sembrado y cultivado. El salsafrás, tan apreciable, tanto por lo saludable y aromático del palo, como de su corteza, se halla con abundancia en los contornos de la boca del río Caura en Orinoco, donde sin buscarle, se ha encontrado; y a causa de la uniformidad del temperamento, es muy creíble que le hay abundante en otras muchas de aquellas vegas: esto es por lo que mira a los valles por donde por la banda del Sur y del Oriente bajan las aguas de aquella inmensa cordillera.

Por la banda del Norte y del Poniente, por donde también entran tan copiosos ríos, como ya dije, y demuestra el Plan, después de haber cruzado aquellos dilatados llanos, que empezando desde las raíces de la Serranía, que desde Quito camina más de ochocientas leguas hasta las costas de Caracas, terminan dichas llanuras en los dilatados márgenes del río Orinoco. Las vegas de éste y de los ríos que recibe, pudieran dar abrigo a muchas y grandes Villas y Lugares de españoles, y sus fértiles ejidos y campañas rasas dieran pasto abundante a innumerables cabañas y hatos de ganado: todo está pronto, todo convida al cultivo, y por todas partes ofrece el país larga correspondencia en ricos y abundantes frutos: entre los cuales no es de menor importancia aquella fruta o especie aromática, que vulgarmente se llama vainilla: ésta de su propia naturaleza y condición es silvestre (sí bien ya se ha hallado modo fácil y método al propósito para cultivarla) nace de suyo en las mayores espesuras de los bosques y vegas; si halla arrimo, sube, y se enreda entre los árboles con multitud de sarmientos (de color verde, y las hojas de la hechura y forma que tiene la lengua acerada de la lanza) se aferra de los troncos y ramas, no menos que las parras, que acá suben y se apoderan de los álamos; pero si la semilla que cae, cuando ya madura se abre la vainilla, tiene la desgracia de nacer donde no halla arrimo, se sigue la misma desdicha de aquellos hombres, que por más que lo merezcan, no hallan quien les dé la mano, y se queda como estos pegado aquel débil vástago contra la tierra, sin dar ni aun la esperanza del fruto que diera abundante, con algún arrimo que tuviera, aunque fuera corto. No me detengo en apuntar cuánta utilidad diera solo el renglón de esta cosecha, en la suposición de que se poblara aquel inmenso territorio; lo cual se puede intentar, con el seguro de que no fuera en daño de aquellos indios, por ser tan espacioso y dilatado el terreno, que comparado con las gentes que mantiene, se puede y debe llamar desierto; y se ve claro, porque desde Orinoco a los llanos de Cumaná hay ocho días de camino por tierras despobladas; desde el mismo, tomado más arriba hasta los llanos de Orituco, hay nueve días de llanos y ríos sin habitadores, a excepción de tal cual vecino, que no lejos de la Serranía cuida sus ganados: desde el Orinoco a Guanare, y desde él mismo, en más altura, hasta Varinas, hay veinte días largos de tierras desiertas: desde la boca del río Meta en Orinoco hasta las misiones altas de Casanare gastó el teniente de la escolta de nuestras misiones Francisco Grillo veintisiete días de camino, el año pasado 1738, por llanos enteramente habitados de fieras, y no más; y en fin, del mismo modo se dilata aquel llano hasta el Ayrico (esto es bosque grande) por muchos centenares de leguas, sin más habitadores, que algunas Tropas andantes de las naciones Guagiva y Chiricoa, que como ya dije, a manera de Gitanos andan en perpetuo movimiento, sin tener casa ni hogar en parte alguna; de modo, que sin daño de las naciones ya domésticas, y con mucho útil de éstas, y grande esperanza de domesticar otras muchas, se pudieran fundar muchas y grandes colonias, con evidente útil del comercio de España, y grandes ventajas de la Real corona: fuera de la principal y máxima utilidad que se siguiera (como apunté) en la conversión de nuevas naciones, la cual precisamente se facilitara mucho a la sombra y abrigo de las poblaciones de españoles: esto es así.

Y como fiel y leal vasallo de nuestro invicto, y católico monarca Felipe V, a quien Dios guarde y prospere para el bien de su monarquía y de la universal iglesia católica, debo añadir, que de no ponerse remedio, dando eficaz providencia para reprimir el empeño con que los portugueses del río Marañón, atravesando hasta las riberas de Orinoco, empezaron a molestar y cautivar los indios de ellas, desde el año 1737, en que estaba yo en el Orinoco, y prosiguieron en 1738, como me consta por cartas del padre Superior Manuel Román, que recibí antes de embarcarme para España en Caracas; y prosiguieron el año 1739, por aviso que acabo de referir en esta corte por cartas del padre Bernardo Botella: digo, que así como los dichos portugueses molestan gravísimamente a las misiones y misioneros de la Compañía de Jesús de la provincia de Quito, con notable daño y atraso de la conversión de los gentiles de la parte superior del Marañón: del mismo modo dañaran (como se ve dañan hoy) e imposibilitaran las misiones que mi provincia del Nuevo Reino con tanto afán y costo, así de vidas de sus misioneros, como de caudales, que en tan apostólica empresa ha gastado y gasta, y quedarán frustrados los piadosos deseos de nuestro piadoso monarca y de mi apostólica provincia: claro está, que estas correrías y las de Marañón, internándose más de lo que conviene, no habrán llegado a la noticia del serenísimo rey de Portugal, cuyo piadoso y cristiano celo, a saberlas, es cierto que ya las hubiera remediado con la mayor prontitud y eficacia; pero de lo insinuado se infiere, que a no atajarse los daños por parte de nuestra monarquía, a poco tiempo que corra, aunque después se procure, será más difícil el remedio.

Añado, que si dichas correrías y entradas a los territorios, pertenecientes al río Orinoco y Marañón, fueran con misioneros apostólicos, a fin de formar reducciones pacíficamente, al modo que dejo referido en el capítulo antecedente, fueran tolerables, y solo hubiera lugar a una queja civil y política en orden a los linderos demarcados por el señor Alejandro VI.; pero no es así, como ya es notorio; porque éstas recogidas de gentes solo tienen por norte el particular interés de tal cual sujeto, sobre quien predomina la codicia y su interés particular, sin reparar en los daños espirituales, que en tantas almas se siguen; ni en el terror que se infunde aun en los gentiles más distantes de que se origina la dificultad de su conversión, y el miedo y horror que tienen a los que los buscan como verdaderos Pastores, pensando que no buscan el bien de sus almas como padres, sino la sujeción y servicio de sus personas: ésta sí que es circunstancia verdaderamente sensible, y digna de remedio.

Y volviendo a coger el hilo que interrumpimos arriba acerca de la fertilidad de los valles y riberas del Orinoco y de sus vertientes, junta aquella con la exorbitante abundancia de peces y tortugas de dicho río, aceites, resinas y aromas, y los frutos y frutas propias del país: todo este conjunto mudamente clama, y ofrece desentrañarse para sustentar a muchos pobres, que no tienen en España ni un palmo de tierra de que mantenerse; y les promete abundantes cosechas, en recompensa del cultivo que recibiere.

Capítulo XXV. Y último de esta primera parte, en que se trata del famoso Dorado, o ciudad de Manoa

§. I

Al tiempo de inclinar la pluma a esta plana, me pareció estar viendo a Diógenes entre el confuso gentío de la Plaza de Atenas, forcejeando y rompiendo para hacerse paso, con una vela encendida en la mano en lo más claro del día: ¿Qué buscas, Diógenes? le preguntaban ya unos, ya otros: Busco un hombre, respondía a todos el sabio Filósofo, cuando la multitud de ellos le impedían el paso; y es el caso, que buscaba un hombre, no de los que veía, sino tal cual en su idea se lo había figurado, y según lo deseaba.

Volvamos la vista al capítulo primero de esta Historia, y preguntémosle a Keymisco, inglés, y otros jefes, sus Paisanos: amigos, ¿qué viajes son estos? ¿para qué tanta repetición de peligrosas navegaciones? ¿tantas pérdidas de caudales, de navíos y de tripulación? preguntemos en el Perú y en Quito a uno y otro

Pizarro: en Santa Fe de Bogotá a uno y otro Quesada: en el Marañón a Orellana; y en Meta a Berrío y a otros muchos famosos capitanes: ¿Para qué os afanáis? ¿a qué fin tantas levas, marchas y viajes arduos, difíciles e intolerables? «buscamos (dicen) el famoso y riquísimo Dorado; y así nadie se admire de nuestra resolución y arduo empeño, que lo que mucho vale, es preciso que haya de costar mucho».

Los Atenienses soltaban las carcajadas de risa al oír y ver a Diógenes, buscando un hombre entre ellos; pero se reían sin razón; porque el Filósofo buscaba entre ellos un hombre de verdad, tal, que la profesase de veras; y antes debieran correrse que reírse los de Atenas, al ver que tan gran Filósofo no le hallaba; pero nosotros no erraremos, si nos reímos del empeño de aquellos nobles Conquistadores. ¡Notable asunto! ir aquellos jefes españoles tropezando a cada paso en un Dorado de tesoro inagotable, cual realmente es todo el Nuevo Reino de Granada y Tierra Firme, tan lleno de fecundas minas de oro, plata y esmeraldas, cuantas se conocen en las jurisdicciones de Pamplona, Mariquita, Muso, Neiva, de los Remedios, Antioquia, Anserma, Chocó, Barbacoas y otras muchas, y muchas más, que aunque ocultas, en las arenas de oro, que por los ríos y arroyos desperdician, indican los deseos de que las desentrañen, y salgan a luz sus caudales. Pues si hay tantos Dorados, y tan ricos y abundantes, que solo falta quien los labre, ¿para qué tanto afán, costos y viajes en busca de un Dorado? ¿y qué necesidad tenía el Perú de empeñar sus Milicias a que padeciesen y pereciesen al rigor de los trabajos en tierras incógnitas, en demanda de un Dorado, teniendo en su seno el singularísimo mineral de oro de Caravala, con otros muchos? ¿y el imponderable manantial de plata del Potosí, con otros casi innumerables, aunque no tan fecundos? ya se ve cuán raro fue un empeño tal, que buscaba con grandes costos y pérdidas, a gran distancia de sus casas, aquello mismo que ya tenían asegurado de puertas adentro.

Esto es cierto, hablando así del Perú, como de Tierra Firme y del Nuevo Reino; pero fijando la atención en solo éste, ni ha necesitado, ni ha menester Dorados, cuando todo está no solo dorado (que es un mero relumbrón superficial) sino lleno y recargado por todas partes de oro, plata, esmeraldas y otras piedras preciosas: no tiene que envidiarle al Perú ni a la Nueva España, sino la dicha de estar poblados aquellos dos vastos Imperios, que se arrebataron la atención de los españoles; que a estar poblado, como requería y requiere para la labor de sus innumerables minas el Nuevo Reino, compitiera en riqueza, sino con ambos, a lo menos con cualquiera de los dos Imperios. No digo esto, porque sea aquel reino el que me cupo en suerte, cuando el Señor por su bondad me envió a evangelizar su santo Nombre, aunque indigno de tan alto empleo: digo ingenuamente lo que hay, y lo mucho que hubiera, si aquellas riquísimas tierras estuvieran tan pobladas como la Nueva España y el Perú; y si le pareciere a alguno que digo mucho, vea al ilustrísimo Piedrahita en su Conquista del Nuevo Reino, y a fray Pedro Simón, y hallarán mucho más de que maravillarse. El ilustrísimo, como práctico dice: que quanta tierra bañan el río grande de la Magdalena y Cauca, es de minas de oro; y un poco después añade gran número de ríos, entre cuyas arenas se pierde el oro: nombradamente aquel que por sus inmensas riquezas se llama río del Oro, porque todo el que se entresaca de sus playas, es de veinticuatro quilates; y afirma dicho ilustrísimo: que en solo el Nuevo Reino hay más minerales de oro y plata, que en todo el resto de las Américas; y añade más: que en las minas de Antioquia y otras, dentro de las puntas de oro se hallan diamantes pequeños, pero muy finos. Afirma que en las minas de esmeraldas de Muso se hallan pantauras finas de todos colores: que en las minas de Antioquia abundan los jacintos y las piedras de cruz, que son de gran virtud contra muchos achaques; y que hay tantos granates finos, que la abundancia les quita el valor: que la pesquería de perlas de la boca del río del Hacha, así en la multitud del criadero de ellas, como en su calidad, excede a todas con mucha ventaja. Timaná abundó y fue famoso por las muchas amatistas y pantauras. Pamplona, Susa y Anserma, por las turquesas, girasolas, gallinazas y mapulas; esta multitud de minas no se ha hundido: donde se encontraron, permanecen; todas las riquezas deseables sobran; solo faltan pobladores que las saquen de los ricos minerales.

Ojalá la majestad de nuestro católico monarca vuelva sus piadosos y apacibles ojos hacia aquel pobre reino, solo pobre por falta de habitadores, y opulentamente rico por sobra de abundantes minas: que una vez reforzado con oportuna providencia, dirá la experiencia, y mostrará, que el páramo rico de Pamplona, y la Nariz de Judío de la misma jurisdicción tienen tantas Caravalas de oro fino, cuantos son los picachos de que se componen; y que tiene Mariquita tantos potosíes, cuantas son las muchas minas de plata ligada con oro, que por falta de gentes ha muchos años que no se labran. Las minas de Simiti, Caracolí, Antioquia y otras casi innumerables no tienen que envidiar a los reales de minas Mexicanas de Guanajuato, de Zacatecas, de Toluca, Sombrerete, de San Luis y del Monte, sino que allá hay hombres, que quieren trabajar por el jornal tasado de cuatro reales de plata, y en las minas del Nuevo Reino no los hay, y los pocos peones que hay, no se dignan de aplicarse al trabajo.

De paso para España le dije a un caballero de Pamplona en el Nuevo Reino, que se animase a trabajar su mina de oro, que a su ejemplo se animarían otros etc. y me respondió, que ya lo había intentado muchas veces, y que agenciando jornaleros, les ofreció la paga tasada de cuatro reales de plata cada día; y que la respuesta que dieron, mezclada con muchas risadas, fue esta: «estamos buenos: en una o dos horas que gastamos lavando oro en cualquiera río o arroyo, sacamos cuatro tomines de oro, que son ocho reales, ¿y trabajaremos por el interés de cuatro? buena necedad fuera la nuestra, cuando lavando la arena del río dos horas por la mañana, y dos por la tarde, a lo menos cogemos ocho tomines de oro, que son dos pesos de plata». Aquí se ve clara la imposibilidad de que los mineros labren sus minas; y se reconoce lo que parece increíble; y es, que la suma riqueza del Nuevo Reino da ocasión a los pobres para que no quieran trabajar ni servir a otros en útil del bien común; y esto no solo sucede en Pamplona, sino en otras muchas provincias del Nuevo Reino, donde la gente ordinaria lava y entresaca de la arena sola aquella cantidad de oro en polvo, que ha menester, o para vestirse de nuevo, o para comprar el sustento necesario, lo cual consiguen con gran facilidad; y no trabajarán más, aunque les dupliquen el jornal.

Cuando acaba de caer un recio aguacero, luego que las quebradas radas quedan secas, y los arroyos con poca agua, salen los que debían ser jornaleros, a recorrer las playas con notable interés; porque al bajar las aguas precipitadas de las cumbres, descarnan las barrancas del cauce, y desleída aquella tierra, va dejando puntas de oro (y no pocas veces considerables) en dichas playas. Lo mismo me aseguró el padre Carlos de Anisón, de la Compañía de Jesús, que corrió el valle de Somondoco en misiones, que vio practicar a las gentes de aquel valle, que salen a los ríos y arroyos a recoger las esmeraldas, que pasada la creciente quedan en las playas, como despojos extraídos de las Serranías, por el arrebatado golpe de las crecientes; y añadía una cosa muy singular dicho padre; y es, que las aves domésticas, saliendo como acostumbran a picar por todas partes, y a escarbar cuanto pueden, tragan muchas esmeraldas toscas, ideando que es otra cosa; y que retenidas largo tiempo en sus buches (porque su mismo peso les impide el tránsito) con la actividad del calor natural de las gallinas y pollos, se gasta en parte lo tosco y queda algo limpio el fondo de ellas: de modo que el que compra un pollo por medio real de plata, suele hallar en el buche una esmeralda o dos de mucho valor; y dicho padre me aseguró, que uno de los Curas de aquel territorio, un día, sobre mesa, después de haber comido, puso sobre ella un papel con muchas esmeraldas, y dijo haber sido todas halladas en los buches de las aves, que se habían muerto en su cocina.

§. II. Reflexión y noticia fundada de los tesoros del Nuevo Reino de Granada

Ha causado novedad a no pocos aquella proposición, que poco antes di por cierta; y es: «que el Nuevo Reino de Tierra Firme no tiene que envidiar al Perú ni a la Nueva España la abundancia y riqueza de sus Minas, sino la dicha de que aquellos dos reinos se arrebataron la atención de los españoles para poblarlos, y establecerse en ellos»; y aunque roboré éste mi parecer con la autoridad e Historia del ilustrísimo padre fray Pedro Simón en su Conquista del Nuevo Reino; y con el apreciable voto del padre Acosta, de la Compañía de Jesús; y pudiera haber alegado muchos pasajes de las Décadas del señor Herrera, que a la verdad sosegaran al más escrupuloso Crítico; tuve por suficiente la de los tres dichos Autores. Pero supuesto que me es preciso darle mayor fuerza a mi dictamen por otro rumbo, vea el que gustare al dicho Herrera en su Descripción de la América, mientras voy descubriendo los tesoros imponderables de la Tierra Firme; y nótese de paso, que en medio de las grandes riquezas que los Conquistadores hallaron en ambas Américas, a solo el reino de Tierra Firme le dieron el singular renombre de Castilla del Oro, nombre ya anticuado, pero puesto con mucha razón.

Los Autores con quienes he de confirmar ahora mi conclusión, son muchos de los más prácticos cargadores de las dos carreras de Cádiz a la Vera Cruz y a Cartagena, con quienes ya navegando, ya en tierra, he conversado, y aun controvertido este punto muchas veces: ellos, alegando lo que sabían por su práctica: yo, por lo que he oído a otros no menos experimentados, y por lo demás que ya voy a decir, lo más en breve que pueda.

Para lo cual supongo lo que es notorio en todas las naciones; y es, que el índice más cierto, y que más evidencia la riqueza de cualquier reino, es su comercio;

de modo, que por lo pingüe o débil del comercio, se conoce claramente el mayor o menor fondo de cualquier reino, sea el que se fuere.

Sírvanos por ahora, la que no siéndolo, dan en llamarla decadencia del Perú; la cual quieren inferir, de que en años pasados bajaban de Lima a la feria de Portovelo veinte millones, y aun más, de pesos fuertes; después bajaron solos quince millones; después doce, y a veces diez; y en fin, por carta del comercio de Lima a los Diputados de los últimos Galeones de 1738, protestó dicho comercio: «que si los obligaban a bajar luego a la feria, solo podían llevar cinco millones de pesos; pero que si daban espera hasta el agosto siguiente, bajarían a la feria ocho millones». dije que ésta se llama, y no es decadencia del reino del Perú, sino sobra de industria en las naciones extrañas para introducir mercancías a precios muy moderados, y demasiado atrevimiento y arresto en los Marchantes de aquellas provincias, arriesgando el capital y los gananciales (como sucede a muchos) por lograr el barato, y enriquecerse presto. En este mismo sentido se reconoció, no la decadencia do la Nueva España, sino del comercio de ella con la nuestra, por causa de los muchos Géneros de la China, que de Filipinas se transportaban al puerto de Acapulco; y por eso se moderó y tasó aquel comercio; pero siempre que en la Vera Cruz hay algún descuido y falta de vigilancia en la ensenada de Campeche, provincia de Yucatán, reconocen los Cargadores españoles el daño del comercio furtivo. La dicha y fortuna de la Nueva España, o por mejor decir, de los flotistas españoles, es, el que son pocos y contados los boquetes por donde pueden introducirse géneros extranjeros. Más hay en el Perú, aunque más distantes y difíciles, como son montar el Cabo de Horno, y correr las costas del Mar Pacífico: de la colonia de los portugueses, hasta internarse al Potosí, hay mucho que andar y que vencer; ni hay menor dificultad en la introducción por la costa de bastimentos, por el escudo de Beragua, provincia de este nombre, y el de Costa Rica, jurisdicción de Guatemala. No obstante, más de dos veces se han reconocido vencidas estas distancias y arduidades por las ansias de acaudalar dinero. No sucede así en las costas de Tierra Firme; ellas abundan de ensenadas y puertos desiertos, que miran en derechura a la Jamaica y a Curazao.

La isla de Curazao es totalmente estéril; de modo, que solo el trato mantiene la opulencia, fortalezas, guarniciones y una continuada serie de convoyes de navíos que van y vienen de Holanda. Jamaica da algún azúcar y tabaco: renglón, que él solo no pudiera mantener su Guarnición ordinaria: su fondo, como el de Curazao, son grandes almacenes de mercaderías, así de los Judíos, como de ingleses, de que tienen una ganancia exorbitante; tanta, que callando mucho, y tanteando lo menos, no rehúsan los ingleses confesar, que el comercio de Jamaica les da anualmente seis millones de pesos.

Pongo las palabras de uno de los mejores juicios del Parlamento de Inglaterra que dice así: «El más considerable ramo de nuestro comercio en la América es el Contrabando que nosotros hacemos en los dominios del rey de España. Nosotros envidiamos a Jamaica los Géneros propios, que se consumen en las colonias españolas, y nuestras embarcaciones las llevan furtivamente a los parajes, donde tenemos nuestros correspondientes: nosotros les vendemos allá por plata de contado, o a trueque de preciosos géneros, como la tinta fina y la grana, que nos producen muchas y gruesas ganancias; y aunque no se conoce radicalmente este producto, es cierto, que por lo menos llega a seis millones de pesos cada año, donde recibimos las tres partes en moneda o en barras de plata; de suerte, que entra más en Inglaterra por la vía de este contrabando, que por Cádiz u otra parte de los dominios de España etc.». cuanto adquiere Inglaterra por el comercio de Cádiz, lo dice el capítulo tercero con estas palabras: «El comercio de España para nosotros, es lo que el Perú, y la Nueva España para la misma España». Y más abajo se explica con estos términos: «la quinta parte de esta ganancia, que son cuatrocientas mil libras esterlinas, que hacen más de dos millones de pesos, sale de los Géneros que vendemos en España: y en el capítulo X añade: es fuera de duda, que nos viene mayor suma por sola la vía de Jamaica».

Los holandeses guardan en un profundo secreto el cuantioso producto de su Curazao; pero no pueden ocultar aquellas señas, que lo equiparan al de Jamaica: la opulencia y fuerzas de su colonia, los convoyes de marchantes holandeses, que llenan su puerto, la multitud de Balandras con que trafican, todas son señales de que no saca Curazao menos millones de la Tierra Firme, que Jamaica; y más cuando nadie ignora que el genio mercante de los holandeses es todo su modo de subsistir; pues hasta el suelo de la patria que pisan, se le han usurpado al mar, y gastan grandes sumas anuales de dinero atajando la porfiada competencia con que el Golfo quiere tragarse el terreno que Holanda le arrebató: no quiero decir, que las restantes islas de Barlovento, que están sujetas a los extranjeros, sacan mayor producto que estas dos; porque algunas dan muy buenos frutos: pero el tráfago de navíos marchantes de ellas, que están en continuo movimiento, piden otro primer móvil, de más jugo, que la Caña Dulce, Añil y Algodón; y así, no será juicio temerario creer firmemente que el resto de dichas islas Antillas extranjeras saca cada año tantos millones de pesos de la Tierra Firme como cada una de las dos de por sí: y veis aquí una extracción anual de dieciocho millones de pesos, que aun después de tan bien fundada y evidenciada, todavía se hace casi increíble; pero este es un cómputo muy parecido al que oí en Cartagena de Indias a don Diego de Or, factor del Real asiento de negros de Inglaterra, año 1738. Me admiré yo mucho (por mi ninguna inteligencia en esta materia) de que el Contador de las Reales Cajas de aquella ciudad me asegurase, que en aquella feria, que apenas llevaba seis meses, hubiesen ya salido registradas por la Aduana mercancías de aquellos Galeones, hasta el importe de tres millones y medio de pesos fuertes; entonces el dicho Factor inglés con una claridad y expedición notable, me hizo ver que es cuatro veces mayor la suma de millones que sacan los extranjeros mediante la introducción prohibida.

Ya es hora que hagamos la reflexión, que ella de suyo se viene a los ojos; y que digamos con admiración grande: ¿qué país, qué reino, y qué provincias son éstas de Tierra Firme, que tales manantiales de tesoros tiene? si su comercio fuera activo y pasivo, todavía causara admiración su producto; pero ya vimos que las tres partes de este considerable producto reciben los extranjeros en barras y en moneda corriente; y ahora a esta admiración doy una respuesta, que causará otra mucho mayor, y es: que este reino de Tierra Firme es un país, que si compa-ramos sus ciudades y poblaciones de españoles con las del reino del Perú, y las de la Nueva España, se puede llamar casi despoblado. Es un terreno, en donde la mayor parte de las minas de oro, plata y esmeraldas que tiene descubiertas, no se labra; es un reino en el cual, con ser tantas las dichas Minas, de las cuales unas se labran, otras se han abandonado, y otras, aunque ya conocidas, no se cultivan; con todo son incomparablemente más las que se insinúan con señas evidentes de oro, ya por la pinta de la Tierra, ya por el relumbrón de los arroyos, ríos y quebradas que se arrebatan insensiblemente el tesoro de las riberas que descarnan con sus crecientes: en fin, todo el reino de Tierra Firme es un impon-derable tesoro escondido, del cual las estupendas sumas que llevo insinuadas, no son sino unas meras señales y muestras de los inmensos minerales que en sí contiene: y si las señas palpables que da, y los desperdicios de que se apro-vechan las naciones, las pone opulentas, y les da armas contra nuestra España;

¿qué fuera si España lograra estos poderosos productos por entero? ¿pero qué fuera, si puesta la mira en aquellas casi despobladas provincias, se labrasen todas sus minas, y se cultivasen sus campos, prontos a dar la Grana, el Cacao, tabaco, azúcar y otros importantísimos frutos?

Vuelvo a coger el hilo que me interrumpió el amor de la patria, del rey y de Dios nuestro Señor: de Dios, porque en las costas se ven ya señales de algunas Sectas extranjeras: del rey nuestro Señor, porque con su dinero se arman los enemigos; y de la patria, por lo mismo, y porque no se recatan los extranjeros ya en motejar nuestro descuido.

De lo arriba dicho resulta este fuerte reparo: por tales y tales contrabandos que entran en el Perú y en la Nueva España, se siente grave quebranto en los comercios de las dos carreras: ¿pues qué fuera si aquellos dos reinos tuvieran unas costas tan abiertas como las de la Tierra Firme? ¿y qué, si estuvieran tan a mano los almacenes de géneros de las islas dichas, y pudieran extraer su dinero con la facilidad que lo hacen en las costas de Tierra Firme? no quedaría fondo para el comercio de Cádiz.

Y ahora será fuerza confesar, lo primero, que en tal suposición los comercios de los dos reinos se volvieran inútiles: lo segundo, es preciso conceder, que aun en el estado de abandono en que está el reino de la Tierra Firme, da más tesoros al comercio en general que ambos a dos reinos; pues sufriendo tan exorbitante extracción furtiva anualmente, no descaece; que es mucho más que lo que afirmé en mi citada proposición.

Pero conviene que la reflexión se extienda al cúmulo de riquezas que produjera este reino: lo primero, si se poblara: lo segundo, si labrasen sus minas; y lo tercero, si se desarraigase el comercio con los extranjeros. Bien lo insinúa la carta que recibí del padre Ignacio de Meaurío, de la Compañía de Jesús, sujeto el más calificado de mi provincia del Nuevo Reino, fecha 27 de enero de 1741 en las cláusulas siguientes.

«En medio de que la Guerra ha embarazado el pronto establecimiento de este Virreinato, ha convenido mucho la demora del señor virrey en Cartagena, para pleno conocimiento de lo que aquellas costas necesitan, para embarazar Ropas y comercios de extranjeros, que era lo que tenía más perdido este reino; como ya lo va ejecutando con muy singulares y eficaces providencias; y para lo interior del reino ha dado desde allí entre otras, la de haber mandado, que todos los oros vengan a labrarse irremediablemente, y con pena de perdimiento, a esta Casa de Moneda, saliendo fundición cada quince días, con que adelanta el rey nuestro señor el señoreaje sobre los quintos, y el Derecho de Cobos, y se evitan los fraudes que se hacían en las barras... dándoles a los extranjeros el oro en polvo las ganancias que ellos adelantaban; y con esta providencia ha concurrido en breves días a labrarse medio millón de oro, que es solamente el principio de lo que después adelantarán estas labores; todo estaba perdido, porque cada uno echaba el oro por donde quería y le daba gana; esto es, sin haber pasado todavía el nuevo gobernador al Chocó, que está actualmente aviándose para ello; y sin haberse empezado a trabajar las minas de Mariquita, Muso, Pamplona, Cañaverales y otras, hasta que su Excelencia venga a esta Cuidad, y lo disponga como conviene; y no le será tan dificultoso como algunos piensan, principalmente los que sienten el yugo del Virreinato. Solo en el valle de Neiva se ha empezado a trabajar nuevas minas, con tan buenas pintas, que empieza Dios a manifestar lo que siempre hemos juzgado: que toda la tierra que hay (siendo tanta) desde Tocaima hasta la Plata, toda pinta en oro. Fuera de la providencia que se ha dado para las minas de Antioquia, mandando su Excelencia pase un Contador mayor a visitar y poner en regla aquellas Cajas; y otras providencias, que ha dado muy buenas para la provincia de Quito.»

De todo lo cual infiero, que si estas pocas providencias, dadas solo para evitar los urgentes daños, producen tan bellas y útiles consecuencias; si se toma el negocio de aquel reino de hecho y con empeño, será sin duda admirable y cuantioso su producto.

§. III. Infiérese el gran tesoro que se sacara, si se poblase bien el tal reino

Estas, noticias, que ya tienen algunos visos de digresión, prueban eficazmente, y evidencian el inmenso tesoro que el Nuevo Reino tiene patente en sus minas abiertas y desiertas; y por lo que desperdician las crecientes de los ríos y arroyos, indican lo mucho que aquellos países retienen oculto; y cuán imponderables riquezas darán, si su majestad se digna repartir en aquellos terrenos tantas familias, que en Cataluña, Galicia y Canarias están en la última pobreza, por no tener tierras propias en que emplear su trabajo. Por otra parte se infiere de lo dicho la ceguedad de aquellos insinuados jefes, que a vista y con noticia cierta (aunque no de todos) de muchos de aquellos copiosos minerales, tanto afanaron para descubrir aquel singular monte de oro o Dorado, que la fama común había fabricado en sus ideas; y se ve de paso, cuán cortos son los tesoros de todo el Orbe, para saciar el corazón humano, incapaz de llenarse y satisfacerse, sino con la pacífica posesión de todo un Dios.

Pero recojamos ya las noticias del célebre Dorado o ciudad de Manoa, separando al mismo tiempo las cosas fabulosas de las probables, reteniendo éstas, y despreciando aquellas. El que recorriere las Historias que tocan a Tierra Firme y al Nuevo Reino, verá que esta voz Dorado tuvo su origen en la costa de Cartagena y de Santa Marta: pasó a la de Vélez, y de ésta a la de Bogotá, que es la capital del Nuevo Reino. Puestos allí, corrió que el Dorado estaba en el ameno y fértil valle de Sogamoso; y llegado que hubieron a él, hallaron que el Sacerdote, que en un gran Templo presidía para ofrecer su oblación, se untaba a lo menos las manos y la cara con cierta resina, y sobre ella le soplaban con un canuto polvos de oro, que con facilidad (como dije) se lavan y entresacan de las playas de muchos ríos; y de aquí tomó su denominación el famoso Dorado, según esta opinión.

Es verdad que fray Pedro Simón en su Historia del Nuevo Reino quiere que este nombre Dorado se excitase en Quito, donde el teniente Velalcázar llamó así a todo el reino de Bogotá; y que Pedro de Limpias extendiese después la fama de él en la provincia de Venezuela, de donde se excitó el viaje de Felipe de Utre; pero poco le hace saber el lugar del origen del nombre, que fue y es hasta ahora célebre: más no era este Dorado el que estaba ideado en la mente de los que le agenciaban: lo que con ansia y a todo costo buscaban, era un valle y un territorio con peñascos y guijarros de oro; y tantos cuantos se podían desear, y nada menos ofrecían los indios que iban conquistando; porque estos, viendo que lo que más apreciaban aquellos forasteros era el oro, a fin de que dejando sus tierras se ausentasen a otras, pintaban con muy vivos colores la copia de oro del país, que les parecía más a propósito para estar más libres de sus huéspedes; y permitía Dios que los españoles creyesen tan seriamente dichas noticias, para que se descubriesen más y más donde rayase la luz del santo Evangelio, como por su bondad rayó, creció y llegó a claro y perfecto día, mediante la predicación de muchos varones apostólicos, que reputaron el oro por lodo a vista de la preciosidad de tan innumerables almas. Entre tanto se excitó y tomó cuerpo la fama, de que vencida y pasada aquella gran Serranía, coronada de eminencias, que mantienen todo el año y perpetuamente la nieve, estaban unos dilatados llanos muy poblados, en donde estaba el Dorado tan ansiosamente deseado, y luego salió Quesada con doscientos soldados para el descubrimiento. Día del apóstol Santiago descubrieron desde una alta cumbre aquellas llanuras, cuyo aspecto (a lo lejos) es como el Océano al pie de aquella gran cordillera de Serranías fundaron los dichos exploradores la ciudad de Santiago, llamada de las Atalayas, para dejar memoria del día en que avistaron los llanos, y del fin a que se enderezó su arduo viaje, que fue atalayar y descubrir el Dorado: la cual ciudad hasta hoy persevera en el sitio que demarca el Plan, como memorial perpetuo, y reclamo que con el tiempo excite y llame nuevos Atalayadores y Exploradores de aquel incógnito tesoro; el dicho Quesada con increíbles trabajos penetró los bosques del Ayrico; y perdida casi toda su gente, salió a Timaná el año 1541.

En este año con horrendo viaje desde el Perú por el río Marañón salió a la costa, y no paró en busca del Dorado el animoso Orellana; pero en vano. Al mismo tiempo Felipe de Utre con ciento y veinte hombres, ansioso de que Quesada no fuese solo en el interés y honor, salió en su seguimiento desde Coro, ciudad de la provincia de Venezuela; y con el aviso que un cacique le dio de la gran pérdida y muertes de los soldados de dicho Quesada, tomó el rumbo al Sudoeste, siguiendo al río Guabiari; y según concuerdan así el reverendísimo fray Pedro Simón, como el ilustrísimo Piedrahita, llegó Utre a vista del primer pueblo de los Omeguas, Enaguas o Manoa, donde saliéndole como unos quince mil indios, los rechazó Pedro de Limpias con treinta y siete soldados. Utre y el capitán Artiaga estaban heridos desde el día antes, y así no salieron al cuerpo; allí supieron por mayor las muchas ciudades y tesoros de aquella provincia, por lo cual salieron a buscar más gente para volver a la empresa, pero Carvajal, gobernador intruso en Coro, quitó cruelmente la vida a Felipe de Utre, y cortó enteramente esta gloriosa empresa año 1545, que no hay fiera tan sangrienta como la envidia.

En el Perú, el marqués de Cañete dispuso la entrada al Dorado, a cargo de Pedro de Ursua, siendo guías unos indios del Brasil, que se obligaron a ello; a la mitad del viaje sus soldados mataron a Ursua; y eligieron en su lugar a don Fernando de Guzmán. Aguirre tomó el nombre de Tirano, mató a Guzmán y a otros muchos: vio señas bastantes de los Omeguas; y no hizo caso, porque ya tenía ánimo de tiranizar la Tierra Firme y el Perú; y viendo los indios Brasiles, que ya dejaba a las espaldas los pueblos del Dorado, se huyeron a sus tierras. Aguirre tiranizó la Margarita, y en Tierra Firme prosiguió haciendo crueldades, hasta que infelizmente murió en la provincia de Venezuela año 1557.

Después Pedro de Silva consiguió del rey título de Adelantado, y con tres naos, con más de seiscientos hombres salió de Sanlúcar año 1569, y llegado a la provincia de Venezuela, allí por falta de gobierno desertaron todos. Volvió segunda vez a España, consiguió volver con un navío y ciento y sesenta hombres, y hecho a la vela llegó a la costa de Paria, entró por las bocas de los Dragos al Golfo Triste, tan triste para él y su gente, que todos perecieron a manos de los indios de Guarapiche, y a fuerza de hambre, menos el soldado Martín, de quien hablé en el capítulo diecisiete.

Con el mismo fin del Dorado (aunque bajo del título de fundador de la Guayana en Orinoco) salió en el mismo año el capitán Serpa del puerto de Sanlúcar, y tuvo tan lastimoso fin, como Silva, con poca diferencia; omito los intentos de otros, a quienes el famoso Dorado inquietó mucho, aprovechó nada, y les costó la vida.

Ahora importa que entresaquemos el grano de la paja, y examinemos si hay algo sólido en el referido epílogo de noticias, en que los Autores citados gastan muchos pliegos. Monsieur Laet después de recopilar las diligencias, costos, pérdidas de navíos, soldados y tripulación, que en busca del Dorado consumieron los ingleses, de que hablé en el capítulo primero de esta Obra, concluye diciendo: «¿Y después de todo esto se duda si hay tal Dorado en el mundo, o no?».

Yo veo el viaje de Felipe de Utre, referido con tanta individualidad por terrenos, en gran parte reconocidos por los padres misioneros de mi provincia, y por mis ojos mismos, y hemos hallado señas tan fijas del tal viaje, que no me es factible negarlo (ni los Autores le niegan; aunque el reverendísimo fray Pedro Simón da bastantes señas de tener por mera aprensión dicho Dorado) Fuera de esto, he visto en la jurisdicción de Varinas, en las misiones que en la Serranía de Pedraza cuidaba el reverendo padre fray Miguel Flores, de la esclarecida Orden de Predicadores, en que murió a manos de los indios: vi, digo en el año 1721 los falconetes de bronce de a dos en carga, que Utre entre otras cosas había prevenido para su viaje, que sin falta hubiera hecho, si la envidia de sus émulos no le hubiera quitado la vida: vi y traté al Venerable padre Joseph Cabarte, que gastó treinta y nueve años en misiones en el Ayrico, Guaviari, Ariari y Orinoco derrota (que siguió Utre) el cual Venerable misionero estuvo firme siempre, en que aquel era el rumbo para ir al Dorado: vi y aun dejé vivo a un indio, agregado a la misión nuestra de Guanapalo, en el río Meta, al cual catequizó y bautizó dicho padre Cabarte; el cual protestaba, que fue cautivo de edad como de quince años; y que en la ciudad de Manoa o Enaguas había sido esclavo otros quince años; y que a instancias de otro indio esclavo, que sabía el camino, se huyó con él y otros tres; y con ser así que el tal indio que en el bautismo se llamó Agustín, no sabía palabra de la lengua española, nombraba los sitios donde durmieron los veintitrés días, que desde el Dorado gastaron hasta las márgenes del Orinoco, dándoles los nombres castellanos que solo Utre en su derrota les pudo imponer, y eran: el Hormiguero, el Almorzadero y los demás a este tenor. Más el tal indio Agustín refería las mismas grandezas de los tesoros, y multitud de gente, que el cacique de Macatoa contó a Utre, persuadiéndole que traía poca gente para tan grande empeño: fuera de esto, dicho Agustín pintaba muy por menor el palacio del rey, los palacios y huertas para su diversión en el campo; y tales individualidades, que un bozal no es capaz de fingir, ni tenía motivo para ello; y así creo que de todos los que buscaron el Dorado, el que más cerca estuvo de él, fue Utre; y que sus noticias roboradas con las que dije y diré, no son despreciables.

En las otras noticias que los indios del Brasil dieron al virrey de Lima, marqués de Cañete, no hallo los motivos que noté en los demás indios, para engañar y echar de sus tierras a los españoles con el relumbrón del Dorado; porque dichos Brasiles siguieron en su modo de informar el genio de todos los americanos naturales; porque estos son en sumo grado vengativos; y cuando por sí no pueden vengar los agravios recibidos, se ingenian, y con buen pretexto buscan quien los vengue. De aquí nace en los Jueces prácticos, que cuando oyen la acusación que hace un indio contra otro, se ponen a pensar; y antes de responderle, pasan a averiguar, ¿qué agravio hizo el acusado al acusador? y ciertamente hallan que el acusado hizo algún daño al que acusó. Digo pues, que como los tales indios Brasiles, por no tener buen terreno, salieron a buscar fortuna en gran número, y fueron los más de ellos, o casi todos, muertos por los Omaguas del Dorado: viendo que el único metal, de que fabrican sus herramientas, es oro, y que las estatuas de sus templos eran de oro etc.; y sabiendo la buena voluntad con que los forasteros buscaban este noble género, salieron al Perú, buscando despique a sus agravios, so capa de los tesoros de los Omeguas; y creo que si Ursua hubiera vivido, no hubiera omitido el entrar por aquellos anchos y trillados caminos, por donde Aguirre no quiso entrar, por estar ya encaprichado en su reinado fantástico de la Tierra Firme y del Perú; y el haberse los tales indios Brasiles retirado, luego que vieron que Aguirre, sin hacer caso de su aviso, tiró río abajo, es para mí prueba eficaz, de que el denuncio del Dorado era serio y verdadero, a trueque de vengarse los denunciantes; el que ha vivido algunos años con indios, conocerá bien la fuerza de esta reflexión.

Del mismo principio infiero, que toda la relación acerca de los tesoros y multitud de gente del Dorado que el cacique de Macatoa dio a Felipe de Utre, fue verdadera en todo; porque por lo que mira al gentío, luego al punto tuvo Utre sobre sí quince mil Omeguas solo de aquella primera ciudad, y fue menester todo el valor de tan corto número de soldados, para resistir, desbaratarlos, y hacerlos retirar. Por lo que mira a las muchas riquezas del tal país, concuerda la declaración del tal cacique, con la que los Brasiles dieron al virrey de Lima, y con la fama común, que tan válida y extendida estaba ya.

Ahora, considerando yo lo que sucede a los padres misioneros (y me ha sucedido muchas veces) que después de ganadas las voluntades de los principales indios de una nación recién descubierta, si la nación que se sigue está de guerra con ésta, o la da mal vecindario, luego al punto dan cuenta de la tal nación, dónde viven, y por qué camino se puede ir; pero si son amigos de la dicha nación, nadie avisa; y aunque el misionero pregunte, todos niegan, hasta que con el tiempo reconocen que el padre solo busca su bien espiritual, y entonces dan noticia de la nación vecina. Supuesta esta verdad tan experimentada, concedo que Utre daría al cacique de Macatoa muchos regalos para ganarle la voluntad; pero este medio no vasta para que avisen la verdad; porque también los misioneros dan semejantes regalos, y como vimos, no avisan, sino es para vengarse, o para sacudir el yugo; de que se sigue, que este cacique, aunque por tener menos vasallos, no estuviese en guerra con los Omeguas; a lo menos por ser estos los dominantes, estaba mal con ellos; o porque tal vez era su tributario, o porque le hacían daño a sus sembrados, o porque les llevaban por fuerza las mujeres (como con muchas naciones del Orinoco lo practican los indios Caribes) o por otros motivos; y creyendo el tal cacique, que podrían aquellos forasteros, si volvían con más prevención de soldados, vengar sus injurias, y sacudir el yugo de su pesado vecindario, abrió su pecho, y dijo a Utre todo cuanto sabía, y le rogó encarecidamente, que con tan pocos soldados no se empeñase: le asistió con bastimentos, le dio guías para su vuelta, y otras finezas usó tales, que a no estar mal con los Omeguas, estoy cierto que no las hubiera hecho.

Por otra parte no cabe el decir, que como indio, todo lo hizo por miedo de las armas de Utre; porque con mostrarle a éste buena voluntad, y avisar de secreto a los Omeguas (cosa muy usada entre los indios gentiles) de un solo asalto, hecho de noche, quedaba Utre destruido, y el cacique de Macatoa con mucho mérito para con los caciques o Régulos del Dorado; y así él declaró la verdad, por lo que ya llevo dicho.

Ahora, juntando la declaración del indio Agustín, que fue tantos años esclavo en la ciudad capital del Dorado, con la de los indios Brasiles, con la del cacique Macatoa, y con lo que vieron, padecieron y declararon Utre y sus treinta y nueve soldados: los cuales, como dice el ilustrísimo Piedrahita, fray Pedro Simón, y la tradición que dura hasta hoy, vieron desde un alto competente gran parte de aquella primera ciudad, y no toda; porque la misma extensión de ella impidió la vista: la cual extensión concuerda con el numeroso ejército, que prontamente salió contra Utre. Digo que estos testigos y circunstancias, juntas con el dictamen constante del padre Joseph Cabarte, fundado en su larga experiencia de misionero, en casi cuarenta años de tratar y trabajar entre aquellas naciones, por donde fue el derrotero de Utre; este agregado de cosas constituye un fundamento grave a favor de la existencia del Dorado, y una probabilidad no despreciable: la cual, si viviera hoy monsieur Laet, y la tanteara, depusiera su duda, y el R. padre fray Pedro Simón depusiera su incredulidad a vista de estos sólidos fundamentos.

Yo hallo una gran disparidad entre las declaraciones que hacían los indios en sus patrias acerca del Dorado, y las que dejo notadas de Agustín de los indios portugueses etc. Las primeras (como muy bien nota fray Pedro Simón) eran a fin de apartar de sí a los españoles; estas otras, como dije, eran a fin de vengar sus agravios, y buscar su conveniencia: fuera de que no hay razón para que se desprecie, y se dé por nula la declaración de Utre, y los demás jefes y soldados de su Compañía, y más roborándola mucho aquella ansia de volver segunda vez a emprender con más prevención la jornada, que atajó la muerte de Felipe de Utre a manos de la envidia; más, la copia y multitud de indios Omeguas, Omaguas o Enaguas, que se dice haber en aquel país, no la extrañará quien supiere, que todo el Nuevo Reino de las provincias de Quito y de las del Perú, viendo aquellas naciones, que no tenían fuerza para resistir a los Conquistadores, gran número de gentes de ellas se retiraron a los Andes y a aquella cordillera de Serranías, que divide los llanos inmensos (de que hablé ya) de los reinos de Bogotá, de Quito y del Perú; y pasados los Andes, formaron sus poblaciones tan numerosas, como de lo dicho se infiere: fuera de que, como lo restante de aquel país está poblado, también hallarían pueblos antiguos aquellos indios forasteros, a que se irían agregando.

En fin, la riqueza y tesoros que la fama publicó del Dorado, es menos de extrañar; porque aunque no hemos de creer que los cerros son de oro, vasta que se halle tanto como en el Chocó, Antioquia, valle de Neiva y en otras muchas provincias del Nuevo Reino; la cual riqueza, junta con el tesoro, que los muchos indios, que se retiraron, precisamente llevaron consigo, hace un buen equivalente a lo que se dijo, y dice del famoso Dorado. Todo lo cual he querido apuntar, porque tal vez con el tiempo moverá Dios nuestro Señor algún corazón magnánimo a descubrir aquellas provincias, y se abrirá puerta para que entre en ellas la luz del Evangelio, con la felicidad con que nuevamente ha entrado cerca del Nuevo México, en la provincia de la Nueva Sonora, terreno que une la Tierra Firme con las Californias, hasta hoy demarcadas y tenidas por islas, y no son sino una Península. Los habitadores de dicha Sonora son muy dóciles, y los tesoros de plata de sus minas, cuantiosos e ignorados hasta el año de 39 de este siglo. No repugna que algún día conste lo mismo, y se publiquen las mismas o semejantes noticias, ya verificadas del famoso Dorado y de sus gentes: ojalá sea cuanto antes, para bien y salud eterna de aquellas almas.

Dos palabras debo explicar antes de pasar adelante: la primera es Manoa, nombre que dan los Mapas a la ciudad principal del Dorado; y digo, que Manoa es en lengua Achagua tercera persona del verbo negativo Manoayuna, que es no derramo, cuya tercera persona Manoa quiere decir, no derrama, nombre que dan a todas las lagunas, no sin propiedad; y así, ciudad de Manoa es lo mismo que ciudad de la Laguna. He dicho varias veces, que con facilidad se lava oro en las playas de muchos ríos del Nuevo Reino; y así debo explicar, qué modo de lavar es éste. Digo que de un tablón competente forman como un sombrero, que puesto boca abajo, tiene las alas caídas; y puesto boca arriba, echan arena, y luego agua, con que la revuelven: arrojan poco a poco la agua turbia, y echan segunda agua limpia para volverla a enturbiar con la arena; y a pocas aguas que remudan, sale toda la arena, y en el fondo de aquel como sombrero quedan las arenas de oro puro, que con su peso natural se afondan, y no salen entre la arena. Vasta ya de jornadas y viajes: hagamos pie antes de emprender la segunda Parte de esta Historia.

Tomo II

Advertencia

El padre Ignacio Obregón, que se había encargado de la corrección de esta Obra, por su indisposición, solo pudo ocuparse en la del Tomo primero; y por esto se encargó de la del Tomo segundo el doctor en A. D. don Antonio Juglá y Font, quien suplica al Lector disimule los errores que notare en él, bajo el concepto de que la impresión del año 1745, que ha servido de ejemplar, sobre las muchas equivocaciones que tiene, sigue una Ortografía muy diversa de la que ha adoptado posteriormente la Real Academia española, y se usa al presente; a más de que a la precipitación con que se ha procedido en la Impresión del dicho segundo Tomo, concurre, para su disculpa, la suma dificultad que comúnmente se reconoce en los catalanes, para la perfecta inteligencia, así del dialecto, como de la Ortografía castellana.

Introducción a la segunda parte

Aunque esté bien tendida y fabricada a toda costa y gusto la escalera de un Palacio; con todo, el arte, la conveniencia o la costumbre han introducido el descanso y plan en su medianía, para tomar resuello, y subir con más brío o menos fatiga lo restante de ella. Es así; pero si no me engaño, creo que los pasos y capítulos con que hemos venido hasta aquí subiendo contra las corrientes del Orinoco, no han sido tan arduos ni fastidiosos, que requieran este descanso o división de segunda Parte. Fuera de que, de las novecientas leguas que ya por vía recta, ya en repetidos semicírculos creemos que corre el Orinoco, tenemos vistas y navegadas cuatrocientas y cincuenta, desde el Golfo Triste hasta la boca del río Ariari; no podemos ahora pasar adelante, sino por las señas de varios ríos, que por la parte Occidental bajan al Orinoco de los páramos de Popayán y Pasto; y careciendo casi enteramente de noticias, por lo que mira a la banda del Sur y provincias, donde desde las primeras conquistas se ideó el famoso Dorado o ciudad de Manoa (como se indica en los Mapas antiguos y modernos) es preciso que del Plan que debiera ser un mero descanso para volver a subir y registrar lo restante del Orinoco, hagamos término, dejando a los operarios que la Divina Providencia destinare para el cultivo de aquellas incógnitas naciones el cuidado de registrar y avisar a los venideros los genios de aquellas gentes, y lo singular de aquellos países.

Entretanto la materia de esta segunda Parte que coincide con la de la primera, se reducirá a responder a varias preguntas y dudas curiosas, originadas de lo mismo que llevo ya referido, y dar satisfacción a otras, que de las mismas respuestas han excitado personas de literatura; y como tales, ansiosas de saber más y más, me han preguntado: ¿Si entre aquellas naciones hay idolatría y trato con el Demonio? ¿Si tienen alguna luz y conocimiento de Dios? ¿Las causas de sus guerras, arte militar y armas? ¿La variedad, origen y derivación de sus lenguas? ¿La de sus venenos, y modo de fabricarlos? ¿Cuál es la fertilidad de aquellos países? ¿Cuáles y cuántas sus plagas y enfermedades especiales, y qué remedios usan? ¿Si va en aumento, o descaece el número de los indios? y otras curiosidades no vulgares: y supuesto que el ánimo es responder a todo, basta de preámbulo, y prosigamos con el mismo estilo lacónico y claro.

Capítulo I. ¿Si entre aquellos bárbaros se halla alguna noticia de Dios?

Llevó Dios a la cumbre del honor al hombre que crió: adornóle con las coronas de suma gloria y honra las sienes, colocándole en tal altura, que se podía gloriar de que era poco menos que los Ángeles, y que tenía a su mando y disposición todo el resto de las criaturas sublunares; pero en medio de tan sublime excelencia, le precipitó al abismo de la mayor desdicha su misma ignorancia: Non intellexit: y con caída más fatal que la de Icaro (aunque ésta no fuera fabulosa) se halló equiparado con las bestias, y semejante a ellas, el mismo que fue formado a imagen y semejanza de todo un Dios. ¡Notable desgracia y manantial de otras innumerables! ignorancia detestable, madre, fuente y raíz de todas las sombras y errores que llenaron el Mundo, y aun dominan en tantas partes de él, cuantas apunté en el Prólogo de esta obra. Pero llegando a nuestro propósito: si a los Mahometanos, Paganos y negros Africanos les conviene con especialidad la dicha similitud con los brutos, por su especial ignorancia, no les es menos propia, ni conviene menos a las ciegas y bárbaras gentes del Orinoco y sus vertientes, en que son comprendidas también con especialidad otras muchas naciones de las dos Américas.

Ello es cierto que la falta de enseñanza, derivada y heredada de padres a hijos, no es otra cosa que pasar las gentes de uno a otro abismo de ceguedad y tinieblas, sea en la religión del Mundo que se fuere, como se evidencia en las

Aldeas retiradas, y en el vulgo de las ciudades, aun en aquéllos reinos donde más florece, y más se cultiva nuestra santa fe. ¿Pues qué diremos de aquellas gentes, cuyo total ahínco es, retirarse mal y más del comercio humano, e internarse en las selvas y afectando, o por mejor decir, imitando el genio de las bestias más silvestres e indómitas?

Diré que fue gravísimo error el de los que a la primera vista pensaron que no eran racionales; porque a la verdad, luego que se van desbastando aquellas que parecen piedras, se ve por la Divina gracia, que pasan a verdaderos hijos de Abrahán; y a repetidos golpes del cincel de la doctrina, se descubren los brillos de aquellos diamantes, cuya exterior tosquedad los hacía despreciables.

Diré que aquellas naciones, no solo están poseídas, sino también sepultadas entre las tinieblas de su misma ignorancia; pero afirmo, y debo afirmar al mismo tiempo, con el torrente de los doctores y Teólogos católicos, que en medio de aquellas tinieblas resplandece alguna luz, algunos destellos (aunque cortos) de aquel Divino Sol de Justicia, que alumbró y alumbra a todo hombre, de cuantos vienen a peregrinar a este Mundo, alentando y fortaleciendo con su Divina gracia el espíritu de los Sagrados apóstoles y de los varones apostólicos, para que se oyesen los ecos de sus voces Evangélicas desde el Oriente al Ocaso, y desde el Aquilón al Austro, según el vaticinio del Real Profeta.

Diré lo que ya dijo san Próspero: «que hay algunas naciones en los últimos ángulos del Mundo, a quienes no alcanzó todavía a dar de lleno la luz de la Divina gracia; a las cuales jamás se les niega aquella luz general, y aquella medida de auxilios suficientes, que para todos los hombres viene de lo alto». Lo mismo pudiera decir con las palabras de san Agustín, con las del Concilio Senonense, de Orosio y de otros santos padres y Concilios; pero no obstante todo esto, diré también lo mismo que en dilatados años y largas peregrinaciones, entre gentes bárbaras he palpado y experimentado; y es, que aquella corta luz que entre ellos se deja divisar, al mismo tiempo que se deja ver como luz, se reconoce empañada con muchas sombras. ¡Pobres almas! ¡O y qué lástima! Si aquella luz que tienen, se parece tanto a las tinieblas, ¿cuál será el horror de la ceguedad en que viven? ¿Y quién habrá que no se mueva a lástima y compasión de aquellas pobres naciones? Tienen poca luz y oscurecida, y así ven muy poco; y si no hay quien vaya a alumbrarlos, no hay esperanza de que se les aclare la vista. Hay notable diferencia en el modo de no ver, cuando una nube o niebla opaca cubre la superficie de la tierra, y cuando otra nube (digámoslo así) doméstica cubre casi toda la superficie de los ojos: a aquella el tiempo la disipa, y todo queda claro: ésta se congela y crece más con el tiempo; y al modo de ésta es la que ofusca a aquellas gentes infelices.

Digo en fin, viniendo a lo particular, que las naciones de que trato, conocen la malicia del homicidio, del adulterio y del hurto; y los delincuentes, o se huyen, o esconden cuanto pueden sus delitos: no se hallan casamientos entre hermanos y hermanas; y en algunas gentes hasta más allá del cuarto grado no se casan. En sus desgracias o pesares levantan los ojos al Cielo con exclamaciones propias de sus lenguajes; v. gr. ¡Ayaddí! ¡Acayá! ¡Ayó! ¡Paya! ¡Guayamijideyá! y otras semejantes, con que naturalmente recurren a lo alto a implorar el favor y amparo, aunque no tienen otras voces ni términos para explicarse más; siendo éste un movimiento con que recurre la criatura afligida a su primera Causa, según el sentir expreso del padre de la elocuencia Cicerón. En la nación Achagua viene de padres a hijos la tradición del Diluvio Universal, que explican con estos términos muy genuinos: Catena Manoa, que a la letra es: Sumersión general de la tierra, o laguna general.

Con toda claridad, según Herrera, retenían esta noticia los indios de Cuba, y uno de los más ancianos reconvino a Gabriel de Cabrera con estas palabras ¿Que por qué le reñía etc. pues todos eran hermanos? ¿Vosotros le decía no procedéis de un Hijo, de aquel que hizo la nao grande para salvarse del agua, y nosotros del otro? de modo, que esta tradición, según se ve, estaba muy asentada y corriente de generación en generación. En dicho lugar cuenta el mismo Herrera, que tenían aquellos indios noticia de la creación del Cielo y de la Tierra, y que había sido fabricada toda esta gran máquina por tres Personas, aunque al explicarlas deliraban. Una y otra noticia se hallaron en el Perú y en México.

En otras tres naciones que luego nombraré, tienen palabra con que expresar (a su modo) y nombrar a Dios (esperamos que el tiempo y la práctica lo descubrirá también en otras, que hasta ahora no han dado señal de conocerle, por frase o palabra destinada para ello) pero en dichas naciones no se ha reconocido ceremonia alguna exterior para el Culto Divino; ni las voces con que según la variedad de lenguas nombran a Dios, son tan individuales y positivas, que nos hayamos asegurado ya de su cierta y fija significación. Por esto en la Doctrina cristiana, que traducimos en sus Idiomas, usamos de la palabra Dios, y de las demás palabras españolas necesarias para la explicación de los Misterios de nuestra santa fe: así como los Latinos tomaron del griego muchos términos facultativos de que carecían, para explicar muchas dificultades Escolásticas.

Los Caribes, nación dominante por muy numerosa, llama a Dios Quiyumocón; es decir: Nuestro padre Grande; pero aun no está bien averiguado si estas voces tienen por objeto la Causa primera, o si se refieren al más antiguo de sus Abolengos; y por esto no usamos de dicha palabra.

Los Salibas dicen que el Púru hizo todo lo bueno: que Púru vive en el Cielo: que el Hijo de Púru mató aquella Serpiente que destruía las gentes etc. (éstas son sombras y vestigios borrados de la verdad).

Los Betoyes decían antes de su conversión, que el Sol era Dios; y en su lengua al Sol y a Dios llaman Theos; voz griega, que también significa a Dios; pero ninguna de estas tres naciones da la menor muestra de culto ni de adoración a su Púru, Theos o al Quiyumocón.

En ninguno de aquellos vastos países hemos hallado hasta hoy muestra de idolatría; y así hay este obstáculo menos que vencer para su enseñanza. No obstante esto, en la nación Betoya hubo que vencer algo; porque pusimos en el Catecismo esta pregunta: ¿Theodá, Diosoqué? ¿El Sol es Dios? y al punto respondían que sí: la respuesta que se les enseña, es: Ebamucá, futuit ajajé Diosó abulú, ebadú, tuluebacanutó: no es, porque es fuego que Dios crió para alumbrarnos.

Viendo pues, que pasaban muchos meses sin acabar de creer que el Sol era fuego, me valí de la mecánica de una lente o cristal de bastantes grados, y junta toda la gente en la plaza, cogí la mano del capitán más capaz, llamado Tunucúa. Preguntéle: ¿si el Sol era Dios? luego respondió que sí: entonces en voz alta que oyeron todos, dije: ¿Day dianu obay refolajuy? Theodá futuit ajaduca, may mafarra. ¿Cuándo acabaréis de creerme? ya os tengo dicho que el Sol no es sino fuego. Y diciendo y haciendo, interpuse la lente entre el Sol y el brazo del dicho capitán, y al punto el rayo solar le quemó y levantó una ampolla considerable en el brazo: clamó luego él con voz amarga, diciendo: ¡Tugaday: tugaday: fatuit ajacudacá!

Es verdad: es verdad: fuego es el Sol. Corrían de tropel los hombres y mujeres a ver el efecto del Sol y de la lente: veían la quemadura, y el capitán les explicaba con eficacia la operación que miraban con espanto correlativo a su nativa ignorancia: entretanto rompí por entre el gentío, y llegué a la turba de muchachos, deseosos de ver y saber lo que pasaba: hice la misma pregunta al mayorcillo de ellos, erró la respuesta, y lo desengañé con la quemadura de la lente. Aquí fue mayor la bulla, todos querían experimentar (aunque a costa suya) si el Sol era fuego, o no; dile la lente al Fiscal de la doctrina, para que fuese dando gusto a todos, y yo me retiré a mi choza: el efecto de esta maniobra fue cual se deseaba; porque de allí en adelante ningún Betoy dijo jamás que el Sol era Dios: luego respondía que el Sol era fuego.

No puedo omitir aquí lo que me pasó con un gentil Betoy, llamado Cagiali al principio de la conversión de esta nación: insistí en una de las pláticas, que el que no creyese la doctrina que yo de parte de Dios les enseñaba, le llevarían a ser quemado perpetuamente a la casa del fuego, donde viven los Demonios. (ésta es frase propia de aquel lenguaje). Vino después el Cagiali a informarse más de espacio de la materia: explíquesela de varias maneras, y con símiles materiales; (que son los que más sirven para su rudeza) y cuando se hizo cargo de esta tan importante verdad, se alteró todo, encendiósele el rostro, soltó las lágrimas, y con voz lamentable dijo: ¡Ayaddí, Babicá! ¿Day ma ebá Diosó? ¿Dayque ojabolá, obay reoje afocá, arreacabi, dusuque arribica? ¡Ay, padre mío! ¿Cómo ha hecho Dios esto? ¿Conque mis mayores se han perdido, y están ardiendo, porque Dios no les envió padres que les enseñasen? Confieso que me enternecí, y que me costó mucho trabajo el consolar al Cagiali, y mucha dificultad el hacerle entender, que la causa de la perdición de sus mayores no estuvo en Dios sino en los pecados de aquellos gentiles, por los cuales se hicieron indignos de que su majestad les enviase Predicadores. Este Cagiali fue un gran indio, sirvió mucho para aquella fundación; y cuando le bauticé (que fue *in articulo mortis*) le llamé Fortunato, porque logró la fortuna que lloraba perdida en sus mayores.

Pero por el mismo caso que reinan las tinieblas en los entendimientos de aquellas gentes, cuando al abrir los ojos de la razón, perciben la luz de las verdades eternas, les da mayor golpe la novedad, y se reconoce por los efectos, que entonces derrama Dios a manos llenas su misericordia, según la mayor o menor disposición de los Neófitos; entre los cuales vemos y advertimos la mutación que en ellos hace la diestra del Todo Poderoso. Y aun los mismos indios al cotejar su vida racional y cristiana con su antiguo desconcierto, se regocijan, se admiran y dicen repetidas veces a sus misioneros: Diosó fausucajú, Babicá, ujuma afoca, ubadolandó maydaitú: esto es: Dios te lo pagará, padre; pues por tu medio vivimos, ya racionalmente; y veis aquí aquel maná escondido, que endulza, suaviza y hace llevaderos los mayores trabajos presentes; y que dispone, da brío y ánimo para los venideros.

¿Qué consuelo podrá compararse con el de un operario entre aquellos Neófitos que se fatiga para que sus indios no frecuenten tan a menudo los Sacramentos de la Confesión y Comunión, como los de la nación Achagua, que la desean y piden hasta ser molestos?

¿Qué mayor señal se puede hallar de que han abrazado seriamente nuestra santa fe, ni qué mayor gusto para el que se la predica, que reconocer en los Neófitos temor de Dios, deseos de salvarse, y gran miedo de la eternidad del Infierno, con la moderación, recato y buena conducta debida que requieren las tales señas? y a la verdad de esto pudiera decir mucho.

Solo diré para gloria de Dios y confusión de muchos cristianos, que se precian de serlo, que me ha sucedido estar muchas mañanas seguidas oyendo confesiones de indios Neófitos, sin hallar en alguno de ellos materia para la absolución: y me consta que a otros misioneros les ha sucedido lo mismo; eso no, padre (responden) desde que supe que Dios se enoja por los pecados, y como los castiga, no hago cosa mala. Por otra parte se evidencia la sinceridad y verdad que profesan en la confesión, con muchas señales ciertas, especialmente por la brevedad, ansia y susto con que recurren al Tribunal de la Penitencia, si caen en algún lazo de los que arma el enemigo: en cuya prueba solo digo, que a deshora de la noche, y lloviendo reciamente se entró un indio Neófito en mi rancho, y puesto de rodillas a mis pies, todo asustado, me pidió las disciplinas: se las di, y empezó a descargar recios azotes sobre sus espaldas, y a llorar. Díjele atónito, ¿que por qué era aquella penitencia? respondió que le había engañado el Demonio, y que venía a desenojar a Dios, y a confesarse, como lo hizo: añadiendo después otros azotes sobre sus espaldas: ¿quién no alabará a Dios por estas señas de fe viva y santo temor suyo, que su majestad infunde en los que poco antes no le conocían?

Capítulo II. Singular piedad y especial providencia de Dios, que resplandece en bautismos al parecer casuales de indios ancianos, indias y Párvulos

Dije en el capítulo antecedente, que aunque ofuscada, no falta luz, ni a los más bárbaros, para discernir lo bueno de lo malo, y lo lícito de lo prohibido (sentencia seguida por los doctores católicos en tanto grado, que el padre Presentado fray Gregorio García y otros Autores notaron, que en México y el Perú había antes de las conquistas noticia de los Preceptos del Decálogo; y que unos en unas provincias, y otros en otras, tenían señalado castigo contra los transgresores.

En la Vida del V. padre Joseph de Ancheta, vemos que este apostólico varón perdió el camino que seguía; y después de varias vueltas y revueltas por un desierto, fue a dar a una choza donde estaba usa indio anciano, hecho una imagen viva de la muerte, y examinándole, halló el padre, que había guardado exactamente la Ley natural: instruyóle, bautizóle, y luego murió; como quien solo vivía de la esperanza del bautismo, para pasar a mejor vida.

En la Historia de Sinaloa de las apostólicas y numerosas misiones, que la Compañía de Jesús tenía en la Nueva España, se lee un caso totalmente semejante al que acabo de referir, de dos padres, que permitió o dispuso Dios que perdiesen el camino, para que por el bautismo pusiesen en el camino del Cielo a un anciano indio que hallaron (después de bien examinado) que no tenía otra culpa que la contraída en la original, fuera de las leves que de su cosecha trae la fragilidad humana. Este tal no esperó para morir sino el tiempo necesario para su instrucción y bautismo.

De estos casos y otros admirables en materia de la fe, del culto Divino y de grandes penitencias de los indios, está llena la Historia de Sinaloa ya citada, donde el curioso hallará mucho en que alabar la piedad del Altísimo. Y a la verdad, por lo que los padres misioneros me refirieron, y por lo que yo mismo experimenté en esta materia, es para mí indubitable, que en los demás partidos de misiones se ve con frecuencia esta especial providencia y misericordia de Dios; y se verifica la verdad de aquel axioma Teológico, que facienti quod est in se, Deus non denegat gratiam: y aquí me cito a mí mismo, al capítulo doce de la primera Parte, donde escribí un caso de un bautismo muy singular.

En este punto me enterneció mucho lo que me refirió el padre Juan Rivero al retorno de su viaje al Ayrico, de doscientas leguas de ida, y otras tantas de vuelta:

había hecho tan arduo y largo viaje a pie, y por desiertos estériles en busca de Achaguas gentiles; y viendo yo que traía muy pocos, traté de consolarle del mejor modo que pude, y me interrumpió, diciendo: «no padre mío, tan consolado vuelvo por haber bautizado un Achagua, que al llegar allá encontré moribundo, que si supiera había de lograr otro bautismo semejante, ahora sin descansar emprendiera y repitiera este mismo viaje»: y prosiguió refiriendo el caso, que por muy parecido a los dos antecedentes puedo dar por referido. Este es aquel denario diurno y paga sobreabundante, con que quedan satisfechos aquellos operarios, y por él dan por muy bien empleadas todas sus fatigas.

En el año 1716, después que puse los primeros gentiles Lolacas, que Dios me dio, entre los dos ríos Tame y Chicanoa, se me ofreció un viaje muy urgente y dilatado en bien de las almas; y luego que de retorno llegué a mi rancho, vino un indio mozo con tal prisa, que de puro fatigado, apenas podía hablar, y dijo como mejor pudo estas palabras en su lengua: padre, ha tres días que mi madre te está esperando, y dice que no quiere morirse sin ser cristiana; pasé luego a ver la enferma, halléla muy descaecida, la instruí en los más principales misterios de nuestra santa fe; y ya dispuesta, la baticé: la choza en que estaba era tan estrecha y baja, que para resollar un poco de aire puro, salí fuera de ella: ¡cosa rara! apenas me había limpiado el sudor, cuando oí que decían adentro: ya espiró; entré, y era así, que para morir solo había esperado el agua del santo bautismo; y alabé a Dios con el Profeta David, diciendo: Separaste, Señor, tu lluvia voluntaria para tu heredad, que tú mismo perfeccionaste.

Todavía resplandecen más los arcanos de la Divina Providencia, y los caminos (a nuestro corto entender) casuales, de que su majestad se vale para salvar a los que están escritos en el libro de la vida, en el caso que voy a referir. Para que el misionero antiguo de una de las nuevas misiones que mi provincia tiene en Casanare, entrase a los bosques a domesticar gentiles, para aumentar su grey, entró a suplir el padre Miguel de Ardanáz, natural del reino de Navarra, recién llegado a dichas misiones, empeñado con un Intérprete a estudiar y aprender aquella lengua. En el año 1717, un día, fastidiado de aquel estudio, que en los principios es amargo, llamó al Intérprete para ir a divertirse algo en las sementeras de los indios; no le hallaron, y así tomó por guía un indio bozal, que no sabía palabra de la lengua española: dio vuelta espaciosa por las vegas en donde trabajaban los indios; y ya tarde, al volver hacia el pueblo, vio un pobre rancho apartado de la senda, y por mera curiosidad fue a ver, qué cosa era, y si en él había algún indio: y veis aquí que se quedó asombrado al ver una india moribunda: armazón funesta, que solo tenía la denegrida piel sobre los huesos: tenía en vano colgada de sus pechos una criatura, tan flaca y moribunda como su madre; dio la india muchas muestras de alegría luego que vio al padre, y esforzando la voz, le decía: Babica, rosaca, dojacarrú, oculiba fu; que es: padre mío, échame el agua del bautismo sobre mi cabeza.

No entendía aun el padre la lengua: volvióse al indio que le guiaba a preguntarle; más éste no sabía ni entendía el lenguaje en que le hablaba el padre, y así le respondía en el suyo: la india enferma clamaba, pero el padre ni entendía a ésta, ni al otro; y así se halló muy afligido y en gran confusión: y he aquí la especial providencia de Dios; porque viendo la moribunda que el padre no la entendía, calló un rato, como quien estudia o piensa, y llamándole después por señas, le dijo sola esta palabra, que o sabía, o le inspiró Dios; agua; y tocando con la mano su cabeza, repetidas veces, decía: agua, agua: con esto conoció el padre que pedía el bautismo; buscó agua, y no hallando ni una gota en el rancho, corrió al río, trajo agua, y siéndole imposible otra diligencia ni instrucción, la bautizó: y aquí fue donde brilló más la piadosísima providencia del Criador; pues luego que recibió el bautismo, cruzó sus brazos, y espiró la dichosa india. Omito aquí el Consuelo del padre Ardanáz, que le duró muchos días: quiso bautizar la criaturita, que también agonizaba, pero se lo estorbó el indio con las señas que le dio de que ya lo estaba. La mencionada india estaba ya instruida con otras por su misionero, que las había dejado dispuestas para hacer un bautismo con la mayor solemnidad posible, a fin de que los gentiles que esperaba domesticar y sacar al pueblo, viesen aquella función, y se fuesen aficionando a vida civil, con éste y otros medios que se practican; y así el consuelo del padre que la bautizó, fue más completo cuando supo la buena disposición con que tan casualmente (por lo que toca a nuestro corto entender, que para Dios no hay casualidades) había conseguido el bautismo aquella pobre y mil veces dichosa india.

De todas las Tribus, pueblos, naciones y lenguas, vio el Evangelista san Juan predestinados innumerables, que cantaban himnos y alabanzas al Divino Cordero, que con su preciosa sangre los había redimido y conducido al dichoso puerto de una feliz eternidad: profecía que desde el principio de la iglesia se empezó a verificar en el Eunuco de la reina Candace, para cuya enseñanza y bautismo llevó un Angel a san Felipe Diácono, y después que le instruyó y bautizó, él mismo u otro Angel le arrebató de la vista del Eunuco, y se halló de repente el santo Diácono en Azoto, y prosiguió allí evangelizando a Jesucristo. Y aunque no con tan manifiestos favores; no con menos oportunas providencias ha proseguido y aun prosigue Dios nuestro señor socorriendo con la oportuna luz de su santa ley y con el santo bautismo a muchos que de su parte no han puesto voluntario obstáculo de culpa grave, con que hacerse indignos de esta celestial gracia y favor.

A las riberas del río Cravo llegué en el año de 1724, a tiempo que una capitanía de Guajivas, vagos y andantes, había hecho pie, porque estaba muriéndose una india anciana de su comitiva: instruíla, con la brevedad que la urgencia requería, la bauticé, y espiró luego. Con la misma casualidad, en el río Duya, que entra en el río Meta, encontré otra tropa de Chiricoas, tan vagos y andantes como los antecedentes, quienes acababan de llegar del Ayrico, que es viaje de doscientas leguas; llegóse a mí el capitán, que ya era anciano, y me dijo en lengua achagua: Nu saricaná ribarinaú matata: esto es: Mi padre se muere aprisa: el hijo era viejo, ¿de qué edad seria el padre? fui al punto, y me encontré no tanto con una imagen de Matusalén por su avanzada vejez, cuanto con un esqueleto medio vivo, por lo flaco y desfallecido. Más de una hora trabajé en instruirle en la santa fe, pero en vano, porque no respondía al intento; de manera, que formé juicio de que el moribundo deliraba. Pregunté a su hijo, si le habían dado de comer, y me respondió que ni en aquel día ni en el antecedente había probado cosa alguna: trájele al punto un pescado asado, y luego que le vio, se animó: comióselo todo, quedó capaz de instrucción (que la hambre si es fuerte, también priva del juicio) y respondió bien a todo lo que le iba explicando y preguntando; y luego que reconocí estaba dispuesto, le bauticé, y me retiré a descansar de la función, que fue larga y algo molesta. No había caminado cien pasos, cuando vino corriendo el capitán su hijo, diciendo: padre, padre, ya murió mi viejo. ¡Dichoso él a quien Dios nuestro Señor miró con tan gran misericordia, después de tan larga vida!

Más larga y dilatada edad mostraba por todas sus coyunturas y artejos de su cuerpo una india Guajiva, que no sin especial providencia de Dios encontré en las vegas del río Cravo, entre la tropa de aquellas gentes que viven de puro caminar. Muchos años había que la cargaban dentro de un canasto, porque no se podía tener en pie sus ojos de puro hundidos eran ya extrañamente pequeños, y había mucho tiempo que había perdido la vista: sus uñas parecían de águila real: las arrugas de todo aquel pellejo tostado a los rigores del Sol, remataban con unas como escamas o callos duros etc. No me causó tanta armonía este espectáculo, cuanto la resistencia que mostró a la instrucción y al bautismo: tres días gasté en vano, y otros tantos estuvo aquella gente violenta, porque no podía, ni yo la dejaba proseguir su incierto y vago viaje: por otra parte la anciana no estaba enferma, sino de sus años, cuyo peso no podía ya aguantar; y se mantenía siempre firme en que ni quería creer cosa de cuantas yo le decía, ni ser cristiana; porque luego que me bautices (decía ella) me moriré. Muy buenas congojas me costó su terquedad: en fin fui a verla, rogándole al santo Angel de su Guarda que le ablandase aquel terco corazón; y creo que oyó mi súplica, pero de un modo raro: llegué al canasto (jaula de aquella vejez) y sin preámbulo alguno le dije: ¿por qué no quieres ser cristiana? respondió: porque luego que lo sea, me moriré. Volvíla a preguntar, ¿si había estado en algún pueblo de cristianos algunos días? díjome que sí: preguntéla ¿si había visto como allá bautizaban a los párvulos pocos días después de nacidos? respondió, que sí: ¿y por qué los bautizan tan pequeños? la repliqué yo: eso no sé, respondió ella: pues sábete, la dije, que para que vivan, y para asegurarles una vida que no se acabe, por esto los bautizan: pues si es por esto, replicó la anciana, yo también quiero que me bautices. Alabé a Dios al ver que nadie se cansa de vivir, por trabajosa que sea su vida, y porque ya se ablandaba aquel terco corazón, aunque con motivo terreno: pasé a explicarle el fin para que Dios nos crió, y luego los demás misterios que oyó y abrazó muy bien la catecúmena; y hechas todas las diligencias delante de su gente que había concurrido, la bauticé; y volviéndome a los circunstantes, les estaba rogando, que dejada aquella vida andante y trabajosa, formasen un pueblo, cuando levantó uno el grito, y dijo: ya murió la vieja. ¡Caso verdaderamente singular! por el cual debemos ensalzar la misericordia de Dios y admirar los caminos ocultos con que procura el bien de las almas; y si se hace reflexión, se hallará que todos cuantos estábamos allá, quedamos contentos; porque la anciana salió con la suya, de que luego que la bautizase había de morir; los gentiles se libraron de cargar aquel estorbo en su canasto; y yo quedé más consolado que todos, por haber encaminado aquella alma al Cielo: solo el Demonio, quien es de creer que le había puesto en la cabeza que se había de morir si recibía el bautismo, salió despechado y confundido de aquella ranchería.

Omito otros muchos casos, semejantes con poca diferencia a los referidos; pero no puedo menos que hacer mención de un indio de setenta años y más, según las señas que daba de la destrucción de la ciudad de Pedraza con la violenta irrupción de los indios. Hallé a este anciano, llamado Seysere, en el centro de los vastos bosques de Apure, que tendrán ciento y cincuenta leguas de travesía: era Régulo de su nación Guanera, y obedecíanle otras naciones, que se le habían agregado: tenía una casa mucho más suntuosa que las que usan los gentiles; y tenía otras dos casas destinadas para recibir a los huéspedes y pasajeros, a quienes cuidaba y regalaba con franqueza: recibiéronme con las armas en las manos; pero luego se desvaneció el susto: el anciano tenía un peligroso cáncer en el pie; el cual después de varios días, que tratábamos sobre que saliese con los suyos a mejor poblado, era el único impedimento de la marcha; porque era preciso caminar casi veinte días a pie por aquellas espesuras: quiso Dios que con algunos remedios eficaces sanase Seysere, y así salió con su gente; y después de bien instruidos, se bautizaron todos, siguiendo el buen ejemplo de su Régulo.

Fue este indio muy singular: jamás tuvo ni conoció otra mujer que la primera; jamás asistió, ni en su gentilidad, ni en ocho años que vivió después de bautizado, a convites, ni a casas de bebida, donde de ordinario hay muchas embriagueces; y cuando no podía excusarse, en brindando a los convidados, se volvía luego a su casa. Lo principal de don Ventura Seysere (que este nombre le puse) es, que después de un largo y serio examen, hallé que había guardado exactamente la Ley natural desde que tuvo uso de razón: en los ocho años que vivió dio grande ejemplo a los Neófitos: cooperó personalmente a la conversión de muchos gentiles; y recibidos en su última enfermedad los santos Sacramentos, estando ya muy descaecido le dispuse una sustancia; y rogándole con instancia que la tomase, me dijo con notable alegría de rostro: déjame ir al Cielo, y espiró.

A un indio Saliba (que sobresalía en capacidad y en bondad a todos los de Duya, y después de bautizado era tan dado a la penitencia, que era menester irle a la mano) le pregunté ¿si allá en su gentilidad había tenido alguna noticia o pensamiento de Dios? Estuvo un rato pensativo y respondió: «no, padre, solo una noche muy clara y despejada me estuve contemplando la Luna y las Estrellas, y reconociendo su movimiento, pensé que serian hombres: después hice reflexión sobre las plagas, que acá sufrimos, de mosquitos, tábanos, culebras etc.; y dije, allá están bien aquellas gentes, libres de estas plagas y peligros: el que puso aquella gente allá, ¿por qué no me pondría a mí también?». ésta fue a la letra su respuesta, de que colegí el recurso de aquellos toscos pensamientos a su primera causa, que es Dios; cuya magnífica luz por entre las mismas tinieblas se insinúa, por más que los ciegos gentiles añadan sombras a sus ojos.

Capítulo III. ¿Si aquellas naciones tienen idolatría? ¿Si tienen noticia del Demonio, y se valen de el, o no?

Aquí es preciso se angustie el corazón humano, y vea lo que de suyo es: si le falta la luz de la fe, ¡a qué caos le precipitan su misma ignorancia, y la malicia del común enemigo! Este, como es y se llama Príncipe de las tinieblas, domina de asiento entre las sombras de aquellos ignorantes; y de tal modo se insinúa entre ellos, que en todas aquellas naciones le conocen por el nombre propio que cada una le da, según la variedad de sus Lenguas. Los indios Achaguas le llaman Tanasimi: los Betoyes y Jiraras Memelú: los Guajivas Duati: los Guaraúnos Jebo etc.: pero al mismo tiempo tenemos el consuelo de que no ha permitido Dios que aquellas gentes den culto alguno, ni adoración a tan cruel enemigo; antes bien generalmente es tenido por malhechor, y a él le atribuyen todos sus males, como ya dijimos. Los indios Guamos, le atribuyen sus enfermedades; los Mapoyes, los daños de sus sementeras; los Guayquiries, le tienen por autor de pleitos y riñas. Los Betoyes le atribuyen la muerte de todos los párvulos, y dicen que el Demonio les rompe el pescuezo con gran secreto, para no ser sentido; y a este modo en todas aquellas naciones tiene malísima opinión: y esta basa tan asentada entre ellos, ayuda mucho a los misioneros para explicarles la doctrina, y aumentarles el horror a tal enemigo.

No se puede negar que entre estas naciones hay indios taimados y parleros, de quienes se dice que tratan con el Demonio; pero también es cierto que los más de los que tienen esta fama (que ellos mismos hacen creer cuanto pueden) como apunté ya, son embusteros, se precian de lo que no hay, se fingen muy amigos del Demonio, por su interés, por sobresalir y ser temidos del resto del gentío, para que no les nieguen cosa alguna de las que se les antoja, como realmente sucede; y viven respetados, atendidos y con abundancia de todo lo que en medio de su gran pobreza se puede desear: a los tales en unas naciones llaman Moján; en otras Piache; en otras Alabuqúi etc.

De las máquinas fantásticas con que aturden al vulgo ignorante, solo contaré un caso, que sirva por muestra de los muchos que omito. Es el caso: que en una selva, llamada Casiabo había un Moján muy afamado entre los indios, pero muy oculto a los misioneros de todos aquellos Partidos: su nombre era Tulujáy, que después se convirtió, y le puse por nombre Carlos; y a mi ver murió con muchas señas de predestinado. A su escuela concurrían indios de todos aquellos países; más no todos aprendían, ni se sujetaban a su enseñanza, porque les costaba muy cara; pues fuera de la paga competente, era tan riguroso el ayuno de cuarenta días a que les obligaba, que pocos se atrevían a emprenderle; y de los que se animaban, los más dejaban al Maestro, enflaquecidos de los ayunos: al que cumplía su fatal cuarentena, preparado en ella con varias yerbas, por último le hacía tragar sin mascar tres píldoras del tamaño de una pepita de guinda; y le decía que aquel antídoto era contra todo género de veneno, y que ya quedaba seguro de todos sus émulos y enemigos.

En la simple credulidad de los indios basta y sobra esta noticia, para que nadie se meta con los tales Curados, y aun para que les tengan mucho miedo y respeto; y no repugna que haya yerbas de tal virtud, que sean antídoto preparativo contra aquellos venenos, como después diré.

Un indio fiel y sincero me descubrió todo lo dicho, con ocasión de preguntarle yo, ¿cuál seria la causa de andar N. tan descolorido y macilento? Yo te lo diré, si no descubres mi nombre, me respondió el indio: dile mi palabra, y dijo: «la causa de su palidez es, porque está ayunando para curarse y recibir las píldoras etc.», mostréme incrédulo, y realmente lo estaba; más el indio confirmó toda su relación, añadiendo: «y N. nuestro indio principal y de buen vivir, y a quien tú quieres tanto, también está curado, y tomó las píldoras; y si no estuviera curado, ya le hubiera muerto». Disimulé y despaché al declarante: después en buen sitio y con gran secreto, me vi con el indio principal y denunciado, a quien yo quería mucho, por lo que obraba en la conversión de los Infieles (aquí pido la atención curiosa del Lector) y sin preámbulo alguno, ni afectación de novedad, sino como quien habla de cosa muy sabida, le dije: «¿y como tú, siendo buen cristiano, eres uno de los Curados en Casiabo, y cargas píldoras en tu estómago?». No se turbó ni demudó el indio; y me respondió con esta otra pregunta: «¿y como los españoles, aun los que son muy buenos cristianos, traen sobre su cuerpo pistolas y espada?» no las cargan para hacer daño, dije yo, sí solo para su defensa: a que respondió el indio: «ni yo traigo estas píldoras para dañar a alguno, sino para que sabiéndose que estoy curado y armado, nadie se meta conmigo»; confieso que luego mudé de conversación, y traté con él de otras materias; y por ahora dejo la respuesta del indio al examen de los curiosos.

En otros casos cogí en la trampa a los otros Mojanes, que llaman Médicos. Estos curan o quieren persuadir que curan los males, a puro chupar: si duele, por ejemplo a alguno el estómago, previenen en la boca algunas raíces de yerbas; y después de chupar terriblemente sobre el estómago del paciente, escupen aquellas raíces, y dicen que aquello le mataba: reciben su paga, y cuando después muere el enfermo, se excusan diciendo: que si no hubiera comido pimiento, o esto o aquello, no hubiera muerto. Los Médicos de la nación Otomaca chupan a sus enfermos con tal fuerza y pertinacia, que no descubren la boca sin sacar sangre del paciente, luego la escupen en lugar limpio, y de entre la sangre y saliva apartan unas piedrecillas menudas, que a prevención traían en la boca, y hacen creer, que ellas eran la causa de la enfermedad: y en muriendo el enfermo, se valen de un desatino, para que quede en todo su vigor el buen crédito de su medicina.

Pero por lo que mira a la cura arriba expresada hecha a fuerza de ayunos, y radicada después de ellos en yerbas salutíferas, no puedo menos que tenerla por factible.

Y más con la cierta ciencia de la cura, con que queda burlado el veneno de las culebras en el Guayaquil, provincia de Quito situada a dos grados y cincuenta minutos después de la línea equinoccial, donde son tantas las culebras ponzoñosas que hay en aquellas haciendas, a causa de la humedad del terreno y del calor activo de la zona tórrida que apenas se puede dar paso sin pisar alguna: más el Sapientísimo Autor de la Naturaleza previno en aquellos territorios cierto bejuco (esto es un sarmiento, que enredándose por los árboles crece) para remedio universal contra los venenos de culebras. La práctica de los trabajadores es ésta: luego que se levantan, la primera tarea es mascar cantidad de aquel bejuco, y con aquella masa y la saliva tinturada con sus cualidades se untan los pies y las piernas, las manos y los brazos: preparados con este antídoto, salen sin miedo ni sobresalto a su ordinario trabajo, con la experiencia de que los que salen con este preservativo admirable, no solo no son acometidos de culebra alguna, sino que las que, o casualmente pisan, o al arrancar la yerba cogen a veces entre sus manos, quedan como adormecidas e incapaces de dañar: efecto singular de aquel raro bejuco, que precisamente ha de causar novedad a los curiosos Botánicos de nuestra Europa: no así en aquel país por ser cosa de todos los días divertir su trabajo los negros, manejando y enroscando en sus brazos las culebras más ponzoñosas.

Pero lo más admirable, y lo que hace a nuestro propósito, es que cuando alguno de aquellos campesinos quiere librarse del trabajo y molestia diaria de mascar el bejuco nada sabroso, busca un Práctico (que los hay, y de ordinario los mejores son los negros) y en sana salud se pone en sus manos para curarse, ésta es su expresión, contra toda especie de culebras.

El Curandero (nombre que dan a los tales Médicos) le impone cierta dieta, le da a ciertos tiempos agua tinturada en la infusión del dicho bejuco en determinado número de días, y al fin de ellos le saja, más que levemente, en distintas partes de los pies y piernas, de las manos y brazos, de los muslos, pecho y espaldas, hasta correr sangre; y exprimida y recogida ésta en paños, le empapa las cisuras con el jugo extraído del bejuco fresco; y he aquí curado ya al tal, fortificado y armado para toda su vida contra los venenos de las culebras. Con esto pasa a ser entretenimiento y juguete de los que se han curado, aquella bestia, que solo en el Paraíso se mostró halagüeña, para difundir con más seguridad su ponzoña entre los hijos de Eva; porque los que se han curado, por grande y horrible que sea la culebra, la cogen y manosean, y se la enroscan en la cintura, sin el menor sobresalto, ni temor de daño alguno: lo que en Guayaquil es notorio.

Vuelvo ahora a lo referido de los indios, que se curaban contra todos los venenos en Casiabo, con el ayuno y preparativos de yerbas saludables; y no encuentro repugnancia en que aquellos cuerpos secos al rigor del ayuno, teniendo preparados por el espacio de cuarenta días sus humores con el jugo de yerbas medicinales, se saneasen y fortaleciesen contra la maligna actividad de las ponzoñas.

Ni hay que extrañar en ello, cuando en sola una pepita (que la devoción de los misioneros jesuitas llamó de san Ignacio) epilogó Dios, y hallaron los indios Filipinos no solo un remedio universal contra el tósigo y veneno ya recibido, sí también un antídoto cierto y preservativo admirable, con solo traerla consigo: cosa tan de hecho, y tan notoria, que ni aun necesita de este leve apunte. ¿Qué mucho pues, que el Divino Autor de la Naturaleza haya depositado en el bejuco de Guayaquil, y en las yerbas de Casiabo aquella gran virtud, que estrechó al breve círculo de una Pepita en Filipinas?

Capítulo IV. Variedad de lenguas de aquellos indios: búscase su origen por la mejor conjetura

Busco el origen de las varias y diversas lenguas de unos hombres, tan poco hombres, que están persuadidos de que cada especie de aves habla lengua diferente, y que ellas solas se entienden; y por esto, lo mismo es dar un chillido el pájaro, o un graznido el buitre, y así las otras aves, que luego al punto preguntarle: ¿qué es lo que quiere avisarles? ¿day fajacaqué? esto es: ¿qué es lo que nos dices? Por esta misma necia persuasión, no dan el nombre a las aves, por lo que ellas son, sino por lo que piensan que ellas dicen; y así no se les pregunta: ¿cómo se llama aquella ave? sino ¿day faácaque cusiduca? esto es: ¿qué es lo que dice este pájaro? y les ponen el nombre de lo que les parece que pronuncian las aves; v. gr. al pato llaman cuiviví; a la gallina focará; al gallo toteleló, etc., queriendo conocer a las aves por su eco, al modo que acá conocemos a los hombres por el metal de su voz.

Busco (vuelvo a decir) la raíz de las lenguas de unas gentes, que no solo no la saben, sino que ignoran también su origen y el de sus progenitores, como vimos en la primera Parte, ideándose ya descendientes de las piedras, ya de los árboles etc. error y vileza de pensamientos, en que estaban radicados los indios pobladores de México, extraídos de sus siete cuevas fantásticas; y los del Perú, brotados de la tierra, por su Viracocha: ceguedad, que aun se halla, a su modo, en los gentiles que ahora se van descubriendo.

Digo pues, que el laberinto de las lenguas de las misiones, en que trabaja mi provincia del Nuevo Reino, no solo agrava la cruz de sus misioneros, sino que es la piedra de toque de su paciencia y constancia, y la prueba más firme de una verdadera vocación a aquel santo ministerio. Si las naciones de una lengua fuesen numerosas, como en la Europa, a nadie faltara brío para aprender una lengua, que le abriría campo para trabajar toda su vida; y si en aquel ángulo de la América hubiera, a más de las lenguas particulares, una general (como en el Perú, desde Lima a Quito, donde corre la Inga: y en el Paraguay, donde corre la Guaraní: y aun en el mismo Nuevo Reino, donde mientras fue necesaria, corrió la Muyssea) fuera menor el trabajo, y fuera mediano el empeño; pero en las misiones de que hablo, no ha lugar éste, que siendo trabajo, fuera alivio: solo hay un corto consuelo, que no es capaz de experimentarse, sino después de muy largo. Este está en que de aquella gran copia de lenguas, unas son matrices, otras son derivadas; (al modo que de la Latina, como matriz, se derivan la española, francesa e italiana, mudado respectivamente el dialecto) de modo, que entendida con perfección la matriz, da luz, y disminuye la dificultad para sus lenguas subalternas; v. gr. de la lengua Betoya y Jirara, que aunque ésta gasta pocas erres, y aquella demasiadas, ambas quieren ser matrices; se derivan las lenguas Sítufa, Ayrica, Ele, Luculia, Jabúe, Aráuca, Quilifáy, Anabáli, Lolaca y Atabaca etc. De la lengua Cariba nacen la Guayana, la Palenca, Guiri, Guayquiri, Mapuy y Cumanagota: de la Saliba se deriva, o es su corruptela, la Aturi: de la Guajiva salen varias ramas, entre la gran variedad de Chiricoas: de la Achagua, aunque es la más pronunciable, suave y elegante de todas, todavía no se han descubierto lenguajes derivados; porque aunque en la lengua Maypúre se hallan muchas palabras Achaguas, son introducidas por el comercio; como los grecalismos de la lengua latina, que se introdujeron con el estudio de las ciencias y facultades, que en ella se explican; las lenguas Otomaca, Arauca, Guaraúna y otras que hasta hoy parecen estériles, el tiempo y el descubrimiento de nuevos indios, creo que las hará fecundas para los venideros.

Nuestros mayores, bien prácticos en los rudimentos de las lenguas, nos dejaron advertido, que las que se derivan de una capital, siempre mantienen los pronombres primitivos de su matriz, aunque con alguna variedad; y se ha experimentado, que es regla cierta. Si esta variedad de lenguas, que resulta de la varia combinación de unas mismas sílabas, no tuviera otra dificultad, que encomendarlas a la memoria combinadas, y practicarlas en una regular pronunciación, fuera tarea molesta, pero llevadera. Lo que pesadamente agrava, es la diversidad de pronunciaciones; porque unas son narigales, como las de los Salibas, cuyas sílabas, casi todas han de salir encañadas por las narices: v. gr. ¿Chónego, anda cuicuacá tandemá? Tandemá, chonego obicuadicuá: esto es: ¿Amigo, qué comerás mañana? Mañana, amigo, no comeré: otras son guturales, como la Situfa, que ahoga las letras consonantes en el garguero: v. gr. ¿Madagená nefecolá falabidáju? Ebamucá, dayfalabómelú, gotubicá: esto es: ¿Qué cosa te están diciendo tus parientes? No me dicen cosa, ellos se están bebiendo: otras son escabrosas, llenas de erres como la Betoya: v. gr. Day, rááquirrabicarrú romú, robarriabarrorráácajú: esto es: porque me hurtáis el maíz, os he de apalear: en fin, la excesiva velocidad de las lenguas Guajiva, Chiricoa, Otomaca y Guaraúna, es horrible, causa sudor frío y congoja el no poder prescindir el oído más lince una sílaba de otra. Es cosa cierta y averiguada, que en cada una de las dichas lenguas falta una letra consonante, y no se halla palabra que la requiera: v. gr. la lengua Betoya no ha menester la p: la Situfa no necesita la r: y así de las demás, que se han reducido a arte en dichas misiones: cosa que ha dado mucho que pensar, sin poderse alcanzar el misterio que en ello se encierra.

Pero basta lo dicho: no sea que esta verídica y genuina relación forme algún agigantado imposible, que retraiga de su empeño, o resfríe los deseos de algún operario, a quien Dios dé aldabadas, y amorosamente llame a la conversión de aquellas gentes: pero no, no hay que temer, no hay tal peligro; no se acobarda el esforzado batallón, ni le retarda el ímpetu del asalto el ver la brecha por todas partes coronada de imposibles: por todo se rompe, cuando media el amor del Soberano. Pasarán el Jordán los escogidos de Dios, dándoles paso franco las corrientes, y solo a su vista caerán los muros de Jericó, por más que los Exploradores les pinten la tierra como inexpugnable, y sus habitadores como Gigantes invencibles: Dios hace casi todo el gasto: basta una prudente cooperación de la criatura, y su majestad lo suaviza todo. El amor a aquellas almas, que costaron la sangre de su Criador y nuestro, y el verlas volar desde las aguas del bautismo al Cielo, no halla estorbo, porque es fuerte como la muerte; pues ni la misma muerte (que es lo más espantable) retrae a los operarios del Señor, ni les empereza en su dulce afán de recoger aquella madura mies: ya se ve que no habrá arduidad a que no hagan frente, y venzan con la divina gracia.

Es cierto que a los principios el estudio de nuevas lenguas tiene las raíces muy amargas; pero como después el fruto, en la salvación de muchas almas, es tan suave y abundante, es por lo mismo muy corto el costo, a vista de tanta ganancia: y si la salvación eterna de sola una de aquellas almas fuera superabundante recompensa de muchos años de apostólicas tareas; ¿qué será el ver una continua ganancia de almas para la gloria, no solo de contado, sino también para lo venidero? Porque ¿qué otra cosa es segregar de las selvas, y domesticar aquellos sañudos genios, sino establecer fincas de inestimable valor, que han de ir tributando anuales réditos de párvulos y adultos para el Cielo; no por espacio de uno ni de dos siglos, sino hasta la fin de todos los siglos? Este pensamiento pone en olvido los mayores afanes y fatigas.

Pero ya es tiempo que desentrañemos con la brevedad y claridad posible, el origen de esta confusa variedad de lenguas. La raíz de las derivadas o subalternas, se evidencia ella misma con la relación que tiene, aunque confusa, con su matriz, de quien no solo retiene, aunque disfrazados los pronombres, sino también algún eco en las voces; más la división entre sí de dichas lenguas subalternas, y la separación de su original, no puede proceder de otro principio, que de una notable dispersión de muchas familias, de la lengua principal, que o voluntariamente desterradas, o extraídas violentamente por enemigos más fuertes y poblados, a notables distancias (como realmente se hallan entre aquellas selvas) de la falta de comunicación entre sí, y de la insensible omisión de unas sílabas, y aumento de otras, que en casi todas las lenguas va mudamente caminando con el tiempo; al cabo de años viene a resultar un nuevo lenguaje, que la misma madre, de quien se originó, le desconoce; así como el claro arroyo, que se alimenta al influjo de cristalina fuente, no conociera al río, que de él se forma, si fuera capaz de visitarle, a sola la distancia de cien leguas. El hallar el origen de las lenguas matrices o no derivadas, de que vamos hablando, es materia muy difícil, pero curiosa y digna de que en Capítulo aparte se explayen algún tanto más la pluma y el discurso.

Capítulo V. Investígase el origen de las lenguas vivas o matrices de aquellos países

A la manera que un noble caballero, deseoso de autenticar la hidalguía de su antigua prosapia, no tiene otro recurso, que el de la respetable antigüedad, bebiendo de generación en generación las más ancianas memorias de sus progenitores, hasta cierto término, en que la fuerza del tiempo, borrando las memorias, atajó las humanas diligencias; del mismo modo en el presente discurso, de noticia en noticia podemos ir subiendo, hasta hacer punto final en la portentosa confusión de lenguas, que obró la diestra del Altísimo en la célebre Torre de Babel: sin que valga el decir, que estas lenguas índicas, que nos parecen radicales, vivas o matrices, tal vez serán derivadas de otras que no conocemos. No repruebo la especie; pero digo, que esta diligencia ya está hecha con toda la exacción factible, en orden a las lenguas referidas; y luego se ha encontrado otra lengua totalmente diversa, así de las matrices, como de las subalternas conocidas; de modo, que en lugar de aclarar esta dificultad, con vivas diligencias, la práctica de ellas levanta más de punto la confusión, cuanto más distintas lenguas descubre; y aun por eso la multitud de idiomas se llamó confusión.

Mucho menos cabe aquí evadir la dificultad, diciendo: que siendo el hombre racional, sociable, amigo de comunicación, y por su naturaleza discursivo, dispersas muchas familias al principio de la población del Mundo americano (o voluntaria o violentamente, a fuerza de disturbios) cada familia de por sí, distante de la otra, inventó su lenguaje, para explicarse a su modo. No ha lugar este discurso: lo uno, porque no hallamos padre de familias en las Historias, que perdiendo el amor de la lengua materna, haya inventado una lengua regular para sus descendientes; y aunque hubiera ejemplar, no seria del caso, por la rusticidad suma de las naciones de que trato: y más siendo sus lenguajes tan regulares y expresivos de los conceptos, como la más cultivada lengua de nuestra Europa, es inventiva muy superior a la cortedad de su genio. Esto es evidente a los padres misioneros, quienes penetrado íntimamente el idioma, y cotejado con la tosquedad de los que le usan, al reconocer una regularidad tan formal, como la del arte latino, ven que tiene superior fuente el caudal de aquella natural elocuencia; y recurren luego al prodigio con que Dios confundió una lengua, dividiéndola en muchas; medio ejecutivo, con que su majestad apresuró la dispersión que aquellos hombres habían premeditado.

Este es realmente mi parecer, y muy conforme a lo literal del Sagrado Texto: Confundamus ibi linguas eorum, ut non audiat unusquisque vocem proximi sui: porque aquella palabra unusquisque, por distributiva, toca a cada uno de por sí, de aquel cúmulo de hombres que habían concurrido a la temeraria fábrica de Babel: luego a cada padre de familias de por sí, con su familia, le cupo diferente idioma y diverso territorio; y cada cual tomó su camino, como dice el mismo Texto: super faciem cunctarum regionum: en donde aquel cunctarum es preciso que se extienda y comprenda las Regiones de las dos Américas. Ni obsta el decir que no habría familias para tan vastos terrenos; porque desde que Noé salió del arca, hasta esta confusión y división de lenguas, habían ya pasado 143 años, en los cuales morían rarísimos viejos, y era mucho lo que multiplicaban las familias; y así hubo suficientes familias (nótese) no para poblar el Universo, sino para que en cada Región de él hubiese un fundador o poblador; y así nos avisan las

Historias, que a Tubal le tocó España: y aquel dispersit del Sagrado Texto tiene la energía de lo mismo que he dicho: regó y sembró Dios por la redondez de la tierra aquellas familias, para poblarla toda: Dispersit eos Dominus super faciem cunctarum regionum.

Pero contra este mi parecer, tengo que oír a mi propia experiencia en el largo trato de indios gentiles; y debo hacerme cargo de lo que he oído a muchos y muy prácticos misioneros Jesuitas de ambas Américas. Todos realmente convenimos, en que los indios judaizan (como con muchas señas innegables dije en el capítulo VI de la primera Parte) de donde nace el inclinarnos a que los pobladores de las Américas fueron hebreos. Todas o parte de las diez Tribus que al sexto año del reinado de Ezechías trasplantó Salmanasar, rey de la Asiria, y después, o se confundieron entre todas las naciones, o pasaron separados a Regiones incógnitas (como dice Esdras) tal vez entonces poblaron el Nuevo Mundo, Región bien incógnita hasta estos siglos últimos: así casi lo persuade la multitud de ceremonias judaicas, que entre las sombras de su ignorancia se han observado, y llevo ya apuntadas.

Y en esta suposición, queda en pie la dificultad del origen de tanta variedad de lenguas vivas ya descubiertas, a más de las otras muchas que restan por descubrir, que según todas las señas son muchas más, por ser muy vastas las Regiones americanas, a donde no ha penetrado aun la luz del santo Evangelio. Y para mí resulta otra no menor dificultad; porque habiendo la providencia del Altísimo dispuesto, proveído y adornado este Globo Terráqueo para casa, sustento y recreo del Género Humano, durante su peregrinación, hasta que cooperando con la divina gracia pase de ésta a la eterna vida, se hace increíble y duro de asentir, el que tan notable terreno, cual es el de las Américas, tan fértil, abundante y rico, le dejase su majestad (digámoslo así) ocioso, abandonado y privado del fin para que le había criado: esto es, sin hombres, por más de 3.283 años que corrieron desde la creación del mundo, hasta el cautiverio y dispersión dicha de las diez Tribus de Israel. Dejo esta reflexión al maduro juicio del erudito lector; y paso a la dificultad que del dicho sistema resulta y es la que más hace a nuestro propósito.

Es cierto que las doce Tribus de Israel hablaban en aquella era una misma lengua; (aunque con alguna variedad, como se colige del libro do los jueces) ni miraban como muy extraña la Siríaca y la Caldea, como advierte san Jerónimo.

Demos ahora que las tres lenguas fuesen comunes a las doce Tribus: demos también que de las doce las diez se trasportasen a las Américas: dado todo este supuesto, ¿qué son tres lenguas para que de ellas se hayan derivado tanto número sin número de otras distintas, como llevo dicho, y cuantas sola la experiencia puede creer?

A más de esto, si el trasporte de las diez Tribus hubiera sucedido en alguna de tan diversas misiones, como ha cultivado mi provincia, se hubieran hallado voces Hebraicas, o claras, o disfrazadas, lo que hasta hoy no consta haber sucedido; ni me consta hayan otras provincias hallado señas suficientes de la lengua hebrea: digo suficientes; porque el que en lengua Tuneva, misión de mi provincia, usen los indios de esta palabra abá, esto es padre, con la misma significación, téngolo por una mera casualidad; como el que los Guaneros llamen papá y papale a su padre; y el que los Betoyes, que en su gentilidad tenían al Sol por Dios le llamasen con el nombre griego Theos; sin que esto pueda probar, que aquella nación descienda de la Grecia: luego es preciso suspender el juicio, y no consentir del todo en que dichas diez Tribus de Israel poblasen las Américas antes que otras gentes.

Y así mientras la erudición y el tiempo trabajaren sobre esta dificultad, tomemos un medio término racional y factible; y digamos, pues tenemos a nuestro favor las sagradas Letras, que desde la Torre de Babel, de donde salieron los operarios tan bien aviados de nuevas lenguas, que ninguno entendía a otro, cada cual, con sus hijos y mujer, tomó diverso rumbo: super faciem cunctarum Regionum; y que cuantas familias llegaron a las Américas (sea por donde se fuere) otras tantas fueron las lenguas que en aquellos remotos países se entablaron: resultando con el tiempo, del aumento de estas familias nuevas divisiones hacia nuevos territorios; y de aquí nuevas divisiones de lenguas subalternas, como ya apunté: opinión, que siguen graves Autores: y así es muy creíble, que como en la dispersión de Babel del año 1800 de la creación del mundo, pasaron muchas familias a las Américas; así en la dispersión de las diez Tribus de Israel del año 3.283 de la creación del Mundo, pasasen muchas más familias hebreas, de quienes los antiguos moradores de aquel Nuevo Mundo tomasen las ceremonias Judaicas, que se han notado entre los indios, admitidas a los 1.483 años después de su primera población: al modo que tantas naciones y pueblos, que siguen hoy la detestable Secta de Mahoma, observan gran número de ceremonias judaicas; sin que por eso podamos decir, que estas gentes descienden de los judíos.

Capítulo VI. De las primeras gentes que pasaron a la América y el modo

Aquí caía, como de su propio peso, tratar del primer tránsito de las gentes americanas, habiendo hablado de las lenguas que ellas mismas llevaron consigo; pero bien meditada la materia, por todos sus visos incierta, reconozco que así como a los Autores modernos ha sido fácil impugnar el parecer de los antiguos, me fuera factible no impugnar, pero sí responder a sus argumentos, con las razones que me ocurren; más fuera superfluo mi afán, y solo sirviera para que los venideros tuvieran esta opinión más que impugnar. Por lo que solo pongo a la vista un suceso cierto y notorio, que podrá dar alguna luz a los curiosos para nuevo discurso, en confirmación de la opinión antigua de Diodoro Sículo.

En la ciudad de san Joseph de Oruña, capital del gobierno de la Trinidad de Barlovento, sita a doce leguas de las bocas del Orinoco, oí a aquellos vecinos, que aunque son pocos, son muy honrados, que pocos años antes (me dijeron el año, pero no me acuerdo: solo hago memoria de que me lo refirieron en el diciembre de 1731) había llegado a su puerto un barco de Tenerife de Canarias, cargado de vino, y en él cinco o seis hombres macilentos y flacos, que con pan y vianda para cuatro días, de Tenerife atravesaban a otra isla de las mismas Canarias; y que arrebatado el barco de un levante furioso, se vieron obligados a dejarse llevar de la furia del mar y del viento varios días, hasta que se les acabaron aquellos cortos bastimentos, que habían prevenido; y en fin, mal contentos, con solo vino, que les servia de bebida, y según los Físicos, no de nutrimento; quia vinum non nutrit, sed prestat nutritionem; cuando ya flacos y desfallecidos esperaban la muerte por horas, quiso Dios que descubrieron tierra, que fue la isla de la Trinidad de Barlovento, que hace, frente a muchas bocas del río Orinoco, y dando repetidas gracias a Dios, llegaron y dieron fondo en el puerto que llaman de España, con grande admiración, así de los soldados, como de aquellos vecinos, y de los de la ciudad de Oruña, que no dista mucho, y concurrieron a ver la novedad.

Que este tránsito fuese casualidad y no estudio de aquellos pocos Isleños, fuera de su declaración, y el testimonio evidente de sus cuerpos casi difuntos al rigor de la hambre, se evidenció con el pasaporte y guía de la Aduana Real de Tenerife, que demarcaba su viaje a la isla de la Palma o de la Gomera, que pertenecen a las Canarias. Esto así asentado (y para mí realmente indubitable) ¿quién podrá negar, que lo que sucedió en nuestros días, sucediese en los tiempos y siglos pasados; y más atestiguándolo Autores clásicos, como luego veremos? Ni hay repugnancia en que de las costas de España, África y otras, después de la confusión de las lenguas, y separación de aquellas gentes, fuesen arrebatados de los vientos muchos barcos, en varios tiempos, hacia el poniente, al modo que le sucedió al referido barco Canario; porque no es creíble, que los descendientes de Noé, a quienes tocó poblar dichas costas Occidentales, olvidasen las reglas de construir embarcaciones, que Dios enseñó al santo patriarca. Verdad es, que en aquellos tiempos solo navegaban, sin perder la tierra de vista, por no estar descubierto el uso de la aguja; pero todavía cabe, que desde semejante altura arrebate un levante los barcos con tal fuerza, que no puedan arribar, y se vean precisados a entregarse al golfo, como le sucedió al mencionado barco; cuyo suceso referí casualmente en Roma delante de sujetos eruditos, y le apreciaron mucho, especialmente un Maestro de Escritura, que me pidió la relación firmada de mi mano, como se la di, aunque mi firma refunde toda su autoridad en lo cierto y notorio del hecho sucedido, según y como arriba dije.

Con el acaecimiento del barco Canario, se robora la opinión y la aventura de los Fenices, que escribe Diodoro Sículo, que es muy parecida y casi uniforme con la de los Canarios: pues unos y otros fueron arrebatados, y fue en ambos casual el tránsito a la América. Monsieur Fer robora esta mima sentencia, y la confirma con el navío de los Vizcaínos, que arrebatado de furiosos vientos y mares, en el siglo XV, después de avistar las tierras Occidentales, vino a dar en las islas de la Madera, en donde casualmente se hallaba Cristóbal Colón; el cual, de las ideas que tenía concebidas, y de lo que oyó al Piloto Vizcaíno, se resolvió últimamente a su primer viaje, y descubrimiento de la América.

No hay aquí porqué negarle a monsieur Noblot la fe que se le debe en la relación que cita, de la fuerza con que los vientos se llevaron a los pescadores Bretones en el año de 1504 a las costas de la Canadá, que hoy se llaman Nueva Francia; porque habiendo dado cuenta a su rey cristianísimo del caso y descubrimiento, dio su majestad las providencias para el nuevo entable. El padre Acosta tiene esta opinión por probable, y por muy factible. No se le ocultó al

Gran padre de la iglesia San Agustín la posibilidad de estos sucesos; y así, en el lib. 16. de Civitate Dei, cap. 6. los dio por factibles; y aun da a entender, que este modo de poblar el Género Humano las tierras transmarinas, es incapaz de ponerse en duda.

A vista de lo alegado, no es mucha la fuerza, que añade a esta opinión la conjetura o el impulso poético de Séneca; pero como éste era hombre tan versado en los libros de la antigüedad, no es despreciable su voto, y más siendo tan expresamente a nuestro favor. Dice así:

Venient annis
Saecula seris, quibus Occeanus
Vincula rerum laxet, et ingens
Pateat tellus, Tiphisque novos
Detegat Orbes, neque sit terris
Ultima Thule.

Lo que pudo decir, por noticias semejantes, de embarcaciones arrebatadas de los vientos a tierras, que suponía se habían de descubrir después, como ya ha sucedido.

Y al contrarío, se hace durísimo de creer, que aquellos nietos de Noé, a quienes sobraba terreno en estas tres partes del Mundo, sin apurarse, y sin especial urgencia, que les obligase a desterrarse, en busca de nuevos y remotos países, buscasen y hallasen paso franco por las frigidísimas tierras del Norte, para ir a poblar las Américas, cuando en estos tiempos, en que el género Humano está tanto más despierto y avivado por la codicia, que cada día crece más, sin dejar rincón de tierra, ni de mar, que no escudriñe, halla tan pocas esperanzas de encontrar por tierra aquel paso, istmo o camino a las Américas, que aquellos antiguos chontales, y casi ciegos, hallaron con tanta facilidad.

De modo, que la principal dificultad de la gran comprensión del padre Acosta, no fue tanto por el tránsito de los hombres a las Américas, cuanto por el de los animales perfectos, en especial los nocivos e inútiles: porque si la navegación fue de caso pensado (lo que no es probable) tuvieron los viajantes malísimo gusto en llevar consigo tantos enemigos; y si el tránsito fue casual, arrebatados de una, o de varias borrascas (que es lo más creíble) ¿quién creerá, que la carga de los tales barcos, o parte de ella, fuese de tigres, leones etc.? Luego es preciso (añade el padre Acosta) suponer unida la tierra de este continente, por alguna parte, con las Américas; pues así como los americanos descienden de Adán, y de la familia de Noé, así todos los animales perfectos dimanan de los que Noé reservó en el Arca. Principio es éste de nuestra santa fe, de que nace esta cuestión.

No es de admirar, que esta dificultad diese que pensar al padre Acosta y a los demás Autores; cuando vemos, que le pareció ardua a la eminente comprensión del Sol de la iglesia San Agustín, en orden a la población de las islas, de que en su tiempo había noticia. ¿Y cuánto mayor será la dificultad en orden a la población de tan remoto continente, como es el de las Américas? En orden a ésta, según las cortas noticias que había en su tiempo, suponía el padre Acosta, que después del estrecho de Magallanes, se seguía un vasto continente hacia el Sur; y que siguiendo la costa de Terra Nova hacia el Norte, o por este o por aquel ángulo, se hallaría tierra y paso franco a las Américas, así para los hombres, como para las fieras. Pero ya hoy abandonará el padre Acosta esta congruencia viendo que después de la isla del Fuego y de Estad Lant, entre quienes está el corto Estrecho de Mayre, se sigue un Golfo inmenso, en lugar del continente pretendido: de donde podemos inferir, que en la costa de Terra Nova, hacia el Norte, suceda lo mismo: ni falta fundamento para creerlo: sin que obste lo observado del Estrecho de Davis, en la tierra de Labrador; ni lo que se afirma de otros Estrechos; pues esto es dar con el agua, al tiempo que buscamos el camino de la tierra, hallando muchas dificultades, para evitar sola una.

dije en la primera impresión, que no faltaba fundamento para creer, que así como la Tierra Firme que se creía contigua con la isla del Fuego, hacia el Sur, paró en un golfo inmenso; así la tierra pretendida para unir alguna parte de la Asia con la América septentrional, había de parar en lo mismo. Esta proposición nació de la noticia que volaba por la Europa, de las muchas islas, que entre el Norte y las costas de la Tartaria, habían descubierto las naos, que para este fin había equipado y despachado la Czarina, entonces gobernadora de Moscovia; más ya va rayando más luz, al paso que se acaloran las diligencias en aquellos hasta ahora, intratables e incógnitos mares del Norte. Y por esto la emperatriz de Moscovia, émula de la magnanimidad de su padre Pedro el Grande, envió orden a su Academia de Ciencias, en agosto de 1742, para que se diputasen

Académicos, que se aplicasen a facilitar la navegación por aquellos mares, hasta los del Japón; la cual conseguida, se acabó la cuestión.

La demostración se hace palpable, de este modo: tienda el curioso Geómetra un plan del Orbe terráqueo, sobre la mesa; establezca el punto A en el puerto de Arcángel, y mientras nos dan en el plan que deseamos, hasta las costas del Japón, ideemos, que los navíos Moscovitas dan vuelta a todas las costas de la Tartaria, hasta salir a las del Japón, o por todo el Golfo, o por entre la Corea y la Tartaria: (si acaso este golfo o estrecho llamado de Yeso, se comunica con el mar del Norte:) puestos aquellos en el punto B del mar del Japón, pueden volver al punto A, retrocediendo por el mismo rumbo: luego desde el punto A al B, no hay tierra, que una la Asia ni la Europa con la América; porque de haberla, ¿cómo pasaran los navíos?

Vamos ahora al puerto de Arcángel, y veremos como desde el mismo punto A salen los navíos Moscovitas, y entran por el Estrecho del mar Báltico; pues hagamos que no entren, y vamos con ellos costeando la Europa, hasta las Canarias, y luego costeemos la África y la Asia, hasta el punto B, en el mar del Japón; sigamos su regreso hasta el punto A de Arcángel, y habremos dado una vuelta, dividiendo el Mundo nuevo de este antiguo, no menos gloriosa, que la que dio la nave española, llamada la Victoria, en contorno de ambos Mundos.

Por lo que mira al pasaje de tigres y otras fieras, por vía de navegación, a la América, dan varios Autores muchas salidas y congruencias, como se pueden ver en el lugar citado del padre Acosta, y en el padre Presentado fray Gregorio García: lo que puedo afirmar es, que en el navío, en que vine de Caracas a Cádiz, trajeron un feroz salvaje para la Leonera del rey nuestro Señor: ni es novedad el que se envíen embarcadas semejantes fieras.

La dificultad que realmente urge en cualquiera de las opiniones, que se hallan sobre esta materia, no tiene tan fácil salida. La apuntaré, no para dársela, sino para que algún noble ingenio la discurra. Y para explicarme mejor, supongamos por ahora, que hubiera habido paso franco, y camino trillado para las Américas: y sea en hora buena la Atlántica, que supone Platón, por donde (si tal hubiera) ya se ve, que así los hombres, como los animales, hubieran pasado sin dificultad: hecha esta suposición, entra el reparo.

¿Porqué o cómo tan enteramente se fueron o trasladaron de este Mundo antiguo al nuevo los Vicuñas, Paquiras, Ovejas del Perú y otros muchos animales perfectos, desterrándose o desterrándolos todos, sin dejar un individuo solo de su especie, y sin que quedase memoria suya ni en Plinio, ni en Aristóteles, ni en otros Autores? Más: siendo algunos de ellos domésticos, y casi todos muy útiles para los hombres, se hace increíble, que el resto de los hombres, que se quedaron poblando estas tres partes del Mundo, se descuidasen tanto, y los dejasen retirar del todo. De los Turpiales, Toches, Tominejos, Guacamayos y otras muchas aves, que no hay acá, y abundan en las Américas, todas apreciables, unas por su canto suave, y otras por la hermosura de sus plumas, se forma el reparo a proporción, y corre la misma dificultad: la cual así propuesta, demos de mano a la fabulosa Atlántica, y sepamos si pasaron, o no: (sea el pasaje por donde se quisiere:) si pasaron, ¿porqué no dejaron, ni individuos algunos, ni rastro, ni memoria suya? Si los útiles al hombre, no se fueron, ni pasaron de acá, ¿por qué habían de pasar los feroces, como son tigres, leones etc.? Confieso que no hallo más salida, que aquella en que (después de largos discursos llenos de erudición) descansó la comprensión del padre Presentado fray Gregorio García, fundada en la autoridad de san Agustín, en las siguientes palabras:

«Digo, que como por ministerio de los Ángeles, según dice san Agustín, y también lo siente nuestro padre santo Tomás, fueron traídos todos los animales a Adán, para que les pusiese nombres; y como por el mismo ministerio fueron traídos los propios animales, según lo siente Pedro Comestór, de todas las partes del Mundo al Arca de Noé; así por el ministerio de los mismos Ángeles fueron llevados, después del diluvio, a diversas partes del Mundo, en donde habían sido criadas. Este parecer es de san Agustín, del doctísimo Abulense, y de otros hombres doctos. Esta respuesta última es la mejor, y la que quita toda la dificultad de la duda.» Hasta aquí son palabras del loado y citado Autor, a las cuáles, ni puedo, ni tengo que añadir.

Capítulo VII. ¿Porqué de las naciones del Orinoco (aunque en sí muchas) se reduce cada una a tan corto número de gente?

Puso Dios el Mundo a vista de los hombres, y lo entregó en manos de sus disputas, discursos y averiguaciones. ¿Y para qué? Parece que el fin que tendría su majestad, seria para que el hombre, con su industria y estudio, consiguiese una noticia de las verdades naturales, que resultan de la variedad de los mixtos, de las propiedades de los animales, y de las virtudes de las yerbas; y adquiriese una cierta ciencia de las provincias y naciones, de que se compone el Orbe de la tierra: Mundum tradidit Deus disputationi eorum: ocupación muy loable y digna de la atención, aplicación y estudio de los más insignes Héroes en los siglos pasados, a que dan realce los del presente. Más veis aquí, que no fue ésta la intención, ni el fin total, que tuvo la inescrutable providencia del Criador, sino el que expresa el divino Texto: ut non inveniat homo opus, quod operatus est Deus ab initio usque ad finem; para que ninguno de los mortales se alabe de que averiguó, halló y supo los arcanos secretos de la maravillosa máquina de este Mundo, ni pueda a punto fijo encontrar, por más que las inquiera, las virtudes intrínsecas de las causas, ni la hermosa variedad de sus efectos: no solo en orden a la fábrica de la tierra en general; opus, quod operatus est Deus; pero ni aun de sus menores partes, de que Dios la formó y ordenó, desde la primera, hasta la última: ab initio, usque ad finem. Y para que nadie piense, que en esta locución absoluta de Dios, tal vez no se comprenderá la noticia geográfica de las Regiones de la tierra, ni las varias calidades de sus habitadores, por estar ya casi descubierta aquella, y casi conocidos estos; advierte la Sagrada Escritura, que ni aun al recinto de sus descendientes era factible se extendiese la perspicaz vista, y alta comprensión del patriarca Abrahán. Es cierto, que Dios quiere que investiguemos las obras de su poder; pero quiere que sea con reverencia y humildad: non plus sapere, quam oportet supere, etc. Gran rayo de luz es éste, si quisieran abrir los ojos para recibirle aquellos vivos ingenios, que temerariamente soberbios, abandonando el oráculo infalible del Vaticano, pretenden exaltarse sobre el Monte del Testamento santo; y haciéndose intérpretes de aquellos profundos arcanos, que no entienden, caen por último precipitados al abismo, arrastrando consigo gran número de Estrellas, que hubieran adornado el Cielo de nuestra santa iglesia católica Romana; cuando al mismo tiempo no me sabrán decir, en qué consiste la virtud nutritiva de una hormiga; ni en qué se radica aquel afán económico y regular, con que se gobierna un hormiguero.

Pero volviendo a nuestro propósito, no prohibió Dios a los hombres el que trabajen en esta seria y curiosa averiguación de las cosas naturales; antes bien liberal y graciosamente, no solo nos dio la facultad, sí que también nos entregó su majestad enteramente tradidit Deus todo el Orbe terráqueo, para que averiguando en lo factible sus naturales secretos, alabemos al Criador de todo, por aquellas noticias que alcanzamos, y veneremos su infinito poder y sabiduría, por aquello mismo que no percibimos; y confesando nuestra ignorancia, nos humillemos.

Bien sé yo, que ni a la dificultad propuesta en este Capítulo, ni a otras semejantes, puedo dar cabal satisfacción, ni adecuada respuesta; pero sé que ocuparé honestamente el tiempo en discurrir e investigar las causas, que prudentemente nos quiten o minoren la novedad y admiración que me asiste, que he reconocido en otras personas, al ver tanta multitud de naciones de indios en el Orinoco y sus vertientes, formadas de tan corto número de individuos, cada una considerada de por sí; que el país, que a vista de tantas naciones parece corto, a vista de la cortedad del gentío de cada nación, parece, y está mal poblado.

De aquí se excita la curiosidad o la admiración, y el deseo de saber ¿cómo, o porqué ha resultado una nación aparte, con modales y usos, con caras y lenguajes diferentes, de un corto número de indios, cuando acá vemos todo lo contrario, y aun en las Américas se reconocen naciones de largo y numeroso gentío; v. gr. los Mexicanos, los Trascaltecas, y los Otomitas en la septentrional; los Ingas y los Guaraníes en la Meridional; y en mi provincia, por todo el terreno frío, los Muyscas? ¿Qué contratiempo, qué borrasca, o qué infortunio padeció aquella colmena del Orinoco? (y lo mismo digo de Filipinas, de Californias, de Maynas en Marañón etc.) ¿Qué cosa, o qué casualidad dividió, separó y desvió tanto sus enjambres, que ninguno se parece al otro? ¿Qué hormigueros son estos? ¿De dónde tanta disminución?

Y para que se vea práctica y claramente esta dificultad, y con quanta razón causa admiración, individuaré algunas naciones, para que por ellas se infiera el gentío de otras. La nación Cacatia, cristiana ya, no pasó de mil almas, y por lo que después diré, hoy no pasa de quinientas. La nación Achagua, parte convertida ya, y parte próxima a convertirse (en que actualmente se trabaja) no llega toda junta a tres mil almas. Las naciones Jirara y Betoya, que en su gentilidad eran un agregado de varias naciones, hoy forman tres colonias, que no pasan de tres mil almas. Lo mismo digo de la nación Saliba, en que al presente se trabaja y embeleso de los misioneros, por su singular docilidad, no pasará de cuatro mil almas. Otras hay de mayor gentío, como la Cariba, que puede poner por tierra o por mar, doce mil indios en campaña. La que ocupa parte del río Orinoco, y mezclada con indios Aruacas, puebla la costa marítima de Barlovento, hasta la Cayena, fundación del rey cristianísimo, en donde de esta inhumana nación, tienen formadas misiones muy lucidas los padres jesuitas franceses, venciendo la caridad y humanidad de aquellos varones apostólicos, lo agreste y carnicero del genio Caribe, hasta reducirlos a mansas ovejas del rebaño de Cristo.

La nación Caverre, aun más carnicera, brutal e inhumana que la Cariba, poblada en el Orinoco a cuatrocientas leguas de sus bocas, es también numerosa, y tanto, que hace frente a las invasiones de los Caribes, que suben, ya con ochenta, ya con cien piraguas de guerra, a invadir a los Caverres, como después diré, y hasta hoy siempre han llevado los Caribes el peor partido: de que se infiere el valor, y el numeroso gentío Caverre. Fuera de estas dos naciones, las restantes que se han descubierto son de tan corto gentío, como apunté ya, y algunas de tanto menor, que apenas se pudiera creer, a no experimentarlo.

Vamos pues a ver en qué puede consistir esta cortedad de gentío, y esta variedad de naciones tan diversas entre sí. Y sea el primer declarante el cacique o Régulo de la nación Guayquiri. Llegué repentinamente con mis compañeros la primera vez a su pueblo, mal formado de chozas pajizas, dos o tres leguas del Orinoco, a la banda del Sur, y salió aquel con toda su gente, asustados unos, y otros de la novedad: ellos, de ver misioneros en su tierra, y nosotros, de ver una sombra de República compuesta de cincuenta hombres; que es el número de súbditos que tiene el tal cacique. Entramos en su triste casa, que pudiera servir de ejemplar a los más penitentes Monjes de la Tebaida. No tenía más ajuar, que las pobres redes en que duermen en alto para librarse de las culebras y murciélagos, y unos asientos de palo sólido y tosco, que llaman en su lengua Tures. Tomamos asiento, y no hubo aquí Mirray, como usan otras naciones, esto es arenga de bienvenida, de que ya hablé en otro lugar. La primera cosa que me dijo el cacique, no bien recobrado del susto, fue ésta: padre, si traes algo que comer, nos desayunaremos todos, porque no hay en todo el pueblo cosa que llevar a la boca. En éste y en otros semejantes pueblos quisiera yo que estuviesen, siquiera un mes, aquellos críticos especulativos, que intentan macular con sus plumas, bien que en vano, las apostólicas tareas, que la Compañía de Jesús, mi madre, fomenta en las Américas y en las otras tres partes del Mundo, pintándolas, no según ellas son, sino según la tintura de sus pasiones, en que mojan la pluma: pero vamos al hecho. Quiso Dios, que un indio catecúmeno de nuestra comitiva, trajese un canasto de huevos de tortuga, tostados al uso de la tierra: con ellos se consoló el cacique, y convidó a sus vasallos, aunque les tocó poca ración.

Concluido el almuerzo, aturdido yo, no de su pobreza, que es general en todas aquellas gentes, sino de que solo tuviese cincuenta peones contando entre ellos a los viejos y a los inválidos, le dije: cacique, ¿cómo tienes tan poca gente? ¿No hay de tu nación, y de tu lengua otros pueblos, fuera de éste? Respondióme en lengua Cariba con este laconismo, que pudiera servir de epitafio a la nación Guayquirí: Cuaca Patri, ana rote, Cariná acusinimbo; que al pie de la letra fue decir: No somos más, padre, y los que vivimos somos los que han querido los Caribes. Proseguí la conversación, y en ella me contó el Régulo, como su nación había sido de las numerosas y guerreras; que había mantenido guerra largos años con la nación Caribe; y que prevaleciendo ésta, mató, destrozó y llevó esclavos cuantos quiso; que si ellos se mantenían vivos, era porque los Caribes lo querían así; no por piedad, sino para tratarlos como a esclavos, talándoles sus sementeras, y tomando sus frutos, así a la ida, como a la vuelta de sus continuas navegaciones del Orinoco: y veis aquí una causa muy principal del corto gentío, que contiene cada una de aquellas muchas naciones del Orinoco; porque este estrago le han padecido también las demás naciones, unas más, otras menos, a excepción de la nación Caberre, que como apunté ya, no se ha dejado dominar de los Caribes. Esta es la causa extrínseca, y digámoslo así, forastera, de la ruina de casi todas las naciones de este gran río.

Hay otras dos causas más sensibles, por ser domésticas, y no menos inhumanas. La primera es el frecuente y cruel uso de darse veneno los de la misma nación unos a otros, por causas muy leves; de manera que todos viven en un continuo sobresalto y temor de que les den veneno, originado no sin razón, de las continuas desgracias que ven entre ellos. Si la india no quiere consentir en el adulterio tarde o temprano morirá a violencias del veneno, que infaliblemente le dará el galán que la solicitó. Soy testigo de vista, y no sin lágrimas he celebrado, y admirarán cuantos leyeren esto, que entre aquella barbarie se hallen mujeres, que solo instruidas de la ley natural, elijan antes una muerte envenenada, que hacer injuria a su consorte; cuando al contrarío, hallamos tanto que llorar en esta materia, entre el feo desahogo de muchas que profesan la ley santa de Dios. ¿Qué responderán éstas en el divino y riguroso Tribunal, cuando para juzgarlas les ponga Dios delante una moza, de veintidós años de edad, criada en lo más inculto de las selvas de Urú, y del gentilismo, llamada Tajalú, la cual hizo más aprecio de su honestidad, que de su propia vida, pues la rindió a violencias del tósigo, que ocultamente le dio el inhumano y ciego enamorado? Llamóse Xaviera en el bautismo, y entregó su alma al Criador por tan loable. causa, adornándola, al despedirse de su cuerpo, con serias protestas, de que perdonaba al ciego malhechor. ¡Oh feliz alma, y a cuántas has de confundir con tu ejemplo en el día tremendo del Juicio! No se tenga por digresión un ejemplo tan del caso, y de tanta edificación.

Esta mutua carnicería, en la mayor parte se minora, y en muchos pueblos enteramente se acaba después de recibir nuestra santa fe, pero no entre los ciegos gentiles, porque luego que muere uno de veneno, cuyas señas infalibles son, en unos el secarse y morir con sola la piel sobre los huesos; en otros el morir dentro de breves días, rajándoseles las carnes, con lastimoso horror; y en otros el acabar la vida echando raudales de sangre por la boca y narices, según la malignidad de los venenos; al pasar el entierro, o ya la tienen, o rastrean noticia del matador los parientes del difunto; y después de habida, sea probable, sea cierta, disimulan con singular esmero y habilidad, hasta asegurar el lance, dando veneno al matador, con la mayor cautela. De esta manera se eslabona una cadena, y aun muchas, de muertes, con que ellos mismos se destruyen, sin necesitar de enemigos externos, que los persigan, aunque rara o ninguna nación de aquellas se hallará, que no los tenga, como después diré.

La segunda causa doméstica de su ruina es tan doméstica, increíble e inhumana, que no la puedo escribir, sin irritarme contra el enemigo común del Género Humano, de quien únicamente tiene origen una inhumanidad, que no se halla entre las fieras más sangrientas. Este es un vicio, que según lo que he experimentado en mis misiones, leído, y oído contar de otras, es plaga muy general entre el gentilismo de las Américas; y tal, que cuesta muchos afanes y pesadumbres a los misioneros el desarraigarle enteramente.

¿Quién creyera que aquella misma india, que por nueve meses carga en sus entrañas la criatura con tanto cuidado, ella misma, trocando la ternura de madre en una saña de lobo carnicero (poco dije, porque la loba no usa tal crueldad con sus hijos, antes expone su vida por defenderlos) la misma india digo, que con tantos dolores da a luz la criatura, si la que nace es hembra, muda el oficio de madre en el de verdugo cruel, quitando la vida a su misma hija con sus propias manos? Pues ello es así, y las niñas que escapan de este naufragio sangriento, lo deben, ya a los ruegos, ya a las amenazas, ya también a los azotes, con que los maridos castigan a sus mujeres para defenderlas; pero esto no bastara, si la providencia del Criador no hubiera dispuesto, que en dándoles dos o tres veces el pecho a sus hijitas, les cobran tal amor verdadero, que vence y sobrepuja aquel falso amor, conque les procuran, al tiempo de nacer, la muerte. Esta crueldad practican con gran disimulo, rompiéndoles la nuca, apretándoles de recio la tabla del pecho, o cortándoles tan a raíz el ombligo, que no se pueda atar, y acaben desangradas. De esta depravada intención, nace en su gentilidad, el que luego que tiente los primeros dolores la india, se va con disimulo a la vega del río o arroyo más cercano, para lograr a sus solas el lance: si sale a luz varón, se lava, y le lava lindamente, y muy alegre; y sin otra convalecencia ni sahumerio, salió con bien de su parto; pero si sale hembra, le quiebra el pescuezo, o sin hacerle daño, como ellas dicen, la. entierra viva: luego se lava, y vuelve a su casa, como si nada hubiera sucedido.

Aunque el parto sea en casa, delante del marítimo y de la parentela, si la criatura sale con algún defecto, o con alguna monstruosidad, v. gr. con una mano o pie menos, o con el labio rajado, como suele suceder; en tales casos, sea hembra, o sea varón, nadie se opone, antes bien todos consienten en que muera luego, y así se ejecuta; y si la mujer da a luz dos criaturas, es indefectible el que uno de los mellizos ha de ser luego al punto enterrado a instancias o por mano de su misma madre. Muchos casos pudiera contar de estos; pero no quiero ensangrentar mi pluma, con enfado mío, y tal vez con enojo y horror de los que leyeren; que no es lo mismo oír un desatino en general, que irlo registrando en casos particulares. Pero no puedo omitir en honor de la santísima Virgen María, lo que por su intercesión sucedió en uno de estos lances. Supo un padre misionero, que cuatro horas antes había enterrado una india a su hija; imploró la protección de la Virgen; fue volando, y al empezar a sacar tierra de la sepultura, sacó la criatura la mano, como si hiciera señas para que más aprisa la socorriesen: sacáronla viva, no sin admiración; bautizóla el padre, con el consuelo que se deja entender; llamóse María del milagro, y hoy vive en la misión de San Miguel, y tiene unos diez años de edad.

De aquí nace, que después que los misioneros han entablado amistad con una nación nuevamente descubierta; después que a fuerza de dádivas y razones los amansan, y les buscan sitio a propósito para el pueblo, porque ellos, por lo regular, viven dispersos, aunque sean de una misma nación; después de buscar herramientas para la labor de sus casas y sementeras; después de esto, que todo es llevadero, el mayor cuidado del padre misionero, es tener lista de las mujeres preñadas, y poner toda atención en que no vayan al río, ni a sus sementeras en el mes del parto, señalando para esto espías ocultas; pero a pesar de todas sus diligencias, ya le viene el aviso, que Fulana enterró a su hija, y después que Zutana etc.: y como la primera ganancia fija de los misioneros estriba a los principios en el logro de los párvulos, de los cuales a unos lleva Dios al Cielo, mediante el santo bautismo, a otros les deja, para que bien enseñados, vaya adelante la cristiandad; no es creíble ni ponderable el dolor que les causa la pérdida de aquellos pobres inocentes, a quienes la barbaridad de sus padres, con la vida temporal, quita la eterna.

No por eso quiero decir, que sea común en todas las mujeres gentiles esta crueldad; muchas hay que crían con el mismo cariño a las hijas que a los hijos; pero no tantas, que basten a disminuir el horror que causan otras con su diabólico estilo, tal, que como dije, es causa muy considerable del poco aumento del gentío; la cual, junta con el uso de dar veneno, y la frecuencia de las guerras, tengo por causas proporcionadas, para que aquellas naciones no sean, ni puedan ser numerosas, durante su gentílica barbaridad.

Fuera de estas tres causas tan poderosas, hay otras que concurren a la disminución de los gentiles; a saber: la ninguna piedad que tienen con sus enfermos; la voracidad con que comen cuando hallan ocasión; la desnudez y desabrigo; el arrojarse al río a lavarse, aunque estén sudando; y otros usos, todos contra su salud: de modo, que la luz Evangélica, no solo les acarrea la vida eterna, sino también la temporal, desterrando guerras y venenos, y atajando la crueldad de las madres, que es lástima darles tal nombre, siendo como son tan crueles. Si monsieur Noblot hubiera tenido presentes estas ventajas, que son realmente grandes para el aumento y comodidad de los americanos, no se lamentara tanto, siguiendo el ejemplo de otros muchos; ni ponderara la crueldad que se idea de los españoles para con los indios; pero vamos al caso.

No hay tal, no somos crueles, sino muy amantes de nuestras hijas, responden las madres, al afearles la dureza de su tirano corazón, y por eso dije arriba, que esta crueldad, por instigación del Demonio, es hija del falso amor a sus hijas; pues se persuaden, que el mayor bien que pueden hacerles, es sepultarlas entre las sombras de la muerte, al mismo tiempo que se asoman a la primera luz.

Y es una prueba nada equívoca de ello, la respuesta que me dio una india, la más capaz de una de aquellas colonias: parió una niña, y a instancias de una vieja taimada, le cortó el ombligo tan a raíz de las carnes, que murió luego desangrada: pasado un mes, tuve noticia cierta del hecho: hícele cargo de su inhumanidad, con toda la viveza, energía y nervio de razones que pude, por largo rato. Escuchóme la india, sin levantar los ojos del suelo; y cuando yo pensé que ya estaba del todo convencida y arrepentida, me dijo: «padre, si no te enojas, te diré lo que hay en mi corazón». No me enojaré; bien puedes hablar, la dije: entonces ella me habló así: (es literal traducción de la lengua Betoya al castellano) «Ojalá, mi padre, ojalá, cuando mi madre me parió, me hubiera querido bien, y me hubiera tenido lástima, librándome de tantos trabajos, como hasta hoy he padecido, y habré de padecer hasta morir: si mi madre me hubiera enterrado luego que nací, hubiera muerto; pero no hubiera sentido la muerte, y con ello me hubiera librado de la muerte que vendrá, y me hubiera escapado de tantos trabajos, tan amargos como la muerte: ¿y quién sabe cuantos otros sufriré antes de morir? Tú, padre, piensa bien los trabajos que padece una pobre india entre estos indios: ellos van con nosotras a la labranza, con su arco y flechas en la mano, y no más; nosotras vamos con un canasto de trastos a la espalda, un muchacho al pecho, y otro sobre el canasto: ellos se van a flechar un pájaro o un pez, y nosotras cavamos y reventamos en la sementera: ellos a la tarde vuelven a casa sin carga alguna; y nosotras, a más de la carga de nuestros hijos, llevamos las raíces para comer, y el maíz para hacer su bebida: ellos, en llegando a casa, se van a conversar con sus amigos, y nosotras a buscar leña, traer agua, y hacerles la cena: en cenando, ellos, se echan a dormir, más nosotras casi toda la noche estamos moliendo el maíz para hacerles su chicha: ¿y en qué para este nuestro desvelo? Beben la chicha, se emborrachan, y ya sin juicio, nos dan de palos, nos cogen de los cabellos, nos arrastran y pisan. ¡Ah, mi padre! ojalá que mi madre me hubiera enterrado luego que me parió. Tú bien sabes, que nos quejamos con razón, pues todo lo que he dicho, lo ves cada día; pero nuestra mayor pena no la puedes saber, porqué no la puedes padecer. ¿Sabes, padre, la muerte que es, ver que la pobre india sirve al marido como esclava, en el campo, sudando, y en casa sin dormir; y al cabo de veinte años toma otra mujer muchacha, sin juicio? A ésta la quiere, y aunque pegue y castigue a nuestros hijos, no podemos hablar, porque ya no hace caso de nosotras, ni nos quiere: una muchacha nos ha de mandar, y tratar como a sus criadas, y si hablamos, con el palo nos hacen callar: ¡cómo se sufre todo esto! No puede la india hacer mayor bien a la hija que pare, que librarla de estos trabajos, sacarla de esta esclavitud, peor que la muerte: ojalá, vuelvo a decir, padre mío, que mi madre me hubiera hecho experimentar su cariño, enterrándome luego que nací: no tuviera ahora mi corazón tanto que sentir, ni mis ojos tanto que llorar».

Aquí las lágrimas cortaron su razonamiento; y lo peor del caso es, que todo cuanto alegó, y mucho más que hubiera alegado, si su dolor se lo hubiera permitido, todo es verdad. Tengo por cierto, que no hay en el Mundo mujeres más desdichadas, que las indias gentiles, y al paso que no hay trabajo personal, que se pueda comparar con el suyo, tampoco hay trabajo tan mal pagado, ni tan mal agradecido. Por otra parte hemos de suponer, que están faltas de fe, no tienen luz de la eternidad, no tienen ojos, sino para ver su desventurada suerte y el remo a que nacen condenadas. A esto se añade la industria del Demonio, que les pinta la esclavitud para que nacen, con tales colores, que, como vemos, se persuaden que es verdadero amor el de la madre, que entierra a su hija luego que nace: persuasión tan arraigada en ellas, que pasa de generación en generación, y cuesta mucha fatiga el arrancarla de sus corazones: ni hay otro remedio, que aplicarse de veras a la enseñanza de nuestra santa fe; pues cuando ya perciben que hay otra vida eterna de gloria o de pena, al paso que la enseñanza amansa, y muda el genio y costumbres de sus maridos, al mismo paso ellas mudan de parecer, y deponen su bárbaro dictamen.

Vuelvo a decir, que no es común en todas aquellas naciones esta crueldad; y aunque es vicio dominante en ellas, se exceptúan pero muchas familias, en especial aquellas en que los maridos se portan bien con sus mujeres: de que se colige, que la crueldad de las madres para con sus hijas, nace de la que los maridos usan con sus mujeres; y como ésta cesa con la luz de la doctrina cristiana, entendida ésta, cesa también en aquellas la crueldad, y se convierte en amor. Esta bárbara costumbre, tan envejecida entre aquellas naciones, parece que llega al último término de la inhumanidad; pero es todavía mayor la crueldad, es más horroroso el espectáculo que nos ofrece la barbarie en el grande Imperio de la China: espectáculo verdaderamente lastimoso: inhumanidad que por lo mismo de hallarse entre gentes de cultura, gobierno y economía, es tanto más abominable. Es el caso, que después de haberse tratado y reflexionado mucho en sus Consejos, se expidió un Decreto por la vía de gobierno en la China, con que se mandó, que por las mañanas saliesen carros, dando vueltas por las calles de Pekín, que es su corte, y de las demás ciudades principales, para recoger las criaturas vivas, que echaban a la calle los vecinos, y llevarlas al carnero, que son unas profundidades donde impía y cruelmente las arrojan. Este Decreto está en su observancia: pasan los carros, y los vecinos arrojan a ellos las criaturas defectuosas, desvalidas y enfermizas. El niño ciego, el cojo, el manco, todos se echan al carro: basta que sea tuerto, o que tenga el labio rajado, o algún defecto semejante para sufrir igual suerte: y ni aun es menester que tengan defectos; pues el Oficial que solo puede mantener dos o tres hijos, todos los demás que pare su mujer, los echa al carro. Juzgan los chinos impía y neciamente. que es acto de piedad privar a sus hijos de una vida, que ha de ser miserable, o por la pobreza o por ser ciegos, mancos etc. Y si esto pasa entre gente realmente capaz: ¿qué mucho, que los bárbaros incultos, de que hablé arriba, hagan cosa semejante? Aborreció Dios a los Cananeos y Jebuseos, porque sacrificaban a muchos de sus párvulos a los Ídolos; y por este tan execrable delito mandó a Moisés y a Josué, que destruyesen tan inhumanas gentes; de manera, que por no haberlas destruido enteramente, como Dios se lo había mandado, sucedió con el tiempo, lo que su majestad tiró a evitar; y fue, que los mismos de su pueblo escogido, por su mal ejemplo, incurrieron en la idolatría, y en el uso bárbaro de sacrificar sus tiernos infantes: fealdad, que con la dispersión de las diez Tribus, primero inficionó a este Mundo antiguo; tanto, cuanto se puede ver en Torquemada, Alderete y otros muchos; y después pasé al nuevo Mundo, como consta de los inhumanos sacrificios, que usaron los emperadores Ingas y Montezumas en el Perú y Nueva España. Tal es la ceguedad del hombre, si no tiene luz del Cielo; y tal la ira con que el Demonio, si pudiera, destruyera al Género Humano.

Pero volvamos a los carros llenos de inocentes condenados a muerte, que todos los días y en el Imperio de la China, van al carnero, y veremos que a más de otros innumerables, que en los Lugares cortos arrojan a los ríos, es en Pekín tanta la multitud de ellos, que los misioneros de la Compañía de Jesús han tomado a su cargo el bautizarles, y para conseguirlo, a su hora van a las puertas por donde salen dichos carros, les siguen hasta las hoyas o sepulturas, y allí van bautizando los niños, en tanto número, que hay misionero, que en solo un año bautiza cuatro mil de ellos, que ya les toca el renombre de felices párvulos.

Y es tal la lástima que da aquella continua perdición de niños, que hasta los moros mercaderes, con ser tan bárbaros, tienen compasión, y compran a poco precio muchos de ellos, para criarlos en la fea secta de Mahoma. Los padres misioneros franceses de la Compañía de Jesús, en medio de la estrechez y pobreza con que se mantienen en Cantón, puerto de la China, llevados de su celo santo, y ardiente caridad, han erigido una Casa, en donde recogen, sustentan y enseñan algunas de aquellas criaturas, que sus mismos padres naturales abandonan, por no poderlas mantener. Ojalá Dios nuestro Señor quiera dar grandes progresos a tan piadosa fábrica y a otras semejantes. ¡Oh, y si su majestad moviera algunos piadosos corazones en la Europa y en las Américas, para poner fincas, de cuyos réditos se rescatasen muchos de aquellos inocentes, de los cuales con facilidad se formasen pueblos en las Filipinas! ¿Qué obra de mayor calidad, que ésta, se podrá imaginar? Quiéralo su Divina majestad.

dije al principio de este Capítulo, que después de investigar las causas del corto número de gente de que se compone tanta variedad de naciones, no aseguraba una entera satisfacción a la duda; y es así; porque sí bien es verdad, que las tres causas que llevo referidas de guerras, venenos y entierros de párvulos, y las que como menos principales insinué, son bastantes para que no se aumente, y también para que vaya a menos el número de aquellas gentes; con todo queda en pie la armonía, que hace el ver tantas naciones (tales cuales ellas son) tan reducidas a tan corta distancia unas de otras, y con tanta diversidad de lenguas, usos y costumbres. Ni todo lo que llevo dicho abre camino para saber la raíz de tan notable mutua separación: es muy factible que en tiempos pasados todas fuesen naciones numerosas; pero no hay más que venerar rendidamente la sabia y oculta providencia del Altísimo; y humillarnos al considerar, que con tener a la vista muchas de sus obras patentes, es tanta la pequeñez de nuestro alcance, que no las entendemos; y así pasemos a buscar la raíz de otras más fáciles de percibir, no menos curiosas, y en gran parte útiles.

Capítulo VIII. Motivos de sus guerras

Levantó nuestro padre Adán la mano para comer del árbol prohibido, que fue lo mismo que levantarla contra Dios, y revelarse contra su divina majestad. De aquí nació el que sus pasiones, antes sujetas a la razón, se levantasen contra él; y que los brutos y animales más fieros, que le rendían vasallaje, se le mostrasen rebeldes: y para que después conociese ser ya la guerra universal, Caín su hijo mató al inocente Abel; y desde entonces acá, de generación en generación, de gente en gente, así como han corrido los siglos, ha ido corriendo por el suelo perpetuamente la sangre de los mortales entre continuas guerras, hasta nuestros días, en todos los reinos, gentes y naciones: tanto, que las que se llaman paces perpetuamente inviolables, para afianzar inalterablemente la tranquilidad y unión de las Potencias (por más fuerza y perfección que se añada a sus cláusulas) solo son honrada pausa, para descansar un rato; y como treguas, para prevenir los pertrechos para nuevas guerras: como si se hubieran unido las gentes, y formado los reinos, solo para combatirse y quitarse las vidas unos a otros.

bajo este concepto nadie extrañará, que suceda esto mismo entre aquellas diminutas y bárbaras naciones del grande Orinoco y sus vertientes, cuyas mutuas y continuas guerras solo se finalizan al tiempo que les va amaneciendo aquella paz evangélica, que el Cielo intimó la noche de nuestra mayor dicha, a los humildes e ingenuos Pastores de Belén: así realmente se verifica, que los misioneros evangelizan la paz, no solo eterna para las almas, sí también la temporal; porque con el bautismo se unen entre sí las naciones más enemigas. Es verdad, que cuestan estas paces muchos pasos a los misioneros, pero los dan con mucho gusto, porque por el apóstol saben, que son preciosos los pies de los que evangelizan la paz.

Pero siendo, en este antiguo Mundo, el ordinario motivo de las guerras, el ampliar los reinos, y dilatar los Dominios, no teniendo tal ansia ni deseo aquellos gentiles del Orinoco, porque les sobra terreno, sin que haya nación de aquellas, que se halle estrechada con términos y linderos, es digno de saberse el motivo de sus sangrientas y continuas guerras. Luego trataremos de sus jefes, de las ceremonias con que los gradúan, del modo con que fabrican sus armas, su destreza en manejarlas, de los venenos con que las preparan, y el modo de fabricarlos etc.: todos puntos que ofrecen un dilatado campo a la curiosidad.

El motivo y causa principal de las guerras mutuas de aquellos gentiles, es el interés de cautivar mujeres y párvulos, y el casi ningún útil del saqueo y botín. El fin antiguo de cautivar, era para tener con las cautivas más autoridad, séquito, y trabajadoras en sus sementeras, y en la chusma criados para servirse de ellos. Esto era así, antes que los holandeses formasen las tres colonias de Esquivo, Berbis, Corentin, y la opulenta ciudad de Surinam, que demarqué en el Plan en la costa de Barlovento, que corre hacia el río Marañón; pero después que los holandeses se establecieron en dicha costa, se varió el fin de la guerra, y ya no es otro que el de la mercancía e interés, que de ella resulta; porque los holandeses, los Judíos de Surinam, y otra multitud de gentes, que han pasado a vivir en dicha costa, compran a los Caribes todos cuantos prisioneros traen; y aun les pagan adelantado, dando con esto particular motivo a que se multipliquen los males. Suben las Armadas de los Caribes, y a las naciones amigas, que les sujetan a más no poder, les compran todos los cautivos que han podido haber con sus guerras no menos bárbaras que injustas; siendo el precio de cada cautivo dos hachas, dos machetes, algunos cuchillos, algunos abalorios, u otra friolera semejante. Pasan después, con suma cautela, a las naciones enemigas, y todo su estudio consiste en asaltar de noche, sin ser sentidos, y pegar fuego al mismo tiempo a la población en donde, así por el susto del fuego, como por el ruido de las armas de fuego, que ya usan los Caribes, el único remedio de los asaltados consiste en la fuga; pero como los Caribes preocupan con emboscadas todas las retiradas, el pillaje es cierto, y la carnicería lamentable, porque matan a todos los hombres que pueden manejar armas, y a las viejas, que reputan por inútiles; reservando para la feria todo el resto de mujeres y chusma, con la inhumanidad que se deja entender del mismo hecho.

Ni para aquí su derrota: remiten toda la presa en una o dos piraguas armadas a sus tierras, y prosiguen su viaje río arriba, sin hacer ya daño a nación alguna, aunque sea enemiga; y a las amigas les dicen: que ellos no tienen la culpa de haber quemado y cautivado tal pueblo; porque si los del pueblo les hubieran recibido bien, y vendídoles bastimentos para su viaje, no les hubieran hecho daño; pero que habiendo tomado las armas con tanta descortesía, era fuerza castigarlos, para que vean las demás naciones cómo los han de recibir, y con qué cortesía los han de tratar. Este es ardid, con que aseguran otro asalto para el año siguiente, que siempre logran, menos en la nación de los Caverres, que como ya dije, es numerosa, y tan belicosa, que siempre han sacado de ella la peor parte los Caribes; porque sí bien siempre estos procuran coger de repente alguna de sus colonias, nunca lo pueden conseguir, a causa del arte con que aquellos se juntan, y les rechazan. Es el caso, que en las lomas altas de su territorio, desde las cuales se divisa gran trecho del Orinoco, tienen los Caverres puestas centinelas en atalayas, que hacen a este fin; y en ellas tienen unos tambores tan disformes, como adelante diré: la primera atalaya que divisa el armamento enemigo, toca su llamada de guerra, que entienden todos: óyela el pueblo más cercano, toca luego su tambor, y sale la gente de guerra: óyela el segundo pueblo, y hace lo mismo, y así los demás; de manera que en ocho o diez horas está toda la nación en arma: todos acuden al puesto del primer toque, y a pecho descubierto esperan al enemigo; quien escarmentado de muchas pérdidas, pasa adelante río arriba, a distancia que no alcancen las flechas enemigas; sin que se atreva a dormir jamás al lado del Poniente, que ocupa la nación Caverre, por temor de los asaltos nocturnos.

Debo ahora advertir, que de aquí adelante, por lo que mira a lo restante del río Orinoco, halo por relación; porque solo el Venerable padre Joseph Cabarte siguió y apuntó este viaje. Después le hizo Juan Gonzalez Navarro, vecino al presente de la Guayana, hijo de don Carlos Gonzalez Navarro, gobernador de la isla Margarita: y en el año de 1728, por orden del gobernador de la Trinidad de Barlovento, el Exento de Guardias Marinas don Agustín de Arredondo, subió embijado, esto es, desnudo y pintado a lo Caribe, con pocos compañeros del mismo traje, Orinoco arriba, hasta que el Piloto perdió el tino; y al cabo de catorce meses de continuos riesgos de la vida, se volvieron sin noticia alguna cierta del célebre Dorado, que era el único fin de su viaje. El dicho Juan Navarro y sus compañeros hicieron su diario y derrotero, que he leído varias veces; y aunque apuntaron en él varias noticias, que necesitan de confirmación, y omito; con todo, aquí y en otras partes, me valdré de algunas de ellas, que tengo por ciertas, así porque las he visto practicadas en otros ríos y naciones, como porque examinando a Ignacio de Jesús, que hoy es soldado de nuestra escolta, y acompañó al dicho Juan Navarro en el citado viaje, he visto tener probabilidad. Quede hecha aquí esta salva para cuando citare a estos viajeros, a fin de que se sepa la probabilidad de lo que por sus noticias hubiere de referir.

Siguiendo pues estos su viaje, llegaron a la boca del río Guaviare, llamado comúnmente Guayabero, y turbado el Piloto (ó lo que yo tengo por cierto, temeroso de dar en otras naciones más agrestes y crueles, que las que habían ya experimentado) en lugar de seguir al Orinoco contra sus corrientes, se entró por la boca del río Guaviare, en donde al cabo de muchos días de navegación, encontraron una Armada de Caribes, que estaban haciendo la feria entre aquellas naciones, tan destituidas de herramienta, y tan faltas de aquel amor natural a sus hijos, que a trueque de una hacha, un machete, y cuatro sartas de abalorios, dan un hijo o una hija a los Caribes, pudiendo más para con ellos el logro de aquellas alhajuelas, que el amor natural y lágrimas de los hijos, víctimas inocentes de su codicia. Pero nadie se asuste, ni se escandalice a vista de tal inhumanidad, como cosa inaudita entre gentes bárbaras; porque aunque las naciones de las islas y costas de la india Oriental muestran más capacidad, y tienen sus Repúblicas, reinos y leyes; con todo, así en el reina de Tunkin, como en los comarcanos, y en muchas islas de aquel Archipiélago, venden públicamente sus hijos, y con más solemnidad sus hijas, unos por necesidad y pobreza; y otros para aumentar su caudal. Pero volvamos a ver en qué para la feria de los Caribes del Orinoco.

Después que han recogido todas cuantas piezas pueden comprar en aquellas remotísimas naciones, que distan de la costa hasta seiscientas leguas, dejan en poder de los caciques la herramienta y abalorios que les han sobrado, para que entre año vayan comprando, hasta su vuelta, que es el año siguiente; y para evitar todo engaño, quedan dos o tres indios Caribes en cada una de aquellas naciones guardando las mercancías, que ellos llaman rescates, y mejor llamaran cautiverios, pues con ellas quitan la libertad a tantos inocentes. A su partida protestan a los caciques: «Que si a su retorno hallan haber recibido algún daño o vejación los Caribes que quedan con ellos, les quemarán los pueblos, y se llevarán todas las mujeres e hijos»; con que cuidan mucho los caciques a sus huéspedes.

Concluidas sus cosas, ponen las proas río abajo, hasta llegar a la costa, donde están la mayor parte de sus pueblos; y en habiendo descansado, pasan a las colonias holandesas, unos a pagar lo que deben, y a recibir otra vez de fiado para el viaje siguiente; y otros a vender, bien que estos son pocos, porque los holandeses y Judíos les dan tanta multitud de rescates, que casi todos los Caribes están gravemente adeudados, por más esclavos, que roben y compren, no obstante de ser la ganancia en los que compran exorbitante; porque la paga, valor o rescate que da el Holandés al Caribe por un esclavo, que llaman Itoto, es una caja con llave, y en ella diez hachas, diez machetes, diez cuchillos, diez mazos de abalorios, una pieza de platilla para su Guayuco, un espejo para pintarse la cara a su uso, y unas tijeras para redondear su melena; y a más una escopeta, pólvora y balas, un frasco de aguardiente, y otras menudencias, como son agujas, alfileres, anzuelos &c. Pero lo que el Caribe da por un esclavo, cuando lo compra en las naciones distantes, es una hacha, un machete y alguna bagatela más; y en las cercanas un tanto más. ¿Quién no ve la excesiva ganancia de los Caribes en la venta de los esclavos que compran? ¿Y cuánto mayor será, contando los que roban, que es la mayor parte? Con todo, como ya dije, siempre viven adeudados los más de ellos; y tanto, que los mismos holandeses y Judíos de Surinam les obligan a salir a campaña, para ir cobrando algo, y no perderlo todo.

Desde el año de 1731 hasta acá, los Herejes, ya holandeses ya de otras naciones, se envijan, esto es, se pintan al uso Caribe, y se ponen Guayucos, esto es, unas tres varas de platilla, prendidas de un cordón que se ciñen; y con ésta, que es la mayor gala de los Magnates del Orinoco, por ir todos los demás como sus madres los parieron, se pasan a los Caribes; y con estos nuevos soldados, que han dado en alistarse de poco acá para la guerra, es increíble cuanto ha crecido el atrevimiento y desvergüenza de los Caribes. Por esto en el año de 1733 me quejé agria, aunque modestamente, al gobernador de Esquivo, con una larga carta, en que le conté los daños que padecían nuestras misiones; y que de no poner remedio su señoría, daría cuenta a mi católico monarca, para que su majestad se querellase a las altipotencias de Holanda. Respondióme en lengua francesa, con mucha cortesía, ofreciendo el remedio que no puso, y echando la culpa a los Judíos de Surinam, quienes en medio de tener impuestas graves penas si venden armas y municiones a la nación Cariba; con todo lo ejecutan con tal secreto, que rara vez les pueden probar el delito que realmente cometen, así holandeses, como Judíos, recatándose cuanto pueden los unos de los otros.

Capítulo IX. Daños gravísimos que causan a las misiones, las Armadas de los indios Caribes, que suben de la costa del mar

Aunque ha sido uso inmemorial de los Caribes hacer los viajes ya referidos, los pinté en el Capítulo pasado como modernos; porque los daños, que aun prosiguen, se empezaron a renovar en el año de 1733, en que bajando de su ordinaria campaña el cacique Taricura, el día 31 de marzo quemó el pueblo de nuestra Señora de los Ángeles; y aunque toda la gente Saliba tuvo la fortuna de escaparse, ardieron las casas todas, y la Casa y Capilla del padre misionero. No paró en esto el atrevimiento de los Caribes: arrimaron muchas hojas de palma seca para que ardiese la santa Cruz, que estaba en medio de la plaza; pero por más que porfiaron, no quiso Dios que ardiese, y solo quedó la señal del fuego en lo tiznado del pie de la Cruz, como con ternura vimos pocos días después. Viendo un Caribe, que el fuego natural no bastaba para destruir la santa Cruz, arrebatado del fuego de su ira, subió y desclavó el atravesaño de que se formaban los brazos, y le arrojó al río, como nos lo declaró un Saliba, que ocultamente se introdujo entre la multitud de los Caribes; el cual viéndonos buscar después el atravesaño de la Cruz, dijo, que él le havia visto arrojar al río. Pusimos otra mayor Cruz en su lugar, cantamos la letanía de la santísima Virgen; y luego empezando los padres y siguiendo los soldados, y después todos los indios chicos y grandes, besando la santa Cruz de rodillas, fue vengada de los agravios, que de los pérfidos Caribes había recibido. Levantáronse de nuevo las casas del pueblo, y en lugar de Capilla, se erigió una iglesia capaz y fuerte, para clamar a Dios, y para refugio y seguridad de la chusma en lances semejantes, como realmente los hubo después.

La misma noche del día 31 de marzo navegaron río abajo las veintisiete piraguas de guerra del cacique Taricura; y por no distar la reducción y pueblo de San Joseph de Otomacos sino cinco leguas, al amanecer del día primero de abril, la acordonaron; pero al aprestarse para el asalto, fueron sentidos de los indios Otomacos, que tomando las armas, y levantando el grito hasta el Cielo, como acostumbran, tocaron al arma, y con el auxilio del capitán Juan Alfonso del Castillo, y seis soldados que con él estaban, y de don Félix Sardo de Almazán, español esforzado, natural de San Clemente de la Mancha, y algunos compañeros, con quienes había subido de la Guayana, quienes con valor y arresto salieron con sus bocas de fuego a resistir el asalto; pudieron librarse del arrojo de los Caribes, en cuyas manos, a no haber habido tanta prevención, hubiéramos perecido todos. Los Caribes que no saben pelear sino a traición, luego que vieron la resistencia, a boga arrancada se echaron a medio río; más encendido el coraje, así de los soldados como de los valientes Otomacos, aquellos en tres barcos, que había prontos, y estos en más de veinte canoas, se arrojaron al río en pos de los Caribes: estos, viendo el valor de los nuestros y su riesgo, arribaron a la barranca de enfrente, y con una brevedad increíble, arrimaron sus piraguas a la orilla, y unos hicieron foso detrás de ellas, teniéndolas por parapeto; otros al mismo tiempo formaron trinchera de palos, fajina y tierra, con tanta presteza y arte militar, que causó admiración, y se conoció, como después lo supimos de cierto, que iban con los Caribes algunos herejes embijados y disimulados. Por fin, los nuestros con falconetes en las proas de los barcos, y mucha fusilería, hicieron mucho fuego, pero no pudieron romper las trincheras, aunque porfiaron valerosamente en combatir, hasta que la noche les hizo volver al pueblo; y sí bien cada rato recibían descargas de los Caribes, de 50 fusiles, dos esmeriles, y diluvios de flechas envenenadas, quiso Dios que ninguno muriese de los nuestros, por la intercesión de san Francisco Xavier, cuya imagen tuvo enarbolada todo el día uno de los padres misioneros a vista del combate. De los Caribes, por más que se amparaban de sus trincheras, fueron catorce los muertos, y más de cuarenta los heridos, como después nos lo refirieron algunos indios de otras naciones, que iban forzados de miedo con ellos; y añadieron, que pasaban de 300 los esclavos que llevaban; a los cuales para que no se escapasen durante el combate, tuvieron amarrados, y cercados de gente armada: noticia, que llevaron pesadamente los soldados, por no haber podido librar a tantos inocentes de su tiránica esclavitud.

Como aun es reciente el dolor, se me fue la pluma, refiriendo este trabajo, antes que otros mucho más antiguos; pero sirva éste de muestra o regla para medir y entender los muchos asaltos, ardides y estratagemas con que casi siete años continuos han perseguido los Caribes a sangre y fuego, aquellas misiones y otras del mismo río Orinoco, procurando de todos modos desterrar el nombre de cristiano de sus riberas, quitar ese estorbo a su tiránica insolencia, y poder cautivar y robar a todo su salvo. El año siguiente quemaron la colonia de San Miguel Arcángel del río Bychada, y abrasaron la iglesia. Poco después arrasaron y destruyeron el pueblo de la Concepción de Uyapi; de donde se hubieron de retirar los reverendos padres misioneros Observantes Franciscanos, con su reverendísimo Comisario fray Francisco de las Llagas, volviendo a sus misiones de Piritu: que es prudencia no arriesgar la vida, cuando no se espera fruto en las almas: y también es consejo de Cristo, que cuando nos persiguen en un lugar, pasemos a otro; ya se ve, que no por temor de la muerte, sino para que la vida se emplee en bien de los próximos, después que pase la borrasca, que impide la labor.

Por los años de 1734 y 1735 creció más la osadía del bárbaro enemigo, que asaltó y quemó la colonia de San Joseph de Otomacos y la de San Ignacio de Guamos; con pocas muertes de los catecúmenos, pero con gravísimo daño; porque retirados estos y los misioneros a lugar más seguro, los Caribes talaron las sementeras, arrancaron los frutos, y quemaron las trojes; golpe el más fatal, con que pensó el enemigo desterrar las misiones de todo el Orinoco. En este gravísimo aprieto salió el padre Bernardo Botella lejos del Orinoco, a comprar provisiones, hacia ciertos parajes, sin reparar en costos ni en trabajos, a fin de que la hambre fuese menor, y no ahuyentase los indios catecúmenos; llegó pero después de penoso camino, y peor navegación, tan fatigado como se puede inferir, sin más comida que el pescado que Dios le deparaba: y el recibimiento que le hizo cierto sujeto, a quien por sus circunstancias no debo nombrar, fue levantar el grito contra él tan alto, que se oyó en Caracas en Santa Fe de Bogotá, y mucho más adelante; achacándole que iba con muy diferentes intentos: de modo, que se vio su crédito oscurecido, y gravemente denigrado, hasta que ejecutoriada jurídicamente en Santa Fe y en Caracas, con declaraciones de testigos oculares, la inocencia del dicho padre, se le dio competente satisfacción para restaurar su crédito y estimación debida. Estos regalos envía Dios a sus ministros, en medio de sus mayores aprietos; y éste es el verdadero distintivo según el apóstol san Pablo, de los que de veras quieren acompañar y seguir a Jesús.

Todo hubiera sido llevadero, si se hubiera conseguido el fin de tan arduo viaje; pero no era tiempo sino de padecer, y así el buen padre ni siquiera halló maíz; porque aquellos hatos y partidos parece que tienen prisionera la hambre y la pobreza; tanto, que si movido a compasión un buen vecino, llamado Miguel Angel, no les hubiera vendido algún poco de cazabe (es pan formado de raíces) hubiera vuelto con mayor necesidad y hambre, que la que llevó con sus compañeros. No obstante todos quedamos gustosos y consolados, de que el padre hubiese vuelto con salud, después de tan arduo e inútil viaje; ni faltó Dios a los suyos, porque entretanto, así los padres misioneros, como los pobres indios de su cargo, para mantenerse, hasta coger nuevos frutos, tomaron el arbitrio de añadir pescadores, y cuidado en la pesca, para que hubiese peces para vianda, y peces asados y casi tostados, que sirviesen en lugar de pan: viéndose aquí claramente, que el hombre puede vivir sin pan.

Persuadidos los Caribes de que habían dado ya el último golpe para arruinar las misiones de la Compañía, bajaron furiosos a la misión de Mamo, que los ya citados reverendos padres Observantes de Piritu acababan de fundar, no lejos de la ciudad de Guaya: entraron a todo su salvo en el pueblo, porque toda la gente estaba oyendo misa, y la primera seña de guerra fue ver arder la iglesia: finalizó la misa el Rev. y Ven. padre fray Andrés Lopez (que siempre había clamado a Dios recibiese su vida en sacrificio, por la salvación de aquellas almas) cuando ya estaba trabada la batalla en la plaza, y depuestos los ornamentos Sacerdotales, tomando en la mano un santo Crucifijo, salió, y empezó a predicar con esforzado fervor: recibió un balazo en una pierna; más sin hacer caso de la herida, prosiguió con más espíritu, hasta que un sacrílego Caribe le dio un fiero macanazo en la boca, diciéndole: calla, no prediques de balde: cayó del golpe en el suelo, y ya habían caído muertos tres soldados, que tenía de escolta, y quince de sus indios: de los Caribes llegaban a treinta los despedazados; pero como era mucho mayor el número de estos, viendo caído a su Pastor, todas las ovejas buscaron seguridad en la fuga: saquearon los Caribes el pueblo; y pasando a quitar el santo hábito al religioso, le hallaron todavía vivo, con el santo Cristo en sus manos; y sin duda, clamando por la salvación de aquellos bárbaros.

Diéronle otro fiero golpe en la cabeza, y colgándole desnudo de un árbol, antes que espirase, encendieron fuego debajo, para acabar con él; pero su santo cuerpo permaneció libre de la voracidad de las llamas, habiéndose hallado después de ocho días sin lesión alguna; de manera que hemos de creer de la bondad de Dios, que aceptó el sacrificio de la vida de aquel fervoroso misionero, y que su alma purificada en las llamas del divino amor y de los próximos voló triunfante a los Cielos. Quiso su majestad, que no fuese el día antes el asalto sangriento, para que se librasen de él otros tres religiosos misioneros de la misma Orden, que habían venido a Mamo a consultar con su venerado compañero negocios importantes de sus apostólicas misiones.

Como salió tan favorable a los Caribes este asalto, contentos con el botín, y gran número de esclavos, enderezaron las proas río abajo, con ánimo de asaltar y destruir el pueblo de San Antonio de Caroní, perteneciente a los reverendos padres capuchinos de la provincia de Cataluña; más una casualidad estorbó este atentado. Al entrar los Caribes en el río Caroní, en cuya vega está dicho pueblo, hallaron pescando a dos indios de él; llamáronlos, con el fingimiento que acostumbran, y luego que arrimaron la canoa a las piraguas, mataron cruelmente al uno de ellos: el otro que se dio por muerto, se arrojó al río, y sufriendo el resuello, nadó por debajo del agua largo trecho; y como al sacar la cabeza para resollar, le disparasen varios fusilazos, siguió nadando, sin sacarla, hasta que salió a la vega, y con su aviso se puso la gente en arma; con que la Armada Cariba viró la proa hacia sus puertos.

Ni por haber referido tanto número de estragos y muertes, debemos olvidar la muerte, que dos años antes dieron los Caribes de Aquire, caño de Orinoco, no lejos de la costa, al ilustrísimo señor don Nicolás de Labrid. Este tan noble, como docto y fervoroso caballero Francés, Canónigo de Leon, con otros tres émulos de su espíritu, postrados a los pies del señor Benedicto XIII, le pidieron los emplease en misiones de gentiles, en las Regiones que gustase; y su Beatitud, movido de especial moción del Espíritu santo (como dice en su Bula apostólica, que hoy se guarda en Guayana) los consagró en obispos para las cuatro partes del Mundo. A la Occidental, donde corre el grande Orinoco, con Bula especial de obispo de él, vino el ilustrísimo Labrid; y mientras se esperaba el pase de sus Bulas, y fiat de su majestad católica, el gobernador de la Trinidad y Guayana le ofreció su palacio. Agradeció el obispo el ofrecimiento, y determinó esperar en la Cayana, territorio de franceses, el despacho de sus Bulas, pero después de embarcado, impelido de su mismo fervor, mudó de intento y de rumbo, y dio fondo en el caño de Aquire, donde los Caribes le recibieron con buen semblante, para lograr la suya; y a pocos días quitaron la vida a dos capellanes del obispo; el cual luego se puso de rodillas, con un crucifijo en las manos, y del primer macanazo, dio su espíritu al Criador. Los Caribes se llevaron los sagrados ornamentos, hicieron pedazos un santo crucifijo de marfil, y una ara consagrada por el señor Benedicto XIII; cuyo nombre se ve gravado en sus pedazos. El cuerpo de este Ilmo. obispo está en una lápida honorífica al lado del evangelio del altar mayor de la iglesia de San Joseph de Oruña, en la isla de la Trinidad de Barlovento, y los cuerpos de sus dos capellanes al lado de la epístola, en otra lápida, cada una con su epitafio.

Omito aquí (porque se hallan en la Historia general de la provincia y misiones del nuevo reino de Granada, escritos con superior facundia) otros repetidos asaltos hechos por los Caribes, con nuevas industrias, y sagacidad diabólica contra las misiones de la Compañía, fomentados con la esperanza, según lo decían a gritos, de que como sus mayores en los años de 1684 y 1693, habían muerto a los misioneros antiguos del Orinoco; así ellos siendo como eran tan valientes como sus padres, habían de porfiar y proseguir ahora su guerra, hasta quitar la vida a todos los padres misioneros, y destruir todos sus pueblos; pero a pesar del Infierno, las misiones destruidas se han reedificado, y cada día se entablan otras de nuevo, mostrándose la bondad divina manifiestamente propicia en esto, y en evitar con rara providencia, muchos lances, que no se pudieran evitar con industria humana. Sea de su Divina majestad toda la gloria.

Ahora, con las especiales providencias, que se ha dignado dar el católico celo de nuestro invicto monarca Felipe V, a quien Dios prospere, cometiendo sus especiales órdenes e instrucciones a don Gregorio Espinosa de los Monteros, coronel de los reales ejércitos, gobernador y capitán general de las provincias de Cumaná y la Guayana, jefe de la reputación, destreza militar y valor, que sabe España, tenemos fija esperanza, de que amanecerá la tranquilidad en el Orinoco, y con ella los progresos en la cultura espiritual de aquellos retirados gentiles, y la feliz resulta de copiosos frutos para el Cielo.

Capítulo X. Jefes militares de aquellas naciones: mérito y ceremonias, que preceden a sus grados

Virtud, valor y letras, son los tres escalones por donde suben los hombres a la cumbre del honor, del aplauso y de la veneración. No conocen, ni aun por sus nombres, las naciones de que trato, a la virtud, ni a las letras; y así, todos sus ascensos que en su débil juicio se reputan por muy grandes, les tienen vinculados al valor y a la destreza, con que desde niños se ejercitan en jugar el arco y flechas, la lanza y la macana. Sus juegos pueriles, todos se reducen a lo mismo que ven hacer a sus padres: forman arcos, aguzan flechas, pintan macanas, tejen rodelas, y desbastan palos tan firmes como el acero, para formar lanzas. Los chicos de un mismo pueblo forman batallones, eligen cabos, disponen sus filas, dan su señal, y traban sus pueriles batallas, en cuyos ensayos están sus padres como en sus glorias. En estas escaramuzas usan de flechas de junco grueso, que no puedan hacer daño ni herida; y de rodelas, para adiestrarse a evadir el golpe de la piedra, lanza o saeta; y como el ejercicio es único, y de toda la vida, es increíble la destreza a que llegan algunos. Ella es tanta, como lo acredita el caso siguiente.

Un indio Otomaco, lleno todo el cuerpo de cicatrices, auténtico testimonio de muchas batallas contra Caribes, en que se había hallado, blasonaba de su valor delante de tres soldados de nuestra escolta, y al pasar yo casualmente, les dijo: «Si tengo las señales de estas heridas, es, porque me he hallado solo entre muchos enemigos; pero cuando he peleado con tres, jamás me han herido»: y diciendo, y haciendo, juntó tres montones de aquellos dátiles que comen, y colocándoles en triángulo a buena distancia se puso en el centro de ellos, y sobre apuesta les dijo: tirad vosotros, y si alguno acierta a pegarme, pierdo yo la apuesta; si me libro de todos, yo ganaré. Asistí con gusto a la función, y fue para mí cosa maravillosa, ver aquel indio, que apenas tocaba con los pies en el suelo para mudar lugar: a un mismo tiempo bajaba la cabeza para evadir un golpe, retiraba una pierna para evitar otro, y doblaba todo el cuerpo, para no recibir el tercero: parecía un hombre de goznes, y un cuerpo todo penetrado de azogue: tirábánle los tres soldados, al principio con gana de darle, y después con ira, viendo que no podían lograr golpe alguno; hasta que acabados los dátiles prevenidos, ganó el indio Otomaco la apuesta. Divertimiento, en que después, estos y otros soldados perdían de buena gana sus apuestas, para pasar las tardes desocupadas, y admirar más y más tan singular agilidad y destreza. El Regio Historiador Herrera dice de otro indio semejante, que se movía con la ligereza de un gavilán, sin que piedra alguna de cuantas le tiraban le tocase.

Para el ejercicio de la flecha cooperan también las madres, no dando a sus hijuelos la comida o fruta en sus manos, sino colgándola a proporcionado tiro, para que la gana de comer los avive al acierto de pillar con la punta de la saeta despedida, lo que desean comer. No es ponderable a lo que llega su destreza en el arco y flecha: baste decir, que se ha tenido por especial providencia de Dios el que los Caribes se hayan enamorado del uso del fusil, porque en ellos es casi inerrable el tiro del arco, y poco acertada la puntería del fusil. Adestrados al arco, saben que cuanto más tiran la cuerda, tanto más seguro es el tiro, y de este principio cierto infieren un error, para nuestro bien muy apreciable; pues juzgan que cuanto más pólvora atacan en la escopeta, tanto más seguro es el golpe de la bala: lo que es falso, porque por lo mismo la bala vuela por alto, sin hacer daño: a más de que mientras cargan y descargan un fusil sin hacer daño, pudieran haber disparado seis u ocho flechas, con mucho estrago; así que es también especial providencia de Dios, el que no hayan caído en la cuenta, en lo uno ni en lo otro.

Adestrada la juventud en el modo dicho, antes de salir a la guerra, se llevan algunos la fama, ya de muy certeros en la flecha, ya de singularmente prontos a rebatirla, o con la rodela, o con el mismo arco: habilidad de pocos, y por eso muy apreciable entre ellos. Cuando tienen edad para salir a la guerra, en todas sus acciones tienen la mira al honor, aspirando con ansia a que les aclamen por valientes, y puedan subir a capitanes. Para este fin guardan con gran cuidado los trofeos y despojos de las guerras, y cada cual hace tantas estatuas, tejidas con bastante arte y propiedad, de hojas de palma muy sutiles, cuantos son los enemigos que ha muerte. Tienen colgadas dichas estatuas de los techos, y a todos los huéspedes, que entran en sus casas, después del recibimiento, añaden: Yo soy muy valiente, ya llevo tantas campañas; y mira allá cuantos enemigos llevo ya muertos: yo seré un gran capitán etc.

Es verdad, que en este estilo y regla, que es casi general, no se cuentan, ni entran los de las naciones Achagua y Saliba: no son éstas gente de guerra; y dicen que ni sus mayores lo fueron: solo un Saliba, que hoy es ya cristiano, tiró por este rumbo, y pasó por los exámenes que diré. No obstante gustan de tener muy lucidas armas, penachos de plumas, y otras divisas de bravos soldados; y lo que es más de admirar, a sangre fría, y cuando no hay enemigos, gastan sus ademanes de brío, y azotan el aire con bravatas.

El que se ha de graduar, así como va ganando crédito, se le va agregando primero la gente de su parentela, y después otros, o atraídos de su valor, o sobornados por el mismo, y por medio de sus parientes y amigos. Cuando tiene v. gr. cien hombres de su séquito, previene bebida, convida a los caciques y capitanes de su nación, les hace relación de sus hazañas; y por último pide examen para ser contado entre los capitanes. Convenidos los Jueces en que se gradúe, plantan en medio de la casa al actuante desnudo, como su madre le parió, y tomando el capitán más antiguo un látigo de pita bien torcida, le descarga fieros y repetidos azotes por todo el cuerpo de arriba a bajo, y entrega el látigo al capitán, que por antigüedad se le sigue: éste y todos los restantes jefes le azotan horrorosamente a su satisfacción. Los caciques, y mucho auditorio que concurre, están con gran silencio observando, si se le suelta algún acaya, que es nuestro ay, o algún otro ademán de menos valor; y si se queja con solo un ay, o hace algún ademán de sentimiento, le niegan redondamente el voto, y ya no puede ser admitido a los otros dos exámenes que le restan; pero si ha sufrido como un bronce, aquel diluvio de azotes, que le dejan sin pellejo, y con muchas heridas, entran los vítores, el aplauso y los parabienes, y se acaba este primer examen, emborrachándose todos larga y alegremente.

Parecerá increíble esta bárbara tentativa, pero es cierta, y ellos realmente la practican y sufren brutalmente; pero para quitar la admiración de ésta, vamos a la segunda, que a mi entender es más intolerable: son leyes inspiradas por el Demonio, que en todas, y en todo se muestra cruel enemigo del Género Humano.

Pasados los meses necesarios para que sanen y cicatricen las heridas, dispone el pretendiente otra tanta cantidad de chicha, que en buen romance es una multitud de tinajas de aquella su cerveza extraída del maíz: señala el día para la función, y habiendo comparecido aquel rústico Cabildo, cuelgan una hamaca (es la hamaca una manta de algodón bien tejido, que colgada en el aire, depende de las dos extremidades de dos sogas, prendidas de las paredes o árboles: esta es la cama de los Magnates, porque el resto del vulgo duerme en chinchorro, que es una red prendida y colgada al modo dicho entra el pretendiente en dicha hamaca, se compone en ella a su modo, y luego los capitanes examinadores lo tapan de pies a cabeza con los dobleces de la misma, y lo aseguran dentro de ella con tres ataduras, una junto a la cabecera, otra a los pies, y la tercera por en medio: hecho esto, cada capitán por su lado levanta algo el doblez de la hamaca, y suelta dentro de ella un canuto de hormigas bravas, y tan tenazmente mordaces, que cuando llega el tiempo de arrancarlas, antes se dejan partir por medio, que soltar el bocado. ¿Cuál se verá aquel necio valentón, con cinco o seis mil enemigos sobre sí, que todos le tiran a cual peor, sin que dejen parte de aquel desventurado cuerpo sin herida, y entre tanto sin facultad para defenderse, ni aun para menear pie ni mano? porque la formalidad de este examen, y el salir bien o mal de él, depende de solo un movimiento, por más que sea indeliberado, con que dé a entender, que le son molestas las sangrientas hormigas; y si se le escapa un ay al morderle las pestañas de los ojos u otras partes especialmente delicadas, ya perdió el pleito, quedó mal en su examen, sin fama de valiente, e incapaz de subir al honor de capitán; y al contrarío, si sufre con valor el tiempo determinado por su diabólica ley, después de los parabienes, acuden todos a quitarle las hormigas, de que sale aforrado o revestido; pero le quedan claveteadas en el cuerpo las cabezas de ellas, hasta que con el unto, que para ello tienen, les hacen aflojar su diente tenaz: luego se siguen los brindis, hasta quedar todos satisfechos, que éste es siempre el paradero de todas sus juntas y funciones.

Se horroriza uno, solo al pensar en esta segunda prueba, tanto más penosa que la primera; pero como ni una ni otra llegan a ser mortales, aunque sí muy molestas, viene a ser, que la tercera prueba es mucho peor, que las dos referidas; porque en esta hay riesgo de muerte, y a la verdad en ella mueren algunos.

La tercera prueba, que se debe llamar infernal, se hace de este modo: juntos ya los Magistrados y el vulgo, se cuelga en el aire un cañizo bien tejido de cañas menudas, y capaz de recibir el cuerpo del examinando: suspenso ya a distancia de una vara en alto, lo cubren con una tanda de hojas de plátano; (pocas son menester, porque son de una vara de largo, y casi media de ancho) luego sube el penitente, y se echa boca arriba en aquella cama que ha de ser su potro de tormento, o su cadalso para morir; después de echado le dan un canuto hueco, de casi una vara de largo, que se pone en la boca para resollar por él; y luego empiezan a cubrirle de pies a cabeza, por encima y por todos los lados, con dichas hojas de plátano; con la advertencia, que las hojas que caen sobre la cabeza y pecho, las rompen y ensartan por el canuto dicho, que desde la boca sube a lo alto. Ya en fin arropado y sumergido en aquel caos de hojas, empiezan a poner fuego debajo del cañizo: llámase fuego manso, porque las llamas no llegan a lamer el cañizo; pero realmente da notable calor a aquella infausta víctima de la necia ignorancia, que para quedar sufocada, le bastaba la multitud de hojas, que suele parar en túmulo funesto. Entretanto, unos ministros se ocupan, ya en atizar, ya en disminuir el fuego, para que no sea, ni más ni menos del que se acostumbra, y del que sufrieron ellos cuando pasaron por estos baños: otros están observando con vigilancia, si el paciente se mueve, o no; porque si hace el menor movimiento, queda reprobado, y se acaba la función tristemente; y otros están a la mira del canuto, observando el resuello del paciente, para ver si es débil o vigoroso. Concluido el espacio destinado, quitan prontamente las hojas: si hallan difunto al pretendiente, todo para en llanto fúnebre; pero si le hallan con vida, todo son júbilos, víctores y tragos a la salud del nuevo capitán, cuyo valor invencible dan por evidenciado en los tres dichos exámenes. ¡Tanto como esto sufren por sola la honra! ¿Qué fuera si esperaran alguna renta?

Capítulo XI. Variedad de armas de estas naciones: destreza en manejarlas, su fábrica, y el tambor raro, con que se convocan a la guerra

§. I. Armas, su fábrica y uso

A todas las bestias, aves y animales, dio el sapientísimo Autor de la Naturaleza instinto para mirar por su conservación; y a casi todas les dio armas defensivas y ofensivas, para defenderse, y para ofender también, cuando les conviene: a unas fieras dio garras y colmillos agudos; a otras durísimos cascos y dientes penetrantes: dio uñas sangrientas, y tenaces picos a las aves; y en fin, ni a la abejilla hacendosa falta su aguijón, ni a la menor hormiga su mordaz tenaza: solo al hombre crió Dios desarmado, tal vez porque en ira y coraje excede a todas las fieras; o porque habiéndole dotado de entendimiento y discurso, le dio las mejores armas, en los medios oportunos para inventarlas, así defensivas, como ofensivas para los casos necesarios.

Entre todas las armas ofensivas, que inventó la industria humana, parece que se llevan la primacía el arco y la flecha, o por más proporcionadas a su genio, o por ser más manuales: sea por lo que fuere, ello vemos en las Sagradas Escrituras, que su antigüedad compite con la de los primeros hombres del mundo; y hallamos, así en las Historias Sagradas, como en las Profanas, que su uso fue general entre todas las naciones del mundo antiguo; y en el nuevo ha sido y es hoy general para todas aquellas gentes. A más de esto, así como acá se inventaron broqueles y rodelas contra las agudas puntas, del mismo modo hallaron esta defensa los americanos; y si acá los antiguos usaron porras de Hércules, y entonces y ahora varios géneros de lanzas aceradas; asimismo los indios usan macanas formidables, y lanzas de madera tan sólida, que puede competir con las puntas más afiladas de las bayonetas. Y en fin, si acá se inventaron las cajas y timbales de guerra, los clarines y las trompetas para el gobierno de las marchas, y para excitar los ánimos al ardiente manejo de las armas; también las gentes del Orinoco usan una moda rarísima de cajas para la guerra, y una gritería infernal para avivarse y excitarse mutuamente en sus batallas. Pero en lo que ponen su mayor cuidado, es en pintarse todo el cuerpo, y especialmente la cara, con tanta fealdad, que fuera de ponderación alguna, después de pintados o embijados, no parecen hombres, sino un feo ejército de Demonios, con tanta similitud, que, como consta en la Historia de las misiones del Chaco, y en otras Historias semejantes, muchos españoles de valor, y acostumbrados a batallas en la Europa, sorprendidos de aquella no imaginada y horrenda fealdad, han vuelto indecorosamente las espaldas, no sin grave daño. La vista se horroriza; pero la bárbara algazara y confusión de gritos, si oída de lejos aturde, oída de cerca provoca a risa; porque unos dicen gritando, yo soy bravo como un tigre; otros, yo soy rabioso como un caimán; y cada cual dice su desatino a este mismo tono;

y con todo eso, menos los Otomacos y los Caverres, los demás, viendo caer muertos algunos de los suyos, vuelven las espaldas, y toman la fuga por asilo; ni acometen jamás, si no es notoria su ventaja; y así, todas sus guerras se reducen a emboscadas, retiradas falsas, asaltos nocturnos y otras inventivas. Ahora veamos el modo de fabricar sus armas.

Parecerá a algunos, que se pudiera omitir este punto de que voy a tratar, porque bien se ve cuán fácil es formar la punta de una flecha y de una lanza, y reducir un palo tosco a que sirva de macana; pero yo deseo que el curioso Lector se considere conmigo en una de aquellas naciones, adonde la primera noticia que llega de que hay hierro, la da el misionero, repartiendo anzuelos y arpones para ganarles la voluntad. En la tal nación no se halla un cuchillo, ni un machete, ni herramienta alguna para labrar, desbastar, y pulir sus armas: ¿cómo pues se ingenian, o de qué se valen para suplir el defecto de instrumentos para labrarlas?

En las naciones donde hay misioneros, y en las que no distan mucho de ellos, usan ya de herramientas a propósito para el caso; pero en todas las naciones en general, antes que llegasen los españoles, y en las muchas adonde no han llegado hasta ahora, labran sus armas, tambores y embarcaciones con solo fuego y agua, a costa de mucho tiempo, y de una prolijidad increíble. Con el fuego, soplando las brasas, abren y gastan lo que es necesario de las maderas, y con el agua, que está a mano siempre, apagan el fuego, para que no gaste de ellas más de lo que es menester. No hay sufrimiento ni paciencia que baste, solo para verlos trabajar, tan a lo natural, que casi crece su labor, al paso insensible con que crecen las yerbas del campo: pausa solo proporcionada a la innata pereza de los indios.

Después de consumido lo que basta, para que el palo tome forma de lanza, de macana o de punta de flecha, entra otra prolijidad no menos espaciosa y molesta: buscan o tienen ya cantidad de caracoles de extraña magnitud, que se crían en las tierras anegadizas y húmedas; hacen pedazos las cáscaras, cuyo borde viene a tener lo tajante, que hallamos acá en un casco de vidrio que se quebró, y con dichos cascos de caracol, a fuerza de tiempo y de porfía, dan el último ser y lustre a sus arcos, y dan agudeza increíble a sus lanzas y flechas, todo a fuerza de tiempo, y de una flema intolerable.

Después encajan una punta afilada, o una púa de raya en la extremidad de la flecha, asegurándola con hilo, preparado con peramán, que es un lacre muy parecido al nuestro, que fabrican de cera negra y otras resinas, que en ella derriten a fuerza de fuego. Este peramán, aplicado caliente en una bizma al hueso que se quebró, sea el que se fuere, le reúne, y consolida en breves días, sin necesitar de segunda bizma, ni de otra diligencia, que la de tener quieto el brazo o pierna quebrada; de lo cual tengo repetidas experiencias.

§. II. Sus cajas de guerra, fábrica y sonido

Las cajas de guerra las labran con fuego y agua en el modo dicho, y el lustre exterior se lo dan a costa de tiempo, y con cascos de caracol; pero como se recatan para esta maniobra, nunca vi fabricar caja alguna, y todas las que vi eran ya perfectamente concluidas. Ni hallo términos con que explicar su arquitectura, por ser maniobra tan extravagante, que sin verla, no se puede hacer cabal concepto de ella. Voy a explicarla como pudiere.

En las casas de los caciques, y en lo más desembarazado de ellas, hay fijados tres palos, que forman ni más ni menos que una horca: del atravesaño de encima, con dos bejucos de a cuatro o seis brazadas cada uno, está colgado el tambor por las dos extremidades, distante una media vara del suelo. La caja es un tronco hueco de un dedo de casco, tan grueso, que dos hombres apenas le podrán abarcar, y de tres varas de largo, poco más o menos: es entero por todo el circuito, y vaciado por las extremidades de cabo a cabo a fuerza de fuego y agua. En la parte superior le hacen sus claraboyas, al modo de las que acá tiene el arpa, y en medio, lo forman una media Luna, como una boca, por donde la repercusión sale con más fuerza: en la madera que hay en el centro de la media Luna, se ha de dar el porrazo para que suene; pues en cualquiera otra parte que se dé, solo suena como quien da en una mesa, o en una puerta: y aunque se aporree en el centro de la media Luna, si no es con uno o dos mazos, envueltos en una resina, que llaman currucay, no suena: y lo que es más, aunque le den con dichos mazos, si abajo en el centro de la caja, en sitio perpendicularmente correspondiente a la media Luna, no hay fijado con el betún que ellos llaman peramán, un guijarro de pedernal, que pese unas dos libras, tampoco suena. Puesto el pedernal en su lugar, tapan ajustadamente las dos bocas extremas de aquel disforme tronco hueco, y ésta es la última diligencia de la obra, que, como dije, ha de estar pendiente en el aire, de aquellos dos correosos sarmientos, que llaman bejucos; y si topa, o en el suelo, o en otra parte, tampoco da sonido alguno; y esta tropelía de requisitos, y en especial el del pedernal, que parece no ser del caso, es lo que me ha causado notable armonía, y creo la causará a todos.

Pues su ruido y eco formidable, ¿quién le podrá ponderar? Y ya ponderado, ¿quién en Europa lo querrá creer? El que no quisiere creerlo, no por esto incurrirá en pena o multa alguna; y si le pica la curiosidad, con pasar al río Orinoco, podrá salir de sus dudas: yo refiero ingenuamente lo que he visto y oído, y protesto, que es fiero y extravagante el ruido y estrépito de aquellas cajas; cuyo eco formidable, fomentado del eco con que responden los cerros y los bosques, se percibe a cuatro leguas de distancia; y nuestros indios dicen, que las cajas de los Caverres, a quienes se atribuye la invención, se perciben más; o porque les dan mejor temple, o porque son mayores, o porque es más a propósito la madera: lo cierto es, que en el año de 1737, habiendo mil Caribes, y cinco Herejes, que los capitaneaban, asaltado la misión de nuestra Señora de los Ángeles, al romper el día, fueron sentidos a tiempo, y tocando a rebato el cacique Pecari con su caja, al punto se oyó desde el pueblo de San Ignacio, al de Santa Teresa, distantes cuatro leguas; con el cual aviso, el padre Ignacio Agustín de Salazar puso en cobro la gente de Santa Teresa, y se retiró al Castillo o Fuerte de San Xavier, para guardar su vida; y los indios del pueblo asaltado, que estaban en sus pesquerías, a gran distancia, todos oyeron el toque del rebato, y los otros especiales toques, que durante el combate (que desde el amanecer duró hasta las tres de la tarde, o las cuatro) se tocaron incesantemente, hasta que los Caribes, cargando con sesenta muertos de los suyos, y con más de cien heridos, se retiraron vergonzosamente, sin haber de nuestra parte ni uno levemente herido; en que se vio el amparo de María santísima y de san Francisco Xavier; y con los ecos de la pavorosa caja se evitaron muchos daños, poniéndose en cobro los otros pueblos, y las gentes, que fuera de ellos andaban dispersas. No se llevan a la guerra dichos tambores o cajas; pero como se ve, aunque el combate sea a mucha distancia, se oyen, y sirven de aliento a los combatientes. Con el arbitrio de estas cajas, cuyo sonido pasa de pueblo en pueblo con gran brevedad, se han mantenido los Caverres firmes contra los asaltos de los Caribes, juntándose con gran presteza todos al aviso de las cajas, que al punto corre por todos sus pueblos.

Ruego al erudito Lector traiga a su memoria la tan antigua como celebrada cornetilla de Alejandro Magno; con cuyo sonido y eco, cuando convenía, llamaba a sus jefes, que la oían a distancia de cuatro leguas; siendo así, que no era grande, ni de metal selecto, y todo su eco dependía de la singular hechura; puesto que muchas cosas, que parecen imposibles, suelen depender de un accidente muy corto. Llevan también a sus guerras tambores manuales, y hechos casi como los de Europa, que les sirven para sus bailes y días de bebida general; en los cuales usan también de variedad de flautas, como ya dejamos dicho en su lugar.

§. III. Trátase seriamente del sonido del tambor Caverre, y se evidencia el alcance de su sonido

Muy sonoro es el tambor Caverre de Orinoco; pero mayor es el eco, que de su noticia ha resultada, con esta voz refleja, que dice: él es tambor: luego de algún modo ha de sonar como nuestros tambores. Niego la consecuencia, porque no se infiere; y redarguyo con otra en el mismo tono, así: él es tambor en todo desemejante a los de acá: luego su sonido debe ser en todo y por todo diverso de los de acá. Esta parece que se infiere mejor que la otra consecuencia, porque aquel es mal modo de argüir; y si él valiera, no hubiera noticia forastera cierta, si no se hallaba por acá alguna cosa semejante con que verificarla: de que se inferiría volverse inútiles las Historias, y se negara redondamente, que en las islas Filipinas, el palo llamado molanguén, se convierte en piedra: se negara, que en las costas de Tierra Firme, el palo guayacán pardo, dentro del agua se convierte en pedernal; no obstante que una y otra conversión son evidentes, y yo he tenido en mis manos uno de los guayacanes, la mitad palo, y la otra mitad convertida ya en pedernal fino; y también se negara, que el agua de Guancabalica, mineral del Perú, se saca del arroyo, se echa en moldes de la figura que se quiere, y se cuaja en piedra de sillería, según fueren los moldes; y de la tal cantería se fabrican las casas. Se negaran las dos célebres caleras, la de Tanlagua, que dista de la ciudad de Quito nueve leguas; y la de Cocoñuto, que dista de Popayán ocho leguas, siendo así que ellas son dos manantiales, cuyas aguas se congelan en piedras de cal: de modo, que si estas caleras estuvieran cerca de Guancabalica, se viera una gran maravilla, pues fueran sus paredes de cal y canto; y de ellas con verdad se podría afirmar, que poco antes fueron agua corriente; pero todas estas singularísimas y ciertas noticias serán despreciables, si vale aquel modo de argüir primero: y según él, ésta será buena consecuencia; en Europa no hay árboles que den mazorcas de cacao, que críen grana, que den achote: ¿luego nada de esto hay en indias?

Pero demos un pasó más adelante, y vamos a evidenciar la certidumbre del sonido del tambor Caverre de Orinoco, por buena filosofía, deducida de experimentos físicos, cuya solidez conocerá el que tuviere alguna tintura de filósofo; y el que no la tuviere, no se disgustará de ver los fundamentos y los experimentos con que pruebo y confirmo mi proposición.

cuatro cosas debemos por ahora considerar en el sonido y en la voz: producción, propagación, reflexión y aumento. Su disminución no es del caso; pero sí lo es el saber qué es el sonido en común, y en particular. Sonido en común, es la vibración del aire compelido con mayor o menor impulso. La vibración activa imprime en el aire mayor o menor impulso, y ondulación, según la mayor o menor solidez del cuerpo sonoro; v. gr. campana, caja de guerra, o timbalete. El sonido, que resulta por mera impulsión del aire, toma su cuerpo y tono alto, bajo, tenor o tiple, según es la fuerza impelente que le arroja por el clarín, bajón, oboe o flauta; y lo mismo se debe decir de la voz humana, y de las de los animales, aunque tan diversas entre sí; y en fin, la diferencia acorde de las voces de los instrumentos de cuerda, se origina de la vibración total de unas cuerdas, y de la no total de otras, que en ciertos términos las comprimen; del mayor o menor cuerpo de las mismas cuerdas vibradas; y de la concavidad varia de los instrumentos músicos: y ésta es propiamente la producción o la causa productiva del sonido. La propagación del sonido nace de que el aire vibrado o impelido, mueve e impele al inmediato, y éste al que se sigue, y con este sucesivo movimiento corre la voz y el sonido, al modo del movimiento que causa una piedra arrojada en un estanque, que forma un círculo, y éste forma otro, y aquel forma otro, hasta que llegan los círculos y el movimiento a las orillas. Este modo de filosofar consta por el siguiente experimento: tóquese una campana o una caja de guerra, junto al mismo estanque, o junto a una ventana, por donde el rayo del Sol descubra los átomos, y se verá, que así el agua del estanque, como los átomos que se descubren al rayo del Sol, se conmueven, y a su modo corresponden a los golpes sonoros de uno y otro instrumento: en que se ven los efectos de la vibración con que las partes del aire se impelen unas a otras.

La velocidad de estas vibraciones sucesivas del ambiente es tanta, que ya a fuerza de repetidos experimentos, se ha averiguado, que en el cortísimo espacio de un segundo minuto, camina el sonido ciento y ochenta brazas; de manera que el sonido que corriese por una hora entera, debiera oírse en el distrito de doscientas ochenta y tres leguas ordinarias de España: bien que se debe atender mucho a la hora y a las circunstancias en que v. gr. se dispara un cañón de artillería, porque de noche, mayormente si es sosegada, anda más que de día; y si el día está en calma, corre más que en el que sopla mucho viento; sí bien es verdad, que hacia donde corre el viento, andará mucho más la voz y el sonido.

Robórase más la velocidad de esta undulación sucesiva del aire vibrado e impresionado del sonido, con el experimento del padre Grimaldi, que después han hecho otros muchos. Pónese en el suelo raso un tambor con unos dados encima, y a grande distancia da señas del estrépito de la caballería, que marcha hacia el tambor: y en ciudad sitiada se valen de este arbitrio, para saber por qué lienzo o frontera se abre mina; porque por profunda que ella se trabaje, los dados en el tambor responden al golpe del pico o de la barra: y aunque es verdad que este último experimento se alega para probar la velocidad con que el sonido o ruido se transmina por la tierra, es al mismo tiempo prueba eficaz de la mayor y suma ligereza con que debe correr por un cuerpo tan sutil, como es el aire: pero todo lo dicho es poco, y fuera corta la extensión del sonido, si le faltara la reflexión, en virtud de la cual a un sonido corresponden muchos, si el sitio es para ello; o a lo menos uno, cuando la voz o el sonido da en cuerpo sólido, de que resulta el eco.

El eco, con el oído, hace lo que la reflexión del espejo con la vista. El espejo revuelve hacia los ojos la imagen de lo que se le pone delante; y el peñasco o bóveda obsistente revuelven la voz y el sonido a los oídos, en el mismo tono o modificación, con mayor o menor claridad, según la solidez y resistencia en que da el aire vibrado: de modo, que si el peñasco o fábrica tiene concavidades, es más a propósito para rebatir la voz, con tal que medie la debida distancia; porque si se da el grito o muy cerca, o muy lejos, descaece la reflexión del eco, por el exceso de la vibración del aire, cuando es de muy cerca, y por el defecto, cuando es de muy lejos. Las lomas de Alcalá de Henares, que se llaman Alcalá la Vieja, revuelven el eco con todas las sílabas de la palabra, con notable claridad. El célebre peñasco, que es un cerro de piedra de una pieza, llamado pararuma, de que ya traté, tiene enfrente otro menor y allí observé repetidas veces tres ecos sucesivos de resultas de sola una voz: la primera respuesta la da pararuma, la segunda, la peña de enfrente, y a esta responde, el tercer eco el mismo pararuma. Más es lo que experimenté en el río Apure; y es, que a un solo tiro de fusil responden cuatro ecos sucesivos: el primero, de la barranca, y bosque de enfrente; el segundo, de la barranca donde se disparó el tiro; el tercero, de la parte de río arriba; y el cuarto, del río hacia abajo.

Pero esto es nada a vista de lo que refiere el padre Marsenne, del eco de Charentón, que repite la misma palabra trece veces: de el del Parque de Voostock en Inglaterra, que de día responde diecisiete sílabas, y de noche veinte: del de Ormeson, y de otros, que refiere el diario de los Sabios Parisienses, semejantes, y aun más admirables.

Y he aquí que así como de la propagación del sonido, al dar con el cuerpo capaz de ella, nace la reflexión y el eco; así del sonido directo, y del reflejo, que es el eco, resulta lo cuarto que apunté, que es el aumento del sonido: lo que se conoce palpablemente, cuando se bate una caja de guerra, o tambor junto a una iglesia hecha de bóvedas, o cerca de otra fábrica semejante; porque entonces, a un mismo tiempo atormenta los oídos el sonido directo de los segundos golpes, que se une con los ecos que resultan de las vibraciones primeras; y ésta es la causa de que en algunas iglesias los ecos del Predicador le atormentan y confunden; y aturden y exasperan a los oyentes.

¿Y qué diremos de este aumento, si la caja se bate v. gr. a vista de un río, con bosque a una y otra banda, y con algunos picachos de peñas opuestos y propios para responder ecos muy vivos? Es preciso decir que las barrancas, los bosques, y la multitud de elevados peñascos responden unos a un mismo tiempo, y otros después, según las distancias; que cada barranca, bosque y picacho responde al eco de los demás, con notabilísimo estruendo; y si el sonido de la caja persevera, es necesario que persevere el estrépito y la confusa tropelía de los ecos, con una extensión y un aumento casi increíble, pero cierto e innegable: y esto es puntualmente lo que sucede, y afirmé del sonido del tambor de los Caverres, puesto en el pueblo de los Salibas, fundado junto al río Orinoco; y de sus bosques, barrancas, vegas y multitud de elevados peñascos, cuyos ecos multiplicados y repetidos, propagan y aumentan el sonido. Esta no es idea especulativa, ni argumento fundado en formalidades metafísicas, sino una serie de experiencias, que concurren a evidenciar la certidumbre de mi experimento.

Confieso que no era menester tanto aparato para los medianamente filósofos; porque para los entendimientos cultivados, basta este solo entimema. El rayo del Sol, que da directamente en el espejo, recibe aumento de luz y de calor, en virtud del rayo reflejo del cristal opuesto; luego la voz y el sonido vibrados hacia el cuerpo opuesto capaz de ello, crece y se aumenta con la multitud de ecos reflejos; tanto más, cuanto es más corpulenta la voz, grito o sonido directo; y mucho más, si el término de oposición es sólido o cóncavo, como ya noté.

Ni vale el efugio de que éste no tanto es sonido del tambor, cuanto de los ecos; porque yo percibo el modo de separar el sonido que resulta de la vibración directa del instrumento agitado, y el que resulta de la vibración y undulación refleja, que son los ecos, de cuya unión resulta el dicho aumento; del, cual puedo citar muchas experiencias. En primer lugar, la de Murcia, que con distar nueve leguas de Cartagena, no obstante la cumbre que media, que es obstáculo para el aire y sonido vibrado; con todo, se oye la artillería: y cuando el viento es favorable, también se oyen los cañonazos de Alicante, que dista de Murcia más de doce leguas.

En segundo lugar, la del sitio o asedio, que Francia puso a la ciudad de Gerona, en que se oyó el estruendo de la artillería por el Rosellón adelante, hasta cuarenta leguas de distancia de aquella ciudad; y dan allí por causa, la cooperación de los valles picachos de piedra, y las concavidades de los montes pirineos: a que añado yo, que es muy creíble que concurriría también el correr por entonces viento favorable.

En tercer lugar, la mía, y con ella he consolado a los padres misioneros recién llegados al río Orinoco, y a otros muchos pasajeros, que se aturdían y llenaban de pavor, al oír en las tempestades unos truenos, que se unen y forman un trueno formidable, que dura sin intermisión alguna, todo el tiempo que las nubes van a pausas disparando sus truenos; de modo, que lo que percibo el oído, es un continuado trueno, con sus altibajos, ya más, ya menos intensos, que es cosa muy notable, y que causa mucho pavor y asombro a los forasteros; pero luego que entienden que aquello no es todo un trueno, sino un horrible estruendo, que resulta de los truenos regulares, y de la sucesiva confusión de los ecos con que responden los bosques, barrancas, cerros, peñascos, cóncavos y abras de los montes circunvecinos, se consuelan los recién llegados; aunque no del todo, porque sí bien conocen la causa de tan singular novedad, la misma novedad los hace temblar de miedo.

Con lo dicho queda evidenciado, que este aumento horroroso, resulta de los truenos y de la sucesiva, y poco después simultánea respuesta de aquella multitud de ecos; y cuando se bate el tambor Caverre sin interrupción, resulta a proporción un sonido y estrépito, capaz de ser oído a las dichas cuatro leguas de distancia: por esto dije aunque de paso en su lugar, la presteza con que corre en toda la dilatada nación de los Caverres la noticia de que hay enemigos, que vuela de pueblo en pueblo con el eco de sus tambores. Y por ser tal el confuso estruendo de las tempestades del río Orinoco, dije en la primera Parte, hablando de aquellas trompetas funestas y nocturnas, que se parecía su estruendo al que se oye a lo lejos, cuando va caminando una tempestad, de las que allí se sufren con frecuencia, por ser el terreno húmedos con muchas lagunas, y el calor del Sol sumamente intenso, todo muy a propósito, para que abunden las borrascas: y pues esta precisa adición ha dilatado tanto este Capítulo, démosle fin con un epílogo de noticias curiosas.

§. IV. De sus embarcaciones: modelo y modo irregular de fabricarlas

Con fuego y agua, tiempo, flema y paciencia reducen a canoas o a piraguas los troncos de los árboles, más disformes de lo que puede pensar, el que solo tiene luz y noticia de los astilleros de Europa: de modo, que en una de aquellas piraguas, que en las costas de Cartagena y Santa Marta llaman seyvas, a más de la carga ordinaria y bastimentos, se embarcan treinta indios de guerra: toda aquella mole es de una pieza, menos las compuertas de popa y proa, que son añadidas; y hay muchas de una pieza, sin añadidura alguna. Para engolfarse mar adentro, como lo hacen con frecuencia, y para subir Orinoco arriba, en tiempo de oleaje, que son los cinco meses, desde diciembre, hasta abril, en que sopla indefectiblemente el viento oriental, que allí llaman brisa, añaden a los costados de las piraguas, y al batidero de las olas, para que no entren adentro, una tabla por banda, corrida de popa a proa; y lo que hay más que maravillar es, que en toda una piragua, y en toda una armada de cien piraguas, que se ven subir navegando a la vela, no se hallará un clavo, pues hasta las hembras y machos con que se gobierna y vira de una a otra banda el timón, son también de palo: ni se hallará una onza de estopa, ni de brea, ni de alquitrán, gastada en el calafate de las compuertas, o de las tablas que añaden. Esto, como yo no lo quise, ni pude creer, hasta que lo vi y registré muy despacio pieza por pieza, y añadiendo muchas preguntas, de que los indios se reían mucho; lo dejo al juicio del curioso Lector, con la protesta de que no puedo enojarme, sino se cree aquello mismo que yo no creí, hasta que lo vi, toqué y palpé con mis manos. Con esta experiencia, y a ojos vistas, todo se me hacía factible, menos el calafate, sin estopa, brea ni alquitrán; y aunque lo estaba viendo, no creía que pudiese aquel buque resistir al golpe continuo del oleaje, o que no saltase para fuera con la fuerza que hace la piragua al andar a punta de bolina, o cuando vira forzada, toda a orza, porque hasta los barcos grandes, y también los navíos calafateados a toda costa, y a nuestro uso, suelen darse por sentidos en estos lances y modos de correr a la vela; pero ello es cierto que los indios, los españoles pasajeros, los padres misioneros, y yo entre ellos, hemos navegado en dichas piraguas, con la misma seguridad y sosiego, que si fuera un buen barco de Cádiz.

Mi mayor dificultad, que lo será de todos, era el calafate de las junturas, que se abren entre la piragua y las tablas; pero salí de ella al ver que para ello juntan cantidad de cortezas de palo, que al modo del mangle, nace junto al agua, y dentro de ella, en las riberas del río y del mar; las machacan bien, hasta que resulta una masa pegajosa, trabada de muchas hebras, que son los nervios de las mismas; y con esta masa llenan apretadamente las aberturas y costuras de la piragua; la cual siendo como es pegajosa, se agarra, mantiene y sacude el golpe del agua, sin daño y con facilidad.

Todo lo dicho, que a la verdad me causó mucha admiración a los principios, hallé después en monsieur Blaew, que lo practican los indios bárbaros de las islas Maldivas, que a diecisiete leguas del cabo de Comorín, corren hacia la isla de Java, en el golfo de la india oriental. Dice este Autor, que de solos los troncos de los cocos forman aquellos indios sus embarcaciones, sin clavo alguno, sino estrechando y uniendo las tablas con sogas, que tuercen, del cáñamo que sacan de las hojas de los mismos cocos; y aun aquí crece mucho más la dificultad; porque en las embarcaciones del Orinoco, que como dije, son de una pieza, tan largas y anchas, cuanto puede dar de sí el mayor tronco, solo hay la dificultad de acomodar y afirmar la tabla, que añaden por el bordo; pero como los indios de Maldiva unen sus tablas de coco, en forma de embarcación, desde la quilla hasta el bordo, sin clavos, solo con enlaces de cuerdas, es mucho más arduo de hacer, y difícil de percibir.

Que los indios orientales Maldivos formen las velas para navegar, del material que dan las hojas de los cocos, es industria, que practican los naturales del río Orinoco, especialmente para las canoas, en que salen a pescar; porque aquellas mismas esteras, que tejen de los cogollos de la palma muriche, les sirven por la noche, de colchón y de colcha, y de día hacen el oficio de vela para navegar. Y si llega el caso, como sucede, de haber vendido las esteras, los he visto salir a pescar, asegurando en medio de la canoa un arbolillo coposo, que es suficiente para que el viento empuje la embarcacioncilla río arriba: y hecha ya la pesca, bajan con la corriente del agua.

Por lo que toca al modo de carpintear y trabajar sus embarcaciones, así las mayores, que llaman piraguas, como las menores, que llaman canoas, en las naciones, que no tienen aun noticia de la herramienta, ni de su grande utilidad, con la misma flema, con que dijimos, labran sus arcos, flechas y lanzas de macana, palo durísimo; pero si en aquellas maniobras cortas gastan días y semanas, en la de las embarcaciones consumen muchos meses, y a veces años.

Y es la razón, porque cortado el árbol con las hachas de pedernal, y desmochado por la parte conveniente, con el afán y costo de tiempo, que diré en el Capítulo XIX. de esta segunda Parte, van gastando con fuego desde la parte superior del tronco, dejando tres dedos de casco por uno y otro lado, hasta que en el fondo solo queda un grueso semejante al de los bordos: concluida esta tarea, llenan de agua aquel tronco cóncavo, y con hojas secas de palma le van arrimando fuego manso; siendo cosa muy digna de notarse, el ver como el calor por la parte de afuera, y el agua por la de adentro, concurren, y van ensanchando el hueco, abriendo y retirando los bordos a uno y otro lado: al mismo tiempo cooperan los indios, encajando por lo interior de la canoa barrotes y atravesaños de madera firme, y muy ajustados, que ayudan a abrirla, y después de abierta, no la dejan cerrar: en el lugar que corresponde al árbol, que ha de llevar la vela, duplican los atravesaños más fuertes y más corpulentos, para afianzar contra ellos el dicho árbol: y concluida la maniobra, apartan el fuego, apagan el que se prendió en la superficie exterior, y con gran prolijidad gastan muchos días en desbastar el carbón de adentro y de afuera, hasta que toda la canoa queda con un lustre como de azabache, que resulta del carbón bruñido: y es de saber, que aquel poco carbón exterior que le queda, es una defensa grande, para que el agua no dañe, ni pudra las embarcaciones.

Para navegar por el Orinoco, y por los otros ríos que entran en él, si el tiempo amenaza borrasca, para asegurarse más, y resistir mejor a los golpes del oleaje, usan de dos canoas, algo separadas una de otra, pero unidas, con maderos firmes por la proa y popa, y por la mitad del buque: con que por recio que sea el oleaje, jamás se trabucan las canoas, y yo he navegado en ellas repetidas veces con recios temporales, y con toda seguridad. Este arbitrio causó notable novedad a monsieur le Mayre en las costas de la Nueva Guinea, maravillándose de ver en alta mar unidas, o por mejor decir uncidas con tres yugos, de dos en dos las canoas de aquellas gentes bárbaras, que por más que lo sean, no les falta ingenio y trazas para mirar por su seguridad y utilidad: instinto, que ha concedido Dios a las fieras y animales, para su conservación y propagación; y así no es mucho se halle en aquellos hombres, que parecen fieras.

Aquí parece que corresponde el hacer mención de los inventos o artificios, de que usan los indios, de quienes voy hablando, para pasar los ríos caudalosos, que les niegan el vado en los viajes que emprenden por tierra, y a que se aco-modan los misioneros, que caminan con ellos, por la precisión en que los pone la falta de puentes y de embarcaciones.

El más común, y al parecer más seguro, es el que llaman taravita, y vulgarmen-te cabuya; del cual nadie se puede librar, si sube a la capital del nuevo reino, por el camino de Mérida y Pamplona. Este da el paso por el aire en los ríos de Chama y de Chicamocha: la maniobra consiste en sola una maroma, que atraviesa de barranca a barranca, bien elevada en el aire, y afianzadas sus extremidades en maderos fijos y sólidos: de la maroma está prendido un garabato de madera fuerte, con dos sojas fijas en las dos partes ínfimas; la una soga tiene las veces y oficio de asiento, y con la otra afianzan al pobre pasajero por la cintura, y por debajo de los brazos, tan ajustadamente, que si al pasar se rompe la taravita o el garabato, es preciso que se ahogue el pasajero; pues allí no hay valor que valga: y el hombre más valeroso se pone mortal (hablo por experiencia) luego que ligado, se ve volando por el aire; y llega a la otra banda del río, sin color en el rostro, y sin habla a veces; y no falta quien llega desmayado. Del mismo modo pasan las cargas de una en una. Si el pasajero es persona de distinción, pasa metido en un canasto firme, afianzado en dicho garabato; pero no creo que esto disminuya el susto y miedo. Del garabato o taravita hay dos sogas prendidas, la una llama la carga para el otro lado del río, y la otra hace retornar la taravita, para transportar nueva carga, o nuevo pasajero. Donde el río es muy ancho, como en Chicamocha, para pasar la carga, atan la soga del garabato a la cola de un caballo, que esté ya enseñado a dar un galope hasta cierto término, que equivale al ancho del río: en Chama y otros ríos menores, hace uno de aquellos hombres este oficio, a fuerza de brazos, y de ordinario concurren dos, que tiran al desventurado pasajero por aquellos aires con notable velocidad.

Esto, que con razón causa horror a los forasteros, es tan familiar a las gentes de aquellos países, que no necesitan de pagar a nadie que los pase: ellos mismos se atan, aunque vaya uno de ellos solo, y tomando la soga, que está afianzada en el otro lado del río, se transportan sin susto. ¡Tanto como esto puede la costumbre!

Otro artificio más peligroso es el de los puentes de Paya y de Siama, que son una especie de red colgada en el aire de banda a banda, y afianzadas ambas extremidades en árboles, y en estacas firmes: la red es de bejucos correosos, a modo de largos sarmientos: en el fondo de la red ponen guaduas, que son cañas huecas, y muy gruesas, una en pos de otra, desde la una a la otra barranca: en una y otra orilla de la red ponen de las mismas guaduas, trabadas unas con otras, las que sirven de barandillas; y las del fondo de la red, para ir poniendo los pies: por aquí se pasa con mucho cuidado, porque todo ayuda y provoca a desmayarse en la travesía: la red toda se conmueve y balancea, y al llegar a la mitad de ella, los balances son mayores: el río esta muy abajo, y pasa con estrépito entre peñascos: la vista se turba, y muchos caen desmayados, pero quedan dentro de la red, y entonces va un indio, carga con el pasajero, y le pone en tierra; y después va y vuelve por dicho puente o red, transportando las cargas, con tanta frescura, como si fuera un puente de cal y canto: yo confieso ingenuamente, que con la repetición de pasar por ellas, llegué a perderles el miedo. Pero es todavía más arriesgado el otro artificio de las balsas, que son las más usadas, porque se reducen a unas tres tandas de maderos, de guaduas, o de haces de juncos, atados unos sobre otros; en las cuales, aunque medio hundidas en el agua, se atraviesan los ríos; y a los padres misioneros se les ofrecen con frecuencia ocasiones de valerse de ellas para largos viajes de río abajo.

Y aquí ocurre acordar un favor singular que hizo mi Gran padre san Ignacio a un padre que me acompañó muchos años en las misiones, y de cuya boca le oí repetidas veces, ya por vía de agradecimiento, ya para excitar la devoción y confianza para con tan santo y amable patriarca: fue el caso que navegando río abajo por el que se llama Sarare (cuyo nombre pierde al entrar Apure) por donde había ya bajado en balsas otras veces, al doblar una vuelta del río, no lejos del sitio llamado Masibuli, fue arrebatada la balsa repentinamente de un furioso raudal, por donde en las crecientes últimas se había hecho paso el río, derribando cedros, y destrozando toda aquella parte de bosque, por donde corría precipitado. cuatro indios catecúmenos y aun bozales, que con cuatro varas largas y gruesas gobernaban a su modo la balsa, hicieron todo esfuerzo para evitar el peligro que amenazaba de hacerse pedazos y ahogarse todos; más no alcanzando las varas al fondo del río, quedó la balsa sin gobierno, se atravesó luego, e iba a estrellarse contra un tronco de los muchos que allí había: era el riesgo en la mitad del río, y ya no quedaba esperanza de escapar la vida sino nadando; porque de la balsa hasta el escollo solo habría seis varas de distancia. En este urgentísimo conflicto exclamó el padre misionero diciendo: padre mío, san Ignacio, asistidnos: y al mismo tiempo, olvidado con la turbación, de que sobre la sotana traía apretado el ceñidor, trabajaba para sacarla por encima de su cabeza; lo que a fuerza de tirones consiguió en parte, quedándole el rostro cubierto con la misma parte de ropa que había atraído de las espaldas: y a la verdad ni el padre sabía ya lo que se hacía ni donde estaba, ni lo que pasaba: en este estado, el capitán don Domingo Zorrilla, de quien en otras partes de esta Historia se hace mención muy debida a sus méritos, tomó al padre por la mano y le dijo: ¿padre, qué es lo que hace? Hijo mío, respondió el padre, ropa afuera, y nademos. Ya san Ignacio glorioso nos puso en la playa, replicó el capitán; y los mismos indios, absortos del prodigio decían todos a una, y a gritos: Tugaday, Tugaday. San Ignacio ausucañutó. ¿Day día qué? Verdad, verdad. San Ignacio nos ha favorecido. ¿Cómo es esto? A estas voces apartó el padre la sotana del rostro, vio la balsa encallada en la playa, y volviendo los ojos al raudal y al tronco del riesgo, le vio en medio del río, frente a frente exdiámetro de la arena, en que estaba varada la balsa; y con tal maravilla y favor excitó de nuevo las veras, con que dicho capitán y los cuatro indios alababan a Dios, por el favor que por la intercesión del santo patriarca habían recibido; y los que viven de ellos, todavía mantienen reciente en su corazón el agradecimiento al beneficio, siendo así que sucedió a principios de febrero del año de 1717. Instó mucho el padre al capitán, que supuesto que había estado con la vista desembarazada, dijese cómo había sido aquel transporte de la balsa, sin descaecer río abajo, y con tanta brevedad. Respondió constantemente, que no sabía cómo fue, y que ni pudo reparar en ello; porque oír la invocación de san Ignacio, y hallarse en la playa, le pareció que todo fue al mismo tiempo.

Y aun creo que fue mayor favor, y más evidente la maravilla que obró el santo en las otras siete balsas, que llenas de indios gentiles, pero deseosos del santo bautismo, capitaneados por un indio buen cristiano, llamado don Antonio, navegaban en compañía del dicho padre; porque arrebatadas las siete balsas frágiles y recargadas de indios, bajaron por todo aquel largo raudal, dando repetidos porrazos, ya contra los palos, ya unas contra otras, sin desbaratarse alguna de ellas, sin que cayese indio alguno en el agua, y sin perder los pobres, pero muy necesarios bastimentos que llevaban: por lo que dieron todos repetidas gracias al Señor, como era justo.

Y yo refiero aquí estos casos, para que todos, y en especial sus hijos, nos valgamos de la poderosa intercesión de nuestro benignísimo padre san Ignacio, en quien con especialidad deben confiar mucho los Jesuitas misioneros, por el grande amor que el santo patriarca tuvo y tiene a tan santa y apostólica ocupación.

Capítulo XII. Del mortal veneno llamado curare: raro modo de fabricarle, y de su instantánea actividad

No satisfecha la Serpiente infernal con haber inficionado desde el paraíso con su pestífero y mortal veneno, a todo el Género Humano, no se cansa, ni desiste de su maligna porfía, vomitando nuevas muertes; para las almas, con el pecado; y para los cuerpos, con los venenos a que incita entre las gentes de razón y juicio; y con las ocultas ponzoñas que descubre y manifiesta a las naciones ciegas del Orinoco, y a otras semejantes. Digo esto con toda seriedad y sinceridad, porque a lo que puedo percibir de sus ocultos arcanos de algunos venenos, cotejados estos con la corta capacidad, y ninguna reflexión de aquellos incultos indios, infiero con bastante fundamento, que su noticia y circunstancias de toda la maniobra, no son, ni pueden ser hijas de su débil juicio, ni de su tosca industria; y así, unas armas tan mortíferas provienen de la saña implacable, con que el enemigo común mira a todo el Género Humano; cuya total ruina fuera su mayor consuelo. La demostración del hecho será la mejor prueba de lo que llevo expresado.

La nación Caverre, la más inhumana, bruta y carnicera de cuantas mantiene el Orinoco, es la maestra; y ella tiene el estanque del más violento veneno, que a mi ver, hay en la redondez de la tierra. Sola esta nación retiene el secreto, y le fabrica, y logra la renta pingüe del resto de todas aquellas naciones, que por sí, o por terceras personas, concurren a la compra del curare, que así se llama: véndese en unas ollitas nuevas, o botecillos de barro, que la que más tendrá cuatro onzas de aquel veneno, muy parecido en su color al arrope subido de punto: no tiene sabor ni acrimonia especial: se pone en la boca, y se traga sin riesgo ni peligro alguno; con tal que ni en las encías, ni en otra parte de la boca haya herida con sangre; porque toda su actividad y fuerza es contra ella, en tanto grado, que tocar una gota de sangre, y cuajarse toda la del cuerpo, con la velocidad de un rayo, todo es uno. Es maravilla el ver, que herido el hombre levemente con una punta de flecha de curare, aunque no haga más rasguño, que el que hiciera un alfiler, se le cuaja toda la sangre, y muere tan instantáneamente, que apenas puede decir tres veces Jesús.

Un soldado, y después Alférez de la escolta de nuestras misiones, oriundo de Madrid, llamado Francisco Masías, hombre de brío y de valor, grande observador de la naturaleza, propiedades de las plantas y animales, y hasta de los insectos, fue el primero que me dio la noticia de la instantánea actividad del curare. Suspendí mi juicio, y le remití a la experiencia. Presto ocurrió una manada de monos amarillos: (gran comida para los indios, que en su lengua les llaman arabata:) todos los indios compañeros se alistaron para matar cada uno cuantos pudiese, y tomando yo un indio aparte, le rogué que flechase uno de aquellos monos, que parado en pie sobre una hoja de palma, con la mano izquierda tenía otra hoja más alta: dióle la punta de la flecha en el pecho; levantó la mano derecha, que tenía colgando, e hizo ademán de querer arrancar la flecha; (como lo hacen cuando las tales no tienen curare) pero al mismo tiempo de hacer el ademán, y sin acabar de llegar la mano a la flecha, cayó muerto al pie de la palma: corrí, aunque estaba cerca, y no hallándole calor en lo exterior del cuerpo, lo mandé abrir desde el pecho hasta abajo, pero ¡oh prodigio grande de las causas ocultas que ignoramos! no le hallé rastro alguno de calor, ni aun en el mismo corazón. Al contorno de éste, tenía mucha sangre cuajada, negra y fría: en lo restante del cuerpo casi no tenía sangre, y la poca que le hallé en el hígado, estaba del mismo modo que la del corazón; y en lo exterior tenía una espuma fría algo naranjada, y colegí que el frío sumamente intenso del curare enfría instantáneamente la sangre; y que ésta, a vista de su contrarío, tira a refugiarse al corazón, y no hallando en él suficiente abrigo, se cuaja, hiela, y ayuda a que el viviente muera más aprisa, sufocándole el corazón.

Mucho ha dado que pensar y discurrir esta noticia del curare a los curiosos, así por la raíz o bejuco de que se extrae, como por su fábrica singular, y especialmente por el efecto instantáneo que produce; y aunque sobre esta noticia no han ocurrido dudas que desatar, como se han ofrecido acerca de algunas otras de esta Historia, que llevo ya roboradas con pruebas autorizadas; con todo quiero ilustrar la del curare, con la que nos dejó el padre Acuña, de la Compañía de Jesús, en el Memorial que presentó a su majestad, de resulta del viaje de observación, que por orden de la Real Audiencia de Quito hizo con todo cuidado, registrando el Marañón, rey de los ríos.

En dicho Memorial describe el padre Acuña la serie de los ríos que desaguan en el principal, notando sus bocas, caudal, y las naciones de indios que viven en ellos; y llegando a tratar del río Treinta, después de otras cosas, dice, que viven en sus vegas los indios Tapajosos, nación valiente y guerrera; y añade: que estos usan de tal ponzoña en sus flechas, que con solo llegar a sacar sangre, quita sin remedio la vida.

No da dicho padre las señas de aquella ponzoña, ni de su color, ni tendría noticia del modo con que la fabrican o la adquieren; pues a tenerla, es regular nos la hubiera dejado en su Escrito: pero es creíble, que así como los indios Caverres, no obstante su tosquedad, hallaron este fatal veneno le hayan hallado también los Tapajosos. Por otra parte, si no obstara la mucha distancia que concibo entre la parte inferior del Marañón, y la que ocupan los Caverres en Orinoco, y las muchas naciones belicosas, que sin duda habrá en el intermedio, me persuadiera, que de mano en mano llega hasta los Tapajosos el curare; no obstante, como este veneno es para aquellas gentes un género muy apreciable, dado caso que los Tapajosos no le fabriquen, ni alguna de aquellas naciones cercanas, no es difícil creer, que aunque de tan lejos, le adquieren por mano de algunos comerciantes.

A vista de tan instantánea operación de la naturaleza, quiero poner otra del arte e ingenio del nunca bastantemente alabado padre Atanasio Kilkerio. Celebraba la Casa Profesa de Jesús en Roma las glorias de nuestro santo patriarca Ignacio de Loyola: la función era a toda costa: toda la testera de aquella grande iglesia era un intrincado e innumerable laberinto de velas: la hora de encenderlas ya se pasaba, y el concurso de Comunidades y nobleza estaba ya impaciente por la demora: salió un hermano viejo con una caña, y en ella una luz para encender; con que creció la impaciencia: ni en tres horas, decían, podrá encender tantas velas. Y ¡aquí del asombro! apenas tocó una pavesa de la vela cercana, cuando improvisamente ardieron todas, por la simpatía del preparativo, secreto, quedando en un instante iluminado el Templo, y asombrado el concurso: prontitud muy parecida a la del curare.

Dejo otras ilaciones, que hice de la actividad del curare para los curiosos, y voy a otra admiración; y es, que a mi vista hizo el indio pedazos al mono, le puso en la olla, y le aplicó fuego; y la misma diligencia hicieron los demás indios con sus monos: mi reparo no era en que comiesen de aquella carne, ni por ser de mono, ni por ser muerta a veneno; lo que me admiraba era, que aquellos cuajarones de sangre envenenada, y que en sí contenía toda la actividad del veneno, también fueron a dar dentro de las ollas, y después a los estómagos de los indios: híceles varias preguntas sobre la materia, y quedé tan satisfecho de sus respuestas, que ese día comí de una de sus ollas el hígado (que en lo sabroso puede competir con el del más tierno lechón, si la hambre no me engañó) y en adelante, en semejantes batallas con los monos, siempre pedía un hígado, para probar de los despojos. El mismo instantáneo efecto reconocí después en los tigres, antes, leones y otras muchas fieras y aves. Con esta ventaja, el indio nunca se asusta, aunque repentinamente le salga un tigre cara a cara; porque al verle, con gran paz, saca su flecha, hace la puntería, y dispara, con el seguro, de que por su destreza no yerra tiro; y más seguro, de que con que le pique levemente la punta de la nariz, o cualquiera otra parte del cuerpo, da la fiera uno o dos saltos, y cae muerta.

A vista de este inaudito y fatal veneno, y a vista de la gran facilidad con que todas las naciones del Orinoco, y de sus dilatadas vertientes le consiguen, no puedo dejar de alabar la sabia providencia del Altísimo, y bendecir su paternal misericordia, por haber dispuesto, que no sepan bien aquellos bárbaros las invencibles armas, que tienen en su curare; ni permita su Divina majestad, que lo penetren, ni entiendan, para que puedan lograr la luz del santo Evangelio ¿Qué misionero, qué español, qué soldado pudiera vivir entre ellos, si despreciada por los mismos la silenciosa furia de su saeta y curare, no se aturdieran al estrépito y tiro contingente del fusil? Digo contingente, ya en la chispa, que tal vez no prende; ya en la puntería, que acaso se yerra; ya en las muchas aguas, que impiden totalmente su manejo; cuando al contrarío, la punta mojada con el curare, ni tiene contraste, ni remedio, ni aun da tiempo para clamar a Dios. Y no solo no tiene remedio el herido con el curare, pero ni se ha hallado antídoto, que pueda preservar de su repentina actividad; pues aunque un chico inocente descubrió al V. padre Juan Rivero, que al que tiene sal en la boca, no daña el curare, y el V. padre halló ser cierto, después de varios experimentos hechos en animales, no es practicable este remedio en los hombres, porque ¿quién sufrirá la sal largo tiempo en la boca? Y si está en la faltriquera, no da el veneno lugar a sacarla.

Ya hemos visto, no sin novedad, la fuerza eficaz del curare: pasemos a examinar su maniobra singularísima. Es de saber, que toda la ponzoña del curare se origina de una raíz del mismo nombre, tan singular y única, que solo es raíz de sí misma, sin arrojar jamás hojas ni retoños; y aunque crece, siempre va escondida, digámoslo así, temerosa de manifestar su oculta malignidad; y para que se escondiese más, le señaló el Autor de la Naturaleza, no la tierra común al resto de las plantas, sino el cieno podrido y corrupto de aquellas lagunas que no tienen desagüe: de manera, que sus aguas, solo en caso de grave necesidad se beben, por ser gruesas, de mal color, peor sabor, y de hedor correspondiente. Entre el cieno corrupto, sobre que descansan aquellas aguas pestíferas, nace y crece la raíz del curare, parto legítimo de todo aquel conjunto de inmundicias: sacan los indios Caverres estas raíces, cuyo color es pardo, y después de lavadas, y hechas pedazos, las machacan, y ponen en ollas grandes, a fuego lento: buscan para esta faena la vieja más inútil del pueblo, y cuando ésta cae muerta a violencias del vaho de las ollas, como regularmente acontece, luego substituyen otra del mismo calibre, en su lugar, sin que ellas repugnen este empleo, ni el vecindario, o la parentela lo lleve a mal; pues ellas y ellos saben, que éste es el paradero de las viejas. Así como se va entibiando el agua, va la pobre anciana amasando su muerte, mientras de olla en olla va estregando aquella raíz machacada, para que con más facilidad vaya expeliendo su tósigo, en el jugo, de que se va tinturando el agua, que no pisa de tibia, hasta tomar el color de arrope claro: entonces la Maestra exprime las raíces con todas aquellas pocas fuerzas que su edad le permite, dejando caer el caldo, dentro de la olla, y las arroja como inútiles: luego añade leña, y empieza de recio el cocimiento; y a poco rato de hervir las ollas, ya atosigada, cae muerta, y entra la segunda, que a veces escampa, y a veces no.

Cobra finalmente punto el cocimiento, merma la tercera parte del caldo, y condensado ya, grita la desventurada cocinera, y acude al punto el cacique con los capitanes, y el resto de la gente del pueblo, al examen del curare, y a ver si está, o no, en su debido punto: y aquí entra la mayor admiración de toda esta rara maniobra. Moja el cacique la punta de una vara en el curare, y al mismo tiempo uno de los mocetones concurrentes, con la punta de un hueso se hace una herida en la pierna, muslo o brazo, donde le da gana, y al asomarse la sangre por la boca de la herida, acerca el cacique la punta de la vara con el curare, sin tocar la sangre, porque si la tocara, y retrocediera, inficionara toda la de las venas, y muriera luego el paciente: si la sangre que iba a salir retrocede, ya está el veneno en su punto; si se queda asomada, y no retrocede, le falta ya poco; pero si la sangre corre por afuera, como naturalmente debe correr, le falta mucho fuego; y así le mandan a la triste anciana, que prosiga en su maniobra, hasta que repetidas después las pruebas necesarias, aquella natural antipatía con que la sangre se retira violentamente de su contrarío, les manifiesta, que ya el curare subió a su debida y suma actividad.

Si algún Botánico famoso hubiese encontrado esta raíz, y conocido su oculta malignidad, no había de qué admirarnos. Si el famoso Tritemio o Borri, o alguno de aquellos sabios inventores de la Química, a fuerza de experimentos y discursos, hubiera finalmente dado en esta singular maniobra, fueran dignos de grande alabanza, y nadie extrañara este efecto, como parto de entendimientos tan cultivados: pero que todo esto sea invención de la nación más tosca y bárbara del Orinoco ¿quién lo creerá, sino confesando, que todo ello, desde el hallazgo de la raíz, hasta el fin, fue dictado por el Demonio? Yo así me lo persuado. ¿Pero qué fuera, y qué quinta esencia saliera, si esta maniobra se ejecutara por uno de nuestros científicos, con las vasijas competentes, y con las reglas de la facultad, cuando sacado tan groseramente tiene tal eficacia?

Yo he tenido muchas veces el curare en mis manos, y aunque no soy testigo ocular de la referida maniobra, tengo su individual noticia por tan seguros conductos, que no me dan lugar a la menor duda o sospecha. El Ven. padre Joseph Cabarte, de la Compañía de Jesús, que gastó casi cuarenta años en las misiones del Orinoco y sus vertientes, es el único de los nuestros, que ha entrado en la nación de los Caverres con un indio Saliba, muy capaz, y de muy buenas costumbres, a quien el Ven. padre, con el bautismo, le dio su mismo nombre. De estos dos Autores fidedignos oí la primera vez todo lo que llevo referido. Después que bajé al Orinoco, tuve las mismas individuales noticias por indios de varias naciones, de aquellos mismos que concurren a la feria anual del curare, y vuelven con sus ollitas, más guardadas que si fueran de un bálsamo muy precioso; cuyas declaraciones, aunque de tan diversas gentes, siempre hallé concordes en todo, con la primera e individual noticia, que he referido; y así, no me queda razón alguna de dudar en orden a la seguridad de lo referido en la fábrica del curare.

Ni es menos digna de saberse la duración de este veneno; esto es, la obstinación con que mantiene toda su actividad y vigor, hasta que se acaba de gastar todo en medio de tenerlo los indios sin resguardo alguno, sin tapar las ollitas en que le compran, sin evaporarse, ni perder un punto de su mortal eficacia. Esto es mucho; pero en fin, como allí está junto y condensado, no es de admirar que se mantenga toda su actividad. Lo singular, y digno de reparo es, que una vez untadas las puntas de las flechas, con muy corta cantidad, tal, que apenas llegará a un adarme lo que recibe cada punta, en aquella corta cantidad, mantiene y guarda toda su fuerza largos años, tantos, cuantos gasta el dueño de la aljaba o carcaj en gastarlas. De modo, que hasta ahora no se ha experimentado, que por largos años que aquella corta untura haya estado sin resguardo alguno en la punta de la flecha, haya jamás sido menor la fuerza del maligno curare. Sola una cosa reparé en varios viajes de aquellas selvas; y era, que al sacar los indios las flechas de la aljaba, o para matar monos o jabalíes, o para los rebatos repentinos, lo mismo era tener la flecha envenenada en sus manos, que revolver la punta del veneno, y metérsela en la boca. Pregúntéles la causa, movido de mi continua y natural curiosidad, y me respondieron siempre: que con el calor de la boca, y la humedad de la saliva, se aseguraba más el tiro, avivando la actividad del curare: cosa que me pareció muy connatural.

Quiero concluir este Capítulo, borrando o minorando la admiración y espanto que habrá causado la noticia de la malignidad del curare, con la relación de otro veneno, a mi ver, mucho peor; y pasará aquí lo que sucede, cuando a un afligido y apesarado se le borran las especies amargas de su desgracia presente, porque le sobreviene otra peor, y de mayor amargura.

En la isla de Makasar, situada al medio día de las Filipinas, a un grado y treinta minutos de latitud, y en el quinto grado y treinta minutos de longitud meridional, refiere Salmón que se cría un árbol grande muy parecido al laurel, el cual por todos sus poros arroja efluvios tan fatales, activos y penetrantes, que solo el acercarse a él, aunque sea por la parte favorable del viento, es sumamente peligroso; tanto, que solo el olor, y el tocarle basta para quitar la vida: de su tronco sacan los naturales Isleños un jugo, que es veneno eficacísimo, con que untan las puntas de sus armas; y para extraerle, destinan a los reos condenados a muerte, porque miran aquel árbol como un cruelísimo verdugo. Si los condenados a este fatal suplicio escapan la vida, después de sacar el veneno quedan libres y absueltos de sus delitos; y por esto no omiten diligencia ni preparativo, para ver si podrán salir con vida de aquella maniobra: se visten y revisten de mucha ropa: sobre ella añaden fajas y más fajas: para los ojos y narices buscan todos los resguardos que pueden; y aunque la faena es tan breve, que se reduce a hacer un barreno en el tronco, encajar un canuto, y dejar una vasija en donde se recoge el licor que va goteando; con todo, no escapan todos los destinados a este suplicio. El licor recogido, retiene con tal tenacidad su mortal veneno, que una vez untadas las puntas de las flechas, puñales y lanzas, aunque en corta cantidad, retiene en ellas toda su mortífera actividad por espacio de veinte años, en tanto grado, que recibida la herida, no da la menor tregua para echar mano de la triaca o contrahierba y si es que acaso la haya. En confirmación de esto alega el citado Autor la experiencia hecha por los europeos en la dicha isla; y fue, que condenado a muerte un Isleño delincuente, quisieron ver, si por ventura tendría eficacia suficiente alguna de las mejores triacas; y habiendo obtenido licencia de los jueces, se pusieron al uno y otro lado del reo dos Médicos, con los remedios preparados en sus manos; pero por presto que socorrieron al paciente recién herido, murió sin remedio.

Este veneno es mucho más fatal que el curare; porque el curare no tuviera eficacia, si el herido tuviera sal en la boca: a más de que, aunque el vaho del cocimiento del curare mata una o dos viejas, con todo el bejuco o raíz de que se extrae, no mata: y en fin, ni su olor ni sus efluvios, ni el manosearle son cosas, que quiten la vida, como lo hace este melancólico y fatal laurel.

Pero demos más campo a la curiosidad, descubriendo otros venenos inauditos.

Capítulo XIII. De otros venenos fatales: su actividad: la cautela con que los dan: y cómo los descubrí

Aunque sola una mortífera boca fuera bastante para que la hidra se hiciera formidable a los mortales, con todo se le atribuyen muchas, para que causen mayor espanto y temor los multiplicados conductos de su ira, y de su mortal ponzoña. No es idea poética el curare, de que largamente hemos tratado en el Capítulo antecedente, sino veneno efectivo, mortal y maligno: y a la verdad, aunque la hidra infernal no hubiera abierto otra boca, ni otra puerta para la muerte de las naciones del Orinoco, era ésta muy suficiente para destruirlas; mayormente no habiéndose hallado todavía triaca, que sea practicable; pero como su ira y saña infernal contra los hombres es insaciable, abre cada día más y más bocas para vomitar nuevos venenos, descubriendo las malignas cualidades, que recónditas en los simples, no acechaban, ni amenazaban a las vidas de aquellas ignorantes naciones; las cuales, cuanto más quieren asegurarse, usando los venenos en lugar de armas, tanto más se arriesgan, multiplicando puertas a su muerte, y nuevas asechanzas a su frágil vida.

Bien casualmente descubrí otro veneno, que tomado en la comida o bebida en corta cantidad, infaliblemente quita la vida, reduciendo el cuerpo, antes de morir, a un vivo esqueleto, a violencias de una calentura irremediable: éste se llama en lengua Jirara irruquí alabuquí, esto es, veneno de hormigas. Y el caso con que adquirí esta noticia, fue el siguiente: caminábamos el año de 1719 por las vegas del río Apure, y mientras los indios, según su costumbre de lavarse tres veces cada día, se estaban refrescando en el río, me senté sobre un árbol seco: vi venir contra mí una hormiga de extraña magnitud, toda veteada de listas negras, amarillas y encarnadas; y aun era más extraño su modo de caminar, porque echados los dos pies de adelante hacia sus espaldas, venía parada, y la cabeza en alto contra mí. Yo, enamorado de sus bellos colores, y de su nunca visto modo de caminar en su especie, estaba divertido, rechazándola con un palito. A poco espacio salieron otras, y otras más, de aquella misma hechura, y con todas tenía yo faena, rechazándolas, para que no me echasen de mi asiento: cuando llegó un indio de buena ley, que no lo son todos, y dando un grito formidable, me dijo en tono asustado: ¡Day Jebacá, Babí, alabuquí, ajaducá! ¡Qué haces, padre, que esas están llenas de veneno! Apartéme luego, y me puse a examinar al indio; el cual, no reservando el secreto, como acostumbran casi todos, dijo: «Estas hormigas son muy bravas, y muy ponzoñosas: si pica una sola, da un día de gran calentura: si pican dos, se alarga más la calentura; y si llegan a picar más, corre peligro la vida. Los indios malignos y matadores, sacan de estas hormigas el veneno, para matar y vengar sus agravios. Estos hormigueros no llegan a tener el número de treinta hormigas, como lo ves; (ya habían salido todas) pero con ellas basta y sobra para sacar cantidad de veneno con que matar mucha gente». ¿Cómo las cogen, y cómo sacan su veneno? repliqué yo. Y dijo el declarante: «Como las hormigas se enojan tan fieramente, y porfían en querer morder, se van cogiendo con un copo de algodón bien esponjado una a una, y puestas sobre el borde de una ollita en que hay agua, se cortan por la mitad, dejando caer el vientre en ella, y echando lo restante, sin recibir daño el que las coge y parte: a pocos hervores que dé aquella agua con las medias hormigas a fuego lento, las sacan; y el agua después de fría, cría una tela o nata de grasa, procedida de las hormigas, que recogen y guardan en cañutos, no de caña, porque se penetra y se pierde, sino en cañutos que labran de canillas de tigre, de mono, o de leon, donde se mantiene bien». ¿Y sabes tú, repliqué yo, cómo la dan para matar? «Sí padre, dijo él, que cuando nos juntamos a beber chicha, es cortesía, que unos den de beber a otros, sin soltar la tutuma, o vaso mientras bebe el otro; pues el que quiere vengarse de alguno, no lo hace hasta que venga un día de bebida: entonces da él de beber a sus amigos, y cuando llega el tiempo de dar de beber a su enemigo, pone bajo su uña del dedo pulgar un poquito de manteca de estas hormigas, coge la tutuma, y al cogerla, con gran disimulo, mete en la chicha su dedo pulgar, y da de beber al que quiere matar; y como da bebida a muchos, y otros muchos la reparten también, queda el malhechor oculto; y cuando a la noche le da la calentura de muerte al doliente, nadie puede saber quien le dio el veneno.»

Hasta aquí la declaración del indio, para mí cierta e indubitable, no solo por su dicho, sí también porque antes y después de esta noticia, ya yo sabía muchas denunciaciones hechas a las Justicias, delatando ya a unos, ya a otros, de que tenían canillas de veneno; y me constaba, que los padres misioneros de otras misiones antiguas habían hallado y enterrado semejantes canillas, a sus solas, y con secreto, para que no se hallasen jamás: con que creí y creo, que aquel indio me dijo cándida y sinceramente la verdad, en la declaración que llevo referida. Esta noticia me sirvió y sirve grandemente a todos los misioneros, y me ha parecido al caso continuarla aquí, para que los venideros se valgan de ella, y se precaucionen, como lo hice yo desde que la tuve.

Es el caso, que llegue el padre misionero a la hora que llegare a casa de cualquier indio (hablo de los chontales, no de los que ya están doctrinados y cultivados) o a ver un enfermo, o a cualquiera diligencia, luego le ponen la tutuma llena de chicha junto a la boca, y no hay que excusarse, porque toman a agravio el que no beba de ella el convidado; pero quedan consolados, con que solo pruebe algún poco. A más de esto, en los pueblos que se van amansando, cuando hay estas bebidas, que son sus mayores fiestas, el primer convidado ha de ser el padre misionero, quien no hay que excusarse, so pena de incurrir en su enojo; y debe sentarse junto al cacique, y romper el nombre a la salud del concurso, aunque sea con solo el ademán de beber. Esto supuesto, y supuesta la moda referida de dar veneno, jamás probé en adelante su chicha, si el que me la daba no bebía primero de ella; y aunque a los principios se resistían, con todo los convencía, diciendo: que era uso de la gente blanca, y señal de buen corazón, en el que da la bebida y en el que la toma. Esta práctica pareció muy bien a todos los padres misioneros, cuando les revelé el secreto; y parecerá bien a todos los que leyendo esto, vieren cuán arriesgadas tienen aquellos operarios sus vidas, porque jamás llegará a tanto la barbaridad del que da el veneno oculto en la bebida, que quiera él mismo tragarse primero la muerte. En el primer recibimiento, y entrada a nación nuevamente descubierta, de que traté en el Capítulo XXIII. de la primera Parte, no hay peligro, porque semejantes indios son muy bozales, y a los principios están preocupados del interés, de la curiosidad y del miedo.

Pregunté también a mi declarante, si había, o sabía algún remedio contra el referido veneno, y me respondió resueltamente, que no; que la muerte del que le tomaba era cierta e infalible; y que si hubiera remedio, él lo dijera, con la misma verdad con que me había declarado lo ya dicho. Después, con el tiempo, asistí a varios moribundos de diversas naciones, que murieron de este veneno; el cual, como ya apunté, causa una calentura lenta e inquitable, que va aniquilando los cuerpos, hasta dejar los huesos solos, y la piel: unos viven más, otros menos, con una notable vivacidad en los ojos; y me persuado, que el dilatarse, o abreviarse más o menos la muerte en los tales, depende de la mayor o menor cantidad de veneno, que el matador aplicó a dicha bebida. Véase sobre otro veneno semejante a Herrera.

El miedo de éste, y de otros venenos tiene tan a raya en la bebida a los indios Tunevos, que contra la universal costumbre de todas las naciones de indios, solos los Tunevos, ni usan convites de bebida, ni aun fabrican género alguno de chicha, que pueda emborrachar: cosa, que por muy singular, y sin ejemplar entre los indios, he querido notar aquí; pero esta parsimonia, como se ve, no es por virtud, sino hija del miedo, y de la mutua desconfianza y poca fe, que unos entre otros se tienen. Pero pasemos a ver otro veneno no menos fatal, que los dos que llevo referidos.

En aquellos valles dilatados, llenos de espesa arboleda, poblados únicamente de fieras, se hallan en tanta copia las serpientes, culebras y víboras, que apenas se puede creer: entre ellas hay una especie de serpientes de singular variedad y velocidad en su carrera: su especialísima divisa es un copete de pelo sutil, que en señal de sus muchos años de vida les nace sobre la cabeza.

¿Y quién les dijo a los ciegos y bárbaros indios, que aquellos pelos son veneno cruel y sangriento? Ellos lo saben; ellos usan de él: ojalá no fuera con tanta frecuencia. Y no es juicio temerario creer que este secreto se lo manifestó el Demonio, amigo de ver derramada la sangre humana desde el principio del mundo. dije veneno sangriento, porque poco después, que o en la bebida, o en un bocado de comida ha recibido el paciente un pelo solo, entero o cortado en menudas partes, hace su efecto violentísimo, empezando el pobre a vomitar sangre a bocanadas; y tanta que de ordinario acaba presto con la vida, sin haberse hallado hasta ahora remedio contra tan fatal actividad. El indio Joseph Cabarte a quien cité arriba, como testigo de la maniobra del curare, será ahora más abonado testigo del veneno de que hablamos. Después de haber servido este buen indio, casi cincuenta años, a los padres misioneros con singularísima fidelidad y amor, no desamparándolos jamás en sus mayores tribulaciones, persecuciones, y hambres ordinarias; después de haber ayudado últimamente al Venerable padre Juan Rivero, a fundar, y poner en toda formalidad la misión de San Francisco Regis de Guanapalo, murió a la violencia de este veneno. Picado un maligno viejo, de que hubiese aquel demarcado una planta de iglesia, mayor de lo que él quería, vengó su ira dándole un pelo de los dichos, siguióse luego el efecto, en la copiosa sangre que el pobre arrojaba; pidió los Sacramentos, luego que los vómitos dieron alguna tregua, y a vista de nuestro amo, que por Viático había de recibir, dijo estas palabras: «Ya mis hijos los Achaguas, por cuyo bien tanto he trabajado, me han dado el pago; pero Dios, por quien principalmente trabajé, como lo espero, me pagará mejor; y con esta esperanza que tengo, perdono muy de corazón al que me dio este veneno; que si Dios no lo hubiera permitido, él no hubiera hecho esté daño, y más no habiéndole yo hecho mal alguno a él, ni a persona alguna de todo este pueblo: yo sé quien es, y quiero que sepa que le perdono muy de veras: solo deseo que se arrepienta de su pecado». Esto dijo, y nos dejó aquel indio cristiano nuevo, un ejemplo admirable, muy digno de que le imiten los que se precian de cristianos viejos y antiguos.

No obstante, que el V. padre Rivero quedó muy edificado de la protesta del moribundo, con todo le visitaba con frecuencia, y suavemente tiraba a persuadirle, que aquella enfermedad era cosa natural; que con alguna fuerza, al levantar algún madero de la iglesia nueva, se le habría roto alguna vena interior, y que esta era la causa de sus vómitos de sangre: que él era bienhechor de todo el pueblo: que toda la gente le amaba mucho, y sentían su muerte, como si se muriera el padre de todos ellos: y así, que no pensase en que éste o el otro le hubiese dado veneno; pero el enfermo, que con tantos años de asistencia a los padres estaba bien cultivado, y de suyo era capaz, le respondió: «padre mío, yo sé de que mal muero: yo muero de buena gana, porque Dios lo quiere: yo he perdonado y perdono al viejo que me dio el pelo de serpiente: sé como y cuándo me lo dio, y también el motivo; y me alegro, que la fábrica de la iglesia sea causa de mi muerte: más de cuarenta indios he visto morir con este tal veneno, y todas las señas que vi en ellos, veo ahora en mí. ¿Qué es lo que te aflige, mi padre? ¿Tengo otra obligación, que la de perdonarle? Pues mira, para que quedes más satisfecho, verás lo que hago ahora». Llamó luego a sus hijos, y les dijo: «So pena de mi maldición, y de que seréis malditos de Dios, os mando, que cuando sepáis algún día quien me dio el veneno que me mata, no le hagáis mal alguno, sino todo el bien que pudiereis: así os lo mando, para que Dios os haga bien, y a mí me dé el Cielo». He aquí otro ejemplo muy digno de imitación. Íbase consumiendo poco a poco, el buen indio, y movido a lástima el padre, le dijo: Joseph, pídele a Dios, que cuanto antes te lleve al Cielo, porque es mucho lo que padeces. No, mi padre, replicó el enfermo; no le pido eso: lo que le pido es, que me castigue aquí; y que en habiendo pasado el Purgatorio que debo, en esta vida, me lleve a descansar: esta súplica le tengo hecha por mano de san Francisco de Borja, mi patrón; y este mi Purgatorio durará hasta la fiesta del santo. Como lo dijo, así sucedió. No quiero decir que en esto profetizase o tuviese revelación: lo que digo, y sé de cierto, es que murió en las primeras vísperas de la fiesta del glorioso san Francisco de Borja, dejándonos a todos muy edificados, y con prendas muy claras de su salvación.

Poco después de su entierro, llegué yo a aquella misión de San Regis, y el V. Rivero me contó todo lo que llevo referido: en donde se ve, no solo la eficacia mortífera de un solo pelo de aquellas serpientes, sí también la eficacia de la divina gracia, que de hombres semejantes a las fieras, sabe formar cristianos, que nos den ejemplos de virtudes heroicas, como nos dio el indio Joseph Cabarte.

Hay otro gran número de venenos, en muchas yerbas, de que usan los indios para matar a sus enemigos y a los que usan de las tales yerbas llaman Yerbateros. De los que mueren emponzoñados con ellas pudiera decir mucho, porque no son pocos; y la señal fija de ser yerba o yerbas la causa de las tales muertes, es el rajarse las carnes del cuerpo en largas cisuras, y salir de aquellas sajaduras, no sangre, sino un humor amarillo, que en breves días saca de este mundo al doliente. Jamás he podido investigar qué especie de yerbas sean. Puede ser que algún misionero, con alguna casualidad, las descubra; y quiera Dios, que al mismo tiempo se descubra su remedio o su contrahierba.

Capítulo XIV. De las culebras venenosas de aquellos países

§. I. Del culebrón espantoso llamado buío

Las plagas que el poder de Dios multiplicó en Egipto para castigar los endurecidos corazones del bárbaro Faraón, de sus crueles ministros, y de todos los ciegos idólatras de aquel reino, no creo que sean tantas como las que la Justicia Divina ha enviado a las vertientes del Orinoco, y a las vegas de los muchos ríos, que le tributan sus raudales, para azote y castigo del bárbaro modo de proceder de sus moradores: y así como al principio de esta Obra, entro ahora con nuevo sobresalto en este Capítulo, no sea que la ingenua relación de la verdad retraiga a alguno o a algunos, de los deseos que tienen de regar aquel terreno con sus sudores, a vista de las plagas de que está infestado; pero reparando que quien alista estos soldados es solo Dios, con acción reservada singularmente para sí, cooperando la criatura: ego elegi vos designavit Dominus, et alios septuaginta duos, etc.; y que su Divina majestad les da el valor y fuerzas necesarias, y también la triaca contra todos los venenos y serpientes: serpentes tollent, et si mortiferum quid hiberint, non eis nocebit; así afianzado sobre tan sólido fundamento, detesto y desecho al punto toda sospecha, y paso a referir con toda seguridad la realidad de las plagas propuestas; y más con la protesta, de que no hay en las misiones de que trato, memoria ni tradición, de que haya muerto padre misionero alguno, ni de veneno dado maliciosamente, ni de mordedura de culebra, ni en las garras del tigre, dientes del caimán, ni de otras fieras; que es cosa muy notable.

El primer horrible serpentón, que se nos pone a la vista, por hallarse con gran frecuencia en aquellos países, es el buío, a quien llaman los indios Jiraras aviofá, y otras naciones y los indios de Quito le llaman madre del agua, porque de ordinario vive en ella. Es disforme en el cuerpo, del tamaño de una viga de pino con corteza y todo: su longitud suele llegar a ocho varas: su grueso es correspondiente a la longitud, y su modo de andar es poco más perceptible que el del puntero de los minutos de la muestra de un reloj. Dudo mucho que cuando anda en tierra, haga en todo el día media legua de jornada; y en las lagunas y ríos, donde de ordinario vive, no se a qué paso anda: solo el verle da notable espanto; bien que da consuelo saber cuán de plomo son sus movimientos: con todo, el que sabe el alcance largo del pestilente vaho de su boca, pone en la fuga su mayor seguridad. Así que siente ruido, levanta la cabeza, y una o dos varas de cuerpo, y al divisar la presa, sea leon, ternera, venado u hombre, le dirige la puntería, y abriendo su terrible boca, le arroja un vaho tan ponzoñoso y eficaz, que le detiene, atonta, y vuelve inmóvil; le va atrayendo hasta dentro de su boca a paso lento, e indefectiblemente se le traga. dije que traga porque no tiene dientes, y así gasta largo tiempo, y aun días enteros, en engullir una presa; y es tal, y tiene tales ensanches su fatal gaznate, que a fuerza de tiempo se traga una ternera de año, estrujándole la sangre y el jugo al tiempo que la va engullendo; de manera que algunas presas que se le han quitado, estando ya medio tragadas, se han reconocido sin lesión alguna en la parte engullida, pero ya sin jugo ni sustancia. Se encuentran frecuentemente los buíos tendidos al Sol, con las astas de un venado hechas bigoteras; porque después de engullido el venado, se le arranca o atraviesa en la boca la cornamenta, hasta que digerido lo que tragó sacude de su boca las astas, y pasa a buscar otra presa, con el seguro de que no se le escapará, si la alcanza con la vista, y puede dispararle su ponzoña. Sin embargo puede la casualidad librar la presa; pues si al tiempo, que con aquella invisible cadena de su vaho atosigado va el buío atrayendo algún animal, pasa casualmente otro, y más si pasa con velocidad, se interrumpe aquella línea de veneno atraente, vuelve en sí el viviente, que estaba aprisionado, y se le escapa con presteza: por esta causa nadie se atreve a viajar solo, sea a pescar, sea a montear, sea al viaje que se fuere: han de ir a lo menos dos de compañía, para que en el caso de que el buío, oculto o descubierto, haga su puntería al uno de los dos; el otro, o con el sombrero, o con una rama, sacuda y corte el aire intermedio entre el compañero y el buío; con que prosiguen su camino, sin hacer caso de aquella fiera bestia. Esta es la práctica corriente y ordinaria en las tierras inficionadas de esta plaga, que no son todas; pero hasta aquí no hay en que tropezar, ni de que maravillarnos, sino de la mole bronca del culebrón; porque el atraer con el vaho, es cierto y notorio, que lo hace también el escuerzo o sapo ponzoñoso, con las lagartijas, contra las cuales abre la boca, y por más diligencias que hagan, por último van al morir en sus fauces: pero es de notar la diferencia entre el escuerzo y el buío; pues el vaho del escuerzo, por ser de animal de poco cuerpo, da lugar a la lagartija para que haga algunas diligencias para escaparse; pero el buque pestilente del buío arroja tal exhalación de ponzoña, que no le deja acción, ni al hombre más valiente, ni al tigre más bravo.

Es verdad que el hombre atraído del buío no pierde su juicio, según lo declaran muchos que se han visto tirados de su vaho; pero ¡qué congoja! ¡qué sudores fríos! ¡qué angustias fatales, no sufocarán el ánimo del pobre, que contra toda su voluntad se ve llevar a la tremenda boca de aquella bestia carnicera e insaciable monstruo! Gran similitud, es la de este apretado lance, para que abren los ojos, suden y se acongojen los que halagados de la Serpiente infernal, se dejan llevar de su vaho y atractivo, sin reparar en que el paradero es la boca de un Infierno inacabable, que ya tiene abierta su garganta para tragarlos sin remedio. De lo dicho resulta que el culebrón de que habla el caballero Esloane en las Memorias Filosóficas de la Real Sociedad de Londres, es de especie diversa, porque el buío no tiene colmillos ni dientes, y por eso no come, sino que engulle la presa que atrajo. A más de esto monsieur Esloane supone, que su culebrón primero hiere, y luego sigue con la vista la presa, que por instinto sabe morirá luego que el veneno que lleva consigo difunda toda su actividad; no así el buío, que, como dije, primer ve, v. gr. al venado, luego abre la boca, le arroja el vaho, e inficionado y aturdido, lo atrae y se lo engulle. Lo singular del serpentón de monsieur Esloane, es, que tenga dientes para herir a la incauta avecilla, y no para retenerla.

Pero voy a responder a una tácita querella que harán tal vez los curiosos. ¿Cómo no se da, dirá alguno, una eficaz providencia para destruir unas bestias tan nocivas y malignas? Antes de responder, debo advertir, que esta misma providencia es necesaria contra los tigres, que son innumerables, contra los leones y caimanes, contra los osos y leopardos de los paramos, que bajan a hacer gravísimos daños; y contra innumerables fieras, que infestan aquellos países.

Esto supuesto, doy dos razones, a mi ver convincentes, por las cuales estas plagas tan gravosas no tienen remedio: la primera, es lo poco poblado; mejor diré, lo despoblado de aquellos terrenos: la segunda, lo vasto y extendido de aquellos países, llenos de bosques, selvas y lagunas. Estas dos causas se dan mutuamente la mano; porque por ser corto el número de los habitadores, respecto al vasto terreno, no pueden perseguir a las bestias dañosas, como convendría; y lo dilatado de bosques y selvas da largo campo a que se multipliquen sus madrigueras a todo su salvo. Por esta causa mandó Dios a su pueblo, que no destruyese las naciones de Canaán todas en breve tiempo; porque entonces, dice Dios, quedará la tierra desierta, y se multiplicarán y crecerán contra vosotros las bestias fieras, para vuestro daño.

No obstante se ha reparado, que aunque al principio de la fundación de nuevas colonias abunda toda especie de fieras y de insectos nocivos, con el concurso de la gente, y las diligencias que se hacen, persiguiendo a unos, y matando a otros, a los cuatro años de la fundación, ya todas aquellas cuatro o seis leguas al contorno del pueblo están libres y limpias de aquella epidemia; y en especial de tigres, buíos y otras culebras; porque el concurrir a su muerte, en descubriendo donde están, se toma por materia de fiesta y de divertimiento. En uno de estos se halló con mucho susto un padre, a quien yo traté, y a quien le oí referir muchas veces la función, que fue así: pasando de Caracas a las misiones de Orinoco, se halló un tremendo buío, que habiendo disparado su vaho contra un caimán formidable, ya se le había atraído y engullido hasta la tercera parte, que seria vara y media; y sobre lo restante del cuerpo del caimán con su larga cola había el buío asegurado la presa, estrechándola con tres enroscadas vueltas, que solo de pensarlo da pavor: al aviso, acudió gente de unas casas vecinas, tres con escopetas, dos o tres con lanzas, y algunos otros con flechas sin veneno: todos a un mismo tiempo hirieron al culebrón, y al punto se llenó de sangre el charco del arroyo donde estaba, y lanzó aquel violentamente de sus fauces todo aquel trozo de caimán engullido; el cual ya estaba muerto, pero el buío dio mucho que hacer. Viendo uno de aquellos hombres, que mientras estuviese en el charco se había de defender, buscó un lazo largo, y con brío y maña, le enlazó el pescuezo, y tirando todos de la soga, puesto ya en seco, le mataron luego. Mandó el amo de aquella gente desollar al buío, para enviar a la ciudad de Caracas su piel, que estaba hermosamente dibujada de blanco y pardo; y después de seca tuvo siete varas, y tres cuartas de largo, y tres tercias de ancho debiéndose suponer, que se encogería mucho, porque se secó a los rayos del Sol. Todos los sitios anegadizos de tierra caliente abundan de estos buíos, y en los sitios despoblados mucho más: no hay año, en que no desaparezcan hombres campesinos, de los que salen, o a pescar, o a cazar; y creo, que el mayor daño nace de dichos buíos, que maliciosamente acechan: yo me he encontrado con muchos de ellos repentinamente, y a uno espantoso, que hallamos junto al río de Tame, un mozo que iba conmigo le dio dieciocho lanzadas por los costados, huyendo siempre el vaho de su pestilente boca.

No faltará quien aquí exclame, diciendo: ¡bendito sea Dios, que en nuestra Europa estamos libres de tales bestias! también yo alabo a su majestad por lo mismo; pero añado, que no estamos tan libres, como parece, de sierpes: no tales, ni de tan desmedido tamaño; pero sí de semejante ponzoña y vaho atractivo, con fuerza proporcionada a su cuerpo. Testigo ocular de ello es un sujeto, que hoy vive, en este Colegio Imperial, el cual saliendo a una de las huertas de Graus, ciudad del Obispado de Balbastro, en Aragón, reparó con su Compañero, que una avecilla batía sus alas, a poca más altura del suelo, que una vara: el ver que no mudaba de sitio, les causó novedad, y fueron a observar la causa: vieron una culebra del grueso de un dedo pulgar, y de poco más de tres cuartas de largo, que erguido el cuello, y levantada en alto casi una cuarta de su cuerpo, con la boca abierta estaba atrayendo a sí la triste avecilla, que afanada no dejaba de batir sus alas para evadir el peligro en que se hallaba; y habiendo observado en el corto rato que estuvieron contemplando el pájaro, que éste descaeció más de una cuarta, atraído en derechura hacia la boca de la culebra, asegurados ya de que no podía escaparse de aquellos lazos venenosos la presa, tiraron a matar la culebra; y lo mismo fue bajar ésta la cabeza, que remontarse alegre la avecilla:

luego no faltan culebras por acá del mismo vaho y atractivo del buío. El que no crezcan hasta la desmedida magnitud de las del Orinoco, proviene de lo muy poblados que están estos países, y de lo muy despoblado de aquellos: acá no falta quien las mate, antes que pasen a monstruos; y allá cuando se dejan ver, ya lo son.

§. II. reflexión sobre el Párrafo antecedente, y confirmación de lo que él contiene

Tres clases de personas reconozco, y hallo conmovidas, a vista de las fatales armas y venenoso atractivo, que acabo de referir del culebrón llamado buío: unos se admiran tímidos; otros vacilan dudosos; y los restantes dificultan advertidos: todos, empero, creo que han de quedar satisfechos. Y por lo que mira al temor de los primeros, pueden fácilmente deponerle, con el seguro de que entre aquellos monstruosos buíos y la Europa, media todo un dilatado Océano.

Las personas que dudando vacilan, han de quedar, o convencidas, o sujetas y obligadas a no creer sino los Libros Sagrados y Canónicos; porque todo el resto de los Libros Históricos no tienen otro apoyo, sino el de la fe humana, fortalecida con las señales de credibilidad, que alegan los Autores, y con las circunstancias que concurren en la persona, estado y ocupaciones del que escribe.

En esta buena fe, y estribando en la Sentencia de Cristo, nuestro Señor, cuando dijo: Que en la uniforme declaración de dos o de tres testigos, se funda un juicio prudente; habiendo citado a favor de la existencia del buío la Historia del ilustrísimo señor obispo de Piedrahita, y a un padre misionero de Meta y Orinoco, como a testigo de vista; y en prueba de que en España hay también buíos, al padre procurador general de la provincia de Aragón, que hoy reside en esta corte; me pareció ocioso añadir más pruebas y testigos, para una moral y prudente certidumbre; y así, ni aun quise insinuar las muchas y repetidas veces, en que en veintidós años de continuos viajes por los países infestados de esta plaga, me encontré repentinamente con los buíos, siempre con sobresalto y horror.

Sin embargo me ocurre la especie de que caminando en el año 1724 con el padre provincial Diego de Tapia y sus Compañeros, en la visita, que por su oficio hace de aquellas misiones, a fin de aliviar el fastidio del camino, iba yo refiriendo al padre Secretario Carlos de Anison, la figura, vaho venenoso y daños de los buíos, pero aquel no daba asenso, y por más que el padre provincial, que también había sido misionero, y práctico del terreno, tiraba a convencerle, se mostró incrédulo, hasta que poco después vio por sus ojos en una laguna un buío feroz, que acababa de atraer a sí una garza, y se la comenzaba a engullir, teniendo ésta las alas abiertas al uno y otro lado de la boca del culebrón; de que se infería, que al pasar volando, la atrajo, siendo los pies los que primero llegaron a la fatal boca. Aquí fue donde aturdido exclamó el padre Anison, diciendo: ¡Oh monstruo! ¡Oh bestia! ¡Oh, y qué horror! Y yo entretanto consideraba cuán bellamente cantó el Profano, diciendo:

Segnius irritant animos demissa per aurem,
Quam quae sunt oculis subjecta fidelibus.

y de ahí infiero, que si allá mismo, donde se crían y abundan los buíos, hay personas de toda forma, que niegan su existencia, hasta que entrándoles el espanto por los ojos al corazón, se desengañan; no será de extrañar que lo duden los que tienen de por medio un mundo de distancia; pero contra esta duda, fuera de lo que acabo de referir, traigo aquí los testigos: uno de las indias Orientales, otro de las Occidentales, y otros de nuestra España.

Sea el primero monsieur Salmón, quien afirma que en Mindanao y en las Filipinas se crían unas serpientes muy grandes, llamadas ibitin, y otras, llamadas bole, de hasta treinta palmos de largo; que se atraen y tragan un ciervo, un oso, un jabalí y un hombre: con la circunstancia de que aquellas gentes creen, que para librarse de aquel gravísimo peligro, no hay remedio mejor, ni más eficaz, que romper el aire intermedio, que hay entre el hombre y la serpiente.

Coteje el curioso la noticia de estos culebrones, con la que doy del buío, y no hallará otra diversidad, que la de los nombres, por la diferencia de los lenguajes; y hasta el remedio para escapar, que es romper el aire intermedio e inficionado, es uno mismo, aunque en tan distantes partes del mundo. De otros monstruos semejantes a estos, hace mención el mismo Autor, tratando de las islas de Neira-Lentor y Poelo-Ay; aunque no individúa el modo con que atraen y tragan, ya los animales, ya los hombres.

Oigamos al segundo testigo, que para mí es de mucho mayor peso, que el primero; y es el padre procurador general de la provincia de Nueva España, de la Compañía de Jesús, que actualmente rige, y es bien notoria su autoridad en esta corte: el cual en un público concurso, confirmando mi noticia, dijo: que en cierta jornada en la Nueva España, le mostraron los indios compañeros una liebre o conejo, que estaba aturdido e inmoble a la orilla del camino; y preguntándoles ¿cuál seria la causa? le mostraron al otro lado del camino una culebra más que mediana, que con la boca abierta atosigaba al desventurado animal: apedrearon los indios a la culebra; y luego que huyó ésta, quedó libre, y tomó su carrera el animal, hasta entonces aprisionado con aquellas cadenas invisibles. Basta ya: y si alguno, por vía de curiosidad, quisiere más testigos, lea la Historia del río Marañón y Amazonas, que escribió el padre Manuel Rodríguez; y registre el Memorial, que el padre Acuña presentó al rey nuestro señor acerca del mismo río.

dije también en el Párrafo primero, que en nuestra España hay buíos, aunque no tan grandes, porque el gentío no les da lugar a que crezcan tanto como en los desiertos de la América. Esta noticia confirmé con el testigo de vista, que allí alegué, y hoy vive en esta corte, donde también está actualmente otro Jesuita destinado para las misiones de Filipinas, quien me ha certificado, que en distintos Lugares de Cataluña vio en tres ocasiones con sus Compañeros dichas culebras, que erguido el cuello, y abierta hacia las avecillas la boca, las atosigaban y atraían contra toda su inclinación natural.

Ni puedo, ni debo omitir dos testigos bien ilustres y conocidos en España. Cosa de año y medio antes del Sitio de Barcelona, el Conde de la Lipa, Mariscal de Campo, paseándose con otros muchos Oficiales a la frente del Campo de Amposta, orilla del Ebro, vio una serpiente, que seria gruesa como el brazo, que se atrajo un conejo, distante tres o cuatro toesas, al cual agarró de la cabeza, y se detuvo un gran rato en engullirle, moviendo el conejo los pies de detrás.

Sucedió muchas veces al dicho Conde, estando a caza, matar algunas de dichas serpientes, abrirlas, y hallar dentro de ellas conejos hechos como unas cuerdas, y cuyos huesos parecían limados.

El marqués de Robén, brigadier de los Reales ejércitos, mató en Cienpozuelos un serpentón, en cuyo estómago se hallaron catorce gazapos con el pellejo entero, pero ya muy chupados, cuyos huesos estaban molidos: de que se infiere, que no hay tan pocos buíos en España, como parece.

Pero ya es hora que indaguemos la causa de la atracción del buío.

§. III. Trata de la acción y fatal atractivo del buío

Buscamos aquí una noticia, que depende de dos antecedentes; y así, evidenciados una vez estos, necesariamente hallaremos en la consecuencia toda la luz, que deseamos. Manos pues a la obra: representémonos al culebrón buío, que abierta la boca, y dilatadas sus pestíferas fauces, tiene la puntería puesta a un bravo jabalí; y aunque imploremos el auxilio de los Físicos modernos, y de sus mejores microscopios, no hallaremos en este monstruo más armas ofensivas, que la vibración y la atracción del ambiente, inficionado con la ponzoña que exhala su aliento. Esta vibración de efluvios malignos, y la atracción que de ellos resulta, comprende todo el nervio de la dificultad, para cuya cabal solución debemos examinar de raíz una y otra operación, cada una de por sí.

§. IV. De la acción o vibración de los efluvios

Supongo que nadie cuestiona, ni duda de la existencia de innumerables poros, por donde los cuerpos de los vivientes y los insensibles exhalan cantidad de efluvios, ya saludables, ya nocivos; ni de la velocidad y facilidad, con que vibrados estos, corren con el aire, y se introducen por los poros de otros cuerpos, con notables efectos, ya favorables, ya dañosos, según la variedad de sus cualidades, y la diversa disposición de los cuerpos en que se introducen.

Sobre la primera parte de esta suposición, han escrito mucho los físicos modernos, después de los experimentos del célebre sanatorio. Este grande observador de la Naturaleza, después de treinta años de experimentos, afirmó, que el que toma, v. gr. ocho libras de alimento, disipa y expele cerca de las cinco libras por la transpiración de los poros: esta evacuación se evidencia más cada día, ya en los enfermos cuya grave enfermedad hace crisis, si abiertos los poros, prorrumpe en sudor; ya en los que desfallecen y peligran, cuando el sudor es excesivo: y en fin, los sudores, ya copiosos, ya lentos, no son otra cosa que efluvios de las flores, resinas, aromas, y otras cosas, que se dejan percibir por el olfato.

Por lo que mira a la segunda parte, que es en orden a lo que se extienden los efluvios impelidos por el aire, es negocio tan de hecho, y tan ordinario, que no hay para qué insistir en ello; y bastará excitar levemente la memoria de la piedra imán, cuyos efluvios penetran la densidad del hierro y del acero: un grano de ámbar transciende la ropa, la caja y la sala; penetra, enfada, y en ciertas circunstancias causa grave daño a las mujeres: el ambiente salitroso del mar se deja sentir a gran distancia: y al tiempo, y después de la borrasca se percibe el marisco en las costas, hasta a tres leguas de distancia y más, si el viento favorece.

La isla de Ceilán y otras, en donde abundan las plantas aromáticas, y nombradamente la isla de Jaba, por testimonio del padre Tachart, insigne misionero, arroja los efluvios aromáticos hasta nueve millas mar adentro, que es cosa bien considerable para nuestro propósito, y digna de toda reflexión.

Y si ponemos la atención en las yerbas y plantas nocivas y malignas, hallaremos aun más de que maravillarnos, por los efectos que resultan de sus efluvios, tan fatales como activos. Monsieur Salmón afirma, que en Filipinas algunas yerbas despiden de sí tales efluvios, que quitan la vida a los que las tocan o comen; y que cuando llegan a crecer, emponzoñan de tal manera el ambiente, que suele aquel vaho quitar la vida a mucha gente: y luego añade: que el árbol llamado kamandang es de tan fatal eficacia, que el pescado que come de sus hojas, que caen en el mar, muere luego; y el que incautamente come de aquel pescado, muere también: que el zumo o jugo de aquel árbol es veneno mortífero, con el cual los indios untan las puntas de las flechas: y en fin, que es tal la eficacia de sus efluvios, que ni en la sombra, ni en el contorno del kamandang nace, ni permanece yerba alguna.

Pero todavía, si cabe más, son más activos y más fatales los efluvios originados de aquel infeliz árbol, que nace en el territorio de Turate, en la isla de Makasar, de que hablé ya en esta segunda Parte, careando su malignidad con la del pestilente curare, de que allí traté; cuya memoria doy aquí por renovada, por ser muy del caso para calcular hasta donde pueden extenderse los efluvios; aunque es verdad, que para estar en esta inteligencia, no era menester recurrir a noticias tan distantes y extranjeras, constándonos cada día la esfera a que se extienden los efluvios, que arrojan los héticos, los atabarillados, los que padecen viruelas y otros males contagiosos, con estrago lamentable de muchas vidas.

De lo dicho formo un epílogo en este entimema: los efluvios de algunas cosas insensibles, los de los árboles aromáticos y aromas, los de las yerbas y árboles nocivos, se extienden, y efectivamente obran a mucha distancia: luego los efluvios corruptos y malignos, que arroja el culebrón buío, aturden e inficionan a los animales. A lo menos la posibilidad de esto nadie me la podrá negar. Pasemos a la segunda parte.

§. V. De la fuerza atractiva del vaho del buío

El punto de la dificultad consiste, en ¿cómo puede ser que los efluvios, que arroja el buío, tengan actividad para atraer la presa inficionada? y he aquí otro nudo Gordiano, que se ha de desatar, no con fuerza, sino con maña; y examinando una a una cada vuelta de por sí, yo sé, y todos pueden ver y saber por la experiencia, que los efluvios del imán, incorporados en el hierro y en el acero, le atraen, y tenazmente retienen: nadie habrá que no halle la misma virtud atractiva en los efluvios, que el azabache imprime en las pajas, si quiere hacer el experimento: y es notorio que el hierro y el acero, preparados con la virtud magnética, atraen con ella a otro hierro, y este segundo al tercero, y así de los restantes; tanto que vemos en el aire una larga sarta de agujas, extraídas y encadenadas unas con otras, sin otro enlace que el de la atracción magnética, que de una a otra pasa por todas: luego no hay repugnancia, ni razón en que fundarla, ni debo causar tan notable armonía, que el vaho pestilente del buío atraiga y retenga aquella misma presa que inficionó y aligó con los lazos de su tósigo invisible.

Me dirán tal vez que esto es querer probar un milagro de la Naturaleza, con otro nada menor, y tirar a persuadir un arcano físico, casi inapeable, con otro igualmente oscuro y difícil de entender. Vengo en ello desde luego; pero como nadie me negará la virtud atractiva del imán y del azabache, no es razón que se niegue, ni que se me dispute la fuerza atractiva del buío; porque si de un efecto cierto de una piedra insensible, cual es el imán, se infiere necesariamente, y confesamos su virtud y fuerza atractiva; es también preciso, que del estrago lastimoso que causa el vaho del buío, monstruo corpulento, se infiera y reconozca una actividad atraente; y sea enhorabuena tan oculta y difícil de averiguar, como lo es la que confesamos en la piedra imán.

A más de que no hay para qué extrañar tanto esta operación del buío, ni hay razón para mirarla como entusiasmo ideado en el otro mundo: lo primero, porque, como ya dije arriba, en nuestra España se han visto repetidas veces buíos, en la actual atracción de avecillas, aprisionadas con los efluvios de su boca: lo segundo, porque esta misma fuerza o acción atractiva, como de paso lo apunté en el Párrafo primero, se halla indubitablemente en las feas fauces de los escuerzos o sapos grandes; y a la verdad, dicha atracción es más vigorosa de lo que indica la corpulencia de los escuerzos. Confieso ingenuamente, que he tirado a averiguar de raíz esta noticia, por lo mismo que se reputa por vulgar y común; y apurada bien la materia, y atestiguada por sujetos fidedignos, que por su ocupación pasan su vida en los campos, es para mí indubitable la verdad del hecho; de modo, que no hallo más variedad en los declarantes, sino que unos atribuyen la dicha atracción a la acción venenosa, con que el escuerzo dispara por los ojos su ponzoña, fijando la vista en la presa; y otros atribuyen dicha fuerza atractiva al vaho que arrojan por la boca que tienen abierta hacia la presa que aturden y atraen; pero sea de uno, sea de otro modo, ambos corroboran mi conclusión, de la acción atractiva oculta en el veneno oculto.

Quiero concluir y confirmar este punto con la autoridad del V. Juan Eusebio Nüremberg, y con las declaraciones de dos sujetos fidedignos sobre dos casos modernos. El V. padre afirma la atracción del buío; a quien llama bovaliga; y añade, que los escuerzos de España tienen la misma fuerza atraente. La primera declaración es de un jesuita, a cuyo cargo está toda la maniobra de la botica del Colegio Imperial; el cual alega a favor de esta mi opinión (la que afirma ser también suya) varios testigos oculares del Obispado de Cuenca, que se hallaron presentes al curioso espectáculo, y vivas diligencias, con que una infeliz comadreja o mustela, después de muchas vueltas y revueltas, y después de empleada toda su ligereza para escaparse; por último fue atraída a la boca de un escuerzo, como al centro o raíz de los venenosos efluvios, que la inficionaron y atrajeron. El segundo declarante es monsieur Bourlin, natural de Clermont en Averna, residente en la ciudad de Barcelona, quien habiendo salido a divertirse con la escopeta a los campos circunvecinos, en compañía de un camarada suyo, se encontró repentinamente con un escuerzo, que comenzaba a engullirse una comadreja; y apesarado de la fatalidad de ésta, disparó la escopeta contra el escuerzo; más no pudo evitar el que con él quedase también muerta la infeliz prisionera.

A este caso se me dirá, que no prueba eficazmente mi conclusión; porque según él, pudo estar el escuerzo en centinela, y coger de sorpresa, al pasar la incauta comadreja, al modo que el gato emplea toda la noche esperando con vigilancia al ratón, que casualmente ha de pasar por allí. Respondo, que ni la réplica, ni el símil, hacen fuerza; no la réplica, porque todavía está para probar en ei escuerzo la habilidad para mantenerse en centinela; ni la vigilancia y cuidado de la comadreja dice, ni concuerda con la pesadez y torpeza del escuerzo: fuera de que, dado el caso, que la comadreja se vea al pasar atacada por el sapo, es preciso que éste quede burlado, por la vivacidad de la comadreja, si no se le conceden las armas de la ponzoña atraente: y añado, que negada esta fuerza al escuerzo, si hubiesen de combatir entre sí, tengo por cierto, que la viveza y ligereza con que juega, y se vale de sus afilados colmillos la comadreja, es capaz de poner en fuga un batallón de sapos. El símil alegado de los gatos, es muy débil, y más, cuando consta, que a veces, en lugar del triste ratón que espera el gato, pasa una rata atroz, que no solo se defiende, sí que pone en confusión y peligro a aquel, si con la fuga no busca su remedio. En fin, este caso no es prueba única del asunto; y solo se alega para dar por supuesto, que como otros sujetos vieron las diligencias con que las comadrejas tiran a retirarse de la boca del escuerzo; aquí habían ya precedido las tales correrías, y llegó el testigo a tiempo que ya la comadreja rendida a los efluvios ponzoñosos, se había entregado miserablemente.

Concluyo diciendo: que los experimentos referidos del imán, del hierro y del acero, preparados; del azabache, y de los escuerzos, patentizan y persuaden con eficacia la existencia de la virtud atractiva en los efluvios del buío, en orden a los europeos, que la dudaren; y en orden a los americanos, la experiencia que tienen de la atracción del buío, les da suficiente luz y fundamento, para confirmarse más y más en reconocer la virtud atractiva del imán, azabache y escuerzo. Verdad es que aunque los eruditos de éste y del mundo nuevo confiesen uniformes la atracción cuestionada, siempre quedarán suspensos, con anhelo y ansia de descubrir la raíz de ella, que es la virtud activa atraente. No creo, que fuese digresión, el tratar aquí a propósito esta cuestión, porque de las tres partes en que he dividido esta Obra, la una de ellas está destinada para la Historia Natural; pero por no desviarme mucho de la parte Historial, a quien sirven de adorno la Natural y la Geográfica, y principalmente porque no hallo fondo en mi corto caudal para fundar opinión, me pararé en apuntar una u otra especie, que tal vez podrán conducir al intento, dejando la disputa para otras plumas más bien cortadas.

§. VI. De algunas señas para filosofar sobre la dicha virtud atraente

Supuesto que se procede bien arguyendo a simili, infiriendo unos efectos a vista de otros, y conjeturando las causas de unos y de otros, guiándonos por la similitud de ellos, no debe despreciarse en la filosofía natural la argumentación a contrariis, careando entre sí causas y efectos contrarios, para divisar, aunque a lo lejos, las raíces heterogéneas de ellos: y ésta es una de las veredas que se pueden tomar, para buscar la raíz incógnita del efecto de que tratamos, averiguando ¿cuál es la atracción actual del buío, donde reside, y en que consiste esta virtud atraente? Voy a decir algo en particular.

Y para explicarme, fijemos la vista en uno de aquellos árboles, que nacieron a las orillas de las selvas o bosques en tal terreno y positura, que solo les baña el Sol por un estado; y reparando en ello, notaremos, que este lado dichoso está bellísimo, abundante de ramas frescas y frondosas; y al contrario, en el lado sombrío se ven pocas ramas, áridas y desmedradas. Reparemos más en aquella inclinación y propensión con que se avanza toda su mole por la parte frondosa, hasta violentar y encorvar gran parte del tronco, por más rollizo que sea, atraído, tirado y agobiado por aquellas ramas y cogollos, que mudamente protestan, que si en lugar de las raíces tuvieran pies, corrieran en pos de su atraente benéfico, para lograr por entero de sus influencias: lo que nos da motivo para pensar, que si fuera factible a dichos árboles mantener su verdor sobre ruedas ligeras y fáciles al movimiento, siguieran al Sol, cuyo calor las fecunda y las atrae.

Atrae el Sol aquella parte coposa que baña, habilitando con su influjo los órganos, dilatando y purificando los sucos que dan todo el vigor al vegetable, como dejó apuntado el Mantuano: porque su calor abre los poros, dilata las fibras, y la mutua comunicación de los ventrículos o bululas; por lo cual corren con mayor abundancia, y más facilidad los fluidos, que extraídos por las raíces circulan por todo el árbol, repartiéndole vigor con tanta mayor abundancia, cuanto más fácil hallan los fluidos el tránsito, como con grande propiedad lo cantó aquel moderno, pero célebre Poeta; y al contrario, por faltar en la parte, y lado sombrío del mismo árbol el influjo dicho del Sol, no corren sino con estrechez los sucos, y crece la decadencia de aquellas tristes ramas. De modo, que los sucos y fluidos mencionados, a nuestro modo de entender, corren con ímpetu por sus conductos, inclinándose con el árbol, todo cuanto éste puede consentirlo, hacia el Sol, cuya actividad es la virtud atraente.

Y he aquí descubierta ya, aunque de paso, la raíz de la misteriosa propensión y ahínco indefectible, con que el girasol o heliotropo inclina al Sol sus cogollos, desde que nace, hasta que se pone, logrando con su tesón diario, beber cara a cara, y de hito en hito, los agradables influjos del Sol: los que agradecido recoge en sus senos, y le retorna liberal, ofreciéndole la belleza de sus flores, a cuyo hermoso círculo procura trasladar y gravar en él la majestuosa imagen de su bienhechor activo.

Séame lícito ahora filosofar de este modo: el Sol con sus influjos es el atraente, que llama para sí la inmoble e insensible planta todo cuanto ella puede dar de sí; luego por los términos contrarios, el fatal buío es el atraente, que trastornando con la malignidad de sus efluvios el curso natural de los espíritus animales del paciente, y trabucada ya su natural conducta, le impele, contra toda su inclinación, a un movimiento contrario, hacia su ruina y pestíferas fauces del buío atraente.

Pero demos otro paso más, y por vía de divertimiento, fijemos algo la vista y la atención en los remolinos que resultan del choque de dos vientos encontrados, ya en tierra, ya en los mares; de modo, que no cediendo ninguno de los dos el campo, se unen a formar el círculo violento; el cual se precipita hasta dar sobre el agua, o sobre la tierra, y algunas veces con estragos considerables: los de tierra han arrancado, atraído y arrojado a gran distancia carrascas, robles y olivos rollizos y corpulentos: los del mar (a quienes los españoles llaman mangas, y los franceses tourbillón) bajan desde el nublado dentro de una nubecilla piramidal, cuyo pie queda fijo en el nublado negro; y luego que la cúspide topa en el agua, se ensancha, se condensa, y empieza a chupar, atraer y elevar gran cantidad de agua; y si hay navíos por aquel contorno, entra con el susto la diligencia de disparar la artillería, para romper el aire a cañonazos, y desbaratar el remolino, antes que se acerque a la nao, no sea que después de llevarla al retortero, al romperse la manga ya recargada, queden sumergidos la nave y los navegantes.

No es menester averiguar aquí cómo, y de qué manera crece la fuerza atraente, que suponemos en el centro de dichos remolinos y mangas: para nuestro propósito bastará creer, que al paso que los vientos opuestos toman el movimiento circular, v. gr. en un fiero nublado, si no se abren paso con estallido y trueno recio (que es lo más ordinario) cede y da de sí lo más denso del nublado, al ímpetu del remolino que baja con la manga hasta el agua, sin perder, ni disminuir su movimiento circular: allí, con la accesión de los vapores crasos y húmedos, toma la manga por la superficie exterior más cuerpo, se ensancha y consolida; y al mismo tiempo, por la parte interior, se purifica, dilata y sutiliza el aire encerrado, en virtud del continuo movimiento y agitación violenta, dejando en el contorno interior de la manga embebidas las partículas más crasas. En este estado, cuanto más sutil y dilatado queda el aire interior, tanto más tira a sublimarse, y tras de él el agua, para evitar el vacuo, que tanto aborrece la Naturaleza.

según este diseño, puede el curioso filosofar acerca de la virtud atraente del buío, guardando la debida proporción, y figurarse, que de las fauces del culebrón sale un torbellino de efluvios malignos; cuyo centro, después que ha inficionado al paciente, vuelve con fuerza hacia la fuente de donde dimanó, que es el buío, atrayendo la presa, al modo que la manga dicha atrae al agua: pensamiento que se confirma, viendo, que así como el único remedio de los navegantes es romper a cañonazos el aire, y con él la columna, que formó el remolino, así en las Américas, y en los demás países, que arriba insinué, no han hallado otro remedio, que romper el aire intermedio, que hay entre el buío y el paciente; de que se infiere, aunque no se vea, que en dicho aire está el torbellino o remolino de efluvios venenosos, y en su centro la virtud atraente.

Ni fuera extraño el considerar la virtud atraente de este venenoso torbellino del buío, a la similitud de la bomba aspirante y atraente, con cuyo movimiento se extrae el agua de la sentina y fondo de los navíos, arrebatada contra todo su peso e inclinación natural hacia lo alto del navío, sin que hallemos otra razón que dar en esta maniobra, sino la de que sube el agua, y deja violentamente su centro para evitar el vacuo, que, por más experimentos que se hagan, tiene la Naturaleza desterrado a los espacios imaginarios.

Y en fin, todo Físico instruido en la dirección y atracción magnética, eligiendo el sistema que más le cuadrare de los muchos que han propuesto los Sabios modernos, puede sin violencia acomodarle a la virtud atraente del buío, sin más variación, que la de las voces; porque siendo tan uniformes los efectos de los efluvios y vaho del buío, con los de la piedra imán, en orden a la atracción, no puede ser muy diversa la explicación de la virtud atraente.

Y pues queda largamente establecida la existencia del buío, la acción y vibración de sus nocivos fluvios, y la fuerza atractiva de ellos; y apuntadas varias sendas para la inteligencia de su virtud atraente, ya es hora de correr otra cortina, y poner a la vista otros espectáculos, que llamen con la curiosidad, la atención en unos, y la admiración en otros.

§. VII. De otras culebras malignas, y de algunos remedios contra sus venenos

Antes de entrar en el asunto, para evitar el horror y aversión, que con la lectura de este Capítulo, y de los dos antecedentes, y cuatro siguientes, podría concebirse al terreno que cría tan fieros monstruos, reconozco importante el prevenir, que la impresión que causa la vista de aquellos, es muy diversa de la que causa su representación, y el caso es muy otro de lo que aquí parece, sin el menor agravio a la verdad de esta Historia: porque toda aquella multitud de venenosos buíos, culebrones, insectos, guacaritos y caimanes, se reconoce aquí epilogada y reducida a pocos pliegos, e imprime en la mente, en corto tiempo, un enorme agregado de especies, sobre manera melancólicas, fatales y retraentes, las cuales precisamente han de engendrar en los ánimos una notable aversión hacia aquellos países, y una firme resolución de no acercase a ellos; pero es muy fácil de disipar y desvanecer este melancólico nublado; porque todo este torbellino de especies funestas, que estrechadas a breves páginas, espanta; no es así allá en sus originales, a causa de no estar ellos juntos y amontonados en un Lugar, en una provincia, ni en solo un reino: es muy extendido el terreno que abarca esta Historia, recopilando especies y noticias, que están allá dispersas en muchos centenares de leguas. En unos países se hallan buíos, pero no hay osos de páramo: en unos hay más, en otros menos culebras: en algunos no las hay: y generalmente es cierto, que los insectos y plagas no son generales a todas las provincias, como ni tampoco los frutos y frutas de ellos; todo lo que se origina de la notable diversidad de los temperamentos, de que hablé ya en la primera Parte. Y así, desvanecido este escrúpulo, prosigamos.

§. VIII. De otras culebras malignas, y algunos remedios contra sus venenos

Bajo esta prevención, digo: que en aquellos países hay otras culebras, que llaman cazadoras, que en lo corpulento llegan a igualar a los buíos, pero en lo largo los exceden en muchas varas: éstas tienen librado su alimento en su velocidad muy impropia de su pesada mole; y causa espanto la ligereza de rayo con que corren a la presa, sea venado, irabubo, o cualquier otro animal; pues como le vea, le da alcance sin remedio. Las he visto vivas y muertas, y de otro modo no me atreviera a afirmar, que sus colmillos son del mismo tamaño que los del mejor lebrel: no se sabe que éstas tengan veneno; pero ¿qué peor arma, que su velocidad, junta con lo tenaz de su diente? En mi tiempo, una de estas culebras cazadoras prendió del carcañal y tobillo de un pie a un Labrador. Era éste hombre de brío; y viéndose llevar arrastrando a la muerte, se asió reciamente del primer árbol, que le vino a las manos: cruzó contra el tronco sus brazos, gritando reciamente; y como a sus gritos acudiese gente, luego que la serpiente lo reconoció, apretó sus dientes, y cortando el carcañal mordido, se escapó con velocidad de rayo. Tanta como ésta es la fuerza de aquellas sangrientas bestias, y tal el peligro de los que andan no lejos de ellas.

El que éstas y otras culebras lleguen a tal corpulencia, proviene, como ya dije, de lo vasto y desierto de aquellos bosques. En los de la isla española, topó el V. Hermano Bartolomé Lorenzo tales culebrones, que a no ser el padre Joseph de Acosta de la Compañía de Jesús, el primero que escribió la prodigiosa historia de su vida, no hubiera quien creyese la monstruosidad a que llegan. En los bosques de Coro, provincia de Venezuela, dice fray Pedro Simón, que dieciocho españoles, fatigados en tiempo de aquella Conquista, se sentaron sobre uno, que tuvieron por tronco o viga tosca, y que a corto rato empezó a caminar; porque a la verdad no era sino un formidable culebrón.

Mayor espanto causa lo que refiere monsieur Salmón de los culebrones de la isla de Makasar, o Celebes de la india Oriental: dice, que hay allí tropas de monos, tan rabiosos, como los gatos monteses, y tan atrevidos, que si los hombres no caminan bien armados, los acometen y hacen pedazos, especialmente a las mujeres, y que ya destrozados, se los comen: y añade, que esta sangrienta especie de monos no teme, ni huye de otras fieras, por más bravas que sean, sino de las disformes serpientes, de cuya velocidad y voracidad, por más que corran, y se refugien a las copas de los árboles, no se pueden escapar: por este miedo andan dichos monos juntos en tropas, para hacer frente a las serpientes; pero en vano, porque arremetiendo ellas, o ponen en fuga al escuadrón de monos, o se los tragan y engullen vivos. Mayor plaga es ésta, que todas las del río Orinoco.

Otras culebras hay de menor tamaño, que se llaman cascabeles: tienen los sonoros en la extremidad de la cola, y sirven a los curiosos y a los Médicos: a aquellos para saber, después de muerta, cuantos años tenía la culebra, porque cada año le nace un nuevo cascabel; a estos de triaca y remedio para varias dolencias: y Dios dispuso, que también sirviesen de aviso a los incautos caminantes; porque así como el tigre americano, antes de acometer se sienta, y menea lentamente la cola; acción con que imita a los gatos cuando quieren avanzarse a la presa; del mismo modo, antes de fijar la culebra cascabel su venenoso diente, toca a rebato con la sarta de sus encadenados cascabeles, que sirven de aviso al caminante, no solo para evadir su furia, sino también para quitarle la vida, y lograr el apreciable despojo de los medicinales cascabeles, que se buscan con ansia, y se hallan con dificultad y costo.

Más traidora es la culebra llamada macaurél: ésta, no solo acomete al caminante, sin darle seña; sí también con increíble audacia, si pasa a pie, tira a fijarle su diente venenoso en la misma cara: ni queda satisfecha con el primer salto, sigue con porfía, y cuanto más se defiende el pasajero, con tanta mayor ira multiplica sus asaltos: ni pierde sus bríos, aunque a su furia se interponga algún jinete. El capitán don Domingo Zorrilla y Salazar, cabo principal de la escolta, que la majestad del rey nuestro Señor concede a nuestros misioneros, natural de la Rioja, y hombre de notorio brío, ejercitado en continuos ataques con indios rebeldes y enemigos del nombre cristiano, como ya en otra parte apunté, yendo a rechazar una partida de Guajivas, que amenazaba a la nueva colonia de San Ignacio de Chicanoa, marchando, casi a media rienda, como lo pedía la urgencia, se vio asaltado de improviso de una culebra macaurél, con tal ímpetu que el primer golpe le recibió en la capellada de la bota: al mismo tiempo dio un salto el caballo, y un bufido, que hasta las bestias se temen unas a otras, sacó su alfanje el capitán, olvidado del riesgo ajeno, puso todo su cuidado en el suyo: largo rato persistió la macaurél en sus saltos, y el capitán en tirarle tajos; pero eran al aire, por la suma velocidad de la culebra, hasta que fatigada ésta, se enroscó en el suelo para dar más violento el salto, como lo acostumbran: entonces, aprovechándose el capitán del intermedio, le disparó un trabucazo, dividiendo al enemigo en tantos trozos, cuantas eran las roscas con que daba calor a su cabeza, que tenía en el centro de ellas. Un cuarto de hora se pasó desde esta batalla, hasta que me la refirió dicho capitán, y todavía no le habían vuelto sus colores naturales al rostro. ¡Tal y tanta es la saña de estas culebras!

Más que todo esto es de temer la culebra sibucán, y más irregular es su hechura: su color es térreo; tanto, que la tiene el pasajero a sus pies, y por ser su color de tierra, ni la ve, ni la distingue; esto es, cuando ella está tendida a lo largo; pero cuando se recoge enroscada dentro de sí misma, se hace más incógnita, porque a cualquiera le parece que es una boñiga de buey, ya seca y descolorida a los rigores del Sol y del tiempo: no se puede percibir, ni entender, como una culebra larga se esconde entre sus mismos dobleces, y queda encogida, al modo que solemos recoger la calceta, o la media, para calzárnosla con más facilidad. No he visto sus huesos; pero imagino, que el espinazo, que en las demás culebras y animales se compone de junturas, que permiten algún juego y declinación del cuerpo de uno a otro lado, en la culebra sibucán, no son junturas, sino, o goznes, o cañutos de hueso, que al tiempo de recogerse, o (digámoslo así) de amontonarse, se entran unos dentro de otros; pero sea como se fuere, ella así recogida, se desenvuelve, y da tan ligero salto al mismo tiempo, que alcanza al pecho del caminante, si va a pie; y junto a la rodilla, si va a caballo, con gran riesgo de uno y de otro, porque la ponzoña es mortal. La fortuna es, que de esta pésima especie de culebras, no hay, ni en lo que llamamos tierra fría, esto es, cerca de los páramos y picachos nevados; ni en lo que llamamos, y realmente es, tierra perpetuamente cálida, que son las tierras que distan largas leguas de las cordilleras nevadas: solo viven, y se multiplican en aquellas tierras intermedias, en que ni prevalece el frío, ni domina el calor, que se han levantado con el nombre de tierra templada, y realmente lo es: allí abunda la fatal plaga de culebras sibucanes, y no en otro lugar; y se multiplican con tanta fecundidad, por haber poca gente que las persiga, que habiendo el padre Juan de Ortega, ejemplar de apostólicos misioneros, juntado, con la fatiga de no pocos años, a los indios Ayricos, Eles, Araucos, y otros muchos, y domesticándolos a las orillas del río Macaguane, donde hoy están; compadecido del calor intolerable que padecían en la vega de aquel río, trató con ellos, y todos convinieron en mudar su pueblo a tierra templada, cual es al entrar en la cordillera de la Salina de Chita. Fue el cacique, que vive todavía, con los capitanes, a escoger el sitio que fuese más al propósito, se pusieron todos a desmontar con sus machetes la maleza que había debajo de un coposo árbol, donde habían determinado dormir aquella noche; y me contó el indio fiscal de dicha gente, que solo en aquel corto distrito, a que hacían sombra las ramas de aquel árbol, tuvieron contienda reñida con diecisiete culebras sibucanes; y que aturdidos y espantados de tan fatal persecución, sin querer hacer noche allí, aunque ya era tarde, se pusieron en camino para su pueblo de Macaguane, conviniendo todos a una, en que valía más padecer calor, que estar en tierra templada, llena de tales enemigos.

334

En las tierras calientes, especialmente donde hay abundancia de hormigueros, se halla una especie de culebras de dos cabezas, y de tan raras propiedades, que no extrañaré causen notable armonía y dificultad a los que no las han visto. Son de ordinario del grueso del dedo pulgar, pero no corresponde su longitud a su groseza, porque la mayor apenas llega a dos palmos: su movimiento es muy tardo; y por eso, aunque su diente es fatal, y de ponzoña muy activa, rarísima vez hacen daño; a más de que son enemigas del calor, y así se meten en los hormigueros, donde logran el fresco de las cuevas, que las hormigas cavan para guardar la comida que buscan, y para criar sus hijos: en dichas cuevas las encuentran los Labradores cuando cavan, y meten caños de agua para desterrar las hormigas, que destruyen los árboles del cacao, la yuca, el panizo, y todo cuanto hallan, no con menor destrozo, que si fuera una manga de langosta: el único tiempo en que las dichas culebras salen de las cuevas, es después que ha caído algún aguacero recio, industriadas del natural instinto, que les enseña el refrigerio, que contra el calor les dará la tierra mojada.

Salen en fin, y aunque su paso es tardo, les ha dado el Autor de la Naturaleza el alivio que dio de otro modo a los cangrejos: estos caminan de lado; y si al andar a mano derecha se les antoja tirar por la izquierda, no dan vuelta, ni mudan de positura, sino que en la misma positura toman el movimiento contrarío: a este modo las culebras dichas, van, v. gr. al Oriente; y la cabeza, que mira al Poniente, se deja arrastrar: y cuando toma el rumbo de Poniente, esta cabeza, que servía de cola, toma su viaje, y arrastra a la otra.

El padre Manuel Rodríguez hace mención de estas culebras de dos cabezas en su Historia del río Marañón; pero sin duda no tuvo de ellas las demás noticias, que yo averigüé despacio y a todo seguro; y pondré aquí, no solo para curiosidad, sino también para utilidad del bien común.

Y en primer lugar digo, que es muy difícil matar una de estas culebras al que no está inteligenciado del modo; porque si le da v. gr. una cuchillada en medio, cada cabeza de por sí busca a la otra, y luego que se encuentran, de común acuerdo se apartan, unen las extremidades cortadas, y sirviendo la misma sangre de liga, quedan otra vez unidas. Si le dan dos cuchilladas, y queda dividida en tres partes, cada cabeza busca el pedazo y lado que le toca, y unida aquella parte, pasa a unirse con la extremidad de la otra cabeza, en el modo dicho. El modo de matarlas es, cortando ambas cabezas con muy poca parte del cuerpo, o enlazadas con un cordel, colgarlas de una rama; y aun este modo segundo no es seguro, porque si alguna ave de rapiña no se las come, se llega a podrir el cordel, y las culebras secas a los rayos del Sol, caen; y luego que llueve, reviven y toman su camino. Ello parece increíble, y por tal lo tuve a los principios; pero habiéndome encargado el Hermano Juan de Agullón, Boticario, Médico y excelente Químico del Colegio Máximo de mi provincia de Santa Fe, que le enviase de estas culebras, sacó de su obrador cuatro, que tenía secas, y colgadas en el aire; y me aseguró, que con estar tan áridas, puestas en el suelo, empapado en agua, a las veinticuatro horas revivían; y así, que las que me pedía las secase bien al humo de la chimenea, y bien resguardadas de toda humedad, se las remitiese, porque eran muy útiles. ¿Cuál es su utilidad? le replique yo: y diciendo y haciendo, sacó un cristal con polvos de dicha especie de culebras, y certificó, que era un específico maravilloso para soldar y reunir los huesos quebrados por caída, o por golpe; asegurándome, que tenía de ello repetidas experiencias. A un hombre, que era buen religioso, y por otra parte erudito, no es razón negarle su autoridad.

La eficacia de estas culebras se confirma con la que nos enseñaron las culebras de cierta especie en Filipinas, en una yerba ordinaria, que en el lenguaje de aquellos indios se llama ductungajas, que en castellano quiere decir uneculebras: porque si parten por medio una o muchas de aquellas culebras, corren luego cada una, con el cuerpo, que quedó unido a la cabeza, come de aquella yerba, refriega las heridas con la que trae en la boca, hasta dar con la parte que le falta; y hecha esta diligencia, arrima la una cisura contra la otra, se une luego, y huye aprisa. Con esta lección hacen los Filipinos esta misma diligencia, ahorrándose de pagar Cirujanos, cuando por riña o por otra desgracia les dan una cuchillada; porque con la confricación de la yerba ductungajas, se une luego la una tajada de carne con la otra. Esto me aseguró el padre procurador general de la provincia de Filipinas, de la Compañía de Jesús, en esta corte, de resultas de haberle referido yo lo que llevo dicho de la culebra de dos cabezas.

De dicha especie de culebras, y de la yerba, que buscan para reunirse, habla monsieur Salmón en su Historia Universal, tratando de las islas Filipinas: y aunque no deja de insinuar algún género de duda; bien puede deponerla con todo seguro: porque el sujeto citado, que me dio la noticia del ductungajas, a más de su larga experiencia, adquirida en muchos años de misionero, en aquellas islas; está adornado de todo lo que concurre a formar una grande autoridad.

Ya considero fastidiado al Lector (y con mucha razón) a vista de tantas y tan formidables serpientes, y así omito una gran multitud de varias especies de ellas, de las cuales, unas, esto es la gran variedad de víboras, infestan los páramos y tierras frías; otras en número innumerable de especies distintas, llenan las tierras calientes; otras en fin, como acabamos de decir, acompañan a las sibucanes en la tierra templada: solo las culebras corales, llamadas así, porque prevalece en ellas el color encarnado, veteado de negro, pardo, amarillo y blanco, se hallan bien en cada uno de los tres temperamentos dichos; aunque según la variedad de ellos, varían más o menos sus colores, que a la verdad enamoran y arrebatan la vista, aun con verlos, en sabandijas tan detestables; pero aunque varían de color, no varían de humor; tal, que entre todas cuantas culebras hay hasta hoy por allá conocidas, ninguna llega a la violencia del veneno de las corales, aunque el de las culebras macaureles se le parece mucho: pero hablemos ya de los remedios.

Ya dije arriba el modo bárbaro, cruel y necio, con que los indios en su ciega gentilidad, curaban o por mejor decir, no curaban a los mordidos de culebra. Ahora será muy del caso, supuesto que este Libro también se ordena al bien de aquellas pobres gentes, apuntar aquí brevemente los remedios usuales, que los padres misioneros tienen prontos, y llevan también en sus espirituales correrías, para bien de aquellos pobres ignorantes indios, a cuya noticia no había llegado la especie de tales antídotos.

El primero y principal remedio, es el bejuco de Guayaquil, de que latamente hablé en el Capítulo tercero de esta segunda Parte; pues el que puede conseguirle, no tiene necesidad de buscar otro; pero la distancia, dificulta su logro. Es también remedio universal la hoja del tabaco, que mascado en cantidad, parte tragado, y parte aplicado a la mordedura sajada, continuándole tres o más días, es remedio muy eficaz contra la mordedura de cualquier culebra que se fuere; y a más de la larga experiencia en los heridos, la tengo hecha también repetidas veces en las mismas culebras. He probado después de aturdida la culebra con un golpe, de cogerle la raíz de la cabeza con una horquetilla, de manera que apretando con ésta, luego la culebra abre la boca; entonces, a todo seguro, le he puesto tabaco mascado en ella; en virtud del cual luego le da un temblor general; y pasado éste, queda muerta la culebra, tiesa y fría, como si fuera un bastón duro.

El tercer remedio general, es la piedra oriental: esto es, la asta de aquellos venados, aserrada en chicas piezas, las que se tuestan hasta tomar color de carbón: se saja la mordedura, y se aferra dentro, aquel cuasi carbón, que chupa el veneno; pero a veces no bastan cuatro ni seis, y lo más seguro es, que juntamente masque tabaco el herido.

El cuarto remedio, es, si la mordedura está en sitio capaz de admitir ventosa, el aplicar hasta cuatro ventosas: la primera, seca: la segunda, sajada, y ésta chupa un humor amarillo: la tercera, da el mismo humor con pintas de sangre: la cuarta, ya saca la sangre pura, y queda evacuado el veneno, y sano el paciente.

El quinto remedio, cierto y practicado, es una buena porción de aguardiente fuerte, tinturado con pólvora, repetido; y a la tercera vez ya se superó, y amortiguó el veneno.

El sexto remedio, y muy bueno, es el bejuco de playa, llamado así, porque nace en las playas de casi todos los ríos de tierra caliente. No es grueso como el bejuco de Guayaquil, ni se enreda en árbol alguno, porque nace en arenal limpio: su color es tan verde como sus hojas: su virtud es contra todo veneno de culebras, pero con una circunstancia rara, por la cual se usa de él rarísima vez; a saber que si tomado el zumo de este bejuco, toma el paciente cualquiera de los demás remedios ordinarios, luego le cuesta la vida: tan celoso como esto es: y como comúnmente los heridos de culebra no se contentan, ni se pueden contener con tomar una sola medicina, por eso, este remedio casi no está en uso. En fin el colmillo del caimán o cocodrilo, antídoto general contra los tósigos y venenos, que maliciosamente se dan, es contra la ponzoña de las víboras y culebras, como diré adelante, en el Capítulo XVIII.

Capítulo XV. De otros insectos y sabandijas venenosas

Lo mismo es dejar el golfo y entrar por el Orinoco, o por cualquier otro río de tierra caliente, que entrar en una fiera batalla con varias clases o especies de mosquitos, que todos tiran a chupar la sangre, y algunos mucho más. Durante el día, pueblan el aire y se llena la cara, las manos, y cuanto hay descubierto, de mosquitos grandes, que llaman zancudos, porque tienen las piernas largas, y pintadas de blanco: a más de estos, persiguen al hombre otros ejércitos de mosquitos llamados jejenes, cuyo tamaño no llega al de un grano de pólvora de artillería: al mismo tiempo sobrevienen otros del tamaño de granos de pólvora fina, que llaman rodadores, porque luego que se llenan de sangre, no pudiendo sus alas sostener tanto peso, ruedan por el suelo, y se pierden por golosos. Estas tres especies de mosquitos, a más de la sangre que hurtan, dejan una comezón rabiosa, que al que se deja llevar del prurito de rascarse, le cuesta caro. Sin embargo es tolerable esta plaga, porque por último el pobre paciente en parte se venga, y mata muchos de ellos; y aunque acuden otros a millones, con una rama en la mano, o con un pañuelo, se ocupa en espantarlos. Pero la cuarta plaga, que es de unas moscas negras, como un azabache, y del tamaño de estas caseras, que llaman galofas, no tiene contraste, porque al mismo llegar, con la velocidad de un pensamiento, clavan el pico, sacan sangre, y dejan la herida: y hay muy pocos que puedan alabarse de haber muerto una sola galofa, con haberlas a millares, en especial en tierras anegadizas. A ésta se allega la persecución de los tábanos, unos grandes, otros pequeños, otros medianos, y todos sangrientos. Si se anda por las selvas, o en piragua, navegando a la orilla de los ríos, no es creíble cuantas especies de avisperos salen al encuentro de avispas furiosas, a cual peor; tales que en tierra obligan a una fuga acelerada, y en el agua exponen al navegante a mucho riesgo; de manera, que no hallando los indios remeros otro efugio, sueltan los remos, se arrojan al agua, y queda la embarcación expuesta a un naufragio, y entregada a la fuerza de las corrientes.

Toda esta multitud de enemigos es despreciable, y se hace llevadera, en comparación de unos mosquitos verdes, que llaman de gusano: estos abundan en los ríos Apure, y Urú, en Tena, Espinal, y en las tierras excesivamente calientes: son intolerables, y chupan la sangre como los otros; pero en pago del sustento, dejan, o por mejor decir vomitan, dentro de la carne, hasta donde penetró su afilado pico, un huevecillo imperceptible, que fomentado con el calor natural, a los tres días pasa a gusano peludo, de tan mala calidad, que inflama la parte en donde está, y causa calentura, como si fuera un grande tumor. No es esto lo peor, sino que como está en la carne viva, y los pelos de que está lleno, son ásperos, a más de los vivos dolores, que causa cada vez que le da gana de comer, en todos los movimientos que hace, cada uno de sus pelos es un lancetazo cruel. El forastero, que piensa que es un tumor, y trata de curarle como a tal, va perdido; porque a los ocho días ya tiene diez o doce hijos, cada uno de los cuales va cundiendo en la carne viva por su lado, para formar cóncavo aparte, y multiplicar otros enjambres; en tanto, que a muchos les ha costado la vida: y en los parajes donde más abundan aquellos mosquitos, aniquilan a los perros y cabras; y hasta el ganado mayor perece, penetrado todo de ellos. Nadie se admire de que los pinte tan por menor, porque escarmentado de su furioso diente y acicalados pelos, deseo que este aviso sirva de precaución a los que llegaren de nuevo por aquellas tierras. Es cierto, que la herida del mosquito verde nadie la puede evitar, en el paraje donde abunda; pero se puede estorbar que el gusano procree: y para ello se ha de observar, que en el mismo centro del tumor inflamado, que se levanta, se ve siempre una aguadija, que arroja el gusano por la boca: sobre ella se pone chimú, que es quinta esencia de tabaco; y a falta del chimú, se pone tabaco mascado, con que se emborracha el gusano; y si bien aumenta los dolores con los movimientos que hace; apretando con los dedos pulgares, la carne, a buena distancia del gusano (por no machacarle) dando el apretón con fuerza, salta el gusano entero, y solo hay que curar el cóncavo que deja: pero si se estruja, y muere adentro, o salta al apretar sola la mitad de él, queda trabajo para muchos días; porque luego se forma apostema, y como a tal se ha de seguir la curación. Estas seis plagas de intolerables sabandijas, persiguen y acometen de día cara a cara. Pasemos ya a otras nocturnas, que no solamente roban la sangre, sino también el sueño y el descanso, tan necesario y apetecido, después de haber trabajado todo el día.

Luego que anochece, llueven enjambres de mosquitos cenicientos, pequeños, pero sumamente molestos; no solo por sus penetrantes picos, sí también por el sonido y zumbido con que atormentan el oído; tanto, que si ellos fueran capaces de entrar en partido, fuera trato útil a unos y a otros, darles amplia facultad de chupar sangre, con tal que callasen.

Entran en segundo lugar unos insectos pardos, de una hechura muy rara, del tamaño de tábanos medianos, que se llaman pitos; los cuales tienen un pico rabioso y suave: mientras beben la sangre, lo hacen con tal tiento y dulzura, que no se dan a sentir; pero al retirarse llenos, dejan un dolor y comezón intolerable: estos abundan en todas las tierras calientes; y en especial en las casas recién fabricadas es grave su persecución por más de un año.

¿Y quién creyera, o se atreviera a decirla, si no fuera tan evidente, y tan sangrienta y mortal la plaga nocturna de los murciélagos? De estos hay unos regulares, del tamaño de los que se ven en España; y otros tan grandes, que de punta a punta de sus alas tienen tres tercias; y unos y otros gastan la noche buscando a quien chupar la sangre. Los que por no tener otro arbitrio duermen en el suelo, si no se tapan de pies a cabeza, lo que es muy arduo en tierra de tanto calor, seguramente son heridos de dichos murciélagos; y también los que duermen en camas sin toldillo, o sin mosquitero; pues aunque no quede sin tapar sino la frente, allí le muerden: y si por desgracia pican una vena, como acontece, el sueño pasa a ser muerte verdadera, desangrándose el cuerpo, sin sentirlo el dormido: tanta es la suavidad con que clavan el diente, batiendo al mismo tiempo blandamente sus alas, para halagar con el ambiente, al mismo a quien tiran a destruir. A causa de esta persecución y otras, han inventado los indios el dormir colgados en el aire, sobre una como red, que llaman chinchorro.

Los blancos o españoles duermen colgados, al modo dicho, en hamacas, que son mantas fuertes de algodón; pero ni una, ni otra inventiva resiste a los picos de los mosquitos: y por esto los indios ya cristianos y cultivados, usan mosquitero o toldillo, aunque sea un pobre remero: los gentiles, para resistir a las plagas del día, se untan, como ya dije, con aquel ungüento hecho de manteca o de aceite, con achote molido, y para irse a dormir renuevan la dicha untura. Algunas naciones, con los Otomacos, usan pabellones, tejidos de hoja de palma con gran curiosidad: otras naciones labran sus dormitorios junto a sus ranchos, que llaman unos sulecú, otros maspara, etc. según la variedad de lenguas. Estos dormitorios son unas pequeñas chozas, muy cerradas, y de cubiertas tríplices, para que no penetren los enemigos nocturnos, en especial los tigres, que buscan su remedio de noche más a su salvo. En fin, la necesidad ha obligado a todas aquellas gentes a inventar arbitrios para su defensa, menos las naciones Guajiva, Chiricoa y Guama, cuyas gentes duermen en el duro suelo, sin más cubierta, que la del Cielo raso, expuestos a todas las plagas referidas, y a otras muchas que diré; y viva quien viviere; y al que amanece muerto lo entierran, sin apurarse, ni tratar de remedio, para evitar otras desgracias.

Lo que yo no podía ni puedo entender, es ¿cómo aquellas gentes llegan a tomar el sueño, cubiertos de innumerables mosquitos? Ello es así, que luego que se tienden por aquel suelo a dormir, hay tal estrépito de palmadas, matando mosquitos, que me han quitado solo ellas el sueño muchas veces; al cuarto de hora, ya suenan menos, y a la media hora ya no se oye golpe alguno; y entra a atormentar en su lugar un horrible ruido de ronquidos intolerables. Yo, para registrar si aquel profundo suelo era por haberse retirado los mosquitos (como sucede en la nación Guaraúna, que los destierra de casa con humo, según ya queda dicho) encendí varias veces luz, y reconocí, no sin espanto, aquellos cuerpos revestidos de pies a cabeza de millares de mosquitos, forcejando unos con otros, para hacerse lugar, y fijar su pico, yéndose unas bandadas llenas, y viniendo otras a llenarse de sangre, sin cesar, toda la noche. Después, con el tiempo vi, que no hay trabajo a que no se acostumbre el cuerpo humano; porque conocí algunos padres misioneros, que tenían la cara, frente y corona llena de dichos mosquitos, sin sentirlos, ni poco, ni mucho: ello es cosa dura de creer, pero cierta; y aunque no entiendo el cómo, no cabe duda en que el cuerpo se acostumbra a no sentir tantos y tan agudos aguijones.

Todas estas plagas volátiles hemos registrado, fijando la vista, ya en el aire, ya en los cuerpos atormentados, a violencia de sus agudos picos. Ahora es preciso bajar los ojos al suelo, para ver aunque de paso, otras plagas, originadas de otros crueles y mortíferos insectos. Molesto es el asunto; pero útil para los que allá viven expuestos al daño, y curioso para los que acá le miran de lejos.

Capítulo XVI. De otras sabandijas muy ponzoñosas

No se puede dar paso en las vegas de los ríos de tierra caliente, sin llenarse el cuerpo de una comezón general, que causan innumerables animalillos, imperceptibles a la vista, a quienes los españoles llaman coquitos, y los indios Betoyes, sumi; los cuales, después de llenar el cuerpo de ronchas con sus mordeduras, cuando ya están llenos de sangre, se perciben con la vista, pero no se pueden arrancar, porque son tan menudos, que no alcanzan las uñas a poderlos prender. El remedio es sufrir, hasta hallar sitio apto para darse una untura de tabaco mascado, con que, o caen, o se mueren; pero si se ha de seguir el viaje por las mismas vegas, es diligencia ociosa la untura, porque a los primeros pasos se llena el viajante de ellos segunda vez. Es esta una plaga muy molesta, pero ni causa calentura, ni otro grave daño; y lo que se hace, es sufrir hasta la noche, en que con la dicha untura del tabaco, se remedia todo, para poder dormir.

Poco mayores son otros animalillos semejantes, llamados coyas, que se perciben, y ven andar, v. gr. por las manos; pero es preciso guardarse de matarlos, y aun de tocarlos. Son de color muy encarnado, y su hechura de una garrapata menuda; pero si alguno inadvertidamente mata a uno de ellos, luego que aquel humorcillo le toca la carne, con ser tan corto, y casi nada, al punto se la hincha disformemente todo el cuerpo, y muere infaliblemente, si no sufre el tormento del fuego de paja, llamada guayacán. El remedio único, es desnudarse, y encendido el fuego en dicha paja, dejarse chamuscar de pies a cabeza: esto lo hacen cuatro o cinco hombres con destreza, cogiendo al doliente, unos por los pies, otros por los brazos, y pasándolo por las llamas. Lance muy duro, y remedio cruel, pero único para librarse de la muerte.

Las bestias sienten a las coyas, según parece, por el olfato; porque se observa, que estando paciendo una de ellas, de repente da un salto y un bufido; y averiguando el motivo, se hallan coyas en aquella mata de yerba, que iba a morder: no obstante se descuida tal vez, por estar la coya muy entremetida, o tapada entre las hojas; y luego que la traga entre la yerba, muere hinchado, sea buey, o sea caballo: y no tiene remedio. Esta plaga se siente solo en las tierras muy calientes, como son los llanos de Neiva, y otros semejantes, que son pocos.

En los territorios de Mérida, que ni son del todo fríos, ni del todo cálidos, y en otros semejantes, se crían arañas de picadura tan venenosa, que si no se acude a tiempo con remedio oportuno, como lo es el sebo amasado con tabaco, hecho emplasto, corre manifiesto peligro, aunque sea caballo o vaca el que recibió la picadura.

Las niguas son plaga muy universal, y no solo abundan en toda tierra caliente y templada, sí que no faltan en tierra fría, aunque no tantas. En el Paraguay y otras provincias, las llaman piques; los Jiraras las llaman sicotú; y nadie se escapa de esta epidemia, sino tal cual, de humores muy irregulares. No hay resguardo que baste; se meten por entre las medias y zapatos, y penetran la carne viva, con un dolor y comezón ardiente; luego forman una tela, y dentro de ella, a las veinticuatro horas, ya tienen huevecitos, para criar un hormiguero de niguas. Son unas pulguillas, que las brota el polvo, y hay tantas en algunos parajes, que apenas es creíble: es plaga lastimosa para los indios y negros, que andan descalzos, y gastan poco cuidado en sacarse las niguas, que les entran por todas partes en gran abundancia; y como multiplican tan aprisa, los imposibilitan a poco tiempo. Unas familias, que de Canarias llegaron a la Guayana, por los años de 1720, se descuidaron tanto en sacarse las niguas, que murieron gran parte de ellas, sin otro achaque que éste.

Es importante el saber, que si luego que entró la nigua, que avisa su bienvenida, con la comezón ya dicha, se quiere sacar, es perder tiempo; porque al mismo tiempo que se va apartando la carne para sacarla, se va entrando más adentro, y es peor: lo mejor, y menos peligroso es, sufrir hasta al día siguiente, y entonces se sacan, juntamente con su casita, que ya tienen, del tamaño de un grano de aljófar; y aquel hueco que dejan, se llena de tabaco en polvo, para que no se encone, como ordinariamente sucede. Ello es pensión indispensable y urgente, el que un criado, con el alfiler o la aguja en la mano, reconozca todos los días los pies; y se suelen hallar cada día cuatro o seis niguas que sacar; otros quince, y otros muchas más, conforme los humores de cada uno: ¡plaga, a la verdad, terrible!

El remedio eficaz, que yo he practicado siempre, para que jamás entre nigua alguna, y para que se mueran las que ya entraron; es una resina, que los indios Tunevos de Patute, del Piñal, de Chisgas, y de Guacamayas, recogen al pie de los páramos nevados de Chita: ésta resina, que llaman otova u otiva, la cogen del centro de una flor blanca, que crían allí los árboles: recién cogida es blanca, y se parece a la mantequilla bien lavada; pero después pierde algo de su blancura: su olor es fastidioso, como olor de tocino muy rancio: se derrite entre los dedos con solo el calor natural de ellos: es a propósito para muchos remedios, como diré a su tiempo: es muy sutil, y penetra los pies untados con ella, y calentados al rescoldo, de manera, que si halla niguas, las mata, y prepara los pies, para que en todo un mes no entren otras. Pasado el mes, como se evaporó aquella virtud, se debe hacer otra untura; y de este modo me he visto siempre libre de niguas, desde que supe el secreto, y por mi aviso se han librado cuantos lo han sabido; y se librarán cuantos usaren de él. Y en fin, cuando los panales de niguas, en los que se han descuidado, cogen ya enteramente los pies, y parte de las piernas, se untan con dicha otova, y aplicando un tizón a proporcionada distancia, para que la derrita con su calor, y no moleste al doliente; después de empapada, se arropan y vendan los pies; y a las tres unturas hechas en tres días consecutivos, no solo se han muerto todas las niguas, sino que cae toda aquella costra seca, y queda nuevo y limpio el cutis en toda la parte lesa. Esto es tan cierto, que con mis manos he curado muchos indios, negros y blancos, con sola la referida diligencia. He oído a personas inteligentes, que la brea aplicada en el modo dicho, equivale a la otova; y la falta de estos untos se suple muy bien con sebo, repitiendo con frecuencia las unturas.

No está todavía averiguado, ni es fácil de averiguar, si la culebrilla, de que voy a dar noticia, nace en las plantas de los pies, por alguna congelación de los humores del mismo cuerpo humano; o si se origina de algún animalejo, que se entra al modo que dijimos de las niguas. Lo cierto es, que en Cartagena de indias, y en semejantes temperamentos, sumamente cálidos y húmedos, aunque no con frecuencia, se padece la culebrilla; la cual se da a sentir, y a conocer por la inflamación que ocupa la planta del pie, y por la calentura que de ella se excita. Para observarla, lava un Cirujano el pie con agua tan caliente, cuanto puede sufrir el paciente; y después de limpio y enjuto el pie, se deja ver un verdugón, más o menos enroscado, según los días que lleva de engendrada la culebrilla, el cual indica su grandeza. Con este conocimiento se procede a la curación en el modo siguiente: se prepara un lazo, hecho de un torzal de seda fuerte, y se vuelve a meter el pie en el agua caliente; sufocada la culebrilla del calor, o la tenía ya, o abre puerta para sacar su cabeza; y al sacarla, prontamente, antes que la retire, se le echa, y ajusta bien el lazo, cuya extremidad se debe afianzar sobre los tobillos, en la garganta del pie, de modo que quede, tirante, y se deja arropado el pie, y quieto hasta al otro día: se repite el baño, y se halla, que ya la culebrilla salió hacia fuera, supongamos el espacio de una uña, y en este estado la destreza y cuidado grande se ha de poner en dos cosas: la una, en no violentar demasiado la culebrilla para que salga: la otra, en que el lazo no afloje, y retirándose ella hacia dentro, se pierda lo ya ganado. En uno y otro se requiere gran tiento; porque si se parte la culebrilla, se corrompe la parte que queda dentro, y se apostema el pie, dando materia a una prolija y arriesgada curación. Y a fuerza de tiempo y de prolijidad, sin más que repetir los baños dichos, sale últimamente la culebrilla entera, de cosa de tercia de largo, del grueso de un bordón ordinario de arpa; y es casi nervosa, y de poca carnosidad. Esta relación, casi con los mismos términos, la oí al padre Carlos de Anisón, de mi religión, quien decía haber padecido de la culebrilla, y haber sido curado en el modo referido.

Otra especie de culebrilla da también en las tierras cálidas y húmedas; y abunda mucho especialmente en aquellos dilatados llanos de Pauto y Casanáre, donde están nuestras antiguas misiones: las señas con que se manifiesta, son horribles, y como yo la padecí, daré una noticia de ellas, y apuntaré un remedio fácil y seguro, con que curar sin dolor un mal tan arriesgado. Da una inflamación, v. gr. en el pecho, o en la espalda, a que se sigue la calentura; brotan después unas ampollas con aguadija clara sobre la dicha inflamación; y luego desde allí, como de su centro, empieza la inflamación a caminar, dando vuelta al cuerpo; y como si la cabeza de la culebrilla buscara el sitio mismo de donde salió, va caminando la inflamación con punta piramidal; y el sitio que ocupó hoy, mañana amanece lleno de las dichas ampollas. Más de la mitad del cuerpo me había ya ceñido la culebrilla, y no hallaba quien me dijese qué cosa era, ni qué remedio tenía; hasta que un indio silvestre, recién bautizado, llamado Ignacio Tulijay, viéndome fatigado, me consoló, diciendo: Babicá, fajijú, futuit fu, rufay fafolejú: que a la letra fue decirme: padre mío, tú mueres sin falta: no hay más remedio, que dejarte quemar. Viendo que no había otro partido, quémame, le dije, como tú quisieres. El caldeó un cuchillo luego, y hecho una ascua de fuego, empezando desde el principio de la culebrilla, la fue sajando y quemando por diecisiete partes. La culebrilla no pasó adelante, y la calentura se quitó luego; pero las sajaduras costaron de curar muchos días: durante cuya curación vino a visitarme una vieja mestiza, esto es medio india, y medio mulata, que se preciaba de Médica, y lastimándose mucho del rústico remedio que me aplicó el indio, me dijo: que ella de sus mayores había aprendido, que para matar la tal culebrilla, basta calentar bien un limón, partirlo, empapar pólvora con aquel agrio, y untar con dicho limón y pólvora con frecuencia toda la inflamación: añadiendo que sabía por experiencia, que en llegándose a juntar la cabeza de la culebrilla con la cola o sitio, de donde salió, luego al punto muere el paciente. Este remedio del limón caliente y pólvora, es muy eficaz y no causa al enfermo molestia de cuidado; de manera que después le apliqué a muchos, porque, como dije, es este mal muy frecuente en aquellos territorios. Y para que llegue a noticia de todos un remedio tan fácil y útil, se pone aquí; y advierto, que no solo da en el cuerpo, v. gr. en las espaldas o pecho; da también en los brazos, en los muslos etc. con las mismas señas, que ya dije. Lo que yo no acabo de creer es, que sea animal vivo, como lo afirman aquellas gentes, sí bien aquel modo de caminar en círculo perfecto, puede ser algún indicio de lo que ellos piensan. Después experimenté, que con sola la untura del limón tibio repetida, basta para atajar esta rara enfermedad.

también afirma el vulgo, de aquellas gentes, y muchos, que no son parte del vulgo, lo creen, que un mal muy común, y casi cotidiano de los citados llanos, que se llama bicho, es un animalejo vivo, nacido en los intestinos, o entremetido en ellos, como dijimos de la culebrilla de los pies, y de las niguas. Las señas que da el bicho, son una gran calentura, con un sueño, tan profundo, que no hay forma de que despierte, ni abra los ojos el doliente; a quien al mismo tiempo se le aflojan y laxan notablemente los músculos hemorroidales: bien que si estos se fomentan con repetidos gajos de limón, y al doliente le hacen tragar del mismo agrio, sana luego; pero si no se le aplica con puntualidad dicho remedio, a las doce horas del achaque, le tiembla algo el brazo izquierdo; de allí a poco el brazo derecho; luego empiezan a temblarle y a encogérsele los dedos pulgares; y en fin, todos los dedos se garrotan reciamente contra las palmas de las manos; y a las veinticuatro horas muere sin falta, precediendo notables convulsiones en todos los miembros del cuerpo.

A mí no me han dado prueba ni razón, que me haya inclinado a creer, que este tal bicho sea animalejo viviente: mejor creyera, que es especie de calentura efímera, que preocupa toda la sangre, parte de la cual, elevada al cerebro, causa aquella modorra y sueño profundo; pues experimentamos, que refrescadas las hemorroidales, se quita con tanta facilidad la calentura y la modorra, y los dichos músculos se estrechan y recobran, volviendo al estado connatural. Pero éste y otros puntos solo los apunto, para que los doctos tengan este campo más para sus discursos, propios de los profesores de la Física.

Es plaga muy ordinaria en las tierras calientes la de los aradores, que en sentir común son unos animalillos imperceptibles a la vista: lo que se ve es, el lugar por donde van caminando entre cuero y carne, donde van dejando unos surcos de salpullido en forma de semicírculo, y en ellos una ardiente comezón: es plaga que cunde mucho en el cuerpo, y es muy difícil de quitar en tanto que no se ha hallado aun específico contra ella; pues si bien con limón caliente y pólvora se amortigua, luego recobra su fuerza.

Por fin, solo tocaré aquí de paso un mal para mí de admiración; del cual en los dichos territorios he visto morir, y he ayudado a bien morir a muchos. Este consiste en ir creciendo el bazo hasta cubrir todo el estómago; con la circunstancia de que luego que llega a topar en la costilla del otro lado, que viene a ser la penúltima, sin acceso alguno de calentura, muere el enfermo.

Capítulo XVII. Peces ponzoñosos y sangrientos

Después de haber manifestado a los caminantes los peligros de la tierra en la multitud de fieras y de insectos malignos, quedaran, con razón, quejosos los navegantes de aquellos ríos y lagunas, especialmente los forasteros, si no les diésemos noticia de los riesgos, y peces venenosos que entre aquellas aguas se ocultan, para que con cuidado se recaten de ellos; y si no les insinuásemos el modo de librarse de ellos, y los remedios usuales para sanar, en caso de hallarse heridos. Muchos de estos daños padecieron los primeros españoles, que bajaron y subieron por el Orinoco; y después los ingleses, en sus expediciones, con pérdida notable de soldados, como consta de nuestras Historias, y de los Itinerarios, que ellos formaron, que se hallan recopilados por monsieur Laet; pero como el único empeño de aquellos era el descubrir minerales, pusieron toda su mira en demarcar los rumbos del agua, y caminos de tierra, sin dejar noticias individuales de los animales que les destruían y acababan la gente; y este es el asunto de este Capítulo, no poco útil a los que han de navegar aquellos ríos.

Se lamentaban aquellos españoles de que las aguas de las lagunas y anegadizos circunvecinos del Orinoco, les mataban mucha gente; pero este daño se evita ahora fácilmente, si con un pañuelo doblado, o con un jirón de la capa o de la casaca, se cuela dos, o tres veces aquella agua antes de beberla, de manera, que desde que se averiguó, y se usa de esta fácil precaución, se ha evitado una infinidad de muertes: y lo creo muy bien, porque en ellos se corrompe el agua, y luego cría lama verde sobre sí, y dentro engendra multitud de sanguijuelas, renacuajos, cabezones y otros innumerables animalejos, casi imperceptibles a la vista, que transferidos al estómago, se aferran a él, y ya sea porque allí crecen, o ya porque sin crecer más, llevan consigo bastante malignidad; de ellos, y de la putrefacción del agua se originaban dichas muertes.

Otra precaución conviene tener presente, y es de no vadear río o laguna de poca agua, ni andar por las orillas de río grande, dentro del agua, sin llevar en la mano un bastón, picando con él la arena donde se han de sentar los pies; porque todos los ríos, arroyos y lagunas de tierra caliente tienen rayas cubiertas con arena: estas son unos animales redondos y planos, al modo de un plato grande, que llegan a crecer disformemente: tienen el pecho contra el suelo, y en medio de él tienen la boca, pegada siempre contra la arena o tierra, de cuyo jugo se mantienen: en la parte inferior tienen la cola bastantemente larga, y armada con tres o cuatro púas o aguijones de hueso firme, y de punta muy aguda; y lo restante, hasta la raíz, con dientecillos de sierra muy sutiles y firmes.

Estas puyas buscan los indios, y las encajan con firmeza en las puntas de sus flechas de guerra, con que hacen la herida fatal o muy difícil de curarse, por el veneno de aquellos animales. Luego que la raya siente ruido, juega su cola, y la encorva, al modo que con la suya lo ejecuta el alacrán, y hiere a quien la va a pisar, sin advertirlo, por estar ella siempre oculta entre la arena. El que va caminando con su bastón, picando el terreno por donde ha de pasar, va seguro; porque si hay rayas, al sentir el palo, se apartan.

Es digno de notar que por recia que sea la herida de la raya, no arroja gota alguna de sangre; o porque el frío de aquella púa venenosa la cuaja, o porque la misma sangre, a vista de su contrarío velozmente se retira: y esta circunstancia me excitó a hacer dos experimentos, que son los que hoy se practican ya en todas aquellas misiones, contra las cotidianas heridas de rayas, contra las cuales los indios no habían hallado otro remedio, que morir después de cancerada la herida. Los españoles habían hallado alivio al agudo dolor, aplicando una tajada de queso bien caliente, pero no evitaban una llaga gravísima y peligrosa, que siempre resultaba. A los indios adultos, rarísima vez hieren las rayas; porque con el mismo arco que llevan para flechar pescado, van picando la arena, al vadear por el agua: toda la plaga recae sobre los chicos incautos que al irse a lavar y travesear, jamás escarmientan; y aun malicio, que se alegran de las heridas, por librarse de ir a la escuela, y a la doctrina, que evitan cuanto pueden, por ser tareas opuestas al humor de aquella edad.

Deseoso de atajar tantos daños, impelido de la reflexión arriba dicha, al primer chico que me trajeron herido, saqué una vena que hay en el centro de los ajos, que es la que pasa a retoño cuando nacen, y la introduje por la herida de la puya: a breve rato brotó por ella tal copia de sangre, que arrojó a la dicha vena o nervio del ajo: después que paró la sangre, puse otra semejante, y volvió al cabo de rato a salir sangre, pero en menor cantidad; y reteniendo en mi casa al paciente, a los tres días ya estaba sano, sin habérsele inflamado la herida, ni poco, ni mucho: de modo, que se infiere, que lo cálido del ajo pone fluida la sangre coagulada con el frío del veneno; y se ve que con la misma sangre sale el veneno que la puya había entremetido. Este experimento me dio motivo para el segundo; que fue, llenar la herida hecha por la puya de la raya, con raspadura de nuez moscada, y surtió el mismo efecto, y con las mismas circunstancias dichas ya en el experimento primero. Dejo otras noticias de las dichas rayas, y concluyo con decir lo que me causó notable armonía; y es, que haciendo anatomía de la rara hechura de una, le hallé en el vientre la matriz, no llena de huevecitos, como tienen los otros peces, sino llena de rayas, del tamaño de medio real de plata, y cada una de ellas, que pasaban de veinte, armada con sus puyas en la cola, para salir prontas a dañar desde el vientre de su madre.

Otra plaga fatal es la de los guacaritos, a quienes los indios llaman muddé, y los españoles, escarmentados de sus mortales y sangrientos dientes, llamaron y llaman hasta hoy Caribes. Contra estos, el único remedio es apartarse con todo cuidado y vigilancia de su voracidad, y de su increíble multitud, pues es tanta aquella, y tal ésta, que antes que pueda el desgraciado hombre que cayó entre ellos, hacer diligencia para escaparse, se le han comido por entero, sin dejar más que el esqueleto. Y es cosa digna de saberse, que el que está sano, y sin llaga o herida alguna, puede entrar muy bien, y nadar entre innumerables guacaritos (si sabe espantar las sardinas bravas) seguro, y sin el menor sobresalto; pero si llega a tener algún rasguño de espina, o de otra cosa, por donde se asome una sola gota de sangre, va perdido, sin remedio: tal es su olfato, para conocer, y hallar la sangre. Y para mayor advertencia añado, que pocos años hace, precisado a pasar el río Cravo, un buen hombre, estando el río muy crecido, dejó la silla de montar al otro lado, y encima del caballo en pelo se arrojó a pasar: tenía el caballo lastimado el espinazo, y al olor de aquella sangre le embistieron los guacaritos con tal ímpetu y multitud, que por más presto que el hombre se arrojó del caballo a nadar, cogiendo luego tierra, salió lastimado, y murió en breve: y aunque no tenía herida alguna, sus compañeros discurrieron, que a río revuelto, llevó de aquellos animales los fatales mordiscos, que le causaron la muerte. Esto es muy creíble, porque se ha reparado, que durante los ataques sangrientos, se comen los guacaritos unos a otros, porque por estar los más inmediatos a la presa teñidos de sangre, dan con ellos los que van llegando de nuevo; y es muy creíble, que esto es lo que sucedió al referido pasajero.

No ha mucho que en la misión de Guanapalo, le llevaron al padre misionero de aquella gente, los Alguaciles de la doctrina, un esqueleto recientemente descarnado, de un chico de unos seis o siete años de edad, que inadvertido se entró en el río, con un leve rasguño, y le arremetieron tan aprisa los guacaritos, que con haber muchos indios presentes, nadie le pudo remediar, pues ninguno se atrevió a exponer su vida a un manifiesto peligro.

Esta mala casta de guacaritos abunda en el Orinoco, en todos los ríos que a él bajan, y en todos los arroyos y lagunas; y porque ellos, como queda dicho, no saben abrir brecha, si no la hallan, hay con ellos otra multitud innumerable de sardinitas de cola colorada, sumamente atrevidas y golosas, las cuales, lo mismo es poner el pie en el agua, que ponerse ellas a dar mordiscos, y abrir camino a los voraces guacaritos sus compañeros. Esta es la causa, porque los indios, cuando por falta de canoa se ven precisados a vadear algún río mediano, pasan dando brincos, y aporreando el agua con un garrote, a fin de que se espanten y aparten, así las sardinas y rayas, como los guacaritos, cuyos dientes son tan afilados, que los indios Quirrubas, y otros que andan sin pelo, se le cortan, sirviéndose, en lugar de tijeras, de las quijadas de los guacaritos, cuya extremidad, afianzada con una amarra, que ajusta la quijada de arriba con la de abajo, forma las tijeras de que usan.

Otro pez hay en las bocas del Orinoco, y costas de la isla de la Trinidad, y en las del Golfo Triste, que llaman tamborete: a éste, cuando cae en la red, luego le arrojan otra vez los Pescadores; porque a algunos, que incautos le han comido, luego se les ha hinchado horriblemente el vientre y han muerto. Doy las señas de él, para que sea conocido: no crece mucho, pues el mayor no llega a ocho onzas de peso; no es pez de escama, sino de pellejo; y es más grueso de lo que pedía su longitud: tiene el lomo casi morado, y la barriga blanca.

El pez espada piensa neciamente, que la canoa que pasa navegando, es algún animal que va en su alcance, y luego saca la cabeza, y en ella su espada, no de dos filos, sino de dos sierras; y da tal tajo a la débil canoa, que la pone a pique de trabucarse. Si es la canoa vieja, le suele sacar una buena astilla; y si es nueva, suele dejar la mitad de su espala encajada en el bordo, y se va medio desarmado. El se hace respetar de todos los peces por su espada, y hasta los caimanes, manatíes y bagres procuran evitar su encuentro. ¡cuánto más cuidado deben tener los hombres para librarse de su furiosa ira, y fatal golpe!

Desde las bocas del Orinoco, por todo el Golfo Triste, hasta las bocas de los Dragos, se cría el pez manta, de quien huyen a remo y vela, así las piraguas de los Pescadores, como las de los pasajeros. Se cree que es pez, aunque no tiene traza de ello: es un témpano cuajado, tan ancho, que luego que se arrima a la canoa, la cubre en gran parte, y regularmente con la canoa y la gente de ella se va a pique.

No he visto este monstruo, pero navegando por aquel Golfo en los años de 1731 y 32, vi y oí el sobresalto de los marineros y pasajeros, y el miedo grande que tenían de dar con una de estas mantas, que tan fieramente arropan y abarcan tanto buque, cuanto parece increíble. De los Buzos o Pescadores de las pesqueras de perlas he oído a personas fidedignas, que entran al fondo con un puñal en la mano, para defenderse de dichas mantas, que al primer piquete se retiran.

Bagre armado se llama otro pez, de que abundan aquellos ríos, a distinción de otros bagres, de muy buen sabor al paladar, que no tienen armas, ni ofensivas, ni defensivas. Dicho bagre armado, desde los huesos en que se ajustan contra el cuerpo sus agallas, hasta la extremidad de la cola, tiene por cada costado una fila de uñas de hueso muy agudas, y parecidas a las uñas de la águila real: nada con la velocidad de un rayo, y a los peces, caimanes, hombres, o a cualquiera animal a que se arrima de paso, le deja destruido, e incapaz de vivir. Sus carnes no se pueden comer, por estar todas penetradas de almizcle intolerable.

El pez temblador, por otro nombre torpedo, a causa del entorpecimiento que comunica, se llama así, porque hace temblar a cuantos le tocan, aunque no sea inmediatamente, sino mediante una lanza o caña de pescar. Se parece en la hechura a las anguilas, y crece mucho más que ellas: yo los he visto del grueso de un muslo, y de más de una brazada de largo: solo en los lomos tiene carne muy gustosa, pero muy llena de espinas, que rematan en horqueta; y el resto de su cuerpo todo es manteca muy blanca: no tiene agallas, y en su lugar tiene dos como orejas, de color rosado, y en ellas reside la mayor actividad para entorpecer; tanto, que después de muerto le manosean, y cortan los indios para poner en la olla, o para asar, sin sentir ya temblor; pero si le tocan las orejas, todavía tiemblan, y se entorpecen. Todo su cuerpo es sólido, menos un corto geme más abajo de la boca, donde no se halla tripa alguna, sino solo el buche, e inmediatamente el desaguadero de las heces. En el charco o remanso de río, donde ellos andan, no paran, ni caimanes, ni otros peces grandes, por el miedo que les tienen. El temblador, para pescar los peces medianos, se arrima a ellos de paso, los atonta, y se los traga a su gusto; pero más gusta de las sardinas menudas, y es curioso el modo con que las pesca. En reconociéndolas, las va siguiendo hasta cerca de la barranca, en donde hace de su cuerpo un semicírculo, fijando la cabeza y la punta de la cola contra la barranca; con que todas aquellas sardinas que tocó al formarse, y las que pretendiendo salir del semicírculo tocan con él, se quedan entorpecidas, y boca arriba, tanto tiempo, cuanto ha menester para engullírselas todas: digo engullir, porque no tiene dientes.

La payara es de los peces más hermosos de aquellos ríos, y de buen sabor. Algunos llegan a crecer tanto, que pesan veinticinco y más libras; pero por grandes que sean, dan unos brincos de más de una vara fuera del agua; y si alguno de los que van en canoa trae jubón, ceñidor, o ropa colorada en el cuerpo, da la payara el salto, pégale un mordiscón, y queda colgando de la ropa que mordió. Estos peces se pescan sin cebo, y sin anzuelo, sirviendo de golosina la soga, y sus largos y agudos colmillos de anzuelo. Para pescarles atan a la punta de un palo un retazo de bayeta o sarja colorada, y se la van mostrando, o desde la orilla del río, o desde la canoa, y ellos van saltando y prendiéndose como dije; porque a más de su dentadura, que es larga y sutil, los colmillos de la quijada inferior son tan largos, que por los conductos que Dios les hizo por entre la cabeza, les van a salir las puntas junto a los ojos; por lo cual cierran la boca, como con llave; y siendo ropa la que muerden, como no pueden cortarla del todo, quedan aprisionados con sus propias armas. Al contrarío sucede cuando de repente dan un salto, y al pobre indio que va remando o pescando desnudo (según su costumbre) de improviso le arrancan un pedazo de carne de la pierna, o de un muslo: lo que sucede muchas veces. Dejo otras plagas de animales acuáticos; así porque no son considerables; como porque no quisiera ser molesto. Resta solo tratar de los caimanes, de quienes, aunque los Autores que han escrito de la América, han dicho mucho, yo diré más, por el largo tiempo que he lidiado con ellos, observando sus ardides, y haciendo también anatomía de sus entrañas: todo lo que pide Capítulo aparte, que será, no sé si más útil, o curioso.

Capítulo XVIII. De los caimanes o cocodrilos, y de la virtud nuevamente descubierta en sus colmillos

¿Qué definición se podrá hallar, que adecuadamente comprenda la fealdad espantosa del caimán? El es la ferocidad misma, el aborto tosco de la mayor monstruosidad, y el horror de todo viviente: tan formidable, que si se mirara en un espejo, huyera temblando de sí mismo. No puede idear la más viva fantasía una pintura más propia del Demonio, que retratándole con todas sus señales. Aquella trompa feroz y verrugosa, toda negra y de duro hueso, con quijadas, que las he medido, de cuatro palmos, y algunas algo más; aquel laberinto de muelas, duplicadas las filas arriba y abajo, y tantas, no sé si diga navajas aceradas, dientes o colmillos; aquellos ojos resaltados del casco, perspicaces y maliciosos, con tal maña, que sumida toda la corpulenta bestia bajo del agua, saca únicamente la superficie de ellos, para registrarlo todo sin ser visto; aquel dragón de cuatro pies horribles, espantoso en tierra y formidable en el agua, cuyas duras conchas rechazan las balas, frustrando su ímpetu; y cuyo centro de broncas y desiguales puntas, que le afea el lomo y la cola de alto abajo, publica, que todo él es ferocidad, saña y furor; me horrorizan de manera, que no hallo términos que expliquen la realidad de las especies, que de este infernal monstruo tengo concebidas.

La dicha de los hombres está en que no todos los caimanes son carniceros, ni se alimentan de otra cosa, que de pescado; bien que no siempre le tienen a mano, porque siendo como es el caimán pesado, y de tardo movimiento, temerosos, y aun escarmentados de su ferocidad los peces, se le escapan, y pasa los días enteros sin pillar alguno: dígolo, porque habiendo desentrañado algunos después de muertos, rara y casi ninguna vez les hallé en el estómago comida alguna: lo que todos sí tienen en el fondo del ventrículo, es un gran canasto de piedras menudas muy lisas y lustrosas, amolándose con la agitación unas a otras. Procuré averiguar este secreto, y las causas de este lastre, y hallé, que cada nación de indios tiene su opinión en la materia, y que todos tiran a adivinar, sin saberse quien acierta. El parecer que más me cuadró, es el de los indios Otomacos, mortales enemigos de los caimanes por muy amigos de su carne, de que luego hablaremos. Dicen aquellos indios, que cuando va creciendo el caimán, va reconociendo dificultad en dejarse aplomar al fondo del río, en cuyas arenas duerme cubierto de todo el peso de las aguas, que sobre él corren; y que guiado de su instinto, recurre a la playa, y traga tantas piedras, cuantas necesita, para que con su peso le ayuden a irse al fondo, que busca para su descanso: de que se infiere, que cuanto más crece, de más piedras necesita para su lastre y contrapeso; por lo que en los caimanes grandes, se halla, como dije, su vientre recargado con un canasto de piedras.

No ha faltado quien leyendo lo referido, de corrida y sin la reflexión que se requiere, me atribuya a mí el parecer que yo refiero, como opinión de los indios Otomacos, sin reparar en que allí doy por supuesto, que todos tiran a adivinar, sin saberse quien acierta. Lo que yo digo es, que el parecer de estos me cuadra más; y esto solo es afirmar, que tiene más probabilidad, que el de otros indios, cuya opinión no lleva camino; pero aunque fuera mío dicho parecer, no rehusara fundarlo y defenderlo de los argumentos opuestos; sobre que diré algo al paso, soltando el argumento que se me hizo, que es éste.

El caimán es pescado: al pescado ha dado Dios toda la agilidad que ha menester para nadar, subir y bajar en el agua: luego el caimán no necesita de piedras para sumirse en el río. Si quisiera negar la mayor, se acababa todo el argumento; y pudiera muy bien negar que el caimán sea pescado, porque es animal anfibio, como lo es el lobo marino, la nutria, y en las Américas el ante, que es cuadrúpedo y acuátil; la higua, y cierta especie de cerdos, que llaman irabubos, todos los cuales, igualmente que el caimán viven y habitan tan alegremente en la tierra, como en el agua. Pero vengo ya en que sea pescado, y voy a la menor, que hallo falsificada en la América, no solo en el pescado que se llama coletó, torpe y miserable, que vive en las cuevas, que él mismo cava en las barrancas de los ríos; y al paso que el río mengua, va formando cuevas hacia abajo, de donde les extraen los indios a todo seguro; si también en la raya, de que ya hablé, que es pescado, y vive aplomado en el fondo de los ríos de la América, cubierto ordinariamente de arena, y se arrastra, mudando sitios al crecer y menguar los ríos, dejando señalados los puestos en la playa.

Dios da a los vivientes sensitivos lo que han menester, de dos modos, o real, o virtualmente. Al pez espada se la dio formidable en la cabeza para herir y defenderse: al leon dio garras; al perro colmillos, y así a otros animales: y todo esto se lo dio su majestad al hombre virtualmente, dándole habilidad para inventar armas, así para ofender, como para defenderse. En este mismo sentido dio Dios al caimán lo que ha menester para hundirse en el río, dándole instinto para tragar las piedras, que necesita para ello; al modo que al gavilán, y a otras aves de rapiña, que en comiendo demasiado, no pueden levantar el vuelo, les dio aquel instinto natural, con que lanzan lo que conviene para remontarse en el aire con menor peso. Las grullas son tardas en levantar el vuelo; y para no ser sorprendidas, se remudan de noche, haciendo centinela; y para despertar ésta, si acaso se duerme, levanta un pie, y entre sus garras una piedra o un terrón, que al adormecerse se le cae, y la despierta con el golpe: con que el Señor que dio este arbitrio a las grullas, dio el otro a los caimanes. Ahora insto el argumento contra el que le hizo, de esta forma, mirando el modo de volar de las grullas: la grulla es ave: a las aves dio el Criador todo lo que han menester para volar: luego vuelan sin adminículo alguno externo: y veis aquí, que ya es menester dar la misma solución, que yo di al argumento, distinguiendo la menor, y negando la consecuencia; porque ya que la grulla no pueda mantener en el aire el peso de su cabeza por largo tiempo, le dio la industria de recargarla sobré la espalda de la que va delante; y luego que la delantera se fatiga, se aparta reclina la cabeza en la espalda de la última, sin lo cual ya no pudiera volar, como ni el caimán irse a fondo sin lastre de piedras.

De modo, que no solamente dio el Criador a los animales, admirables industrias para su conservación, sí también para nuestra enseñanza, como se ve en las repúblicas ordenadas y hacendosas de las abejas y de las hormigas. Y quien quisiere maravillarse, y alabar a Dios, vea en la Historia de la Canadá o Nueva Francia, la república que forman los castores, la vida sociable que hacen, su gobierno económico, y la formalidad y arte natural con que labran sus viviendas, para las cuales unos cortan madera, otros le cargan; aquellos amasan barro, estos le cargan; y los demás, a fuer de Arquitectos, labran las viviendas.

Estas y otras cosas admirables, que vemos hasta en las más despreciables arañas, me movió a decir, que me inclinaba, e inclino a que los indios Otomacos no van muy fuera de camino, diciendo que el caimán engulle piedras para lastre; arbitrio de que usan los Marineros, para que hundido con proporción el navío, navegue con la seguridad, que no tuviera sin lastre: de modo, que así como cuanto mayor es la embarcación, requiere más lastre; así cuanto más crece el caimán, más piedras tiene en el buche: y esta es materia de hecho indubitable, no solo por haberlo visto yo, como ya dije, sino porque es notorio en donde quiera que hay caimanes y cocodrilos, así en las indias Occidentales, como en las Orientales. En los ríos en que no hay piedras, retienen los caimanes los huesos de los animales que comen, como me aseguró del río de Tame el capitán don Domingo Zorrilla, después que hizo la experiencia: y monsieur Salmón afirma, que en las costas de Mendanao, y de Jobo se hallan en los vientres de los cocodrilos huesos de hombres, de animales, y también cantidad de piedras, que tragan para llenar el estómago.

Solo casualmente aprenden a cebarse en carne humana; y así en los ríos donde no hay poblaciones, y hay poco concurso de embarcaciones pasajeras, solo en tres circunstancias de tiempo son de temerse los caimanes. La primera, cuando por septiembre y octubre andan celoso, en continuo movimiento de sus hembras. La segunda, cuando puestos los huevos en hoyas, que para ellos cavan en las playas, donde con el calor del Sol y de la arena se empollan, andan la hembra y el macho remudando la guardia no lejos de la nidada. La tercera, cuando salidos ya del cascarón los caimancillos, van todos juntos arrimaditos a las barrancas, nadando por la misma orilla del agua; pues entonces andan sus padres a la vista; y en éste y en los otros dos tiempos dichos, gastan infaliblemente de su sañudo humor, y embisten con furia, disparando al mismo tiempo una ventosidad e intolerable almizcle, que aturde el sentido; por lo que en los dichos tres tiempos es necesario navegar con gran cuidado, y vigilancia.

En los raudales furiosos de los ríos, en los remolinos y peñascos donde suelen naufragar las embarcaciones, y junto a las poblaciones, en los sitios adonde van las gentes a lavarse y a tomar agua para llevar a sus casas, en todos estos sitios hay caimanes cebados, y enseñados a comer carne humana: en aquellos remansos de agua es donde estando sumidos tienen afuera la superficie de sus ojos, acechando maliciosamente la presa; y allí es donde también perecen muchos de ellos, con las flechas de caña brava, que les disparan los indios. La caña brava, llamada así, porque es sólida, es un veneno tan activo para los caimanes, que por poco que entre la punta de la flecha, o por el lado de los brazuelos, o por los ojos, que son los sitios únicos por donde son capaces de recibir herida, a poco tiempo nadan sobre el agua ya muertos. También los mata su misma voracidad, cebándoles aquellas gentes de este modo: en medio de una estaca de madera firme, atan una soga fuerte y larga; en la estaca amarran un pescado, que la tape, o un pedazo de carne; luego concurren allí los caimanes, y el primero que llega se traga la carnada y la estaca: espera el pescador un rato, y luego con ayuda de compañeros, saca el caimán a la playa, por más que se resista: y a esta trampa llaman tolete.

De ésta misma usan en la playa seca para prenderlos sin cebo ni carnada alguna; y es una fiesta, no de toros, sino de caimanes, digna de verse. Coge el indio el tolete o la estaca con las puntas bien aguzadas, la toma del medio, y sale a provocar al caimán, que con más de una vara de boca abierta contra el Sol, se está calentando: luego que el caimán ve venir contra si al indio, le acomete en derechura con la boca abierta: a distancia competente se aparta el indio solo un paso, y con este lance pasa el caimán de largo: no se apura el indio; porque por tener el caimán el espinazo tieso e inflexible, ha de hacer un gran círculo para volverse a encarar con su enemigo: éste espera la segunda, tercera y cuarta embestida, y cuantas quiere, evadiéndolas con la misma frescura y facilidad, hasta que de hecho suelta la soga, empuña bien la estaca, y espera al caimán a pie firme: llega éste a coger furiosamente la presa con la boca abierta: y entonces el indio le mete intrépidamente el puño con la estaca, y todo el brazo dentro de la disforme boca, con el seguro, de que al tiempo de cerrarla, se clava el caimán la punta superior del tolete en el paladar, y la punta inferior abajo de la boca, y así se queda cogido con toda la bocaza abierta, hecho ya juguete de los muchachos. Cúbranse de vergüenza los Circos y Anfiteatros Romanos, con sus soberbios emperadores, que yo aseguro, que jamás vieron espectáculo de semejante valor y destreza: ni lo dicho fuera creíble, sino al que lo ha visto: y para que lo crea el que lo leyere, es preciso que haga reflexión sobre que en él solo interviene un bárbaro jugando con un bruto. Los indios de Campeche usan el mismo divertimiento, y con mayor destreza los de Filipinas, por ser más ligeros y ágiles aquellos caimanes con quienes juegan.

Yo no he visto la niña del tigre feroz americano con el caimán, pero los indios que la han observado, me han referido, que estando el caimán calentándose al Sol, suele de un salto el tigre clavarle todas cuatro garras, montado sobre él, quien no halla otro remedio que arrojarse al profundo del río, para que se ahogue su enemigo: si antes que se hunda el caimán, el tigre, como suele suceder, le ha rajado el vientre, y derramado las tripas, le saca al seco, y se lo come; pero si el caimán ligeramente ganó el fondo del río, después de ahogado el tigre, le saca a la playa para su regalo.

Y es digno de saberse que el caimán dentro del agua muerde lo que encuentra, pero no puede comer, y sale al seco para lograr la presa; y la causa es, porque el caimán, ni tiene lengua, ni cosa equivalente; sí solo la campanilla del garguero, que es un tapón de carne informe, que le tapa el tragadero al cerrar la boca; y al abrirla queda el paso franco para el agua, que si se descuida le ahoga: por lo que coge, aprieta reciamente la presa, y luego que la siente privada de movimiento, sale con ella a la playa, y logra el fruto de su trabajo.

Se recrean y regalan mucho los indios con los huevos de caimán, y es gran fiesta para ellos, cuando hallan algunas nidadas, en cada una de las cuales, a lo menos encuentran cuarenta huevos tremendos, gruesos y largos, con ambas extremidades redondas: todos van al caldero, y aunque al tiempo de comerles encuentren ya empollados los caimancillos, no se afligen, porque todo lo comen brutalmente: todo cuanto contienen los huevos adentro, es clara, y en su centro una mancha parda, que dicen ellos ser la parte, que ha de ser la cabeza del caimán.

Y lo creo así, porque abriendo muchos de aquellos huevos ya empollados, he reconocido, que el cuerpo y cola del caimancillo, de más de un jeme de largo, da vuelta enroscada por el circuito interior del huevo, y la cabeza queda en el medio, o en el centro, la cual saca luego que se rompe la cáscara, y muerde con furia el palo con que se rompió el huevo, clavando reciamente los dientes afilados en el palo: así nacen armados estos feos animales.

Pero como apunté, ya sean chicos, ya sean grandes los caimanes, no les valen sus armas contra la industria y temeridad de los indios Otomacos y Guamos, que usan de sus carnes por regalo, especialmente en el Invierno y creciente del río, cuando es poco útil otra pesca: entonces salen aquellos de dos en dos, con una recia soga de cuero de manatí, y un lazo en la extremidad de ella: el uno lleva la soga, y el otro el cabo donde está el lazo; y en viendo al caimán tomando el Sol, procuran acercársele sin ser sentidos de él, hasta que al mismo tiempo que cae al río el caimán, el indio que lleva el lazo monta sobre él, con toda seguridad, porque ni puede volver la cabeza para morderle, ni doblar la cola para que le alcance: con el peso del indio que carga encima, luego va a dar el caimán al fondo del río; más cuando llega a dar fondo, ya tiene el lazo bien apretado en la trompa, y tres o cuatro lazadas añadidas, para mayor seguridad; de las cuales la última es la mejor; porque asegura a las otras en el mismo pescuezo: sale afuera el indio tan fresco como el mejor buzo de una Armada Real, y él y su compañero tiran hacia afuera el caimán, que aunque hace con la cola sus extremos, no puede resistirse, ni evitar la muerte.

Dánle un fiero garrotazo sobre los ojos, del cual queda enteramente aturdido, y antes de darle otro golpe, mientras está vivo, le cortan y sacan del pecho la tabla de conchas, donde reside el fiero almizcle, porque si muere el caimán antes de quitarle dicha tabla, se difunde por todo el cuerpo tanto almizcle, que apesta la carne, de modo que no puede comerla ni la gran voracidad de los indios. Quitada aquella tabla, destrozan la carne, que es tan blanca como la nieve, tierna, y de buen gusto; y solo queda la sospecha, de que tal vez se habrá comido aquella bestia algunos hombres. De ordinario tiene mucha grasa y manteca, que guardan los indios para sus amasijos de pan, como ya dijimos; y como hay tanta abundancia de caimanes, pasan aquellas dos naciones sus Inviernos alegremente, y con mucha abundancia de vianda. ¡Tanto como esto puede la industria humana!

Como vimos en la primera Parte, el pan de los indios Otomacos, es a lo menos la mitad, de tierra gredosa, que naturalmente habría de dañar a los que le comen; pero sucede lo contrarío, porque aquellos indios exceden a las demás naciones en robustez, fuerza y corpulencia; y esto me movió a indagar ¿cómo, o porque las otras gentes, si por vicio comen tierra (como sucede en los de poca edad, y en las mujeres embarazadas) luego pierden el color, se ponen entecas y enferman; y comiendo los Otomacos chicos y grandes, no solo el dicho pan, sino también muchos terrones de pura greda, no les causa daño alguno? Y después de repetidas experiencias, hallé con toda evidencia, que la manteca o grasa del caimán, limpia totalmente el estómago, sin dejar en él tierra alguna; de modo, que dándole al que se opiló con comer tierra, tres o cuatro mañanas una onza de dicha grasa en ayunas, con algo de azúcar para evitar el asco, expele toda la tierra del estómago, recobra las ganas de comer, y vuelve a su nativo color el rostro: y de esto hay innumerables experiencias.

Antiguamente arrojaban al río las cabezas de los caimanes que enlazaban; pero de pocos años a esta parte tienen en ellas su mayor ganancia, porque venden a muy buen precio los colmillos, que se buscan con ansia, para enviarlos a personas de estimación, que los reciben y agradecen como un apreciable y rico regalo, a causa de haberse descubierto en la provincia de Caracas, ser dichos colmillos un gran contraveneno. Por esto y por lo que han experimentado ya, el que no lleva un colmillo de caimán engastado en oro o plata, y apretado con una cadenilla a uno de los brazos, se pone en los dedos una o dos sortijas hechas de los mismos colmillos, contra las yerbas venenosas, que los negros esclavos suelen usar unos contra otros, y no pocas veces contra sus amos. El descubrimiento de la virtud del dicho colmillo es moderno, y fue así: deseoso un negro esclavo, en las haciendas de Caracas, de matar a otro, le dio ocultamente de cuantos venenos y yerbas venenosas tenía noticia; y viendo que se cansaba en balde, y porfiaba en vano, porque su enemigo estaba bueno y sano, después de sus diligencias; a fin de saber la causa, empezó a saludarle, visitarle y enviarle todos los regalos que podía, y como el otro estaba muy lejos de saber la mala intención que había tenido éste, correspondíale con buena amistad; y con esta ocasión un día dijo el negro malévolo al otro: ¿camarada, si algún mal cristiano nos quisiese dar veneno, qué remedio sabes? El otro negro sacó el brazo, levantó la manga, y mostrándole un colmillo de caimán atado a la carne, le dijo ingenuamente: amigo, teniendo este colmillo, no hay veneno que valga. Corrió la voz, y con la experiencia el aprecio de tan buen preservativo.

Al mismo tiempo, a poca diferencia, una enojada y cruel mujer quiso matar a su marido, dándole a este fin varios venenos; pero estos no tuvieron fuerza, porque casualmente para guardar yesca traía siempre consigo un colmillo de caimán. El caso se hizo público en la ciudad de Panamá: pasó la noticia a las de Guayaquil y Quito, en donde se hicieron varios experimentos, dando tósigos a varios animales, después de atarles al pescuezo el dicho colmillo; y el efecto fue lanzar a breve rato la carne envenenada, y quedar sin daño alguno.

Con estas experiencias, se pasó después a poner sobre las mordeduras de víboras y culebras el colmillo del caimán, y se ha visto ser el antídoto más activo, y más universal, como es ya notorio en las tres citadas provincias; de modo, que hasta la mortífera ponzoña de aquellas víboras, que llaman bejuquillo, para la cual, con gran dificultad se hallaba triaca, cede luego a la virtud de aquel colmillo, como consta de instrumento jurídico, con que se autenticó en Guayaquil semejante caso. Solo lo ya experimentado equivale a más de lo que se afirma del Unicornio; y la pericia de los Botánicos descubrirá con el tiempo mucho más.

En fin, hay abundancia de caimanes, de la misma forma y figura; pero no son en sí bravos, aunque cuando los torean mucho, los he visto enojados, y estos solo se mantienen de pescado, y son comida apetecible, y de buen gusto; de manera que cuando hay babilla, que es el nombre que se da a aquel caimán, abandonan los indios cualquier otro pescado.

Capítulo XIX. Modo de cultivar sus tierras los indios, y los frutos principales que cogen

Es de fe, que con el sudor de su rostro, o a costa de él, han de comer todos los hijos de Adán: solas las naciones Guajiva y Chiricoa, de que ya hemos tratado, por su innata pereza, parece que procuran evadir esta inevitable pensión; pero neciamente, porque por no inclinar sus hombros al cultivo de la tierra, se ven obligados a estar en una continua marcha, y caminar siempre de río en río, para lograr las frutas silvestres de las vegas; y por la misma causa, ni fabrican casas, ni tienen resguardo alguno contra los Soles, ni las lluvias: penalidades mucho mayores, que las que de suyo trae el cultivo de la tierra, que aunque trabajoso, da treguas al descanso, admite algún reposo, y con la cosecha abundante hace olvidar las fatigas.

No así el resto de las naciones de que voy hablando en esta Historia; antes bien, las que tienen noticia de los Guajivas y Chiricoas, abominan de su genio, usos y costumbres; y dicen que han aprendido aquel modo de vida de los monos, y otros animales; y aunque todos los indios generalmente son dominados de la pereza, con todo, unas naciones son más inclinadas al cultivo de la tierra, otras menos; y en todas, como ya queda dicho, el mayor peso del trabajo recae sobre las pobres mujeres, así en las tareas del campo, como en las domésticas; unas y otras mal agradecidas, y peor pagadas por sus maridos.

Es muy diverso el modo, y mucho menor el trabajo que tienen en cultivar las tierras, después que admiten padres misioneros, y por su medio consiguen herramientas después de congregados a vida civil en colonias. Los gentiles, unos vivían, y muchos aun hoy viven escondidos entre dilatadas selvas, e impenetrables bosques; otros en espaciosos llanos, al abrigo de las vegas de los ríos. Por lo que respecta a los habitadores de las selvas, yo no percibo hasta ahora cómo podía su trabajo producir fruto suficiente para su manutención; porque para sembrar, deben primero cortar la maleza, derribar los árboles, y quemar después uno y otro, para descubrir el terreno, que ha de recibir las semillas; y hacer toda esta faena sin herramienta, me causó siempre gran dificultad, y aun me la causa; porque jamás quedé satisfecho de lo mismo que vi, oí y experimenté. La primera vez que entré a los gentiles silvestres, creí, en vista de su tosquedad, que seria fuerte argumento, para agregarlos a mejor sitio, el ponderarles, que allí no tenían herramientas con que rozar la tierra, y derribar los árboles; pero no fue así, porque sacando sus hachas de pedernal de dos bocas, o de dos cortes, encajándolas por el medio en garrotes proporcionados, me respondieron, que con las macanas, que son sus espadas de palo duro, tronchaban la maleza, y con aquellas hachas cortaban los troncos verdes, y las mujeres iban quemando los palos secos. Pregunté, ¿cuánto tiempo gastaban en cortar uno de aquellos árboles? Y me respondieron, que dos Lunas; esto es, dos meses: cosa, que con una hacha ordinaria se hace en una hora. Por eso dije, que no percibo todavía cómo su trabajo tan lento les podía dar suficiente fruto para su singular voracidad.

Pregunté más: ¿cómo o con qué labran aquellas hachas de piedra tan dura? y me respondieron, que las picaban con otras piedras, y después, a fuerza de amolarlas en piedras más blandas, con la ayuda del agua, les daban figura, y sacaban los filos de las bocas. Jamás vi esta maniobra; pero creo, que solo a fuerza de mucho tiempo salían y salen con ella: ocupación propia para gente ociosa.

Para mover, amontonar y formar surcos en la tierra, después de quemada la maleza, se valen de palas formadas de palo durísimo, que unos llaman araco, otros macana, y cada nación, según su lengua, le da su nombre; y con ellas cavan, por ser muy poco menos duro aquel palo, que el hierro acerado, y de buen temple: estas palas las fabrican con fuego, quemando unas partes, y dejando otras, no sin arte, proporción y dispendio de largo tiempo.

Los bárbaros que vivian, y los que aun viven en campos limpios, como no tienen el embarazo de arboledas y bosques, consiguen sus frutos, aunque en menor cantidad, con menos trabajo; porque con las palas de macana, que dije, en los sitios húmedos, levantan la tierra, de uno y otro lado del surco, tapando la paja y el heno con la tierra extraída del uno y del otro lado; y luego siembran su maíz, yuca o manioca, y otras raíces, y en todas partes gran cantidad de pimiento, que tienen de muchas especies, y algunas demasiadamente picantes, de que gustan mucho; y es el único condimento de sus comidas. Da menos fruto el campo raso, que las vegas y bosques, porque en estos el terreno es de más jugo, y aun por eso arroja de sí las arboledas y malezas; y la misma hojarasca que cae de ellos, y se va pudriendo, les añade fuerza. A más de esto, aquella ceniza de las ramas que queman, y el calor que al arder concibe la tierra, la fecunda mucho, como sucede entre los catalanes, que tapan filas de haces hechos de ramas de pino, y a su tiempo hacen arder todo el campo que han de sembrar. Al contrarío los indios que cultivan el campo limpio, como no tienen estiércol con que fomentar aquel campo de poco jugo, cogen poquísimo fruto, en comparación de los otros. Viene a ser la diferencia, como la que hay entre los trigos de regadío, cultivados, estercolados y regados, que suben con tanta fuerza en Murcia, Cataluña y Valencia, que muchos exceden a la estatura de un hombre; y los trigos de secano, que por no tener otro beneficio, que el del arado, no dan ni la mitad del fruto que aquellos.

Es cosa muy singular y notable la que observé en los anegadizos de los ríos Orinoco, Meta, Apure, Casanare, Tame y otros; y es, que en lugar del junco, que de ordinario se ve en otras lagunas, en las de los dichos ríos, nace, crece y madura el arroz, que brota voluntariamente la tierra húmeda, sin que nadie lo siembre, ni cultive. No conocen los indios bozales la utilidad de tan precioso grano, pero sí las avecillas, que a bandadas concurren de todas partes a disfrutar la cosecha; sin que pueda dudarse, que sea arroz verdadero; pues no pude en ello padecer engaño; porque en el reino de Valencia, mi patria que es la Ribera de Jucar, es donde más abunda. A más de que a muchos sujetos incrédulos, estrujando las espigas entre mis manos, la evidencia de los granos limpios les quitó la duda. Y es aun más de admirar lo que abunda en terreno cultivado, y de riego; en donde sembrado y trasplantado a su tiempo, nacen, como lo conté repetidas veces, sesenta espigas de una sola mata: siendo prueba de la fertilidad de la tierra, y de que es el arroz fruto muy connatural de aquel temperamento, el que la tierra le produce de suyo; y cultivado, le da tal aumento.

Todos los indios Otomacos, que viven cerca de las lagunas, de que hay muchas, y muy grandes, al tiempo que éstas van bajando, después de la fuerza de las aguas, van sembrando toda aquella tierra limpia, de que se retira el agua; y en ella cogen abundante fruto, porque aquella tierra holgazana y podrida es apta y prorrumpe en copiosos frutos. En el contorno de estas lagunas, siembran los dichos Otomacos, Guamos, Páos y Saruros, una singular especie de maíz, que no se ha extendido, ni he visto en otras naciones: llámanle en su lenguaje onona o maíz de los dos meses; porque en los dos meses de sembrado, crece, echa mazorcas, y madura; de modo, que en el círculo del año, cogen seis cosechas de este maíz, buscando terreno a propósito; porque el temperamento es siempre uniforme, siendo esto cosa bien singular.

Ni pierden palmo de tierra, porque entre el dicho maíz siembran matas de caña dulce, mucha variedad de raíces gran diversidad de calabazas, y sobre todo, inmensidad de melones de agua, que son sus delicias; y son de otra especie muy diferente de los que hay en Europa, y abundan ya en las Américas. Estos melones de que hablo, son propios de aquellos países, y más pequeños que los nuestros: tienen la corteza más dura, y sus pepitas redondas, del tamaño, hechura y picante de los granos de pimienta; pero es muy particular la sandía, que llaman en su lengua gibiria, y no hallo con que comparar su suavidad, pues lo mismo es tomar un bocado de ella, que tomarle de un panal de miel.

Los gentiles que vivian, y los que viven en los bosques, aunque no tienen la semilla del maíz de los dos meses, con todo, como allí es en todo el año uniforme el temperamento, continuamente tienen maíz tierno y maduro, otro en flor, y otro naciendo; y cada uno siembra cuando se le antoja, o cuando acaba de preparar la tierra, sin riesgo de que le falte la cosecha; con tal, que tenga cuidado de espantar las bandadas de papagayos, loros, periquitos, guacamayos y otras inundaciones de pájaros, que a poco que se descuiden, les destruyen las sementeras. Pero sobre todo, es preciso el mayor cuidado para defender los sembrados que hacen en las selvas, de la multitud de varias especies de monos; pues apenas se puede creer el grave daño que hacen, y la malicia con que proceden. Si reconocen desde los árboles por donde vienen, que hay centinela y no baja ni uno de ellos a la sementera: viene y se va una multitud de ellos con tanto silencio, que si la vista no los descubre, seguro está que sean sentidos: y siendo así, que el ruido, bulla y gritería que meten en otras partes, es intolerable; para hurtar, nadie chista. Si reconocen desde los árboles por donde vienen, que hay centinela, no baja ni uno de ellos a la sementera; pero vuelven una y muchas veces a reconocer si la hay; y cuando se aseguran de que no, queda uno de ellos en la cumbre del árbol más elevado, observando si viene alguno, y baja todo el resto de ellos: cuando logran el lance, cada uno se lleva cinco mazorcas de maíz, una en la boca, dos debajo de los sobacos, y una en cada mano; y luego sostenidos en los dos pies, corren como un rayo a brincos, hasta ocultarse en el bosque. Si al tiempo de estar ya cogiendo las mazorcas, sale el amo de la choza, o se aparece a un lado de la sementera, al punto empieza a gritar el mono que está de atalaya sobre el árbol, y cada cual de los monos, con lo que pudo pillar, huye con presteza: pero de los que ya estaban aviados con sus cinco mazorcas, perecen muchos en estos lances, porque son tan tenaces en retener lo que una vez han cogido, que se dejan matar, antes de soltarlo: en este caso, al salir el indio o indios con sus garrotes a perseguir los monos, los que se llevan una o dos mazorcas, que a más de los pies les queda una mano libre, suben a los árboles, y se escapan; pero los que por huir bien aviados, solo van dando brincos con los dos pies juntos, casi todos mueren a palos, porque los indios corren más, y logran cobrar parte del daño, pues los monos son para ellos gran regalo. Ello es cierto, que son tantos los monos, y tan dañinos, que si pudieran hacer daño de noche, como lo hacen las faras y otros animales nocturnos, no dejaran coger a los pobres indios ni un grano de maíz.

Por lo que mira a la tenacidad con que retiene el mono la presa que cogió, habiendo yo referido lo que acabo de escribir aquí de los monos de Orinoco y sus vertientes, a algunos españoles de los que entran y salen a las minas de oro del Chocó, Anserma y otras, me refirieron como cosa común y ordinaria, que en algunas de aquellas minas, que tienen bosques a poca distancia, la vianda ordinaria de los negros, son monos, que pillan sin más trabajo, que el dejar a la orilla del bosque, de parte de noche, unas botijuelas, de las que de Cádiz van a dar allá llenas de aceite, dentro de las cuales ponen una porción de maíz tostado: salido el Sol, ven los monos las botijuelas, y su vivísima curiosidad y golosina los hace bajar precipitadamente a reconocer lo que hay: meten la mano, que entra apretadamente por la boca de la botijuela, encuentran el maíz adentro, y cogen cuanto pueden apañar con la mano; y como sube ya llena, y con el puño cerrado, no pueden sacarla: porfían todos para sacar sus manos, pero ninguno suelta, ni quiere soltar el maíz; y así, dándose por presos y empiezan a gritar tremendamente, con una confusión intolerable: el muchacho, que a lo lejos está de espía, conoce con los gritos, que ya han caído en la trampa, da aviso a los negros, vienen estos con su machete o garrote en la mano, y aunque al verlos añaden los monos esfuerzo a sus gritos, no por eso dejan el maíz que cogieron; y como el peso de la botijuela, ni les permite subir a los árboles, ni aun caminar a su gusto, cada negro le da un porrazo a su mono, y lleva que comer y cenar para aquel día.

No he sido, como dije, testigo de esta trampa, con que los monos se prenden por sus mismos puños; pero tengo por fidedignas las personas citadas, a quienes oí lo referido. Vamos ya a ver como cultivan la tierra los indios después de domesticados, qué frutos y frutas cogen, qué pan comen, y con qué vino, o cerveza se embriagan.

Capítulo XX. Prosigue la materia del pasado

Visto el modo con que los indios gentiles cultivaban sus sementeras sin herramienta alguna, y hoy las cultivan los que no tienen trato con los españoles, ni con los extranjeros, ni con otros indios, que traten con aquellos; pasemos ya a ver, como los reducidos a vida civil, y a misiones, cultivan sus tierras, y cuán contentos están con el uso de las herramientas, que les alivian tanto el trabajo, cuanto va de gastar dos meses en cortar un palo, a emplear solo una hora. Cortados ya todos los palos, que caen sobre la maleza menuda, que fácilmente tienen ya de antemano rozada con machete, van cortando las ramas principales de los árboles ya derribados; y esta diligencia sirve para que aquellos árboles, que enteros tardarían a secarse tres meses, a violencia de los calores del Sol, cortadas sus ramas, se sequen, como sucede, dentro de un mes, por la fuerza con que en aquellos países arde el Sol. Secos ya aquellos árboles y ramas, esperan un día claro, en que sople algún viento, y por la parte por donde viene éste, les pegan fuego por varios sitios; y por todos, al favor del viento, arde de tal modo, y toma luego tanto cuerpo el incendio, que en menos de una hora arde todo lo preparado en doscientos pasos en cuadro, y queda todo el campo lleno de ceniza, y ardiendo tal cual tronco de los mayores. Se hallan después entre las cenizas muchas y grandes culebras tostadas; y al rigor del calor del fuego, se ven salir huyendo otras muchas más; con que queda el terreno menos infestado de aquella mortal plaga, y en estado de poderse cultivar.

Esta maniobra en las colonias donde hay misionero, se hace de este modo: llegado el tiempo de desmontar, que empieza por enero, se señala el día para la sementera del cacique, a que concurren de buena gana todos los indios. La mujer del cacique tiene prevenida una comida competente para todos ellos, quienes madrugan al trabajo, y como son muchos, a más tardar, a la una, o a las dos de la tarde, ya tienen concluida la tarea: se lavan, y se van al convite prevenido. Concluida la comida, señala el cacique, y nombra al capitán, cuya tierra se ha de rozar el día siguiente; y hechos ya todos los desmontes de los indios casados, entran los de las pobres viudas; y finalmente se trabaja el último para la iglesia, que se destina y consume para sustentar los niños de la escuela, y niñas huérfanas de la doctrina. Este es un medio muy bueno, para que cooperando mutuamente entre sí, tengan todos que comer, sin hacer daño a sementeras ajenas; y como es función de bulla y de concurso, y aun de poco trabajo para cada uno de por sí, y remata en una comida decente, entran alegremente en este uso.

Concluida esta faena, y una vez ya quemada la labranza, no les queda que trabajar a los indios, según su detestable costumbre; porque el sembrar, limpiar, coger los frutos y almacenarlos, todo pertenece ya a las pobres mujeres. «Hermanos (les decía yo) ¿porqué no ayudáis a sembrar a vuestras pobres mujeres, que están fatigadas al Sol, trabajando con sus hijos a los pechos? ¿No veis, que pueden enfermar ellas y vuestros hijos? Ayudadles vosotros también. Tú, padre (respondían ellos) no sabes de estas cosas, y por eso te da lástima: has de saber, que las mujeres saben parir, y nosotros no; si ellas siembran, la caña del maíz da dos o tres mazorcas; la mata de yuca da dos o tres canastos de raíces; y así multiplica todo. ¿Porqué? Porque las mujeres saben parir, y saben cómo han de mandar parir al grano que siembran: pues siembren ellas, que nosotros no sabemos tanto como ellas.» Esta es la ignorancia de aquellos pobres bárbaros, y ésta la satisfacción de su gran caletre, con que a los principios responden a ésta y a otras racionales reconvenciones; pero hay el consuelo, de que después van cayendo en la cuenta, y se aplican al trabajo; van logrando las mujeres alivio, y saliendo de la dura servidumbre, en que más que esclavas, servían a sus maridos; quedando últimamente moderado, y proporcionalmente repartido el trabajo entre marido y mujer.

Cuando siembran el maíz, ya la yuca lleva una cuarta de retoño, y entre una y otra mata de yuca siembran una mata de maíz; entre la yuca y el maíz siembran batatas, chacos, calabazas, melones y otras muchas cosas, cuyos retoños, como corren extendidos por los suelos, no impiden al maíz, ni a la yuca; antes bien, como cubren todo el suelo, a manera de una verde alfombra, impiden que brote la tierra otras malas yerbas. No entra arado en estas sementeras, ni bueyes para arar, porque no los tienen; y aun en las partes donde hay bueyes y arados para cultivar tierras limpias, no pueden arar en estas sementeras; porque aunque arden los árboles cortados, quedan innumerables raíces trabadas entre sí, que no dan paso al arado, ni a los azadones. Está aquella tierra tan cubierta de hojarasca, y de basura podrida, que fácilmente deja abrir para recibir lo que quieran sembrar en ella.

Cogida la primera cosecha de todos los frutos dichos, siembran segunda vez los mismos, y antes de cogerlos, van interponiendo retoños de plátano, que sacan de los pies de los plátanos antiguos; de modo, que cuando disfrutan la segunda cosecha, ya los plátanos están coposos. Estos platanales dan el fruto más duradero, y más útil de cuantos los indios siembran. Una vez arraigadas sus plantas, las unas filas de los plátanos unen sus largas y anchas hojas con las otras, formando con ellas bóvedas verdes sobre aquellas dilatadas calles. El tronco del plátano no es sólido, sino un agregado de cortezas, una sobre otra, cada una de las cuales remata en una hoja de más de vara de largo, y casi media de ancho. Después que llegó a la altura de dos estados de un hombre, desde la misma raíz va subiendo un vástago por el centro del tronco; y en cuanto se asoma entre las hojas, deja caer dos cortezas, con que sube abrigado el racimo; y muestra éste sus gajos de plátanos coronados de flor blanca, y de suave olor. Este racimo, si es de bartones, en buen terreno, llega a pesar dos arrobas, y suele tener ochenta plátanos; los cuales, verdes y asados, sirven de pan; y en la olla sirven de nabos: ya medio maduros y amarillos, sirven para los guisos; tienen el agridulce de la manzana medio madura, y sirven de pan, y en la olla dan buen gusto: y después de maduros, son una fruta muy sabrosa, aunque pesada; y si los asan, no hay fruta más sana en las Américas, ni tan substancial, ni tan sabrosa. Puestos los maduros al Sol, se pasan, al modo de los higos de Europa, con sabor mucho mejor que el de los higos. Antes que se lleguen a secar al Sol, los amasan las indias con agua tibia, y su masa, que toma punto de agrio, colada después con agua tibia en tinajas, hierve como el mosto, y resulta de ella una bebida muy fuerte, y que en poca cantidad causa embriaguez. Puestos los plátanos muy maduros a destilar, colgados sobre una vasija, de aquel jugo que va cayendo, resulta un vinagre muy fuerte y saludable: y en fin, los plátanos son en la América el socorro de todo pobre, pues sirven de pan, de vianda, de bebida, de conserva y de todo, porque quitan a todos la hambre.

Monsieur Salmón, en su Historia de Todo el mundo, nuevamente dada a luz en lengua inglesa, la que traducida ya en varias lenguas, anda en las manos de todos los eruditos, hablando en su Tomo segundo de las frutas de la isla de Mindanao, contigua a las Filipinas, con ser un terreno tan distante del que yo voy tratando, describe los plátanos, y dice de ellos las mismas propiedades que llevo referidas, tan individualmente, como si hubiera vivido largo tiempo en las misiones de que voy tratando, en que resplandece la liberal providencia del Criador, que en sola una planta proveyó de abundantes víveres a unas gentes, que aunque entre sí tan distantes, son tan uniformes en una suma pobreza, y en una excesiva pereza. ¿Pero qué necesidad tienen de trabajar, si en solo el plátano hallan todo cuanto han menester para comer y beber con abundancia?

Y de los Mindanaos Filipinos añade el citado Autor, que después que han logrado la fruta del plátano, aprovechan sus cortezas, sacando de ellas hebras a modo de cáñamo fino, del cual hilan y tejen piezas de lienzo, de que forman sus pobres vestidos; inventiva, que no han discurrido las gentes del Orinoco, o si dieron con ella, no les pareció útil vestirse en un clima tan ardiente como aquel.

De modo, que ya pueden deponer toda su admiración los que quedaron sorprendidos, al ver en la primera Parte de esta Historia, que la nación Guaraúna tiene todo cuanto necesita en sola la palma llamada quiteve, o murichi; que los indios Maldivos del Oriente hallan lo mismo y mucho más, en sola la palma de cocos; y el vulgo innumerable del Imperio de la China, en solo el arroz; viendo que los Mindanaos Filipinos, y las gentes de que trato, han hallado su maná, y en cierto modo su árbol de la vida en solo el plátano.

Una vez crecido y cerrado el platanal, y trabadas unas hojas con otras, forma una finca permanente, que pasa dando continuamente fruto de padres a hijos, y con poco cultivo pasa a los nietos y biznietos; no porque aquel tronco, que dio su racimo, dé jamás otros, sino porque al tiempo de madurar el racimo de la guía, ya su hijo, que retoñó de la cepa, tiene racimo en flor, y ya los otros retoños van subiendo en todas las cepas, porque en ninguna falte racimo maduro y en flor, en todo el círculo del año, que es cosa admirable. Con este motivo, y a vista de tan abundante socorro han establecido los padres misioneros, el que convenidos ya los gentiles en el paraje en que se han de ir agregando para formar colonia, la primera diligencia sea desmontar y prevenir un dilatado platanal, para socorro universal de los que se han de ir agregando.

Abunda también, como dije, el maíz; aunque es verdad, que es tanto el que comen, cuando las mazorcas tienen el grano tierno, que ellos mismos destruyen y disminuyen notablemente sus cosechas. Del maíz molido a fuerza de brazo de las mujeres, hacen panes, que envueltos en hojas, cuecen, no al horno, sino en agua hirviendo, teniendo para ello ollas muy grandes. A este pan llaman cayzú: suelen desmigajarlo cuando está fresco, y amasarlo segunda vez en mucha cantidad de agua caliente: y reducidos a polvos cuatro de aquellos panes antiguos, y llenos de moho, que ellos llaman subibizú, mezclan dichos polvos en aquella masa líquida, la cual puesta en tinajas, al tercer día hierve como el mosto, y resulta una chicha o cerveza saludable, si se toma con moderación; y es su bebida ordinaria.

Más sana es la chicha o cerveza, que extraen de la yuca o raíz de manioca. Arrancan esta raíz, la tronchan del palito de que está prendida, y en el mismo sitio entierran tres o cuatro pedazos del mismo palo, los cuales a los cuatro días ya están con sus retoños; y veis aquí otra mata de yuca, en lugar de la que se arrancó. Hay yuca dulce, que asada, sabe a castañas asadas, y suple muy bien en lugar de pan; hay otra yuca, que llaman brava, la que no se puede comer sino después que pasa a cazabe. Para hacer el cazabe rallan dicha yuca, de manera que quede como aserrín; exprimen su jugo, el que es tan activo, que si le bebe alguno, sea hombre, o sea animal, luego revienta; pero en cuanto le dan un hervor, es muy sano, y sabroso, y usan de él para dar gusto y sainete a sus guisos, y le llaman en su lengua quisare. Amontonado el aserrín de la yuca veinticuatro horas, toma punto, como la masa de trigo, y entonces en unos ladrillos delgados y anchos, que llaman budare, bajo de los cuales arde el fuego, van tendiendo aquella masa hecha torta, al modo de las que acá hacen los Pastores en sus cabañas: y éste es el pan más universal de todos los países calientes; el que sirve en las casas, y se lleva para los viajes: recién hecho, no es insípido, pero es de casi ninguna sustancia, porque la que tenía la raíz de la yuca, se fue con el caldo que le exprimieron. En el Orinoco, y en otras partes, especialmente en el Ayrico, amontonan las dichas tortas de cazabe calientes, las cubren con hojas de plátano, y después que a fuerza de calor fermentan, las deslíen en agua tibia, y puesto el caldo que resulta, en tinajas, hierve como mosto, y resulta la cerveza, que llaman berría, porque procede de berri, que es el cazabe; y es la chicha mejor que usan, y el desempeño de sus convites.

En fin, de la raíz que llaman cocenecá, que equivale a batata, hacen chicha; la hacen también de otras raíces, que llaman rajacá; y de cuantas semillas siembran, de cuantas raíces cultivan, y de cuantas frutas cogen, extraen chicha; pero entre todas especialmente la que resulta del caldo de las piñas, es fresca y muy regalada. No es árbol el que da las piñas, sino una mata parecida a las matas de pita, aunque sus hojas son menos anchas: en lugar del vástago que arroja la pita, se corona aquella mata con una piña, que a la vista se parece mucho a las de los pinos; pero adentro no tiene piñones, sino una carne muy suave: la guía, en buen terreno, llega a pesar cinco y más libras; y luego del pie de ella, y del pie de la misma mata, salen cantidad de retoños, cada uno de los cuales se corona con su piña: y si bien éstas son menores, y llaman caperri; pero son mucho más sabrosas, que las de las guías principales: lo singular de las piñas es, que el vástago arroja la piña, y desde la coronilla de ésta prosigue creciendo el retoño; y ya que la piña, con una suavísima fragancia, da señas de madura, se corta; y cortado aquel retoño de su coronilla, que le servia de penacho, se siembra; y sin perder de su verdor, prende y resulta otra mata de piñas; y de cada mata se siembran tantas, cuantas piñas dio, que son muchas; y así es grande la abundancia de esta rica y saludable fruta.

Parece, que según la vida andante de las naciones Guagiva y Chiricoa, como ni siembran, ni paran en un lugar, no tendrán forma de adquirir chicha: así parece; pero ellos se han dado maña para ser tan indios en esta materia, como todos los demás; y es el caso, que mientras unos pescan, y otros andan en busca de venados; otros se aplican a derribar palmas, y formar en sus troncos concavidades, al modo que en la primera Parte dijimos, hace los indios Guaraúnos: pasan a otro río, y hacen la misma diligencia; y así van andando de arroyo en arroyo, hasta que dan ya por fermentado el caldo, que ha dimanado de las primeras palmas: vuelven visitando por su turno las palmas preparadas, y hallan aquellas concavidades llenas de licor claro, agridulce, y tan fuerte, que con poca cantidad pierden el juicio, bailan, cantan, y hacen mil travesuras.

Es muy digno de saberse, que entre la multitud de especies varias de palmas, que producen aquellos terrenos, crece una llamada corozo, que a la primera vista da horror, porque desde la raíz y tronco, hasta el último cogollo de sus hojas, está tan revestida de espinas, tan agudas y largas como alesnas, que no se deja tocar por parte alguna, como si con estas armas resguardara el tesoro, que encierra en su tronco. Nace en sitios secos, y tierras arenosas: cuesta gran trabajo, y muchas heridas el derribar un solo corozo, y muchas más abrirle concavidad en el tronco, junto al cogollo, para que en ella destile todo su jugo: éste se mantiene dulce veinticuatro horas, y en las siguientes veinticuatro agridulce: es muy sano; pero lo más apreciable es, que el que está picado de calentura hética, continuando quince días en beber en ayunas un buen vaso de aquel jugo, que llaman vino de corozo, esto es del agridulce, queda enteramente libre de aquella maligna calentura. La especial virtud de este jugo, la averigüé sin otro motivo de dársele a los tales enfermos, que el saber de cierto, que era bebida fresca y saludable; y cuando reconocí este singular efecto, alabé la providencia del Altísimo, viendo que aun en los desiertos previene remedios tan exquisitos para el bien de sus criaturas. Ahora será bien que salgamos hacia las sementeras de los indios a ver otros árboles frutales; y de paso observaremos varias yerbas, y raíces, muy medicinales y provechosas; tanto, que excitan mudamente a que alabemos al sabio, y próvido Criador del Universo.

Capítulo XXI. Árboles frutales, que cultivan los indios. Yerbas y raíces medicinales, que brota aquel terreno

Ya vimos en la primera Parte la multitud de frutas silvestres, y saludables de que abundan los bosques, y vegas del Orinoco, Apure, Meta, y otros ríos: tanto, que los padres misioneros no temen engolfarse por aquellos desiertos en busca de almas, por falta de comida para sí, y para los indios compañeros, y los necesarios para aquellos viajes. Se observa, qué frutas comen los monos; huyen éstos al llegar la gente, y a todo seguro se pueden comer todas aquellas frutas de qué los monos se sustentan: si en los tales frutales no hay monos por entonces, se observa si las hormigas se aplican a morder de dichas frutas; y si ellas comen, es señal cierta de que son saludables, y sin riesgo usan de ellas.

No son menos apreciables los frutales, que siembran aquellos indios, fuera de los plátanos y piñas, de cuya bondad y abundancia hablé ya; después de las cuales, en tercer lugar deben entrar los papayos, a qué son grandemente inclinados los indios, de manera que por lo mismo no tienen número los que se siembran, a más de que sin sembrarlos, en cualquier parte donde alguno come una papaya, de las semillas que caen, nacen innumerables: es árbol de tronco hueco y poco sólido, pero con el tiempo se consolida, y sube a grande magnitud: echa, no flores, sino ramilletes de flores por todo el tronco, ramas, y hasta junto al mismo cogollo, y es una hermosura ver la abundancia de fruta que da: la hechura, y tamaño de las papayas bien cultivadas, y de buen terreno, es la misma que tienen acá nuestros melones, con sus tajadas señaladas en la corteza, que es sutil; y son nada menos olorosas, y sabrosas, que nuestros melones buenos, pero más sanas.

Hay entre las naciones Achagua, Saliba, y otras del Ayrico, y también en las costas de Coro, y Maracayo, una especie de palma, muy singular en su figura, y utilidad. Los europeos, que usan mucho de su fruto la llaman cachipae, y los indios jijirri: su tronco no es muy grueso, pero es muy liso, y muy derecho, y sube a mucha altura: cada palma de estas echa dos o tres racimos de dátiles, de la misma hechura y color de nuestras camuesas; y cada racimo, en buen terreno, llega a tener unos cien dátiles, entre los cuales apenas se hallarán ocho, que tengan pepita para sembrar: las pocas pepitas que se hallan, son del tamaño de una nuez, y de la dureza de los cocos, y muy parecida a la de éstos, la carne, que dichas pepitas tienen adentro; y sembradas rara de ellas deja de nacer.

No es fruta ésta que se pueda comer, aunque esté madura, sin pasar por el fuego; porque morderla, es lo mismo que morder un membrillo a medio madurar, áspero, e insípido; pero con un hervor, que reciban al fuego, se ablandan, y tienen el mismo gusto, que el de las camuesas hervidas en la olla: no es esto lo principal, sino la gran sustancia, que tienen los jijirris; tanta que el sujeto de buen estómago, a lo más podrá comer seis de ellos, con el seguro de que aunque los haya comido por la mañana, no tendrá gana de comer en todo aquel día.

Las mujeres blancas de la costa dicha, después de hervidos los cachipaes, los muelen, amasan, y forman pan; pero sale más substancial de lo que es menester: por lo que se debe tomar en corta cantidad, para evitar embarazo, y empacho en el estómago.

Esta fruta tan útil y substancial, es a mi ver, la que tanto celebran algunos Diaristas, que la estancan en las islas Marianas, y en algunas de las Filipinas. Pero por lo dicho se ve, como la benigna providencia del Criador envía este gran socorro a otras pobres gentes del Occidente.

A más de que en las islas Orientales de Ternate, que comúnmente se llaman Molucas, se halla con abundancia otro árbol de pan, a quien los naturales llaman sagoe, de cuya fruta usan aquellos Isleños, en lugar de pan, como afirma monsieur Salmón; y es de creer, que así estos, como aquellos árboles, sean de la misma especie de los cachipaes, o jijirris, de que hablé arriba.

Las mismas naciones dichas cultivan otra especie de palma pequeña, que con serlo, en la hermosura y en el gusto de sus dátiles, sobresale, y se lleva la hermosura y gallardía de todas las demás especies de palmas: trece hojas tan pobladas de cogollos arroja esta palma que se llama camuirro, que forman una maceta tan proporcionada y hermosa, que arrebata la vista: al pie de dichas hojas arroja sus racimos de dátiles, tales, que mejor se podrían llamar uvas mollares, así por la forma, como por el color y sabor; y sin duda compite ésta con las mejores frutas.

No es de omitir la palma llamada vesirri, que es como las que se crían en Alicante, y son sus racimos de dátiles muy semejantes a los de éstas; pero es muy notable la singularidad, de que a excepción de los que comen los indios de Meta, Moco, Bichada y otras naciones, ponen los dichos dátiles a hervir al fuego, y sacan de ellos gran cantidad de aceite purísimo, de que usan los indios para sus unturas, y para la comida por ser de muy buen gusto.

Abunda también en estos parajes la fruta llamada cunama, que los indios llaman abay, de la cual sacan aceite, ni más ni menos, que el de las olivas, en el color y sabor; y sirve a los indios para sus unturas, y a los españoles para la comida, y para el alumbrado.

Omito otros árboles frutales, y concluyo con el anoto o achote, árbol el más estimado de todas aquellas naciones, porque se visten de él a su modo: la planta es muy coposa, y produce en cada cogollo un hermoso ramillete de flores medio blancas, medio encarnadas; y de cada ramillete resultan muchos racimos de frutas encarnadas, cuya cáscara es áspera y espinosa, como la primera que tienen las castañas; y así como dentro de la cáscara de las castañas maduran dos o tres de ellas, así dentro de cada cáscara del achote maduran un sin número de granitos encarnados, como los que acá tienen las granadas silvestres. Puestas en infusión grandes cantidades de estos granos de achote, después de bien lavados y estregados con las manos, queda el agua colorada, y al otro día se halla al fondo toda la tintura, y el agua otra vez con su nativa claridad: derramase el agua con tiento, y se deja al Sol el achote o color, que se quedó en el fondo, del cual, a medio secar, forman los indios pelotas, que guardan para moler con aceite, y untarse diariamente, como ya dije.

Sabiendo yo la cualidad fresca de este unto, y cuán poderosa y eficazmente se defienden con él los indios de los violentos rayos del Sol, en aquellos países del Equinoccio, descubrí casualmente en él un eficacísimo remedio contra todas las quemaduras y pringues, ya de aceite, ya de grasa, ya de agua o caldo caliente; y fue así: habiéndose pringado gravemente un doméstico mío, eché polvos de achote en aceite de oliva, y hecho el ungüento, lo mismo fue aplicarle a la parte dolorida y lastimada, que faltar repentinamente el dolor: quedé admirado de tan pronta operación, y después, con el curso de largos años, se ofrecieron muchas ocasiones, en que otros padres misioneros, a quienes comuniqué la casualidad, y yo también, hemos repetido el remedio dicho, y experimentado la misma actividad y eficacia.

El tutumo, árbol cultivado, y que también de suyo nace en las vegas, aunque no da comida, es planta muy útil; porque de sus tutumas forman los indios escudillas, platos, vasijas para beber y cargar agua, y para guardarla en casa.

Las tutumas en el color y figura, son muy parecidas a las sandías, y de casco tan fuerte que resiste a repetidos golpes: su carne, cuando la tutuma es tierna, tomada algunas veces en la cantidad de tres onzas, es específico experimentado, para que la sangre molida o extravenada por caídas, palos o porrazos, no pase a formar apostemas en lo interior del cuerpo.

Apartemos la vista de la hermosura de las plantas y arboledas, y fijémosla un rato en el suelo de estos dilatados campos, pues en sus yerbas y raíces apenas hallaremos alguna que sea despreciable. La primera que ocurre a los pies y a la vista en aquellos terrenos, por vulgar, es la vergonzosa, en la cual no se ha conocido virtud alguna; pero ¿qué más virtud que la lección práctica, que da, del modo con que se deben portar las mujeres, y especialmente las doncellas? que aun por eso en muchos de aquellos países la llaman la doncella. Bien pueden los Físicos prevenir sus admiraciones para lo que voy a decir. Es la vergonzosa una mata, que empieza a echar ramas desde su raíz, que sobresale algo del suelo; sube la guía repartiendo ramas por todas partes, hasta la altura de una vara en alto, tan coposa, que con la multitud de las hojas que arroja por todas partes de dos en dos, no da lugar a que se vea ni el pie, ni rama alguna, por mínima que sea: su figura a modo de media naranja, y su verde claro, forman un objeto tan apacible, que arrebata la vista y la atención: al bello verde que ostenta, corresponde en el revés de las hojas un color blanco, que descaece en pardo. Esta es la bella perspectiva de la vergonzosa; y aquí entra lo raro de ella: tóquenle con la punta del bastón, o de otra cosa, aquel poco de tronco, que apenas descubre; tocarla, y marchitarse en un cerrar y abrir de ojos toda su fresca hermosura y lozanía, todo es uno: dobla en un momento todas sus hojas unas contra otras, oculta su verdor hermoso, y se reviste, o solo muestra en el revés de sus hojas aquel color blanco, que descaece en pardo, como si mostrara su pena, y se vistiera de luto. No para aquí su mutación instantánea, porque en el mismo instante en que siente el ajeno contacto, y dobla sus hojas, retira su influjo de toda la multitud de cogollos que la hermoseaban, los cuales desmayados y sin vigor, se inclinan torcidos hacia el suelo; de manera, que no se parece ya a sí misma en cosa alguna. Prodigio de la naturaleza me pareció siempre, y no me cansaba de ir tocando el pie de aquellas matas, para admirar más y más, tal y tan instantánea mutación.

Verdad es, que a más tardar, dentro de una hora, vuelve en sí y se recobra; endereza sus cogollos, y reverdece toda su hermosura y lozanía. Hace mención de esta yerba el padre Rodríguez en su Historia del Marañón: es vulgar en Mompox, y en muchas partes del río grande de la Magdalena; y raro es el sitio de tierra caliente en la América Meridional, donde no se halle esta bella mata, aunque con diferentes nombres, acomodados a su propiedad. En unas partes, como dije, se llama doncella; en otras, mírame y no me toques; y en otras se le aplican a propósito y acertadamente otros nombres semejantes, que explican su encogimiento y muestras de rubor. Gran lección para el recato, en todas las mujeres, especialmente para las tiernas plantas. Mírense en el espejo de esta vergonzosa yerba, que al menor contacto ajeno, se llena de luto, se amortigua, desfallece y parece que ya no es ella, sino muy otra. Mirad, atended a los lilios del campo, y tomad enseñanza de su hermosura y de su candor, dijo Cristo nuestro Señor, no sin grande énfasis de celestial doctrina; y a la verdad, para cumplir con su estrecha obligación, también las madres de familias y las maestras, pueden y deben exhortar a sus hijas y discípulas, cuyo cuidado está a su cargo, y cuyo bien deben por todos medios procurar, diciéndolas: venid, observad, atended y aprended de esta yerba vergonzosa; reparad, que en cuanto la tocan, se da por muerta, desfallece, se desmaya y se marchita.

Esta misma yerba, en las islas Filipinas, se llama la mata virgen, a causa de la armonía que causa a los Filipinos su recato y encogimiento; y monsieur Salmón, diligente Historiador, citando a otros, añade: que en los escollos, que sobresalen de entre las aguas en dichas islas, nace otra yerba, no menos reparable que la referida; porque asegura, que luego que alguno toca aquella mata, dobla sus cogollos, y los esconde en el agua, como si se corriera y avergonzara, no solo de sentir el ajeno contacto, sino aun de ser mirada con cuidado; y por eso abate y esconde lo más gallardo de sus cogollos en el agua. ¡Oh y qué enseñanza para las tiernas bellezas, que salen a ser vistas, y se complacen en que las miren y remiren! La yerba Filipina busca el agua para su resguardo, y estas otras buscan el fuego para su peligro.

La causa y raíz física de esta instantánea mutación, discurro que consiste, en que aquel contacto extrínseco, con los efluvios que introduce, inmuta el flujo natural de los sucos, que la raíz remite hasta los últimos cogollos, y hace retroceder el curso corriente de los fluidos, con que se mantiene la lozanía de la mata;

y tomando su retirada hacia las raíces, el desmayo de los cogollos, y el encogimiento de las hojas, es un efecto que necesariamente se sigue a la substracción del necesario pábulo: como se ve en el desmayo, que la falta de alimentos causa en los vivientes sensitivos.

Pero no es menester ir al Perú, ni a Filipinas, para que nos arrebate la atención, y nos llene de admiración otra planta más recatada, mucho más modesta y escrupulosa, que la vergonzosa de Tierra Firme, y la que llaman virgen en Filipinas: entremos en los jardines del rey cristianísimo con el padre Regnault, y pongamos los ojos en la mata llamada sensitiva; pero nadie alargue la mano para tocarla, porque antes de sentir el contacto, se retira, desmayan y descaecen sus hojas y cogollos, toda se amortigua, corrida y espantada de solos los efluvios, que la mano curiosa despide antes de tocarla. No puede llegar a más su delicadeza, circunspección y natural recato; y así, con mucha razón le han puesto el nombre de sensitiva. Ni es razón, que al recato, que en tantas cosas insensibles nos predica el Criador, nos hagamos nosotros sordos, e insensibles.

Pero volvamos a nuestro Orinoco. Abunda entre el heno de aquellos campos, una macolla, formada de diez, o doce hojas, a las cuales por su figura les han puesto los padres misioneros el nombre de espadilla, o espadín, porque aquellas hojas son remedo de éstas, en su forma, aunque no exceden lo largo de un geme: los indios las llaman issocá que quiere decir amargura, porque realmente las tales hojas son tan amargas, que parecen ser la misma amargura alambicada: su eficacia contra el dolor de costado, sea propio, o sea bastardo, es vivísima: seis u ocho hojas de aquellas medio machacadas, y hervidas en cantidad competente, dan una tintura excesivamente amarga, la que bebe el doliente; y aquellas mismas hojas se aplican a la parte de las punzadas; y a la segunda, y cuando más a la tercera repetición de este específico, cesa el dolor de costado: experiencia, que todos los días se toca con las manos, ya en una, ya en otra de nuestras misiones, en las cuales no hay otros Enfermeros, que los mismos misioneros. Dudó un gran Médico que vivía en Santa Fe de Bogotá: pidióme, y le remití cantidad de dichas hojas; y como llegasen secas por la gran distancia, dobló la cantidad, y después de suficiente infusión, hizo el cocimiento, y surtía en aquel temperamento frío el mismo buen efecto, que en el cálido, cual es el de nuestras misiones.

Abunda en las márgenes de todos aquellos ríos y arroyos, la caña, que los indios llaman titicaná, la cual tiene alguna semejanza a la caña dulce; pero su jugo es agrio, poco menos intenso, que el del limón, por lo que los padres misioneros la llaman caña agria; y viendo que los indios gentiles, en sintiéndose asoleados, y con calentura, mascaban la dicha caña, y sentían alivio, se hizo prueba dándoles a los que padecían calentura el jugo de dicha caña, hervido con proporcionada cantidad de azúcar, y se reconoció, que luego prorrumpían en copioso sudor, y después de él minoraba notablemente la calentura; y repetido el remedio, quedaban sanos; por lo que es éste el más usado en los Partidos de nuestras misiones.

La verbena, yerba admirable, nace por allá entre la maleza: a cada hoja le corresponde una florecita, entre morada y blanca: es específico muy eficaz para las calenturas efímeras, que se encienden con mucha frecuencia, ocasionadas del riguroso calor de la Eclíptica: también quita las tercianas y cuartanas: tomado su cocimiento, que es en gran manera amargo, hace sin falta uno de dos efectos, o hace sudar copiosamente, o excita repetidos vómitos; y de cualquier modo es siempre cierta la mejoría del doliente, y a pocos días de repetición, la salud.

Para supurar las llagas, en que allá de ordinario sigue cáncer, a causa del sumo calor, hay muchas yerbas a mano, de las cuales se hace un emplasto, que aplicado a la llaga, a la segunda o tercera vez, la pone limpia y libre de toda putrefacción. La más usual es la yerba de santa María, muy amarga, y bien semejante a nuestra yerba buena en la hoja; solo que la de aquella es más ancha, y echa flor encarnada. El espino, que nace en llanos húmedos, tiene sus hojas de hechura de lanceta, y al pie de cada hoja una espina: tiene la misma virtud que la yerba antecedente. La misma eficacia tiene el mastranzo, que se parece a la yerba de santa María; y solo se diferencia en que sus hojas son vellosas, y no amargan.

Mucho más activo es para lo dicho el carbón del vástago del boró, que nace junto a los ríos y lagunas: este vástago es más grueso que el de nuestras coles, y sus hojas parecidas, pero mucho mayores que las de las coles: hecho polvos el carbón de dicho vástago, y puestos en la llaga más encancerada, a la segunda cura se halla limpia, y la carne viva. Las virtudes de las dichas yerbas las tengo largamente experimentadas; siendo muy digno de notar, el que, como en aquellos dilatados países hay tan pocas, y tan cortas poblaciones de españoles, no hay ni Boticas, ni Boticarios; pero el próvido Autor de la Naturaleza ha prevenido, no solo las muchas yerbas, cortezas, raíces, frutas, aceites y resinas medicinales, que en varias partes de esta Historia llevo apuntadas; sino también abundancia de purgantes, muy proporcionados para aquellos climas; y que en otros creo mantendrán también su eficacia.

Los piñones, que de tres en tres maduran dentro de unas frutas, bien parecidas a los higos verdes; y las hojas de los arbolicos que las producen, también se parecen algo a las de las higueras; son de tal eficacia, que solos cinco o seis piñones de aquellos conmueven los humores, y causan una grande operación; la que suele ser mayor de lo que conviene, si se toman en mayor número. Son sabrosos, y parecidos a los de España; y es cosa singular, que si se tomaron con vino, cesa la operación, bebiendo agua fresca; y al contrario, si se tomaron con agua, cesa la conmoción, tomando vino: pero si se los comió el enfermo, en tal caso cesa la operación, tomando vino, o agua.

En todos aquellos arroyos y ríos que tienen vega y arboleda, nace la raíz guajiva, que es como una batata, y tiene las mismas propiedades de la famosa batata, llamada mechoacán, por la provincia en que nace. Lo especial de la guajiva es, que cuatro o cinco hojas verdes de su vástago, hervidas en agua clara, tomada ésta, hace el mismo efecto purgante, que su raíz.

No quisiera que esto causase novedad, y en tal caso, para quitarla, traeré por testigos a los habitadores de La Habana, que en las hojas de un sarmiento, que llaman el frailecillo, tienen el más raro purgante del mundo. De estas hojas forman una ensalada muy propicia al gusto, de cuya comida resulta que cuantas hojas se comieren, tantas evacuaciones se han de hacer; y se ha de tener particular cuidado en el modo de arrancarlas (aquí llamo otra vez la atención de los Físicos) pues si se arrancan tirándolas hacia abajo, cada hoja causa una evacuación; y si se arrancan tirándolas hacia arriba, causan vómitos; y si se arrancan unas hacia arriba, y otras hacia abajo, concurre uno y otro efecto: lo que es notorio en la isla nobilísima de La Habana. ¿Quién comprenderá los secretos de la Naturaleza?

Capítulo XXII. Caserías en los campos rasos. Variedad de animales y aves, que los indios logran en ellos; y daños graves, que hacen las hormigas

Supuesto que nos hallamos en las sementeras y campos cultivados de aquellos indios, acompañémoslos un rato, pues salen armados con sus arcos y aljabas, a buscar aves y animales, que traer a sus casas. Pero algunos van en traje de Pescadores, con su caña, un lazo en la punta de ella, un canasto al hombro, y su perrito gozque por delante. ¿Y a dónde van estos? Estos no van sino a enlazar Codornices; y yo aseguro que traerán sus canastos llenos de ellas: porque los gozquecillos siguen el rastro; levanta la bandada de codornices el vuelo, que es tardo y corto; síguelas el perrito ladrando, y por temor de él no se atreven aquellas a pararse en el suelo, y así se van al primer arbolito o maleza cercana: prosigue el gozque ladrando con más ahínco, y todas las codornices fijan en él la vista, y toda su atención, con tal fuerza, que sin darse por entendidas, y creo que sin ver al Cazador, se dejan enlazar una a una, con el lazo que está armado en la punta de la caña: ni calla el gozque, hasta que está enlazada la última. Este curioso y fácil modo de enlazar codornices, no solo está en práctica en los llanos de Casanare, Chire, y Tocaría, sino también en los de Neiva, y Vagué, en el río Tercero, entre Buenos Aires y Córdoba de Tucumán; y aun en otras de aquellas Regiones, está muy entablado este singular modo de enlazar codornices, sin que se requiera perro.

Herrera hace mención en su Historia, de una industria semejante. Dice, que ciertas naciones de indios atan apretadamente un papagayo manso en la copa de una palma, en donde el Cazador está, tapada su cabeza con yerbas; y a los gritos que da el papagayo atado y angustiado, concurren innumerables de ellos a favorecerle, con tal ansia, que no reparan en que el indio va entretanto enlazando todos cuantos quiere, hasta que desatado el reclamo, calla, y se retiran los que quedaron vivos.

Hay también mucha abundancia de gallinas de monte, o silvestres, que de ordinario llaman pollas, porque son del mismo tamaño, aunque más gustosas: a éstas las arman lazos en las orillas de los charcos, adonde concurren a beber, poniéndoles granos de maíz en tal parte, que al irlos a picar, quedan enlazadas. A más de esto, saben los indios remedar su canto con tanta propiedad, que van concurriendo de todas partes, a las ramas donde está remedándolas el indio, el cual desde su escondrijo logra en ellas todas sus flechas; porque aunque al caer una polla huyen las otras, luego vuelven al oír otra vez el reclamo.

Es tanta la volatería de papagayos, loros, guacamayos, patos de varias especies, cigüeñas y garzas grandes y pequeñas, y otras muchas aves, que es para alabar al Criador, así por la multitud, como por lo exquisito de sus plumas, matizadas de vivísimos colores, y principalmente por sus especiales figuras; pero no tengo especie de haber visto por aquellos territorios, otra avecilla, parecida a las de Europa, sino la golondrina; y aun las de allá tienen la diversidad de ser más pequeñas, y la cola en forma de tijera, que abren al tiempo de volar, y cierran al irse a parar.

Es tanta la abundancia de cachicamos, o armadillos, y otros animales, que se encuentran por tierra, que son pocos los indios aficionados a la volatería: llámanse armadillos en español, los que los indios llaman cachicamos, o atucó, che, chucha, y de otros modos, según sus lenguajes; porque con ser del tamaño de un lechón de un mes, todo de pies a cabeza está armado de unas conchas, que a modo de las armaduras antiguas de los soldados, cubren todo el armadillo. Abundan en sumo grado, y no tienen más armas, ni defensa, que meterse en las huroneras o cuevas, que hacen al modo de los conejos, de donde salen a comer grama y heno: cada mes paren cuatro hijos, y así abundan cuanto no es decible: el sabor es el mismo puntualmente, que el de un lechoncillo tierno: el modo de cogerlos, para los que llevan perros, es fácil, porque estos los cogen antes que se encueven; pero una vez metidos en sus cuevas, es muy arriesgado meter la mano dentro de ellas para sacarlos; porque abundan allí las culebras, que huyendo del calor, se meten en las cuevas. Por esta causa suceden muchas desgracias, especialmente en las naciones andantes, que ya dije, de Guajivas y Chiricoas, a quienes los armadillos hacen la mayor parte del costo: de manera que no hay capitanía de aquellos indios, que no tenga cuarenta o cincuenta mancos y cojos, porque son tan bárbaros, que si al sacar el armadillo, le pica en una mano la culebra, luego se la cortan los otros; y si está solo, él mismo se la corta de un macanazo; y sin reparo se cortan el brazo o el pie, si picó la culebra en semejantes partes, pues no ha llegado a su noticia otro remedio. El último artículo o hueso, de la cola del armadillo, se ha experimentado ser remedio eficaz para el dolor de los oídos; de modo, que puesta aquella extremidad o hueso, en que termina la cola, dentro del oído, se sosiegan los latidos que da, poco a poco, hasta quitarse del todo.

La mayor parte de los armadillos, con meter la cabeza, y parte del cuerpo en su cueva, ya se dan por seguros; y a la verdad lo están, si no se sabe la traza de pillarles. Llega el indio, y coge al armadillo de la cola, que es larga; abre él sus conchas, y las ajusta tan apretadamente contra todas las partes de su angosta cueva, que antes se queda el indio con la cola en las manos (como sucede) que poderle sacar. ¿Pues qué remedio? Coge el Cazador un palo, o la extremidad de su arco, le hace cosquillas con él, y al instante recoge todas sus conchas, y se deja coger.

No hay menor abundancia de iguanas en todos los países de tierra caliente. Son las iguanas unos feísimos lagartos, de color entre verde y amarillo, que se mantienen de hojas de árboles; y también viven en el río como en tierra: están reputadas por una de las comidas más regaladas, y hay tantas en el Orinoco, y en todos los ríos que a él corren, que los indios bogadores, mientras unos dan fondo a la embarcación, y otros previenen leña y fuego, los restantes en media hora recogen cien iguanas, para su cena y almuerzo. No quiero oponerme al buen gusto de los que por ellas gastan su dinero; lo que yo sé de mí es, que por no comerlas, he pasado pacíficamente sin comer, ni cenar, teniendo a la vista abundancia de ellas; porque dejada aparte su figura, que es horrenda, tengo hecha la experiencia, que así como las culebras, metiéndoles tabaco mascado en la boca, que abren al apretarles el pescuezo con un palo, mueren; así también, en metiéndoles tabaco en la boca a las iguanas, mueren luego; de que infiero la uniformidad de unas y otras entre sí. Lo apreciable de las iguanas, es una piedra, que se halla en ellas, tan blanca como una cal viva, y fina: estas piedras de las cuales las mayores pesan una onza, se agencian, y se buscan con ansia, porque la experiencia ha enseñado ser específico singular para que corra la orina; tomándose sus polvos en agua tibia, y en cantidad corta.

Algunos de aquellos territorios abundan en una especie de tortugas terrestres, que llaman jicoteas, y también morrocoyes; las cuales no se acercan al agua, y su concha está matizada de amarillo, encarnado, blanco y pardo. Estas tortugas son muy fáciles de coger, porque es muy tardo su paso; y cuando el Sol las fatiga, si hallan una cueva, se amontonan en ella muchas, y los que van en su busca en los llanos de Caracas, suelen de una sola cueva sacar ocho, y a veces diez cargas de ellas. Causa admiración el ver, que multipliquen tanto, siendo un animal tan impróvido, que no esconde los huevos como las demás especies de tortugas; pues así como va caminando, suelta acá un huevo otro acullá, sin cuidar más de ellos, y con todo multiplican tanto como llevo dicho. En las entrañas de estos animales no se halla calor alguno: yo los he abierto vivos, y ni en el corazón, ni en su estómago, ni en parte alguna, les he hallado calor. ¿Quién fomenta su nutrición?

No es para dejar en silencio la singularísima providencia con que el Criador del Universo preparó agua fresca y saludable en estos dilatadísimos llanos, en donde, quanta abunda y sobra en seis meses del año, tanta falta y se echa menos en los otros seis meses. Nacen en aquellas inmensas llanuras, de distancia en distancia, tres o cuatro árboles juntos, rodeados de maleza, en los bajíos donde se mantiene más la humedad; los cuales con su sombra sirven de grande alivio a los caminantes, sufocados con los rigores del Sol; y suele mantenerse junto a ellos algún charco de agua, de ordinario corrupta llena de insectos, y cubierta de lama verde, adonde recurren los tigres, serpientes, y otras bestias fieras a beber. Esta agua ya se ve que no conviene beberla; pero el que no sabe el secreto, que voy a descubrir, obligado de la sed rabiosa, la cuela por un pañuelo, cierra los ojos, tápase las narices y bebe, como a los principios me sucedió a mí; y para que no suceda a otros voy a descubrir un maravilloso manantial. Es el caso, que en estos bosquecillos nacen unos arbolitos que llaman bejucos, parecidos al tronco de las parras, que suben, enredándose hasta las copas de los álamos; y suelen llegar a ser del grueso de un brazo, y tan tiernos que de un golpe de machete se cortan: ellos están llenos de arriba a bajo de agua cristalina, purísima, fresca, y muy sana: si hay vasijas para recogerla, se corta el tronco junto al suelo, y se llenan; pero si acontece, que el sombrero ha de servir de alcarraza, se corta un pedazo por la parte superior, y se llena un sombrero; luego otro pedazo más abajo, y se llena otro sombrero; y así de los demás mientras hay tronco y se busca agua. Esta noticia, que servirá mucho a los padres misioneros, y a otros viajantes, no puede dejar de excitar a todos a engrandecer y alabar las providencias del Altísimo.

En la Historia general de todo el mundo de monsieur Salmón, hallo; que ha dispuesto el Señor el mismo socorro en un bejuco de las mismas señas y circunstancias en las islas Filipinas. Pero volvamos al asunto del Capítulo, de que nos desvió una digresión tan importante.

Críase también en aquellos territorios el oso hormiguero, que es el mejor bocado, especialmente para los indios Morcotes: es del tamaño de un perro de agua grande, peludo, y su cola tan grande, y de cerdas tan largas, que alargando la extremidad de ella hasta encima de su cabeza, cubre y defiende todo el cuerpo del Sol, y de los aguaceros: sus pies y manos rematan cada una en tres uñas curvas, y tan tenaces, que si el tigre, al dar el salto sobre él, se descuida, y le da algún corto tiempo para recibirle entre sus brazos; es tan apretado el abrazo que le da, y fija en su cuerpo tan tenazmente las uñas, que allí perecen ambos. Yo hallé sobre el peñón del Orinoco, llamado Marimaróta, aferrados un oso mediano con una águila, ambos muertos y secos al rigor del Sol. En otra ocasión, yendo con bastante comitiva, dimos con uno de estos osos: ocho o diez perros, que iban con nosotros, le acometieron con brío; pero el oso no se apuró: sentóse y abiertos ambos brazos en forma de cruz, hizo cara a todos, sin que nadie se atreviese a tocarle un pelo de su cuerpo: lo extraño de este animal es la cabeza y boca, porque de su cabeza, que no es grande, le sale una trompa de media vara, o de tres cuartas cuando ya es mayor, y en la punta de aquella tiene un agujerito redondo, que no podrá entrar por él la punta del dedo pequeño ¿Pues qué come, me dirán, o de que se mantiene? Digo, que se va de hormiguero en hormiguero, y por la puerta por donde salen y entran las hormigas, introduce la lengua, tan larga como la trompa, en que la tenía recogida: las hormigas se eno-jan, y muerden fuertemente aquella lengua, todas cuantas hallan blanco en que cebarse; y cuando ya el oso siente la lengua llena, la retira para dentro, y luego la vuelve a sacar limpia, y prosigue su pesquería de hormigas, hasta saciar su hambre; y ésta es la causa porque se llama oso hormiguero: y causa admiración cuanto engordan estos animales con un mantenimiento tan débil al parecer.

Pero el que ve, que al salir las hormigas con alas a volar para su ruina, engor-dan también los indios de aquellos países, por las muchas hormigas que comen; no extraña que los osos engorden con ellas, antes que críen alas: a las primeras aguas, que después de cuatro, y a veces seis meses de continua sequedad, caen ya por el abril, ya por el mayo, son innumerables los enjambres de hormigas, que ufanas con la novedad de verse con alas, salen a volar; pero muy presto caen, fatigadas de su mismo peso, ya no pueden levantar segunda vez el vuelo: son de tamaño extraordinario; de modo, que antes de criar alas, mientras se ocupan en forrajear, cada hormiga de aquellas carga un grano de maíz, y no obstante este peso, camina ligeramente: cuando llegan a criar alas, son un tanto mayores, y de la cintura para abajo no contienen otra cosa, que manteca; tanto, que partida aquella mitad, y junta ya competente cantidad, las ponen a freír en sartenes, y de ellas mismas sale la grasa suficiente para freírse; y los que gustan de este regalo me han asegurado, que equivale a una fritada de chicharrones del mejor lechón. No lo he querido creer, ni experimentar; pero a la verdad, aquí es cuando se vengan los indios de los gravísimos daños, que todo el año reciben de las hormigas. Salen éstas de noche, de sus grandes hormigueros, que abundan en todas partes, y dan sobre la sementera del maíz tierno; cargan con todas las hojas verdes, y el maíz no crece más, ni sirve: otras noches cargan sobre los plantíos de la yuca, y quitan las hojas de sus ramas, y he aquí perdido todo el trabajo del pobre indio, porque el diente maligno de las hormigas, cuantas plantas pela, tantas seca, aunque sean naranjos o arboledas de cacao: en éstas es imponderable el daño que hacen, por más que los indios cavan, queman y echan caños de agua sobre los hormigueros; pues aunque con estas diligencias muchas mueren, como es inmenso su número, siempre hay que trabajar, y siempre sobran hormigas para causar graves daños. Antes de pasar a otra cosa, diré la plaga maligna de hormigas de palo santo, de que están infestadas todas las tierras, que llamamos calientes; esto es, adonde no llega el fresco de los páramos nevados.

En todos los sitios anegadizos, así en las selvas y bosques, como en las campañas limpias, crece el árbol llamado palo santo, que tal vez le habrán puesto este nombre, porque lleno todo su interior de hormigas malignas, y ponzoñosas, él no se da por entendido, antes parece que hace gala de que le estén royendo continuamente su corazón; siendo así que no hay árbol que le iguale, ni en lo derecho y alto del tronco, ni en lo coposo y bien poblado de la copa, la que corona, no con solas flores, sino con ramilletes de flores, tantos, cuantos son los retoños con que reverdece; y entre tanto abriga en su seno unas hormigas pequeñas y de color rubio, que en llegando a picar una en la mano, deja una ardiente y rabiosa comezón para todo el día; y si sucede, como es muy frecuente, que lleguen a picar, ocho o diez de ellas, a más de la comezón intolerable, causan veinticuatro horas de calentura: trabajo muy ordinario para los pobres forasteros, que por no saber lo que aquellos árboles ocultan, se sientan a su sombra, echan la mano para cortar una vara, o al dar un salto, se afirman en alguno de aquellos troncos: ni es menester tanto; pues basta para recibir esta pesada plaga, tocar de paso alguna rama del palo santo, o con el sombrero, o con alguna parte de la ropa, luego siente las mordeduras de las hormigas que prontas para el daño se le pegaron. Yo creo que ellas solo se mantienen del jugo de aquel árbol, porque no se apartan de él para buscar comida, como se ve en otras hormigas: lo más que se llegan a apartar de él, es hasta tres o cuatro pasos; y son de tal malignidad sus pies, que en todo aquel contorno que pisan, no nace una yerba, ni chica ni grande; y esta misma limpieza, que es aviso para los que saben la causa, es lazo para que el pasajero que no lo sabe se siente para ser mordido, en lugar del descanso que busca.

Pero volvamos a registrar otros animales raros, que encuentran y matan los indios, entre los cuales aprecian mucho a los irabubos. Son éstos del tamaño de una oveja; pero en la cerda y trompa son muy parecidos a los cebones, y en el sabor de sus carnes se les parecen bastantemente: viven ya en el agua, ya en tierra; y en una y otra parte están como en su centro: abundan mucho, y salen a manadas a destrozar y comerse las sementeras; por lo que, y para lograr su carne, los persiguen mucho los indios.

Las faras, a quienes los indios llaman ravale, no las persiguen para comer, porque tienen un olor muy fastidioso; sino porque les hacen notable daño en los platanales, papayos y otras frutas. Son éstos animales nocturnos, y muy difíciles de hallar de día: tienen las hembras duplicado el pellejo del pecho, despegado uno del otro, y rajado por medio, de alto a bajo, el cuero exterior; de modo, que tiene sus concavidades ya a uno ya a otro lado, y en ella mete sus cuatro hijos luego que pare: allí toman los pezones de los pechos de su madre, y crecen sin salir hasta que pueden caminar por sus pies, que es cosa bien irregular, y a la verdad digna de celebrarse.

En Arauca, Apure, Duya, Cravo y otros muchos ríos que bajan al Orinoco, hay gran multitud de lobos, o perros de agua, del tamaño de un perro podenco: hay nutrias; pero la sutileza, y suavidad del pelo de los lobos de agua, a quienes los indios llaman guachi, excede mucho al de las nutrias, y aun al suave contacto de la seda: nadan con gran ligereza, y se mantienen del pescado: viven igualmente en el agua, y en tierra, aunque para comer siempre salen del río, y para sus crías cavan cuevas en las barrancas, donde las hembras crían los cachorros a sus pechos: no hacen las cuevas en sitios apartados, sino en unas como agregaciones, donde concurren gran número de ellos a vivir, a comer, y a divertirse jugando y corriendo. He visto y observado con curiosidad sus madrigueras, y causa armonía ver la limpieza con que están: no se halla una yerba en todo aquel contorno: los huesos del pescado que comen, todos los amontonan aparte; y a puro jugar y retozar, de tierra al río, y del río para fuera, tienen caminos notablemente anchos y limpios.

Concluiré este Capítulo con el animalejo más hermoso, y más detestable de cuantos he visto hasta ahora. Entre los blancos de la América se llama mapurito, y los indios le llaman mafutiliquí: es como un gozquecillo de los más aseados, que crían las Señoras en sus palacios: todo su cuerpecillo jaspeado de blanco y negro; su cola proporcionada, hermosa, y muy poblada de pelos largos; vivísimo y travieso en su modo de andar; y atrevido sobre manera: no huye, ni tiene miedo, a fiera, ni a animal alguno, por bravo que sea; porque tiene confianza, y mucha satisfacción de las armas con que se defiende, con las cuales me he visto miserablemente sufocado, y casi fuera de juicio: y es el caso, que si el dicho mapurito ve venir contra sí algún hombre, o algún animal, sea el que se fuere, le espera cara a cara; y luego que ve a su enemigo a tiro proporcionado, le vuelve las espaldas, y le dispara tal ventosidad, y tan pestífera, que cae aturdido, sea hombre, sea tigre o leon el que le seguía, y ha menester mucho tiempo para volver en sí: entre tanto prosigue el mapurito su camino a su paso natural, muy seguro de que el que queda batallando, e inficionado, no está ya para seguirle, ni perseguirle. Después de todo esto, los indios, a gran distancia los flechan, y ya muertos, con notable tiento los abren, les sacan las tripas, sin romper ninguna, comen la carne, que equivale a la de un conejo, y guardan el pellejo, con mucho aprecio, entre las alhajas de su mayor adorno y estimación; y a la verdad el cuero es suave al tacto, hermoso a la vista, y sin mal olor. Pero dejemos estas curiosidades de los animales, para reír y llorar otras en los indios, y en otras gentes.

Capítulo XXIII. Turbación, llantos, azotes y otros efectos raros, que causa el eclipse de la Luna en aquellos gentiles

Del extraño modo de concebir de aquellas naciones, un mal gravísimo en el eclipse de la Luna, nacen como aborto de su ignorancia, demostraciones llenas de pavor y espanto: los de una nación se persuaden, que la Luna enferma de muerte, y se acaba a toda prisa: otras creen, que se ha enojado con ellos, y que se retira airada para no alumbrarlos más; y cada una de aquellas gentes ciegas, deseosa de la luz de la Luna, prorrumpe en diligencias, llenas de desatinos. No dudo, que cuando se les eclipsa el Sol, harán semejantes, o mayores demostraciones; pero no me he hallado entre los tales gentiles en tiempo de estos eclipses; y así, no tengo que decir acerca de lo que sucede en tiempo de los eclipses del Sol: voy ya al caso propuesto de los eclipses de la Luna, en que me he visto muchas veces, y en algunas no sin sobresalto.

Bien ajeno de todas sus tropelías me hallaba entre las naciones Lolaca y Atabaca, cuando a cosa de las diez de la noche levantaron tal gritería, y llanto descompasado, que me persuadí haberse puesto en batalla cruda, una u otra nación. Salí asustado, y hallé a casi todos los hombres juntos gritando, y a las mujeres corriendo y llorando, cada cual con su tizón en las manos, para esconderle entre la arena, o entre la tierra. ¿Qué alboroto es éste? pregunté a uno de los capitanes. ¿Dayque teo cejo ajó rijubicanto? ¿No ves, dijo él, como se nos muere la Luna? ¿Y las mujeres adonde van corriendo? Futuit nanaabica, rijubiri afocá. Van, dijo, a enterrar y guardar tizones de fuego; porque si la Luna muere, todo el fuego muere con ella, menos el que se esconde de su vista. ¿Y cuándo, repliqué yo, habéis visto morir la Luna, y al fuego con ella? No hemos visto ni uno ni otro, respondieron, pero así nos lo han contado nuestros mayores, y ellos muy bien lo sabrían. Entretanto se fueron juntando todos, chicos y grandes, y les pregunté ¿si habían hallado fuego alguna vez en aquellos tizones que escondían? respondieron que no: luego es en vano la diligencia de esconder fuego; porque la misma tierra y arena con que le tapáis, le sufoca y mata. No, padre, dijeron, porque la Luna se alienta, y vive, movida de nuestras lágrimas: por eso el fuego escondido muere; pero si la Luna se muriera, el fuego escondido quedara vivo.

Así deliran aquellas gentes: ni hay asunto tan arduo, como querer quitar un error derivado de padres a hijos entre gente incapaz. No obstante saqué un espejo, una vela encendida, y una naranja, y llamando a los principales, les expliqué, con los términos más groseros que pude hallar, como la privación de luz de la Luna no era por enfermedad, porque ella no es cosa viva, sino porque no tiene otra luz, sino la que recibe del Sol, poca o mucha, según el aspecto con que el Sol la mira; y que llegándose a interponer el Orbe Terráqueo entre el Sol y la Luna, durante el tiempo de la interposición, no recibía luz, si era total: y recibía poca luz, si era interposición parcial. Esto mismo les hice ver con la demostración de la vela, y su luz refleja del espejo, interponiendo la naranja entre la luz de la vela, y la del espejo. Percibieron algunos de los principales la explicación, y dándose grandes palmadas en los muslos, gastaron mucho tiempo en explicar a sus gentes la causa del eclipse, con tan buen éxito, que en adelante no hubo lágrimas, ni gritos, ni ceremonia alguna en los eclipses que se siguieron.

No es ponderable el gusto y atención con que aquellas naciones atienden cuando se les habla del movimiento del Sol, Luna y Estrellas, o de la extensión de la Tierra, Mares y naciones; porque como están en una suma ignorancia de todo, y piensan que todo el mundo se reduce a sus tierras, y a las de aquellas pocas naciones circunvecinas, de que tienen alguna noticia, les causa notable gusto saber aquello, que jamás habían imaginado; y como de estas conversaciones de las criaturas, luego se pasa a tratar del Criador de ellas, se les va embebiendo insensiblemente, y con gusto el conocimiento del Criador de todo; y éste es el medio por donde los misioneros mejor captan la atención de aquellos bárbaros.

Por otra parte, conviene que el misionero explique muy de espacio el viaje que ha hecho desde Europa hasta sus tierras, a fin de enseñarles el camino del Cielo; porque como ellos tienen un amor tan bestial a sus países, que casi se puede llamar querencia, que es la que las bestias tienen a los ejidos de su pasto; les causa mucha armonía, que el misionero, solo por cuidarlos, y enseñarles, haya dejado su patria y parientes, y haya caminado tanto. Digo esto, porque en circunstancias, en que algunos pueblos recién agregados de los bosques, ya por instigación de los ancianos, ya por la del Demonio, estaban mal contentos, y deseosos de volverse a su Egipto, fui repetidas veces a oír a escondidas sus conversaciones, y en muchas de ellas oí esta réplica: «¿Cómo nosotros podemos dejar al padre que por nuestro bien ha dejado a sus parientes? ¿Y qué mucho nos apartemos pocas millas de nuestra tierra, cuando el padre por nosotros se ha alejado tanto de la suya?» Estas razones, tengo experiencia, que les hacen gravísima fuerza, y que producen muy buenos efectos.

Más pesadamente, que los Atabacas, llevan los indios Salibas el eclipse de la Luna; y así hacen y prorrumpen en demostraciones de mayor sentimiento. En el año de 1735 creí, que a las nueve de la noche nos habían asaltado los bárbaros Caribes, como lo acostumbran; tal era el estrépito de armas, toque de su formidable tambor y gritería. Salí, y hallé a todos los indios de armas puestos en filas, presentándolas a la Luna, ofreciéndole su valor y esfuerzo, y rogándola, que no se retirase. Los jóvenes de quince hasta veinte años, estaban en dos filas aparte, y algunos viejos con látigos, azotándolos crudamente por sus turnos; y finalmente las mujeres, hechas un mar de lágrimas, lloraban la próxima retirada, y ausencia fatal de la Luna. No eran circunstancias aquellas, que daban lugar a consuelo; solo recibían con gusto la noticia, de que por aquella vez era cierto, que la Luna no se había de ausentar; con la protesta, de que antes de hora y media la verían otra vez llena y alegre, como sucedió, quedando todos muy contentos. No pude averiguar de raíz la idea que aquella nación se finge: solo llegué a entender, que suponen, que la Luna tiene enemigos, por cuyo miedo se quiere retirar, para ir a lucir, y a alumbrar a otras gentes. De este error nace su congoja, y las ofertas, de que pelearán a su favor; y así, que no tema, ni se vaya, etc.

Casi la misma necia opinión siguieron, y siguen todavía las indios, que restan aun gentiles en las islas Filipinas: ellos, sin meterse a indagar, y saber de donde ha salido tan fiera bestia, dan por muy cierto que el descaecer la luz de la Luna, o del Sol, se origina de que un fiero dragón tira a tragarse, ya al uno, ya al otro Planeta: la grande falta, que ya el uno, ya el otro les han de hacer, los acongoja, melancoliza y aturde; y no hallando modo de subir a socorrer a sus bienhechores, han tomado el arbitrio de hacer un continuo y formidable estrépito de cajas y tambores, para aturdir al dragón; y así lo creen, celebrando la victoria después del eclipse.

todavía me parece más necio y descaminado el alboroto de la nación Guayana, cuando llega el caso del eclipse de la Luna; porque al punto que le reconocen, echan mano de los instrumentos que usan para cultivar sus campos; y diciendo y haciendo, unos desmontan la maleza, otros limpian, y otros cavan el terreno, y todos a una protestan a gritos: «Que tiene razón la Luna para estar enojada con ellos, y sobrado motivo para desampararlos, porque no le han hecho sementera, como era puesto en razón; pero le ruegan, que no los deje, porque ya le previenen campo para sembrarle maíz, yuca, plátanos etc.» Con estas demandas y súplicas acompañan su trabajo, que es recio, durante el eclipse; pero en cuanto la Luna recobra su luz, se vuelven a sus casas, celebrando con mucha alegría el que no se hubiese ausentado: y es cosa rara el que dejan en olvido su trabajo, ni piensan más en sembrar, ni cultivar la tierra prevenida para la sementera de la Luna, hasta que con el tiempo llega la hora de otro eclipse, y la pena y dolor de su descuido, la turbación, sobresalto, y la nueva aplicación al trabajo, tan infructuoso y vano, como los antecedentes.

No sé, que se pueda hallar imagen más viva de la infructuosa y vana penitencia, que por cuaresma emprenden los mal acostumbrados, que solo dura mientras oyen el peligro gravísimo en que están, y luego se echa todo en olvido hasta la cuaresma siguiente, en que al oír las verdades del Evangelio, entran en nuevo sobresalto y temor; pero todo sin fruto.

Más prudencia gastan las indias Otomacas, que sus maridos, durante el eclipse de la Luna: toman estos arrebatadamente sus armas, dan carreras y gritos descompasados, aporrean las flechas contra los arcos, en señal de indignación, ruegan, piden y suplican a la Luna, que no se muera; y como por más que se apuren, ella va menguando, y descaeciendo sensiblemente, viendo que no se da por entendida, corren a sus casas reprehenden agriamente a sus mujeres, porque no se apuran, ni lloran la enfermedad de la Luna; pero ellas ni aun por eso se dan por entendidas, ni aun responden palabra a sus maridos. Viendo estos que por mal, y por rigor no consiguen cosa, mudan de estilo, y empiezan a rogar y suplicar a las mujeres, que clamen y lloren, para que la Luna se aliente, y no se deje morir. No hay súplicas que valgan, y así pasan los Otomacos a las dádivas, que lo vencen todo: sacan de sus alhajas, cada cual lo mejor que tiene, y les dan a sus mujeres, unos, sartas de cuentas de vidrio; otros, collares de dientes de monos; y otros, preseas semejantes: entonces salen a saludar a la Luna, y en tono lloroso le hacen muchas súplicas; y como esta función llega ya a tiempo en que la Luna va recobrando su luz, a poco rato que prosigan sus ruegos, queda la Luna entera y clara, y entran los agradecimientos de los Otomacos a sus mujeres; cuya voz lamentable enterneció, según su idea, y movió a la Luna a volver sobre sí, y no morirse. Estos y otros tales son los partos de aquella nativa ignorancia, bien semejantes a las demostraciones bárbaras, que hacen los moros durante el eclipse de la Luna, en el cual tiempo se afligen, lloran, se arrancan los cabellos, y por último se enfurecen a violencias de su necio dolor y sentimiento, nacido de la falsa tradición de que la Luna está enojada o enferma. Tal como éste es el genio humano, cuando le falta cultivo, carece de la luz que dan las ciencias, y de la sobrenatural con que nos alumbra nuestra santa fe; y por falta de esta divina luz, yerran los doctos Astrólogos del Imperio de la China, aunque son hombres de nobles y muy cultivados ingenios, especialmente en orden a la contemplación de los Astros y Planetas; lo cual no obstante corren parejas, y tropiezan tan groseramente como los moros, y tan neciamente, como las gentes bárbaras del Orinoco: sobre que el padre Nicolás Trigault, de la Compañía de Jesús, misionero e Historiador antiguo del Imperio de la China dice:

«El oficio de los Astrólogos de Pequín, es pronosticar en todo el reino los eclipses del Sol y de la Luna, promulgando ley, que los Mandarines y los ministros de los Ídolos, insignes en el culto de sus oficios, se junten de todas partes en cierto lugar, para socorrer al planeta afligido y doliente; lo cual piensan que hacen con tocar las campanas hasta cierto número de golpes; arrodillándose muchas veces, todo el tiempo, que creen están aquellos Planetas en riesgo, desmayados o eclipsados. Dícese, que temen no los trague no sé que serpiente en aquel tiempo.» Hasta aquí el citado Autor.

Verdad es, que como la luz del santo Evangelio va desterrando de aquel Imperio las sombras de la idolatría, les ha aclarado también los entendimientos, para percibir mejor el curso de los Planetas, o el movimiento de los Astros, y la novedad de los fenómenos.

Deseará saber el curioso ¿si aquellos bárbaros tienen conocimiento de algunos Astros y Planetas, fuera del Sol y la Luna? ¿y si tienen algún cómputo para contar los meses y los años? Respondo, que conocen a las Cabrillas, a quienes llaman Ucasú, y otros Cacasau; y cada nación de aquellas les da su nombre, según la propiedad de su lengua. Por las Cabrillas computan el año; esto es, cuando al ponerse el Sol, y descubrirse las Estrellas, ven salir por la parte oriental las Cabrillas, entonces empieza su año nuevo; y en sus tratos, suele ser el plazo de la paga; v. gr. Edásu ucásu farrusacáju; que es decir en las Cabrillas venideras, o de aquí a un año te pagaré. Los meses los regulan por las lunaciones; v. gr. Alaquirí boteyfida, farrusamay; luego que pasen dos Lunas vendremos. No tienen semanas, ni nombres para señalar los días de ellas; pero suplen este defecto con industria: v. gr. se ha de ir el marido a un viaje de veinticinco días, o se hace un trato, que se ha de pagar dentro de otros tantos, entonces el marido da un cordón a la mujer con tantos nudos, cuantos son los días que se ha de tardar, y el deudor da a su acreedor el mismo cordón, y se queda el que da los cordones anudados con otros del mismo número de nudos; y es cosa de ver, que por la mañana, la primera diligencia que hacen, es soltar un nudo de aquellos sus cordones; y esto infaliblemente, así los unos, como los otros; con que el día que sueltan el último, saben que se ha cumplido el plazo, y cada cual concurre a cumplir su palabra; y los que no pueden pagar, dan sus excusas, y agencian nuevo cordón, o nuevo plazo.

No obstante lo dicho, casi todas aquellas naciones cuentan hasta cinco, con nombres numerales correspondientes; y en llegando a cinco, prosiguen diciendo: cinco y uno, cinco y dos etc.; y en lugar de diez dicen dos cincos, al quince tres cincos, y al veinte cuatro cincos; pero siempre van acompañando los números que pronuncian, ya con el número de dedos correspondiente, ya con una, ya con ambas manos, y con uno, y a veces con ambos pies; y es el caso, que sus números corresponden al número de los dedos de una persona, y no más; v. gr. en lengua Achagua Abacáje, es cinco, quiere decir los dedos de la mano: Juchamacáje, es diez; esto es, los dedos de ambas manos: Abacaytacáy, es veinte; esto es, los dedos de pies y manos: Juchámatatacáy, es cuarenta; esto es los dedos de dos hombres: y así van aglomerando hasta dos mil, seis mil, y diez mil dedos, con una algarabía notable, pero perceptible, a fuerza de trabajo.

Capítulo XXIV. Estilos que guardan aquellos gentiles en sus casamientos: la poligamia, y el repudio

Como cada nación sigue sus tradiciones, tiene también sus particulares usos en los casamientos. Ya dije latamente en el Capítulo décimo, la multitud de ideas con que los indios Guayquiries solemnizaban en su gentilidad los casamientos: y noté allí ser cosa muy singular entre los bárbaros, los cuales comúnmente gastan pocas ceremonias en tales casos. No puedo individuar aquí todo lo que noté entre ellos, por no ser molesto: apuntaré tal cual especie, de que se podrán inferir otras semejantes, y formar algún concepto del desacierto de los hombres, que caminan sin la luz de nuestra santa fe.

En una cosa concuerdan gran número de aquellas naciones; y las restantes, aunque no abiertamente, adhieren en algún modo a la persuasión en que están aquellas, de que las hijas son vendibles, y que el novio debe pagarlas a sus padres, por el trabajo con que las han criado, y también por el afán y cuidado con que en adelante trabajarán en útil de sus maridos. Esta opinión, que siguió Lavan, haciendo trabajar bien largamente a Jacob, por las dos hijas que le dio, Lía y Raquel, es la seguida y practicada por el mayor número de las naciones gentiles, de que voy tratando; pero como aquella es gente de corto ánimo, y de caudal mucho más corto, se contentan los padres de la novia con cosas de muy poca monta. No las dan tan baratas en el vasto y político Imperio de la China, en el cual toda la gente plebeya y pobre, compra por su dinero las mujeres para casarse; y aunque la nobleza no entró en este uso, tiene otro más costoso; porque antes del casamiento envían a las novias grandes cantidades de dinero para que compren las alhajas y cosas que gustaren. Ni esto debe causar armonía a los europeos, como que éste más parece interés y codicia en los padres, que amor a sus hijas; porque también los chinos y los americanos notarán esto mismo en los novios europeos, y dirán, a veces sucede, que los novios parece, que no tanto buscan la mujer, cuanto al dote que le dan sus padres. Por otra parte, el mismo dote, que es liberalidad de los padres, y señal del amor que tienen a sus hijas, le pueden interpretar siniestramente aquellas naciones, diciendo, que los padres de familias en Europa, por descartarse de las hijas, como si les sirvieran en casa de mucho estorbo, dan mucho dinero a los que las toman por mujeres; y así, si aquellas costumbres disuenan a los europeos, las nuestras han de disonar a los chinos y a los indios: de que resulta este problema político: ¿Quiénes se portan mejor con sus hijas, los que las venden para que sus maridos las estimen; o los que las dotan para que sus maridos las aprecien?

Entre algunas de aquellas gentes se usa, que en naciendo algún niño, están observando, y esperando la primera niña que sale a luz, y luego se la piden a sus padres, alegando, que deben ser compañeros, por haber venido a este mundo el uno en pos del otro; y en aquel día queda ajustado el casamiento: así que el chico crece, y empieza a usar el arco y flechas, todo lo que puede haber a sus manos, lo lleva a la niña, sea pescado, aves o frutas; tributo que reconoce y paga hasta que a su tiempo se la dan por mujer. En otras naciones, antes de entregársela, deben preceder algunos méritos positivos: el primero, que por sí mismo mate un jabalí, y le traiga a casa del suegro, en prueba de que ya es hombre en forma: el segundo, antes de casarse, debe por sí mismo prevenir sementera, a la manera que la previenen los hombres casados, en prueba de que ya puede mantener familia. En otras naciones es más pesada la paga o la prueba; porque está en uso, que a más de prevenir su sementera y casa nueva en que vivir, debe trabajar, y disponer la sementera de su suegro, y hacerle una casa nueva, si la que tiene es ya vieja; y si es buena, en lugar del trabajo, que había de tener en fabricarla, queda obligado a disponerle sementera el año siguiente.

En otras naciones no se anda con estas nimiedades, sino claramente, por vía de contrato, se conviene lo que el novio efectivamente debe dar por paga de la novia; y concluido el trato, da lo pactado; y si tiene edad, se la lleva; y sino, desde entonces corre con la obligación de buscarla que comer. Cuando el que pide la hija casadera, tiene ya otra u otras mujeres, se les hace muy duro a los padres de la moza el consentir, y solo a fuerza de aumentar la paga, se llega a terminar el contrato.

No sucede así en orden a las viudas que quedan casaderas; pues en cuanto a éstas, entre los Caribes, las hereda el hijo mayor del difunto; y entre los Otomacos, los capitanes dan la viuda a un joven; y entre las demás naciones, ya no intervienen los padres de ellas en el segundo casamiento, sino que ellas por sí se casan, según mejor les parece.

Solo entre los Betoyes, y sus varias capitanías observé, que mediaban algunas palabras al tiempo, de entregar las novias, y eran éstas: pregunta el padre de la novia al novio: ¿Fajinefá du? ¿La cuidarás? Y responde el mozo: Mamí farrinefá du. Muy bien la cuidaré: y sin mediar entre los contrayentes palabra alguna de contrato, se dan por casados a su modo; aunque, como luego diré, tienen muy pocas señas de válidos esto contratos, sean tácitos, sean expresos. Véase a Herrera y al padre Trigault, quien en su Historia de la China, dice de aquellos casamientos: Los padres de ambos componen estos contratos, y no piden para ello el consentimiento de los hijos, pues estos obedecen ciegamente a sus padres; y si esta subordinación en las niñas gentiles excitase el enojo de las señoras, cuyas hijas criadas en la santa y verdadera religión cristiana, se salen, por mano del Vicario Eclesiástico, y se casan a su gusto, contra la voluntad de sus padres; entiendan que su enojo no ha de ser contra las hijas, que tal ingratitud cometieron, sino contra sí mismas, que tal crianza les dieron, que tan poco las resguardaron, y tantos paseos las permitieron; y más cuando no son necesarios muchos; pues Dina en la primera salida halló quien la quisiese.

La poligamia, que es tener multitud de mujeres, viene de padres a hijos entre aquellos gentiles, como uso tan constante, que ni por pensamiento se les ofrece la menor duda de si será, o no será lícito: pero generalmente hablando, son pocos los que tienen muchas mujeres, no por falta de voluntad, sino porque no las hallan; o caso que las hallen, porque no tienen caudal para dar la paga que piden sus padres, o no quieren obligarse a las pensiones que arriba apunté. Los caciques, los capitanes, y algunos valentones, que sobresalen, o en el valor, o en la destreza y elocuencia del hablar, y sus Curanderos, Médicos o Piaches, son los que, o por su autoridad y valor, o por sus enredos y embustes, consiguen dos o tres mujeres cada uno; y algunos de muy sobresaliente séquito, consiguen hasta ocho, y aun más.

Pero bien observada la materia, se ve claramente en ellos, que el agregar tantas mujeres, más nace del interés de lo que éstas trabajan, y sudan en la labor del campo; y de la soberbia y altivez, con que aspiran a ser tenidos por hombres poderosos, y de séquito, que de otro motivo menos decente: con todo no faltan sus riñas entre ellas, como se deja entender, sin embargo de que no viven en la casa juntas, sino cada una en su habitación con sus hijos, y su hogar aparte sin intervención con la otra. El pescado que adquiere el marido, o por sí, o por sus domésticos y vasallos, se reparte entre todas con proporción, según los hijos que cada una tiene; y en llegando la hora de comer, le tienden en el suelo la estera, que es su mesa, y cada mujer le pone delante su plato de vianda, su torta de cazabe o caizú de maíz, y se retira: coma, o no coma, nadie le habla palabra. Pasado algún espacio competente, cada una saca de su tinaja o cántaro una tutuma o medida de chicha, y se la pone delante para que beba; y concluido esto, cada cual se retira a su habitación, a comer y beber con sus hijos, con el cual retiro se evitan pleitos. En el campo se observa la misma separación; de modo, que aquella porción de bosque, que el marido con los convidados desmontó para sementera, la divide en tantas partes, cuantas son las mujeres que tiene, y cada una siembra, cultiva y atiende a su parte, sin meterse en el terreno de la otra; aunque es verdad, que ni aquí faltan sus enojos, sobre si a la otra le tocó mejor terreno o más dilatado, y sobre si los hijos de aquella hurtaron frutas de la sementera de ésta, y por otras cosas semejantes.

Así como en la poligamia seguían estas gentes, y aun siguen las que no están sujetas al Evangelio, la desenfrenada costumbre de los demás americanos, en que sin duda irían ya impuestos los primeros pobladores, que pasaron de éste a aquel Nuevo Mundo, porque en éste era y fue tan antiguo el tal desorden, como es notorio; así imitaron la costumbre del repudio, transportando consigo el uso, que acá estuvo desde tiempos tan antiguos radicado, que le tomaron los hebreos, viéndole establecido entre los gentiles, y después corrió con los siglos entre las demás gentes.

Solo se diferencian en el modo, y en los motivos del repudio, que son varios, según la variedad de genios y costumbres de las gentes. Los hebreos no podían ejecutarlo sino en ciertas circunstancias, y con motivo bien averiguado;

y entonces debían dar libelo de repudio. Mucho menores causas requerían los Romanos, y bastaba que Ticia hubiera ido al Circo sin licencia de Clavio, para que éste la repudiase. Finalmente, los indios abandonaban sus consortes por motivos mucho menores, y aun sin ellos, siguiendo el ímpetu de su depravado genio, como ya apunté.

No obstante lo dicho, por lo que mira a sus casamientos, dan algunas de aquellas naciones alguna muestra de racionalidad, no casándose con parientas en primero, ni segundo grado de consanguinidad; y particularmente la gente Betoya, en esta materia, excede a las otras naciones, observando exactamente el no casarse hasta pasado el quinto grado; pera otros indios, como los Caribes y Chiricoas, tienen muy poco, o casi ningún reparo en ello.

En esta confusión y tinieblas halla el operario a los gentiles, a quienes va a dar la luz del Evangelio; y a la verdad la poligamia y el repudio son el Escila y Caribdis en que han naufragado muchos pueblos de misiones, que daban no pocas esperanzas de fruto permanente y copioso para el Cielo: por lo que los misioneros, que entran de nuevo al ministerio apostólico, es bien que se informen muy despacio del modo y de las reglas de prudencia, que la experiencia ha enseñado a los ya versados, para proceder con acierto en tales y tales naciones, porque no es factible dar una regla general, a causa de que así como entre sí discrepan aquellos lenguajes, son también muy diversos los usos y los naturales.

El fin principal, es ganar para Dios aquellas almas: a esto se dirigen todos los afanes y diligencias: pero tenga por cierto el operario, que perderá en un solo día todo su trabajo, si antes del tiempo competente habla de la poligamia. Para desterrar las tinieblas, envía el Sol con pausa sus primeros crepúsculos, y los va aumentando, para que últimamente, a vista del día claro, se destierren las sombras. No tienen aquellos bárbaros luz alguna de la eternidad: no se les ofrece, ni les ocurre motivo alguno para irse a la mano, y reprimir sus pasiones; ni dejan las costumbres, que ciegamente recibieron de sus mayores: por lo que no conviene empezar por la reforma de aquello, que será gran dicha conseguir, después de muchas diligencias, que necesariamente deben preceder primero, para ganar sus voluntades, y después para ir poco a poco cultivando e ilustrando sus entendimientos: y así es máxima digna de toda reflexión, creer que importa mucho en esta ocupación, reprimir y refrenar los buenos deseos, para poderlos lograr a su tiempo: y aun al fatigado Labrador, ¿qué útil se le siguiera, si vendimiara su viña en agraz? A más de que, mientras llega el tiempo oportuno, hay dilatado campo en que explayarse, con fruto, en el cultivo de los párvulos; en la enseñanza prudente y moderada de los adultos, a quienes se debe dar tiempo para la labor de sus sementeras; y en el cuidado y vigilancia con los enfermos, e instrucción y bautismos de los moribundos: diligencias, que insensiblemente van ablandando aquellos corazones; de modo, que últimamente se ponen en las manos de los misioneros, para que les enseñen el camino del Cielo; y veis aquí ya el tiempo de la deseada cosecha, y la hora oportuna para soltar la represa de sus buenos deseos, recogiendo el fruto a manos llenas, y no sin ternura y lágrimas, hijas del gusto y consuelo que el Señor les comunica.

Capítulo XXV. Pregúntase, si se aumenta o disminuye el número de los indios, haciendo el cotejo del tiempo en que eran gentiles, con el de ahora, en los que ya son cristianos

Muy universal es la pregunta; y aunque solo me tocaba, según mi asunto, responder acerca de las naciones del Orinoco y sus vertientes, con todo, para que monsieur Noblot y otros Autores, vean que no es tan fiero el leon, como le pintan, ni tan duros y crueles los españoles, como los han dibujado, en orden a los americanos, extenderé mi respuesta a los indios de ambas Américas, Marianas y Filipinas.

Por lo que mira a las naciones de que he venido tratando, basta traer a la memoria las tres causas principales, y las otras accesorias, que apunté en el Capítulo séptimo de esta segunda Parte, para inferir luego con toda evidencia su notable aumento, después que reciben el santo bautismo: porque con la luz de la gracia cesan las guerras, los venenos, el uso de comer carne humana, y el abuso infernal de enterrar las hembritas párvulas, uno de los dos mellizos, y todos los que nacen con alguna imperfección o defecto: y por lo que mira a otros reinos de la América, cesó también el uso inhumano de sacrificar hombres a los Ídolos: todos renglones considerables, que al paso que eran ruina de los indios, en su gentilidad, precisamente su abandono total ha de ser raíz de notable aumento, en los que son cristianos. Esto, que por legítima ilación se infiere, es lo mismo que tocamos con las manos, y experimentamos en nuestras misiones, no solo en mi provincia, sino también en las otras que tenemos en la América y Filipinas, como lo podrá ver el curioso en sus Historias; y yo lo tengo visto en ellas, y oído de boca de los padres procuradores generales de dichas provincias, a quienes he tratado aquí, y en Cartagena de indias, y traté también con los de la provincia del Brasil: de modo, que, a excepción de los indios Marianos, después de instruidos y bautizados los gentiles, es notable el aumento que en ellos se reconoce en pocos años; porque, a más de cesar ya los referidos abusos, faltan, y se destierran otros, que son opuestos a la procreación y aumento: cesa la poligamia y multitud de mujeres, que si no las esteriliza a ellas, destruye, acaba e inhabilita a los varones: cesa la necedad que tenían de casar a sus hijas antes del tiempo oportuno, de que en muchas de ellas se seguían graves daños, y entre ellos el esterilizarse muchas: y en fin, cesa el uso sangriento de la circuncisión, de que ya hablé arriba, de la cual morían muchas criaturas; y faltando estas tres, y las otras cinco causas de disminución arriba dichas, en orden al aumento, hay la misma diferencia que vemos en un río, cuando le sacan ocho acequias de agua, o cuando echadas las compuertas, la dejan correr toda, sin quitarle gota: ya se ve cuán notable y evidente es la diferencia en dicho río; pues la misma se reconoce en las familias de indios, cuando se han reducido a la santa fe, respecto de ellas mismas, cuando eran bárbaras, gentiles y agrestes.

Supuesto lo dicho, como indubitable, extendamos ya la vista a todos los indios en común, en el tiempo de su gentilidad, y al conjunto de todos los que se han reducido al gremio de la santa iglesia. Todos convenimos y concedemos, que cotejando un número con otro, aquel conjunto de indios que se domesticó en las primeras Conquistas, es mayor que el que ahora se reconoce entre ellos mismos (exceptuando siempre a los indios Filipinos, y a otras naciones, que desde su primera pacificación hasta hoy han ido y van a más) y de dicho cotejo, infieren muchos Autores extranjeros, como una consecuencia, a su parecer innegable: luego esta disminución es efecto de la crueldad española. Niego la consecuencia: ni se infiere; porque hay otras muchas raíces, que naturalmente fueron causando la disminución decantada, que no es tanta, como se pondera.

Excelentemente habla en este punto, como en todos los demás de su apreciable Obra, don Bernardo de Ulloa; y basta la fuerza y nervio de sus razones para capacitar, y poner en silencio los ánimos, más apasionados, a quienes perturba la vista, la heroicidad y esplendor de las hazañas españolas. Ya tenía principiado este Capítulo, cuando llegó a mis manos la segunda Parte de dicha Obra; y aunque ya empezado, me incliné a omitirlo todo; sin embargo, con licencia y beneplácito de tan sutil y acertada pluma, que en breves cláusulas recopiló toda la sustancia, proseguiré, con novedad, en algunas noticias accesorias.

Las causas que señalan los extranjeros, y en una u otra concuerdan algunos Autores españoles, para la disminución de los americanos, son: Primera, los muchos que perecieron en las primeras conquistas: Segunda, el trabajo personal que se les impuso, especialmente en las minas: Tercera, las enfermedades, que antes, ni habían padecido, ni conocido: cuarta, los tributos y cargas con que imaginan oprimidos a los indios antepasados, y a los presentes: pero antes de responder a cada una de por sí, niego redondamente, que sea la merma de los indios americanos tanta, quanta se pondera. De México dice monsieur Noblot, que parece un despoblado, cotejado con lo que era antes. Infórmese mejor, y hallará casi innumerables indios Mexicanos, porque es notoria la multitud grande de poblaciones que hay en toda la Nueva España, así de indios Otomitas, como de Mexicanos, que los sujetaron en aquella su invasión general: y es cierto, que la Alcaldía sola de San Miguel el Grande consta de ochenta mil indios: siendo así que no es sola la que contiene éste, o casi igual número: y son muchas las Alcaldías o Corregimientos que contienen cuarenta mil de ellos, y de este número para abajo muchas más.

A más de que, se debía, y debe tener presente lo que advierte Herrera; y es, que aquel Nuevo Mundo se halló menos poblado que éste, porque ya éste estaba poblado, cuando de sus sobras se empezó a poblar aquel. Y añade, que los reyes de México enviaban gentes para ir poblando las costas y otras tierras desiertas. ¿Pues dónde está el nuevo desierto, y el nuevo despoblado que se idean? Lo dicho de México, se debe decir, con proporción, del Perú, de Tierra Firme, y del nuevo reino. Vuelvo a conceder la decadencia de indios en los tres Virreinatos, y en el Perú y Tierra Firme, más palpable y mayor; lo cual es cierto en orden a los pueblos antiguos de dichos reinos. Pero póngase la vista y la atención, no digo en todas las apostólicas misiones, que cultivan las Sagradas religiones en las fronteras de los gentiles, con abundante y copioso útil de sus fatigas, en la conversión de aquellos bárbaros; sino solo en las gentes bárbaras, que han domesticado y domestican, enseñan y bautizan los operarios de la Compañía de Jesús, mi Madre, en las siete provincias que florecen en las indias Occidentales; y a buen seguro, que cotejado este solo renglón de aumento, con aquella tan ponderada disminución, sino por entero, quedará ésta compensada en parte muy considerable; porque sola la provincia, verdaderamente apostólica de la Nueva España, tiene ocupados con los Neófitos, con los Catecúmenos, y con los gentiles de sus vastas misiones, ciento y cuarenta y cuatro Sacerdotes, con tanto peso de ocupaciones, que actualmente claman con repetidas instancias, por más Compañeros, que les ayuden a tirar la red Evangélica; porque, con ser tantos, no pueden sufrir tanto peso; y tienen mucha razón, porque está al cargo de sus sudores el cultivo y enseñanza, de más de cuatrocientas y veinte numerosas poblaciones, con más de quinientas mil almas en ellas, en los remotos Partidos de Sinaloa, Topia, Nayari, Californias, Sonora antigua etc. y en la nueva Sonora, campo reciente, en que se recogen a millares los gentiles, singularmente mansos y dóciles.

Acabo de ver la lista de los Neófitos y Catecúmenos, que la Compañía de Jesús tiene a su cargo en las misiones de Filipinas, no menos gloriosas, que remotas; y en el año pasado de 1739 tenían a su cuidado 173.938 almas, a que cada día se agregan más. Junte el curioso con estos renglones los de las restantes misiones de las dos Américas, que omito por la brevedad, y verá, que no va a menos el número de cristianos tan aprisa como algunos piensan.

también se debe advertir, en orden a las noticias que monsieur Laet, monsieur Noblot y otros Autores, han sacado de los Historiadores españoles; que éstos no todos fueron, ni pudieron ser testigos de lo que escribieron; y si lo fueron de unas, no lo pudieron ser de otras materias; y así se fiaron en gran parte de Diarios y de Relaciones anónimas: otros escribieron lo que habían oído, y se valieron los más de procesos formados sobre nuevos litigios en el Nuevo Mundo; y no todo lo que se oye y se escribe desde tan lejos, especialmente en Autos y Diarios, es cierto: y importa mucho examinar bien quien fue el que escribió. No por esto quiero, ni puedo defraudar la grande autoridad y opinión de nuestro Regio Historiador Herrera, ni de otros, que sabrían muy bien discernir la calidad de los papeles de que se valieron; pero es factible, que así como ahora no es cierto todo lo que se escribe de las Américas, y más si es punto de pleitos, denunciaciones o acusaciones; a ese modo sucediese en aquellos primeros establecimientos, como sin mucha interpretación se deduce de las muchas discordias, debates y pleitos, que en repetidas partes de sus Décadas refiere el mismo Herrera y otros Autores; sin que sea juicio temerario, creer, que ya en el acusar, ya en el defenderse, en cada una de las partes, hubiese hipérboles, amplificaciones y otras figuras retóricas, para exagerar la codicia, el interés, la crueldad, la tiranía y el desafuero, en apremiar, oprimir y maltratar a los pobres indios: frases, en que tinturadas no pocas plumas extranjeras, vomitan muchos borrones, para empañar y denigrar la piedad de los españoles, muchos de los cuales, es muy creíble, que fueron denunciados de mayores excesos de los que habían cometido; y los verdaderamente culpados fueron castigados; el cual castigo fue suficiente pregón, para que toda la Europa entendiese, que la piedad española y sus justísimas leyes, ni permitían, ni aprobaban tales excesos.

¿Qué fuera de la inmortal fama y honor, que se le debe al grande Hernán Cortés, a quien con mucha razón alaban las naciones, si Pánfilo Narváez hubiera salido con su intento y ansia que tenía de prenderle? ¿y después de cargado de grillos y cadenas, hubiera formado autos y procesos contra aquel hombre, superior a sí mismo, y mayor que sus heroicas empresas? Pobre Cortés, si los tales procesos, una vez formados, hubieran volado por la Europa, aun tus mayores hazañas corrieran hoy por delitos, crueldades, tiranías etc. Ahora, supuestas en general estas importantes reflexiones, pasemos a responder, con toda la claridad factible, y a mostrar como la disminución de los indios no puede originarse de alguna de las cuatro causas propuestas.

Capítulo XXVI. Rechazadas dichas causas, se prueba ser insuficientes para la disminución ya propuesta de los indios

La primera causa, dicen, que fue la mortandad de indios que hubo en las conquistas. No puede ser: lo primero, porque todas aquellas naciones estuvieron siempre, y se hallaron en continuas y crueles guerras unas contra otras, sin darse cuartel; y dedicando los prisioneros, unos para los sacrificios de los Ídolos, y otros para los más selectos platos de sus convites, y no se acabaron, ni se consumieron: lo segundo, véanse todos los Imperios antiguos trastornados, a fuerza de armas, a sangre y fuego, y no se despobló, ni la Asia, ni la Europa: luego ni por esta causa se despobló el gentío de las Américas. De aquel árbol simbólico, que según el Poeta, brotaba un ramo de oro, en el camino de los campos elíseos, añade, que luego que cortaban un ramo, retoñaba otro igual: avulso uno, non deficit alter: mientras el árbol no se desarraigue, él retoñará. En tiempo de Matatías, padre de los Macabeos, ya parece no le quedaba sino una débil raíz al árbol de la genealogía Judaica, y con todo, véase a qué proceridad creció;

tal, que poniendo después Vespasiano y otros emperadores Romanos todo el esfuerzo de su vasto Imperio en aniquilarle y destruirle, le cortaron innumerables ramas; pero los renuevos de aquel tronco, están, hasta hoy en día inficionando a todo el mundo: luego la guerra es causa muy insuficiente para el caso de que hablamos; a más de que se niega el que todas las provincias conocidas y conquistadas en las Américas, lo hayan sido a fuerza de armas; porque muchas, viendo sujeta a la capital, llanamente se rindieron.

La segunda causa de la tal disminución, se atribuye al trabajo personal que se les impuso a los indios. Menos suficiente es esta causa que la antecedente: lo primero, porque dado, y no concedido, que la carga y trabajo fuese exorbitante luego que llegó a la noticia de los católicos monarcas don Fernando y Doña Isabel, la arreglaron y moderaron con leyes llenas de piedad cristiana, vigilancia y cuidado, que con el nuevo Imperio americano heredan nuestros católicos monarcas.

Lo segundo, porque los españoles Encomenderos, cuya crueldad tanto se exagera, eran hombres racionales: (quiero permitir, para solo dar fuerza al argumento, que ciegos con el interés, se olvidasen de que eran cristianos): y solo por ser racionales, no habían de oprimir a sus indios encomendados, de cuyo tributo comían, por orden de su majestad, en recompensa del imponderable trabajo de las pacificaciones de aquel Nuevo Mundo; a más de que bastaba la pura lumbre de la razón para que dijesen: el tributo o trabajo personal de estos mis indios encomendados, es el único premio de mis afanes: luego si los oprimo y consumo quedaré sin finca, y sin que comer: luego debo cuidarlos para poderme utilizar. No faltaron algunos, a quienes faltó este corto discurso, ni tampoco les faltó juez, que les fuese a la mano, y castigase la demasía y el exceso.

Lo tercero, recurren al trabajo y tarea de las minas de oro y plata; pero en vano buscan títulos insuficientes; porque lo primero, es en estos tiempos muy considerable el número de negros libres de mestizos, de mulatos y Zambos jornaleros; y no faltan europeos, que toman la barra, y ganan sus cuatro reales de plata cada día, así en las minas del Perú, como en las de la Nueva España, y están buenos y sanos, contentos y alegres, y mantienen a sus mujeres e hijos. ¿Pues qué? ¿Piensa algún extranjero, que hacen trabajar de balde a los indios, y que aquel es un remo intolerable? Tres reales de plata ganan cada día de jornal, que es muy suficiente, atendido su corto gasto para mantenerse, y ahorrar algo cada día. Y en la Nueva España ganan al día cuatro reales; y los indios que entienden de barra, y saben seguir la veta del metal, a más de los cuatro reales, ganan su pepina, que es una espuerta de metal escogido, que suele valer seis, y a veces diez reales de a ocho. Los que asisten en una tanda, como llaman en la Nueva España, o en la mita, que así llaman en el Perú, se les pasa mucho tiempo, sin que se les siga el turno para volver a ir; y entonces no van como forzados de Galera; porque al que no puede, o no quiere ir, se le admite al indio que presenta, para que supla su lugar. En las minas de Tierra Firme, cuales son las de Chocó, Antioquia, Barbacoas etc. únicamente trabajan los Esclavos negros; y éstos sin embargo de trabajar como Esclavos, vemos que viven, procrean, y se aumentan: luego el imaginado trabajo de las minas, es una causa muy insuficiente para la ponderada disminución de indios.

Se me replica que éstos son más débiles que los negros, y menos trabajadores que los jornaleros, que arriba insinué, y que por eso desfallecen, y mueren; y que esto es innegable, por la evidente decadencia de los pueblos; que van a las tandas y mitas de las minas.

Concedo, como ya concedí, la merma conocida en los pueblos, que van a las minas, cuando se siguen sus tandas, pero niego redondamente, que el trabajo de ellas disminuya los indios, porque el daño, ni nace del trabajo de las minas, ni de las pocas fuerzas de ellos para tolerarlo. Tal cual es el daño, que no es tanto como se pondera, ni capaz de causar la merma que en común se reconoce, nace del poco gobierno, y de la ninguna economía de los mismos indios que van a las minas; porque ellos van mal vestidos, y casi sin abrigo, por su incuria. La paga de toda la semana, que se les da el sábado la gastan el domingo en comer, beber y bailar, sin ton, ni son, como se dice, ¿y qué se sigue de aquí? Que gastado ya el dinero, pasan miserablemente en el trabajo la semana, con muy vil, y poco alimento. Parece que habían de escarmentar para la semana siguiente, y retener para el gasto; pero nada menos que eso: antes los más de ellos se van empeñando para sus gastos impertinentes, ya con el dueño de la mina, ya con los que venden vino, aguardiente y bastimentos: de que se sigue, que el Minero los obliga por justicia, o a que le paguen lo que dio adelantado, o a que trabajen el tiempo correspondiente a las deudas; y se sigue, que yendo así de malo en peor, cada día más adeudados, muchos mueren, se huyen muchos más a otras provincias distantes; y no solo éstos, sino aun aquellos que no se han adeudado, cuando al tomar el camino de sus pueblos, ven que en ellos no han de hallar sementera, y que sus mujeres, para mantenerse habrán contraído deudas, espantados del mal recibimiento que temen, en lugar de seguir el camino de su tierra, se destierran voluntariamente a provincias remotas; y ésta es una de las raíces ciertas de la disminución de los pueblos; no las minas, ni su trabajo, ni las pocas fuerzas, que para él se idean en los indios, sino el mal gobierno. Esta no es piadosa consideración mía: yo digo lo que hay, y lo que sé; y se evidencia esta verdad en los pueblos de Juli, que están a cargo de los operarios de la Compañía de Jesús del Perú, que también asisten puntualmente a las minas; y con todo crecen como espuma, y se aumentan más y más cada día, como es público y notorio, y consta por el informe, que la Real Audiencia plena de Chuquisaca hizo a su majestad sobre este mismo punto, de que aquí tratamos.

Pues si de todos los Corregimientos van indios a las minas, y los de Juli siguen el mismo turno de mitas; ¿de dónde nace tan notable diferencia? Del buen gobierno; porque conociendo su desbarro, los tratan como a pupilos; les dan vestido de remuda y avío para el camino; les ponen sobrestante que los reprima; y mientras están en las minas, mantienen del común a las mujeres e hijos: les previenen sementeras para su retorno; y cuando es tiempo de volver, va quien pague todas sus deudas, y quien, los traiga vía recta a sus casas; ¿qué mucho que crezcan en lugar de disminuirse, los indios de Juli, no obstante el decantado remo de las minas?

La tercera causa se atribuye a las viruelas y contagios, que se han introducido en las Américas, después de sus conquistas: opinión muy válida entre los Autores españoles. No niego que han sido considerables y repetidas la mortandades de los indios, pues veo, que de sola la llegada del navío, llamado el Leon Franco, por los años de 1719, a las costas del Perú, resultó tal contagio, que a más de los españoles y mestizos, casi innumerables, que fallecieron, llegaron a doscientos mil indios los que murieron; y en cuanto a las viruelas del Perú de 1588, el contagio de la Nueva España de 1597, y otros muchos de la Tierra Firme, nuevo reino etc., que el Rev. padre Presentado fray Gregorio García, en su origen de los indios, atribuye a la poca fe de ellos, y a castigo claro de Dios, por su idolatría; digo que estos han sido grandes estragos, que han cooperado a la disminución de los americanos; pero así como digo, que solo por vía de piadosa consideración, se pueden atribuir dichos contagios a castigo de Dios, por la idolatría de los indios Peruanos, y de la Nueva España, así también afirmo, que no son causa suficiente dichas pestes solas para la merma de indios que se llora: dije, que es una piadosa consideración atribuir las tales pestes a castigo de Dios, en pena de la idolatría; porque vemos, que en muchas provincias de indios, donde no ha habido, ni hay idolatría, se han visto las mismas pestes y viruelas contagiosas; y en pueblos, donde, con notable confusión de los europeos, florece la fe notablemente, hemos visto y sufrido repetidos contagios y epidemias: lo cual no puede ser castigo de Dios por la idolatría que no hubo; ni por la falta de fe, que por su bondad florece y fructifica en dichas provincias.

Robórase este dictamen con la experiencia de repetidas epidemias de párvulos, que sufren las misiones de nuestro cargo, con notable estrago; tanto, que acaban de referirme los padres Procuradores de la provincia, verdaderamente misionera, del Paraguay, que en solo el año de 1738 pasaron de seis mil los párvulos que murieron; y en el año de 1741 ya se contaban dieciocho mil párvulos difuntos en dichas misiones, por carta que de ellas vino, y se imprimió en esta corte. Otra carta acabo de recibir del padre Superior de las misiones del Orinoco, fecha en el año pasado de 1741; en la cual, después de referir las nuevas gentes, que se habían agregado a las misiones, añade, que una grande inundación de viruelas, que desde la costa del mar subió de nación en nación, se había llevado en flor a casi todos los párvulos de dichas misiones: primicias del mucho fruto que esperamos de aquellas naciones. ¿Y qué falta de fe, qué idolatría, qué pecados castigó Dios en aquellos inocentes? Digamos lo que es fijo y cierto; y es, que el Divino Labrador es dueño absoluto de su viña, y cuando es la hora de su divino beneplácito, con una escarcha se lleva en flor, lo que no quiso fuese vendimia tardía.

Atribuir las pestes y contagios a castigo de Dios, por la poca fe de los indios, es una congruente consideración, fundada en los castigos, que Dios nuestro Señor intimó por sus Profetas, y ejecutó, por sus altos juicios, en la gente hebrea, y también en reinos cristianos; pero también ha enviado su majestad semejantes plagas por otros motivos y fines de su alta providencia, sin que los podamos atribuir solamente a falta de fe, ni a la gravedad de los pecados. La paciencia del santo Job, para ejemplar de nuestro sufrimiento, buscaba Dios en aquellas plagas, que atribuían a castigo, aun aquellos sus amigos, que eran abonados testigos de las heroicas virtudes de aquel pacientísimo varón. El sufrimiento del santo Tobías, y la mansedumbre del Real Profeta, para nuestra enseñanza, fueron el fin con que su majestad les envió las plagas, trabajos y persecuciones. Erraron los bárbaros Isleños de Malta, cuando al ver prendida la víbora de la mano del apóstol, dijeron: no hay duda, que este hombre es homicida: apenas se ha librado del naufragio, ya tiene sobre sí otro castigo de Dios.

Lleno de pecados de pies a cabeza, dijeron los Sacerdotes de la Ley Antigua, que estaba el ciego, a quien el Señor había dado vista, sin otro motivo, que el de haber nacido ciego: In peccatis natus es totus, etc. opinión, en que por entonces estaban también los Sagrados apóstoles: ¿Quis peccavit, hic, an parentes ejus? y solo dudaban, si aquel que suponían ser gravísimo castigo, era en pena de sus pecados, o por los de sus padres. Y aquí el Divino Maestro, primero enseñó a los apóstoles, después abrió los ojos del ciego, y en ellos los nuestros, para que viésemos y entendiésemos «que ni el ciego había pecado, ni sus padres; y que el haber nacido ciego, no era por castigo, sino para que en su curación fuese glorificado el Altísimo, por los prodigios que hacia el omnipotente brazo de su Unigénito»: de modo, que aun cuando su majestad procede y concurre como Autor natural, vemos, que para una copiosa cosecha, no solo ordena su majestad la apacibilidad de la primavera, sino también el ardiente calor del estío, y las rigurosas escarchas del invierno: medios, que a la primera vista parecen opuestos al fin que se pretende. Y así de las pestes y plagas de los americanos, no podemos inferir su falta de fe, y más viendo, que en tales epidemias padecen igualmente los españoles, en cuya constante fe no cabe sospecha, ni sombra de ella.

A más de que las pestes, aunque repetidas, y las demás enfermedades, no son por sí solas suficiente causa para disminuir tan notablemente el gentío de las Américas, como ya dije; sí bien es cierto, que continuándose éstas con rigor, pudieran despoblar aquella, y cualquiera otra parte del mundo: y la razón nace de la experiencia misma; porque si ellas bastaran, ya estuviera enteramente despoblada la Hungría, la Bosnia y las demás provincias comarcanas a Constantinopla: ni hubiera hombres, ni memoria de ellos en Argel, Túnez, Tánger, ni en todas las costas de Berbería, según las fatales y repetidas pestes y contagios, que Dios les envía por sus altos juicios: entretanto vemos que crecen, y que como mala yerba se multiplican: luego es fuerza confesar, que las pestes solas no pueden causar la notable disminución de las gentes de que hablamos; y es preciso creer, que hay otra oculta causa de este notable daño.

La cuarta raíz de la controvertida merma, se atribuye a los tributos y cargas impuestas a los indios; y esta causal es, a mi entender, tan insuficiente para el efecto pretendido, que la omitiera totalmente, a no ver que en ella consienten muchos extranjeros, y no pocos españoles, poco noticiosos de las leyes dispuestas para los indios, que no pueden ser más piadosas, ni más llevaderas: por las cuales han mirado y miran los monarcas españoles a los americanos, como pupilos, y como a menores, para cuya indemnidad y defensa, tiene su majestad en cada una de las Reales Audiencias del Nuevo Mundo, un fiscal timorato y docto, que sin la menor gratificación de ellos, defienda a los indios en sus causas, los patrocine en la establecida posesión de sus privilegios, y los defienda de cualquiera injusticia y agravio que se les haga. Ya dije, que el trabajo personal, desde que se supo el abuso, fue minorando; y añado, que después fue enteramente prohibido, por la piedad de nuestros católicos monarcas. Por lo que mira al homenaje debido al soberano, de que da muestras el súbdito en el tributo y reconocimiento, ¿qué vasallos se hallarán en este antiguo mundo, que no le rindan semejante a sus reyes? Erré en decir semejante, porque, sin hacer injuria a ninguno, se puede afirmar, que es muy de semejante el tributo que anualmente pagan los indios, al que generalmente contribuyen los europeos; y se pudieran estos reputar por muy felices, si exhibieran sola la cantidad que tributan los americanos, libres de otras cargas, y obligados solamente a una suave y tolerable contribución, no impuesta generalmente, sino proporcionada a la fertilidad o pobreza del país, más o menos, según los frutos del terreno: ni les obligan a que aquellos dos o cuatro pesos que contribuyen, los den en moneda efectiva, porque deben los Corregidores recibir el tributo en frutos o en géneros corrientes, ya naturales, ya artificiales. Y este tributo cede en bien de los mismos indios; porque aunque es cierto, que entra en las Reales Cajas; pero de él se saca primero, y se da el estipendio anual del Párroco, que cuida de cada pueblo: y si lo tributado no alcanza, como acontece en muchos Curatos, suple su majestad de su Real Erario; esto es, en los pueblos de Curas Colados; pues en las casi innumerables misiones, en que por ser poco domesticados los indios, todavía no tributan, mantiene su majestad enteramente a su costa los ministros evangélicos: y esta magnífica piedad de su majestad no necesita de que yo añada aquí ni una letra en su alabanza.

Voy sí a roborar mi dictamen arriba propuesto sobre esta materia, pues son dignos de todo respeto los Autores que se inclinan a la opinión opuesta; y aunque con lo que acabo de apuntar supongo ya superada y vencida la controversia; con todo, demos que fuera el yugo impuesto a los indios grave, y tanto, cuanto indicaban las quejas, que a Roboan daban los hebreos, contra el que les había recargado Salomón; y digo, que aun en esta suposición, si bien el peso del tributo puede perturbar el reino, melancolizar a los vasallos, y reducirlos a una vida amarga; pero si no se añade otra causa, no basta aquella para minorar el número de los súbditos. Faraón, en Egipto, no solo tiraba a oprimir a los hebreos, sino también tiraba derechamente a minorar su número; y vemos en las Divinas Letras, que cuanto más los recargaba, tanto más crecían, y se aumentaban. Ya veo, que ésta fue obra del brazo poderoso de Dios, por la cual cumplía la palabra, que su majestad dio al patriarca Abrahán y de que su descendencia había de competir en número con las arenas del mar, y con las Estrellas del Cielo. Pero a los Gabaonitas, que engañaron a Josué, y a los demás jueces de Israel, no hizo Dios ésta ni otra promesa semejante, y con todo crecieron, y se multiplicaron, en medio de la mayor opresión imaginable; porque viéndose engañado Josué por los Gabaonitas, les concedió la vida, pero los oprimió sobre manera en todo género de oficios serviles, y de excesivo trabajo, como se ve en Divinas Letras, sin que faltase la multitud y numeroso gentío, en medio de una opresión hecha de estudio: luego la carga y servidumbre, por grave que sea, si es sola, no es suficiente para disminuir una nación.

¿Qué mayor servidumbre se puede idear, que la de los infelices Judíos, desterrados de su patria, y aun del mundo, porque en él no tienen ciudad, ni territorio, derramados sobre la faz de la tierra, despreciados, oprimidos, cargados de tributos, en castigo del deicidio, que ciegamente cometieron sus mayores? Aunque tan bien merecido, da horror tan grande castigo; y después de todo él, o por mejor decir, oprimidos con todo él, en lugar de ir a menos, vemos que van a más; y aun abandonados de la mano de Dios, no se minoran, antes crecen en numero; porque Dios deja correr el curso de las causas naturales, a que no falta el concurso de su Omnipotencia.

De modo, que ni las guerras, ni el trabajo personal, ni las pestes, ni los tributos y opresiones, con tal, que no sean de una exorbitancia nunca vista, pueden ser causa total y suficiente para disminuir tan notablemente las naciones; porque a serlo, estuviera casi despoblado este mundo antiguo, ni hubiera rastro de húngaros, de turcos, de moros, de judíos, ni de otras naciones, de cuyas calamidades se ha hecha mención. Es verdad, que si las plagas fueran permanentes, o por algunas otras circunstancias fueran extraordinarias, precisamente acabaran o disminuyeran las naciones; pero como Dios mira a los mortales, temperando su ira con su misericordia, no llega a tan último extremo su indignación, qué es de padre amantísimo.

Capítulo XXVII. Respóndese a un argumento contra lo ya dicho, y se señala la causa genuina de la disminución de los americanos

Ya veo la réplica de un argumento de hecho, cuya eficacia parece insuperable, que consiste únicamente en poner a la vista las islas de Barlovento o Antillas, que son La Habana o Cuba: la española o de Santo Domingo: la de Puerto Rico, la Jamaica y la Martinica etc.: en las cuales la total falta de indios, exterminio y desolación de ellos, parece prueba evidente, de que alguna de las cuatro causas asignadas, o todas ellas, aniquilaron los indios de las tales islas, sin que para esta cierta demostración se pueda hallar efugio. Respondo, que del mismo modo que concedí la merma de los indios de las provincias de Tierra Firme, Perú y Nueva España; así también confieso la carencia de indios en dichas islas, menos en las tres en que se mantienen los Caribes; y como ya concedí, que aquellas cuatro causas pudieron coadyuvar a la tal disminución de los indios, como concausas parciales, que se juntaron con otras, sin que ellas por sí solas fuesen suficientes, convengo y digo lo mismo de la desolación de los indios Isleños ya nombrados: otras raíces más eficaces que las cuatro, es preciso que se agregasen, para que surtiese un efecto tan inusitado, y casi sin ejemplar, como el exterminio de dichos indios Isleños.

Doy la razón, que es urgente; y para entenderla bien, pongamos la vista en los Amalecitas, nación tan dilatada, y de tanto gentío, que pudo resistir y negar el paso a todo el pueblo casi innumerable de Israel; y veamos también toda la ira de Dios armada contra Amalech, en aquel formidable decreto, que su Divina majestad le intimó al rey Saúl: Anda, Saúl, le dicen, castiga y no perdones a Amalech: pasa a fuego y sangre a todo aquel gentío: no has de perdonar a hombre, ni mujer, a chico, ni grande: destruye enteramente sus ganados y haciendas: arrasa por los suelos todas sus ciudades: y cuenta no te enamores de alguna de sus cosas o alhajas, por rica y preciosa que sea: todo por entero lo ha de consumir el fuego. ¡Espantoso decreto! y tan rigurosamente cumplido por Saúl y su ejército, que solo se reservó la vida del rey Agag, para que llorase su desdicha, y la de su reino; y algún ganado y despojos, que contra la voluntad de Dios reservaron Saúl y su gente; delito que el Señor sintió tanto, que privó a Saúl del reino, y Agag desventurado, fue destrozado y hecho cuartos luego al punto; y así parece que la nación Amalecita fue enteramente destruida: y si ésta no, díganme ¿cuál otra? (dejando a parte las que, no tanto Josué, cuanto el mismo Dios, destruyó en la Tierra de Promisión, por su justa indignación.) Con todo esto llega la hora de la muerte de Saúl en campaña; y aunque tan mal herido, no acababa de morir: vuelve los ojos, ve a un hombre allí cerca, y le pregunta. ¿quién eres tú? le responde: Amalecites ego sum. Yo soy Amalecita. ¿Cómo tú puedes ser Amalecita; si en vuestra total ruina, Agag solo, que salió con vida, fue después despedazado? Ya da su razón: Filius hominis advenae Amalecitae ego sum. Como si dijera: es verdad, que aquella tu sangrienta guerra, o Saúl, a modo de un general incendio, redujo a pavesas, y destruyó a cuantos de mi nación halló por delante; pero muchos buscaron y hallaron su seguridad en la fuga, así hombres, como mujeres; y yo soy hijo de una de aquellas familias, que se desterraron de su patria: Filius hominis advenae, etc.

De modo que así como, por más y más agua, que se saque del río, aunque se llenen cántaros a millones, mientras duren sus manantiales, es necesario que subsista el río, aunque con menos agua; así, mientras en la nación o naciones queden mujeres y hombres, aunque sea el número tan corto como las ocho almas que formaban toda la familia de Noé en la arca: mientras digo quede aquel manantial de nuevas generaciones, ninguna nación se puede aniquilar; aunque pueda minorarse. Más, durante la continua permanencia de los manantiales, bien puede suceder, y sucede, que el cauce inferior del río quede sin una gota de agua; porque sacándole en la parte superior acequias, para que fecunde y corra por otros terrenos, queda totalmente seco el terreno por donde corría; pero esto no es faltar el agua; es haberse ido, y tomado el camino de otras tierras. A este modo, puntualmente los Amalecitas y los indios de Cuba, y demás islas de Barlovento, y con debida proporción los indios de Nueva España, Perú y Tierra Firme, no perecieron todos allá, ni se mermaron acullá, por guerras pestes etc.: estas plagas ayudaron a su disminución; y por ellas, y huyendo de ellas, se ausentaron a tierras distantes, como a la verdad hasta hoy en día se ausentan unas familias, por sus deudas contraídas; otras, por sus mutuas riñas y temores de veneno; y otras por su natural pereza; y ésta es una de las dos principales raíces de la total falta de los indios en dichas islas, y de la disminución de ellos en los reinos americanos.

La segunda raíz principal, es tal, que a pocos les pasó por el pensamiento; y a no saberla yo de fijo, y haber hallado otros padres misioneros, que dieron con ella, sin quedarles la menor duda, no me atreviera a exponerla a la luz pública; pero debo publicarla, y dar sus pruebas, porque cede en honor de la piedad española, el que conste, que el total defecto de los indios en las nombradas islas, y el mermado número de los demás americanos, no procede del rigor de los españoles, sino del genio raro de los mismos indios; para cuyas extravagantes resoluciones, no niego, que tal cual español dio algún motivo, como ya insinué arriba; pero el mayor daño tiene raíces más profundas.

Pero antes quiero prevenir al curioso Lector, poniendo a su vista la necedad, y el tan ciego, como inhumano decreto de faraón, rey de Egipto, en que para disminuir en su reino las familias hebreas, mandó a las Parteras, que al tiempo de asistir a los partos de las hebreas, quitasen la vida a los infantes, y dejasen con ella a las niñas. Erró Faraón, porque estas niñas después habían de ser madres, y procrear: y en todo caso, a éstas se había de enderezar el cruel decreto, porque como poco ha dije, es necesario que corra el río, mientras duren sus primeros manantiales; y retoñará muchos renuevos el árbol, por más ramas que le quiten, mientras tenga raíces en la tierra.

Para tan inhumano intento, más acertado medio tomaron las mujeres americanas, oprimidas de su melancolía, o sufocadas al ver gentes forasteras en sus tierras, o como algunas dijeron, por no parir criados y criadas para los advenedizos, pues se resolvieron muchas a esterilizarse con yerbas y bebidas que tomaron para conseguirlo. dije muchas, porque si hubieran sido todas, mucho tiempo hace, que se hubiera acabado totalmente su generación en ambas Américas. No dije todas, porque en muchas provincias abundan, y se aumentan notablemente los indios; y particularmente es increíble lo que se aumentan los indios Filipinos. dije muchas, porque tengo prueba eficaz de ello; y de la prueba del hecho, en unas provincias e islas, se puede, sin temeridad, inferir lo mismo en otras, donde subsistió el mismo motivo y ciega barbaridad de las americanas.

Dos razones, tanto más fuertes, cuanto más observadas con largas reflexiones y experiencias, convencen y prueban la dicha voluntaria esterilidad; porque en primer lugar, muchas personas de maduro juicio han observado, que en las partes donde descaece conocidamente el número de los indios, se ven muchas indias sin hijos, y enteramente estériles; y éstas son las casadas con indios; pero al mismo tiempo se reconoce en los mismos parajes y pueblos, que todas las indias casadas con europeos, o con mestizos, cuarterones, mulatos y Zambos, y también las que se casan con negros, son tan fecundas, y procrean tanto, que pueden apostar a buen seguro con las hebreas más rodeadas de hijos. ¿Y quién habrá a quien no cause armonía, y dé gran golpe, esta tan visible y notable diversidad, entre unas y otras indias de un mismo país y temperamento, y de un mismo Lugar? ¿Qué causa oculta hay aquí? ¿Qué diferencia? Digo, que de la diferencia nace la causa: y la diferencia está, en que si la india casada con indio procrea, salen indios humildes, desatendidos de las otras gentes, prontos a servir hasta a los mismos negros esclavos, como ya dije en su lugar; salen indios sujetos al abatimiento, hijo de la cortedad de su ánimo, y de su innato temor; obligados al tributo, que aunque llevadero, se mira como carga y lunar: pues no quiero parir semejantes hijos, dijeron y dicen las indias de las catorce islas Marianas, por otro nombre de los Ladrones, y a lo más, como de la nación de los Guayanos me aseguró el reverendísimo padre fray Benito de Moya, religioso Capuchino, misionero apostólico, y dos veces Prefecto de sus misiones, logran solo el primer parto, para su consuelo, y toman yerbas para impedir los demás. Es cierto, que la esterilidad voluntaria y buscada con tales medicinas, es detestable, es contra la Ley de Dios, y contra el bien del Género Humano; pero no se puede negar, que hay males, los cuales, ò realmente, ò en la aprehensión, parecen peores que la esterilidad, mirada en sí puramente, por la falta de los hijos, de que va acompañada; y así vemos, que en este sentido dijo Cristo a las Hijas de Jerusalén: cuando llegue la calamidad que os anuncio, entonces serán dichosas las estériles, y aquellas cuyos vientres no dieron fruto; y en este sentido excita Isaías a que las estériles alaben a Dios; y el apóstol a los de Galacia, porque llegada la tribulación, sentirán solo su propio daño, y no la congoja de ver en él a sus hijos.

Pero volviendo a nuestro propósito, consta ser fecundas las indias, que no se casan con indios, sino con otros de orden superior, por poco aventajado que sea: éstas multiplican con la fecundidad que ya dije, por la causal contraria; esto es, porque ya sus hijos no son indios, ya no entran en el número de los tributarios, mejoran de color y de fortuna, y son tenidos en más que los indios. Consta de la Historia de las islas Marianas, que era tanto el número de las familias de aquellos indios, que con ser las islas, aunque muchas en número, cortas en su extensión y terreno, con todo había isla, que tenía 180 pueblos, y otras 160 etc.; y según me han asegurado los padres procuradores generales de la provincia de Filipinas, a la cual están agregadas las Marianas, al presente, de las catorce islas, ya no hay pobladas sino solas dos: en éstas solo hay 2.700 almas, y en este número corto entran los soldados de Guarnición, los mestizos, cuarterones etc., procedidos de los soldados y otros forasteros, que se casaron con las indias Isleñas, las cuales son fecundas, cuando las otras que se casan con indios, lo son poco o nada. ¿Y porqué no diremos lo mismo de las Familias que poblaban las islas de Barlovento? mayormente habiendo entre unas y otras familias de Marianas y Barlovento, muy notables diferencias; a saber: Primera, las de Barlovento fueron conquistadas por armas; las Marianas, con la luz de la fe, y pacíficamente: Segunda, en las rebeliones de indios, que hubo en la española, Cuba etc. fueron rechazados a fuerza de armas, y con castigos correspondientes, después de vencidos. En los levantamientos que causó el chino con su falsa doctrina, y otros de menor monta en las Marianas, estuvieron los españoles sobre la defensiva, porque no podían más; y así casi todos los disturbios se compusieron, interponiéndose los misioneros; y las veces que fue necesario castigar sus osadías, luego se rendían, y con el castigo de las cabezuelas se acababa todo; de modo que los Marianos tienen mucho menor motivo de mirar con horror y miedo a los españoles, que los de Cuba, isla española etc.; porque aunque éstos, con sus motines y sublevaciones, dieron el motivo, se usó con ellos más rigor que con los Marianos: luego si éstos, con tan poco motivo, han buscado en la esterilidad la despoblación de doce de sus islas; no será temeridad pensar lo mismo de los Isleños de Barlovento. Esta es una de las causas de la disminución de los americanos, que se debe entender con proporción, al genio más ò menos sañudo y duro de la nación, que descaece en su número de gente; pero no es universal, porque vemos que otras de aquellas gentes se aumentan, y van a más, como ya dijimos.

La otra causa, que notablemente concurrió a la disminución de los indios, es la fuga, con que las familias se retiran a tierras remotas, a veces por motivos fundados, a veces por temores fantásticos, y por su nativa inconstancia. Esta es la notoria raíz principal de la decadencia de los indios en las provincias ya sujetas al rey nuestro Señor en las dos Américas, y muy en especial de la despoblación de las islas de Barlovento, porque para mí es indubitable, que de ellas se transportaron los Caribes Isleños a la Tierra Firme de Paria, Santa Marta, Cabo de Vela, Golfo Triste, Berbis, Corentin, Surinam, a la costa de la Cayena, y al río Orinoco, países todos poblados de Caribes, en tanto número, que apenas se hace creíble a los que lo han visto y experimentado.

Voy a concluir, porque no es razón abandonar al fin de la Obra el estilo sucinto, que he procurado observar desde el principio de ella; y así a la razón que apunté arriba, probando esta retirada, con el símil de los Amalecitas, que se huyeron, añado la razón siguiente: todos saben, que las islas de Barlovento se llamaron Caribales, porque eran Caribes gran parte de las gentes que las poblaban; y actualmente en tres de dichas islas se mantiene esta tan cruel è inhumana gente, que obligados de su excesiva barbaridad, decretaron los reyes don Fernando, y Doña Isabel, que los tratasen como a esclavos, pues no admitían partido, ni daban cuartel. A más de estas tres islas, que distan poco de la Martinica, ocupan todavía parte de la isla de la Trinidad de Barlovento, inficionándola con sus bárbaras y gentílicas costumbres. Estos Caribes Isleños miro yo como huellas, que nos muestran el rumbo por donde la mayor parte de los Caribes de aquellas islas se retiraron a poblar las costas de Tierra Firme, y a internarse en ella; y el motivo de mi dictamen, es lo que llevo ponderado arriba, del corto número de familias, y gran número de lenguajes de que constan las otras naciones conocidas en dichas costas, y vertientes de ríos, que en ellas desembocan; y al contrarío el ver la excesiva extensión en los terrenos, capitanías y poblaciones, que ocupa sola la nación Cariba, bajo de un mismo lenguaje, crueldad y genio: lo cual arguye eficazmente los muchos Caribes Isleños, que se transportaron a dichas costas; y se robora, por la experiencia que tengo de la inclinación que retienen de navegar: propiedad de Isleños, por la cual, con increíble destreza, en piraguas rasas, y sin escotillón, se engolfan, pierden de vista las costas, llegan a la Martinica y a otras islas de Barlovento, y vuelven a su Tierra Firme, sin riesgo de ahogarse; porque hasta hoy usan lo que notó Colón en su diario; y es, que si algún golpe de mar les trabuca la piragua, tienen habilidad para ponerla otra vez flotante, nadando en el golfo; pues haciendo al mismo tiempo la maniobra, con los pies nadan, y con las manos trabajan.

Esta navegación y viaje prosiguen, como costumbre inmemorial, y que sin duda va pasando de padres a hijos, desde los primeros, que de las dichas islas se pasaron a Tierra Firme. Esto se confirma, viendo que éstos y los Colorados, así llaman a los Caribes de las tres islas ya mencionadas, mantienen el mismo porte altivo, indómito y carnicero; y el mismo odio y horror a los españoles, de que he dado bastantes señas antecedentemente, porque ellos procuran hacer cuanto daño pueden, así a los españoles, como a los padres misioneros: y a todas las naciones de indios, que se portan como amigos de los españoles, las persiguen cruelmente por este motivo, y con el fin de hacer esclavas a las mujeres y párvulos, y de saciar su barbaridad con carne humana: estilo sangriento, que usaban en las islas de Barlovento; y hoy continúan, como vimos, contra las indefensas naciones del río Orinoco, y contra los operarios, que exponen sus vidas, por resguardar las de sus mansas ovejas: de modo, que los Caribes llevaron a Tierra Firme la misma inhumanidad y genio carnicero, que usaban en sus islas de Barlovento.

Esta retirada, afianzada con tan sólidas pruebas, y autorizada en gran parte por Herrera, se confirma y robora, considerando la facilidad y frecuencia con que los indios, en especial los de la América Meridional, con motivos muy leves, y aun sin ellos, se retiran a países incógnitos de gentiles; bien que estas retiradas no se pueden calificar, ni tener por apostasías, porque, como ya en la primera parte dije, no se huyen por faltarles la fe, sino por sobra de miedo y de inconstancia, y por exceso de pereza, que es tanta, que ni aun para su provecho gustan del trabajo.

Y recopilando estos tres discursos, confieso, que las guerras, pestilencias y cargas, pueden concurrir a la disminución del gentío en las provincias donde se reconoce la merma, y en parte pueden haber concurrido al exterminio de las gentes naturales de las islas nombradas de Barlovento; pero me vuelvo a ratificar, en que las dos principales causas han sido la esterilidad voluntaria en las americanas, y la fuga y retirada de las familias a otras provincias, que las hay, y muchas, unas ya descubiertas, pero no poseídas por los españoles; y otras, ni poseídas, ni conocidas de éstos. La retirada de los indios de Chile, es por los caminos, que ellos se saben, para ponerse al otro lado del río Barbarana y Bibio, y engolfarse en aquellos terrenos de indios Araucanos, y hasta Los Patagones y gentes Magallánicas. Los malcontentos de Buenos Aires, Paraguay y del

Tucumán, a más de la retirada al famoso Chaco, tienen otras muchas a mano. Los indios tentados del Perú, en atravesando la altura de los Andes, hacia el Norte, no hay que cansarse en buscarlos, porque no se hallarán. Los de las provincias de Quito, Santa Fe, y resto de Tierra Firme, tienen a mano innumerables naciones de gentiles a que retirarse. A los de la Nueva España les faltan escondrijos semejantes en las cercanías, pero no les falta a los malcontentos modo de ausentarse. En los tales retiros, creo, y para mí es indubitable, que habitan escondidos, la mayor parte de los indios que se echan menos en los países conocidos; por cuya salvación debemos clamar siempre al Criador de todos.

Quiera la Divina majestad que llegue ya el deseado tiempo en que todas aquellas ciegas naciones logren el beneficio de la luz Evangélica, y con ella el fruto de su copiosa redención, por medio de muchos y muy fervorosos operarios. Llegue, Señor, la hora, en que apartando los ojos de vuestra justa indignación, de las perversas costumbres e ignorancias de aquellos gentiles, los fijéis en las preciosas Llagas de vuestro Unigénito, y en el amor infinito, con que ofreció su sangre y su vida en holocausto, para que todas las naciones y pueblos den a vuestra majestad eterna alabanza, honra y gloria. Amen.

Y antes de retirar la pluma, me debo prometer de la benignidad y discreción del piadoso y prudente Lector, que disimulará los borrones, que de ella se hubieren deslizado en el tosco lienzo de esta Historia; en la cual quisiera haber emulado con los rasgos las pinceladas de Apeles, mezclando con tal viveza los colores en la variedad del contexto, que a un mismo tiempo arrebatasen la vista para la honesta recreación, la atención para el aprovechamiento interior, y el ánimo para alabar a Dios siempre admirable en sus criaturas.

Carta de navegar en el peligroso mar de indios gentiles

No puse esta carta en la primera impresión, porque parte de las máximas prácticas que contiene, están apuntadas en varias partes de este Libro, según las varias materias a que pertenecen; pero porque juntas aquí con algunas reflexiones, que omití, darán más luz al operario deseoso de acertar, doy este corto alivio a los nuevos misioneros de indios, con el seguro, de que algunos padres de las misiones del Orinoco, que trasladaron, al entrar en ellas esta carta, vieron después en la práctica, que son muy importantes sus avisos.

§. I. Del misionero, su vocación y aparejo

Para navegar en un golfo peligroso, lo primero y más importante, es mirar y registrar con cuidado la nave, poniéndola en estado competente, para que pueda llegar a salvamento. Lo segundo, tomar conocimiento de los mares que surca, y de los escollos en que puede peligrar. Lo tercero, imponerse en la maniobra, para evitar los peligros, sufrir los temporales, y no caer de ánimo en medio de las mayores borrascas.

Perecen aquellas míseras naciones, y se pierden eternamente sus almas, por falta del pan de la Celestial Doctrina: no le buscan, ni le agencian, porque su ceguedad e ignorancia no les dan lugar a que conozcan su extrema necesidad; pero sus Ángeles de Guarda claman siempre al Señor, para que les envíe la luz del Cielo, por medio de sus ministros evangélicos. Movido Dios de estas súplicas y de su infinita piedad, excita vocaciones, y elige a los que su altísima Providencia tiene destinados, usando su majestad de medios tan proporcionados y suaves, que mirándolos después con atenta reflexión, se maravillan, y al mismo tiempo se consuelan, viendo como atemperó su majestad en su vocación, lo suave con lo fuerte. Supuesta pues la vocación del Señor.

Sale de su patria el misionero, y ha de ser, al modo, que Abrahán salió de la suya, y Moisés de Egipto, no dejando en ella ni la menor parte de su afecto: Nec ungula quidem.

Sale, y ha de ser como aquella mujer fuerte, que salió como nave cargada de pan del Cielo, para sustentar la familia de su cargo, sin que le acobardase lo dilatado y arduo de la navegación: De longe portans panem suum. Suyo ha de ser el pan que lleva, porque la Divina Doctrina, que va a enseñar, ha de ir entrañada en su alma, para repartirla más con la eficacia de las obras, que con palabras, para la salvación de aquellos pobres: Palmas suas extendit ad pauperem.

Sale en fin del puerto; pero si no se halla firme, fuerte y apta para toda la navegación, que es de por vida, hasta dar fondo en el feliz puerto de la eternidad, mejor será que no salga, porque son fuertes y frecuentes los riesgos. Dentro de sí misma carga la nave muchos enemigos, que le pueden ocasionar fatal naufragio, si no va bien armada para reprimirlos, tenerlos a raya, y sujetos a la razón.

Y al contrarío, una vez prevenida y reforzada la nave contra los vaivenes de su inconstancia, puesta toda su confianza en Dios, no tiene que temer; porque aquel Señor a quien obedecen los mares y los vientos, y cuyo imperio sujeta el poder furioso de las olas, le dará esfuerzo para hollar con intrepidez las mayores tormentas.

La fe vivamente actuada, ha de ser aguja, que regule todos sus movimientos, teniendo en todos ellos por norte único la mayor gloria de Dios, y bien de las almas.

La áncora de su seguridad, sea la esperanza firme en aquel Señor, por cuya sabia Providencia pasan revista todos los acaecimientos, antes que sucedan; quien, como padre amoroso, todo lo dirige para nuestro bien.

La caridad y amor purísimo de Dios y del prójimo, ha de ser el único interés, carga, y tesoro de esta nave; y a buen seguro, que no prevalecerán contra ella los más soberbios montes de agua, ni los más recios contratiempos.

La quilla en que toda la nao estriba, debe ser una humildad profunda, y ésta misma servirá de lastre, para atribuir siempre a Dios lo que es suyo, que es todo lo bueno, y a nosotros, la nada, las desdichas, espinas y abrojos, que trae de su propia cosecha nuestro barro.

Pero aun después de todo esto, no hará viaje ni adelantará un paso, sino tiende las velas de la oración fervorosa, para recibir el viento fresco del Espíritu santo, que dé ímpetu y vigor sagrado a todas sus acciones y movimientos.

El piloto y contramaestre de esta nave, son la lección espiritual, y los exámenes de conciencia cotidianos, donde también se hace la recluta de santos pensamientos, para fortalecerse y defenderse de todos los enemigos.

El santo temor de Dios, como centinela vigilante, le dará la más firme seguridad; tanta, que aun las mismas borrascas le llevarán a salvamento; y más no perdiendo de vista la Estrella Matutina, a quien miró siempre san Bernardo: Respice Stellam, voca Mariam.

§. II. Causas principales de disturbios

Las tormentas y contratiempos, son muy frecuentes en el golfo inconstante de las naciones gentiles: cualquier vientecillo leve levanta una fiera tormenta, que tira a sumergir la combatida nave del misionero: no obstante esto, de tres raíces principales se originan ordinariamente las borrascas más peligrosas.

La primera y principal, es la misma nave inconstante, frágil y capaz de perder sus fuerzas con el continuado choque de las tribulaciones, y también con la inacción y fatal calma, que resulta de no mirar por sí, ni unirse y estrecharse cada día más con Dios, como ya llevo insinuado; pero con tal, que este recurso al Todopoderoso sea frecuente y constante, podrá navegar y trabajar a todo seguro; y aun recibirá aquel valor y grandeza de ánimo con que el apóstol de las gentes, no solo miraba con rostro sereno y alegre las tribulaciones, sino que les salía al encuentro a desafiarlas, y a presentarles la batalla: Quis nos separabit a charitate, etc.

La segunda raíz de dichas perturbaciones de olas encontradas, es el enemigo común, que soberbio con la antigua posesión de aquellas gentes ciegas; y sentido, y aun temeroso de ser arrojado de entre ellas, no deja piedra por mover, para mantener su Principado de tinieblas. San Pablo bien experimentado en estas contiendas, pone mucho conato en prevenir los ánimos contra ellas. No peleamos, dice, contra la carne y sangre, sino contra el poder de las tinieblas, y el Príncipe de ellas, que pone todo su desvelo y cuidado, en idear nuevos ardides y asechanzas, para arruinar las misiones.

Pero es de sumo consuelo, y da mucho brío, el considerar y saber, que son muy limitadas las fuerzas de este capital Enemigo: está atado a la cadena del poder Divino: como perro furioso, puede ladrar, pero sin licencia del Altísimo, no, puede morder: como leon sangriento, y lobo carnicero, dará una y muchas vueltas al nuevo Rebaño de Cristo, con ansia de tragarse las más escogidas ovejas; pero buen ánimo, que el sumo Pastor y dueño de ellas, las quiere mucho, por el infinito precio que le costaron.

La tercera raíz de los más fieros y ordinarios contratiempos, son los mismos gentiles, cuyo bien y salvación eterna se pretende con ansia; pero como ellos a los principios ni entienden, ni perciben este lenguaje, según las especies crasas en que está imbuida su bárbara tosquedad, no se fían; y casi suponen algún malicioso engaño, y alguna idea oculta en el ingenuo proceder del misionero: y aquí es de saber, que hasta la nación más agreste, es primorosa en el arte, así de maliciar, como de engañar. Importa pues, tener prontas aquellas dos máximas de nuestro Celestial Maestro: la primera, proceder siempre con ellos con reserva y cuidado cavete ab hominibus; la segunda, no dejarse llevar de la ligereza de sus palabras y promesas: Jesús autem non se credebat eis; porque a la verdad, los indios gentiles, hasta que van entendiendo las máximas de la eternidad, no se mueven, ni tiran a otro blanco, que al de su interés; y si antes de percibir lo que les importa salvarse, consiguen del padre herramientas, y lo que han menester, la mañana que menos piensa, amanece solo, sin esperanza de recoger aquella grey silvestre.

Realmente obran y proceden como ciegos, y son disculpables, porque no saben lo que se hacen; y así se deben sufrir y sobrellevar, hasta que conozcan el bien que se les procura; y al modo que el padre y la madre sufren las molestias e impertinentes travesuras de sus hijos, por el amor que les tienen, han de sufrir los operarios las de los gentiles, a fin de que sus almas se salven.

Ya dije en el Capítulo quinto de la primera. Parte, como la ignorancia, ingratitud, inconstancia, pereza, miedo fantástico y brutalidad de costumbres de los indios gentiles, forman un golfo inquieto, y de suyo muy fácil de ser agitado de vientos contrarios, por poco que esfuerce su soplo el Aquilón maligno, que tiene cuidado de no dormirse. Aquí abundan los peligros, y a cada paso se encuentran los escollos: aquí se requiere el mayor cuidado: aquí la agilidad y destreza en la maniobra, para evitar unos escollos, sin tropezar en otros peores; y realmente, para estos lances, la más prolija instrucción será muy corta. No obstante reduciré a breves máximas los avisos más importantes.

§. III. Máximas prácticas

Para mayor claridad, pongo por ejemplar, lo mismo que sucede con frecuencia; y es el caso, que después de establecido un numeroso pueblo, recogidas sus familias a fuerza de trabajos y afanes, de entre aquellos dilatados bosques, y fundado ya en el sitio que ellos han escogido; repentinamente se alborotan, levantan el grito, y tratan eficazmente de volverse a sus selvas y madrigueras, solo porque un viejo taimado, o una vieja funesta ha soñado aquella noche algún desatino; v. gr. que el padre los juntó allí para engañarlos y llevárselos a otra parte; que ha llamado ya a sus enemigos, para que cogiéndolos descuidados, los hagan esclavos; u otro delirio semejante, que, o el Demonio, o la natural fantasía les ha sugerido en sueños. Estos golpes son los que hieren en lo más vivo del operario, por lo que ha de emplear en ellos toda su prudencia.

Su primera máxima debe ser, hacerse cargo de que han de suceder éstas y peores turbaciones, para las cuales debe prevenirse de antemano, negociando con Dios la perseverancia de aquellas gentes, procurando cada día ganar más y más la voluntad de todos, y en especial la del cacique y de aquellos que sobresalen entre ellos con algún séquito.

La segunda es, que llegado el caso, no se perturbe, sino esté muy sobre sí, sin dar muestras de sobresalto; y sobre todo, no dar la menor seña de enojo; porque de lo contrarío en lugar de apaciguar los ánimos inquietos, aumentará el alboroto. Aquí es donde se ve y verifica lo literal de aquella divina sentencia: In pacientia vestra possidebitis animas vuestras; y las almas de los próximos también se aseguran.

La tercera, es el recurso a Dios, con una firme confianza, de que su majestad, con aquel turbión, ha de dar mayor firmeza y constancia a los pobres indios, al modo que el viento recio hace que se arraiguen más las plantas. Válgase en estos lances, y siempre, de la intercesión de los párvulos de aquellas naciones, que con el santo bautismo volaron al Cielo, que estos pueden mucho para con Dios: y sabemos, que el grande apóstol san Francisco Xavier se valía de ellos en sus mayores congojas.

La cuarta, fortificado así el ánimo, y clamando interiormente al Señor y a los Ángeles de Guarda de aquellas gentes, pase a hacer sus diligencias con la mayor suavidad, y con palabras de amor y compasión: porque ello es así, y es tan delicado el genio de los indios silvestres, a causa de su natural timidez, que no solo en estas ocasiones de alboroto, sino también en tiempo pacífico, una palabra áspera, basta para que todo un pueblo se retire: de lo cual no faltan lastimosas experiencias. bajo, este presupuesto,

Pase lo primero a indagar del cacique y de su mujer, la causa de aquella novedad: ponga especial cuidado en convencer y ganar la voluntad de la cacica, que ésta con facilidad convencerá luego a su marido; y ambos a dos, ella a las mujeres, y el cacique a los hombres, consiguen más en una hora, que el misionero en todo el día. Y lo segundo, tenga por entendido, que fuera de ser las mujeres indianas más piadosas que sus maridos, son también más fáciles de convencer, por el especial y sumo trabajo, que les acarrea semejante fuga, a causa de que a más de la carga de llevar y cuidar de sus hijos pequeños, les toca a ellas cargar el bastimento, poco o mucho, y los trastillos ordinarios, que son olla, platos y otras cosas; y así convencidas, a poca costa las mujeres, éstas ponen en razón a sus maridos.

La quinta máxima, habida ya la noticia del motivo del alboroto, y del motor, deshaga el engaño con la mayor claridad y sosiego que pueda; y luego que vea ya enterado de la razón al cacique y a su mujer, envíelos a que instruyan al motor del ruido; y entretanto pase a desengañar a las cabezuelas más principales de la población, siempre con sosiego, rostro alegre, y en la forma dicha.

La sexta, si los indios perturbados se juntan en la plaza, o en alguna casa particular, como sucede de ordinario, entonces no conviene hablar con todos, ni en tono de sermón, porque no conseguirá cosa de provecho; y la razón es, porque en tales circunstancias se ha minorado en ellos el respeto, amor y reverencia para con el operario; y como tiran a ausentarse de él, crían ánimo, y todos a un tiempo quieren responder a lo que les dice y propone: con que, en lugar de minorarse, crece y va a más la confusión. Debe, pues, acercarse al cacique, instar a que él y los más principales indios se asienten; trate con el sosiego ya dicho sobre la materia, y verá como los demás indios callan, y oyen con atención lo que se trata con los principales, y lo que ellos responden; con el seguro, de que apaciguados los primeros, se dan por convencidos los restantes.

La séptima máxima, y de mucha importancia, es, que en estos lances no haga hincapié en alegar razones fuertes, y de peso, para convencer aquellas gentes: busque razones caseras, insista en ellas, y, según ellos usan, repítaselas muchas veces; v. gr. el trabajo, que con su temeridad causarán a sus mujeres en tales caminos: el peligro de muerte a que exponen a sus hijos pequeños, que enfermarán, ya por los calores del Sol, ya por el rigor de las lluvias: el riesgo y fatigas a que exponen a sus ancianos y enfermos en tan arduo viaje: que dejan sus sementeras, y el sudor de su trabajo perdido, y que van a trabajar de nuevo, y a padecer muchas hambres, hasta coger nuevos frutos etc. Estas razones perciben, y les hacen fuerza; y tal vez una friolera les causa más armonía, que un argumento fuerte, porque su capacidad no alcanza más. Pongo solo el caso siguiente, para prueba de lo dicho.

En el año de 1719 soñó un viejo, Betoy de nación, que yo me volvía a España aburrido de sus cosas: conmovióse luego todo el pueblo, juntáronse en la casa del cacique, con sus canastos de víveres, y sus muebles, para tomar el camino de sus bosques. Pasé al Congreso, tomé asiento junto al cacique, y quedaron todos en un profundo silencio: callé también de industria un buen rato, y luego me quejé, de que la señora cacica no me traía de beber, faltando a esta ceremonia y costumbre, entre ellos inviolable. Trajo la bebida sin hablar palabra, y después de brindar a la salud de todos, pregunté al cacique la causa de aquella junta, y de aquella prevención de bastimentos. A que respondió: Quaja ranumaycá; ujumauju ajabó janujaybi afocá: esto es: Nosotros nos vamos a los bosques, porque tú te vas a tu tierra. Mucho tiempo gasté de balde, alegando razones fuertes; y no hallando ya por dónde, ni cómo convencerlos, clamé a san Francisco Xavier, que me favoreciese en aquel aprieto: dejé los argumentos, y pregunté al dicho cacique familiarmente: ¿cómo había yo de pasar por un mar tan grande para volver a España? En la embarcación en que viniste, dijo, te volverás. No puede ser, repliqué yo, porque ya os tengo dicho, que aquella embarcación llegó al puerto maltratada, y que la desbarataron: y en efecto fue así, porque aquel navío se abandonó por viejo. entonces el cacique, convencido con esta friolera, se puso en pie, y con rostro alegre, dijo a sus indios: Ea, bien estamos, váyanse a sus casas, y vivan sosegados, porque el padre no tiene Canoa para volverse a España. Así lo hicieron, y con una pregunta tan desproporcionada como ésta, se desvaneció aquella borrasca, en que se iban a perder muchas almas lastimosamente.

En fin, sucede a los principios, que cuando el misionero menos piensa, halla por la mañana el pueblo solo, y que se han huido todos los indios, o parte de ellos: golpe es éste de los más sensibles; en el cual, supuesto el recurso a Dios nuestro Señor, si se han ausentado todos, debe tomar su ornamento de decir Misa, y seguir la huella de los fugitivos, hasta alcanzarlos; y en llegando, darles a entender, que él se va con ellos, porque son sus hijos, y porque Dios así se lo manda: conviene quejarse amorosamente de que no le hubiesen avisado su determinación, con la cual se hubiera prevenido de anzuelos, arpones y otras cosas de que ellos necesitan; y dicho esto, cuelgue su hamaca, y échese a descansar, sin hablar, ni entrometerse en las disputas, que ellos entre sí levantan; porque los unos se arrepienten, y quieren volver a su pueblo; los otros porfían en que han de pasar adelante; y por último, cuando ya están fatigados y cansados de altercar, levántese, y después de ponerlos en paz, repita las mismas razones, que oyó a los que quieren volver a su pueblo, y otras que le ocurran, según dije arriba, y no dude, que se volverá con todos al pueblo. Si solo se han ausentado parte de ellos, para seguirlos, tome algunos de los mejores que han quedado, y siga el método propuesto.

§. IV. Avisos prácticos

I. Estas y otras mutaciones, hijas de la natural inconstancia de los indios, requieren que el operario se prepare con tiempo, haga el ánimo a todo, tire a conocer bien el genio de la nación que cultiva, y según él, tenga meditados medios proporcionados para las urgencias ocurrentes; especialmente esté alerta, para atajar las discordias y riñas de unos con otros, porque casi todas las fugas se originan de esa mala raíz.

II. Trabaje puramente por amor de Dios, y por el bien de aquellas pobres gentes, sin esperar de ellas, ni agradecimiento, ni recompensa, porque ni aun por el nombre la conocen; y aunque la conocieran, no tienen en este mundo sino abundancia de desdichas; pero esté cierto, que Dios le recompensará con una medida llena y muy colmada aun en esta vida.

III. Insista mucho, hasta adquirir costumbre, en fijar la vista interior en la preciosidad de aquellas almas, que tanto costaron a nuestro Redentor, y se le harán llevaderas las molestias que resultan del cultivo de ellas, de su inconstancia e ingratitud; y trabaje, con el seguro, de que con el tiempo se desbastan y mejoran.

IV. La pereza, que les es connatural, requiere mucho tiempo y tiento en el operario, para irlos imponiendo en que hagan aquello mismo, que les importa, no solo para su provecho espiritual, sino también para el temporal; porque en sintiendo la menor carga u opresión, luego se huyen para evitarla.

V. Por lo que, aunque conviene establecer la doctrina de los párvulos todos los días, mañana y tarde, lo que conseguirá, usando de industria, y dando algunos premios a los más puntuales; con todo, bastará que los adultos asistan a la doctrina Sábado y Domingo: no los moleste mucho, y alabe aquello poco que aprenden, para que asistan con más gusto: la doctrina enséñela por la mañana en su lengua natural, y por la tarde en castellano; porque en lo primero se sirve a Dios, y en lo segundo al rey nuestro señor, que ordena se establezca en las misiones la lengua española: y en todo caso, todo ha de ser amor, y por amor, con chicos y grandes; y nada de rigor, ni de castigo, no solo de obra, pero ni de una palabra, que sea áspera.

VI. Lo dicho de la doctrina, se ha de practicar con los niños de la escuela, con la misma formalidad y cuidado; porque ello es así, y está ya muy verificado, que quien desde luego lo quiere conseguir todo, luego lo pierde todo. Véase lo dicho en el Capítulo XXIV de la segunda Parte, en orden a los indios gentiles adultos.

VII. Esté muy persuadido, que el primer móvil de los tales indios, es el interés: no dan paso, sin esperar premio; y aun sin hacer cosa, lo mismo es mostrar cariño el misionero al indio, que responder éste pidiendo algo; y aun sin esto, jamás se cansan de pedir con importunidad: pero hay aquí dos consuelos: el primero es, que se contentan con cualesquiera bagatelas: y el segundo, que tan contentos se van con buenas palabras, y buenas esperanzas, como con las dádivas: un mañana me traerán eso que pides; luego que traigan, tú serás el primero a quien regale etc.; y otras largas semejantes, les hacen buen sonido, y se vuelven contentos.

VIII. frecuentemente traen al misionero las frutas, el pescado etc. y ya se sabe que no viene eso por regalo: el indio trae muy pensado lo que ha de pedir; aunque al preguntarle, ¿qué quiere, o ha menester? responde siempre, que nada; pero no le dé cosa alguna hasta que él pida; porque si le da algo, lo recibe de buena gana; y al cabo de rato dice: Yo traía este presente para que me dieses un cuchillo, sal, u otra cosa, y no se irá, sin que le dé aquello, que él traía pensado.

IX. Pero de ordinario piden mucho, sin traer cosa alguna al misionero, que necesita de un todo. No se puede negar todo lo que piden, y más si ellos saben que lo hay: dar todo cuanto piden, no es posible: por lo cual, cuando le piden algo, vea qué es lo que más necesita, y dígale: Yo te daré lo que pides; pero trae primero pescado, raíces, o que más necesita. Ellos lo hacen así: todos quedamos remediados, y van aprendiendo a ser diligentes. Guarde la misma práctica con los muchachos, por el mismo fin: ellos piden tanto o más que sus padres, y así, aunque no haya menester, pida, o mándeles hacer algo, antes de darles lo que piden; v. gr. que traigan agua o leña, que barran la casa etc.

X. A los principios, parte pagando, y parte rogando, consiga, que el común haga una sementera cuantiosa; y en ella un platanal grande para los muchachos de la escuela; porque es cosa muy importante, y no solo sirve para los chicos de la escuela, sino también para las viudas pobres, para los huérfanos, y para los enfermos; y sucede, que viendo los indios cuán bien se emplean aquellos frutos, renuevan con gusto la sementera en adelante.

XI. No espere a los principios, que le han de avisar de los que caen enfermos, ni de las criaturas que nacen, para que las bautice; y así, por la mañana, después de misa y doctrina, y por la tarde, antes de la doctrina, debe dar vuelta por todas las casas del pueblo, viendo si hay enfermos y niños que bautizar. Esta es una diligencia tan necesaria, como útil y fructuosa; y para irlos imponiendo, debe encargar a los chicos de la doctrina, que le avisen luego que vean o sepan algo de esto.

XII. El atractivo más eficaz para establecer un pueblo nuevo, y afianzar en él las familias silvestres, es buscar un Herrero, y armar una fragua, porque es mucha la afición que tienen a este oficio, por la grande utilidad que les da el uso de las herramientas, que antes ignoraban. Todos quisieran aprender el oficio, y muchos se aplican, y le aprenden muy bien.

XIII. No importa menos buscar uno o más Tejedores de los pueblos ya establecidos, para que tejan allí el hilo que traen de ellos, porque la curiosidad los atrae a ver urdir y tejer; y el ver vestidos a los Oficiales y a sus mujeres, les va excitando al deseo de vestirse, y se aplican a hilar algodón, que abunda, y de que finalmente se visten.

XIV. La fábula de Orfeo, de quien fingió la antigüedad, que con la música atraía las piedras, se verifica con ventaja en las misiones de estos hombres, más duros que los pedernales; porque es cosa reparable cuánto los encanta y embelesa la música. Son Músicos de su propio genio, y como en varias partes de esta Historia consta, son muy aficionados a tocar flautas, que ellos se fabrican, y otros muchos instrumentos: y está ya experimentado en las misiones fundadas, cuánto los atrae y domestica la música; cuánto aprecian, y la gala que hacen aquellos, cuyos hijos ha destinado el misionero a la escuela de música; y así, una de las primeras diligencias de la fundación de nuevo pueblo, ha de ser conseguir un Maestro de solfa de otro pueblo antiguo, y establecer escuela de música para el fin dicho, y para la decencia del culto Divino.

XV. Es indispensable el que meta la mano, y medie en sus pleitos, riñas y casamientos; pero proceda el operario con tal cautela, que no conozcan los gentiles y Neófitos, que procede como árbitro; y la razón es, porque como en estas dependencias, el uno de los bandos ha de quedar precisamente desairado, y al misionero le importa mucho el estar bien con todos ellos, debe mediar y proceder con toda neutralidad a favor de la paz, y de la unión, sin declararse por unos, ni por otros: para eso conviene, desde los principios, irlos imponiendo en el gobierno político, y señalar Alcaldes, que con el cacique gobiernen, y a solas instruirlos de lo que deben hacer en las controversias que ocurren.

XVI. Aunque a la primera vista parece ceremonia inútil la acordada por los misioneros antiguos, de poner formalidad de clausura, en aquellas casas pajizas y pobres en que viven, sin permitir que entre del cercado para adentro mujer alguna, y teniendo una ventana al lado de la plaza para despachar sus demandas; con todo, ya está experimentado, que importa mucho esta práctica: ni hay cosa, que más golpe les dé, ni que mayor armonía cause a los Catecúmenos, que esta formalidad y circunspección del operario: todo lo reparan, y a su modo todo lo interpretan, y lo hablan entre sí; y se ha reconocido, que este modo de proceder, engendra en ellos mucho respeto y veneración para con sus misioneros.

XVII. Para este mismo fin, y para mayor decencia, se ha establecido, y debe llevarse adelante el estilo de no salir de su casa el misionero, sino acompañado de algún indio principal; y a falta de éste, con dos o tres muchachos de la escuela, de los mayores que haya en ella, sin dejarlos apartar de su lado, cuando visita los enfermos, y hace las demás diligencias de su cargo.

XVIII. Finalmente, el fin de su ocupación, y la causa de su destierro en aquellas soledades, es doctrinar y salvar aquellas pobres almas; lo que más depende del ejemplo, circunspección y virtud sólida del operario, que de sus sermones exhortaciones y palabras; y así, este medio es el que sobre todos ha de reputar por el más útil para sí, y eficaz para enseñar a los próximos; y es el único para que Dios nuestro Señor, de cuya mano viene todo el bien, eche su copiosa bendición a sus fatigas y afanes, que rindan copioso fruto para la vida eterna.

§. V. Reflexiones, que animan y fortalecen el ánimo del misionero de indios

I. Aquellos indios bárbaros, desnudos silvestres rudos, y a la primera vista despreciables, son unas conchas toscas, que encierran en sí unas margaritas tan preciosas, que el mismo Hijo de Dios se dio a sí mismo en precio, y se entregó a los tormentos para adquirirlas: ¡cuánto debo yo apreciarlas!

II. Son imágenes vivas de Dios, hechas a semejanza de nuestro Criador, por lo cual se merecen toda nuestra estimación; y el mirar por ellas, es hacer nuestro mayor negocio, y corresponder a su majestad del modo más apreciable en sus Divinos ojos.

III. Crió Dios aquellas almas para que se salven, y las puso a tu cargo, para que tú te salves: Dios te ha tomado por instrumento, para que ellas logren el fin para que su majestad las crió; y a ellas las ha puesto a tu cuidado, para que por medio de esta ocupación consigas el mismo dichoso fin para que su majestad te crió. No te has de salvar por aquel medio y ocupación que tú eligieres, sino por éste a que Dios y los Superiores te han destinado.

IV. Toscos son los indios como un tronco de la selva, y duros como piedras; pero Dios te dará medios para pulir y labrar estos troncos, de que su majestad formará Tabernáculos en la Gloria: y de esas que parecen piedras, formará Dios por tu mano y aplicación, hijos verdaderos de Abrahán.

V. Es inevitable y preciso, y más a los principios, que le dé en rostro, y le acarree muchos desconsuelos aquella tosquedad y desnudez de los indios gentiles, su ignorancia, inconstancia, pereza, ingratitud etc.; fuentes de que el Enemigo común excita en el misionero temores, tedios, y desconfianzas; y de todo ello levanta montes de dificultades, que como diestro, sabe pintar como insuperables, y tira a hacerle creer, que aquel empeño es temerario: que es tentar a Dios: y levanta otras nieblas para ofuscar al operario, a fin de que caiga de ánimo, abandone aquellas almas, que tanto teme, y le duele salgan de entre sus garras infernales. Es cierto, que ésta es la más fuerte batería, que juega el Infierno, con notable industria y por lo mismo debe el operario oponerse a ella con el mayor esfuerzo y empeño; con la advertencia, que en este género de guerra no hallará otra defensa, ni otras armas, que las del recurso a Dios, en la frecuente oración, y en la meditación de algunas de estas reflexiones, clamando a su majestad con esfuerzo y valor, como pobre soldado, que solo vive a expensas de los tesoros de su infinita misericordia. Y aunque todas las reflexiones de este Párrafo quinto le ayudarán mucho, todavía, para este combate, le alentarán mucho las siguientes.

Humillado delante de Dios, vuelva toda su vista y atención a su interior, y vea lo primero, que la ingratitud, grosería y tosquedad fea con que corresponde a su Criador, es mucho mayor y peor que la que ve, y le desagrada en los indios bárbaros y ciegos.

Lo segundo, coteje su inconstancia en la vía espiritual, y su pereza en avanzar terreno en el camino de la perfección, y no se admirará de los pobres indios: tendrá lástima de sí mismo, y de ellos.

Lo tercero, separe lo precioso de lo vil; esto es, mire en sí lo que es de Dios; y mire aparte lo que es suyo, y de su propia cosecha; y luego se hallará más desnudo, pobre y desdichado, que los indios bárbaros: si la desnudez de ellos le horroriza, más horror y temor le debe causar la suya; y pues Dios, no obstante esto, no le abandona, le sufre, asiste y ampara, debe, a ley de agradecido al mismo Señor, sufrir, tolerar, beneficiar y cultivar las almas de aquellos pobres indios, que son imágenes de su majestad, hacienda suya, y grey que aprecia mucho.

VI. No estaban en mejor positura los gentiles del mundo antiguo, cuando les empezó a rayar la luz del santo Evangelio; antes bien era mucho mayor su barbaridad, errores y vicios; y el mismo Señor, que envió entonces aquellos sus operarios para aquella inculta mies, te envía a que cultives ésta; y así no te negará su majestad, ni las fuerzas necesarias, ni los medios oportunos.

VII. traiga a la memoria con frecuencia otros misioneros Jesuitas, que vencieron mayores dificultades, que sufrieron mayores trabajos, y que finalmente, con el favor de Dios, sujetaron a la iglesia santa, naciones mucho más agrestes: en el Brasil, el santo padre Joseph Ancheta: en las Marianas, el santo Mártir Luis de san Víctores: y en todas las provincias de indias hallará muchos y admirables ejemplares, así para confundirse, como para animarse.

VIII. No se olvide jamás de los muchos Jesuitas insignes, que han deseado y pretendido con ansia la ocupación de misionero en que Dios le ha puesto, y no quiso conceder a los otros, que hubieran trabajado heroicamente: hágase cargo de la confianza con que su majestad ha fiado y puesto en sus manos el tesoro de aquellas almas, y que le ha de pedir cuenta, así de ellas, como de los talentos que le dio para cultivarlas.

IX. No haga hincapié, ni fije su consideración en los trabajos ocurrentes, sino en el fruto actual que recoge, y en el que espera recoger: más monta la salvación de un párvulo, que desde el bautismo sube al Cielo, que cuantas angustias ha padecido, y puede padecer en toda su vida: ¿y qué gusto no debe tener y hallar en aquellas tareas, caminos y diligencias, con que gana para Dios, no una, ni otra alma, sino muchas familias y pueblos?

X. Y finalmente, tenga por muy cierto, que todas aquellas almas, que va enviando a la Gloria, por delante, le ayudan grandemente, clamando sin cesar a Dios por su misionero, y por la gente de su nación; para que su majestad los asista y defienda, hasta llevarlos a la Bienaventuranza eterna. Y no se puede dudar, que todos aquellos a cuya salvación cooperó, le servirán de abogados eficaces en todos sus aprietos, y en especial en la hora de la muerte, término de esta breve navegación, y puerto seguro, en que de la misericordia de Dios esperamos gozan tranquilidad dichosa, y descanso eterno. Amen.

Ad M. D. G. & V. M.

Libros a la carta

A la carta es un servicio especializado para
empresas,
librerías,
bibliotecas,
editoriales
y centros de enseñanza;
y permite confeccionar libros que, por su formato y concepción, sirven a los propósitos más específicos de estas instituciones.

Las empresas nos encargan ediciones personalizadas para marketing editorial o para regalos institucionales. Y los interesados solicitan, a título personal, ediciones antiguas, o no disponibles en el mercado; y las acompañan con notas y comentarios críticos.

Las ediciones tienen como apoyo un libro de estilo con todo tipo de referencias sobre los criterios de tratamiento tipográfico aplicados a nuestros libros que puede ser consultado en Linkgua-ediciones.com.

Linkgua edita por encargo diferentes versiones de una misma obra con distintos tratamientos ortotipográficos (actualizaciones de carácter divulgativo de un clásico, o versiones estrictamente fieles a la edición original de referencia).

Este servicio de ediciones a la carta le permitirá, si usted se dedica a la enseñanza, tener una forma de hacer pública su interpretación de un texto y, sobre una versión digitalizada «base», usted podrá introducir interpretaciones del texto fuente. Es un tópico que los profesores denuncien en clase los desmanes de una edición, o vayan comentando errores de interpretación de un texto y esta es una solución útil a esa necesidad del mundo académico.

Asimismo publicamos de manera sistemática, en un mismo catálogo, tesis doctorales y actas de congresos académicos, que son distribuidas a través de nuestra Web.

El servicio de «libros a la carta» funciona de dos formas.

1. Tenemos un fondo de libros digitalizados que usted puede personalizar en tiradas de al menos cinco ejemplares. Estas personalizaciones pueden ser de todo tipo: añadir notas de clase para uso de un grupo de estudiantes, introducir logos corporativos para uso con fines de marketing empresarial, etc. etc.

2. Buscamos libros descatalogados de otras editoriales y los reeditamos en tiradas cortas a petición de un cliente.

www.ingramcontent.com/pod-product-compliance
Lightning Source LLC
Chambersburg PA
CBHW030851030726
47495CB00005B/1475